DEUTSCHE LITERATUR

VON HEUTE

An Intermediate German Course

Deutsche Literatur von heute

An Intermediate German Course

Agnes Körner Domandi
BARD COLLEGE

Doris Stärr Guilloton
NEW YORK UNIVERSITY

HOLT, RINEHART AND WINSTON
New York   San Francisco   Toronto   London

Permissions and acknowledgments for selections used in this text appear on page 377.

**Library of Congress Cataloging
in Publication Data**

Domandi, Agnes Körner, comp.
 Deutsche Literatur von heute; an intermediate German
course.

 1. German language—Readers. 2. German literature—
20th century. I. Guilloton, Doris Stärr, 1929—
joint comp. II. Title.
PF3117.D63   438′.6′421   73–21640
ISBN 0–03–005626–8

5 6 7 8 9   090   9 8 7 6 5 4 3 2 1

Table of Contents

Preface   ix–xi

Part I: Literary Selections

1
Helga Novak
Gepäck   1

2
Johannes Bobrowski
Brief aus Amerika   4

3
Hans Bender
In der Gondel   8

4
Armin Ayren
Piatgorsky   16

5
Peter Handke
Die Überschwemmung   24

6
Herbert Eisenreich
Die blaue Distel der Romantik   31

7
Jens Rehn
Singen sie wieder?   36

8
Günter Kunert
Fahrt mit der S-Bahn   50

9
Stephan Hermlin
In einer dunklen Welt   58

10
Wolfdietrich Schnurre
Das Märchen der Märchen   72

11
Ilse Aichinger
Mein grüner Esel   80

12
Heinrich Böll
Die Sprechanlage   85

13
Gabriele Wohmann
Denk immer an heut nachmittag   100

14
Siegfried Lenz
Die Nacht im Hotel   105

15
Marieluise Kaschnitz
Vogel Rock   112

16
Astrid Claes
Fliegen   124

17
Wolfdietrich Schnurre
Das Manöver   140

18
Heinz Piontek
Unsere frühen Jahre   151

19
Uwe Johnson
Osterwasser   160

20
Reinhard Lettau
Einladung zu Sommergewittern   172

21
Max Frisch
Bargeschichten   178

22
Günter Grass
Gedichte   183

Part II: Grammar

CONJUGATION

1. Verb Tenses, p. 193; **2.** Weak Verbs, p. 193; **3.** Strong Verbs: Ablaut Classes, p. 194; **4.** Special Strong and Hybrid Verbs, p. 200; **5.** Present Tense, p. 201; **6.** Past Tense, p. 203; **7.** Future Tense and Future Perfect Tense, p. 205; **8.** Present Perfect Tense and Past Perfect Tense, p. 206; **9.** Tense Usage, p. 208; **A.** Present Tense, p. 208; **B.** Past Tense, p. 209; **C.** Present Perfect Tense, p. 209; **D.** Future Tense, p. 210; **E.** Future Perfect Tense, p. 211; **10.** The Imperative, p. 211; **11.** Prefixes, p. 213; **A.** Inseparable Prefixes, p. 213; **B.** Separable Prefixes, p. 214; **C.** Two-Way Prefixes, p. 215; **12.** Meaning of Modal Verbs, p. 215; **13.** Conjugation of Modal Verbs, p. 217; **14.** Use of Modal Verbs with Dependent Infinitive, p. 218; **15.** Use of Modal Verbs Alone, p. 219; **16.** Special Use of **möchte**, p. 220; **17.** Other Verbs with Double Infinitive, p. 221; **18.** Impersonal Constructions, p. 222; **19. Es gibt, Es ist (sind),** p. 224; **20.** Stylistic **Es,** p. 225; **21.** Reflexive Verbs, p. 227; **A.** Meaning, p. 227; **B.** Reflexive Verbs with Accusative, p. 229; **C.** Reflexive Verbs with Dative, p. 230; **22.** Formation of the Passive, p. 230; **23.** Conjugation of the Passive, p. 232; **24.** Use of the Passive, p. 233; **25.** Substitutes for the Passive, p. 234; **26.** The Apparent Passive, p. 236; **27.** Subjunctive Mood: Classification, p. 236; **28.** Subjunctive Conjugation, p. 237; **29.** Tenses of the Primary Subjunctive, p. 237; **30.** Tenses of the Secondary Subjunctive, p. 239; **31.** Primary Subjunctive for Hortatory and Optative, p. 241; **32.** Primary Subjunctive for Indirect Statements, p. 242; **33.** Secondary Subjunctive for Contrary-to-Fact Conditions, p. 245; **34.** Secondary Subjunctive for Unreal Wishes, p. 247; **35.** Secondary Subjunctive after **als ob** and **als wenn,** p. 248; **36.** Other Uses of the Secondary Subjunctive, p. 249; **37.** Subjunctive in Modal and Passive Constructions, p. 251.

DECLENSION

Cases: **38.** Nominative Case, p. 252; **39.** Genitive Case, p. 253; **40.** Dative Case, p. 257; **41.** Accusative Case, p. 259; **42.** Prepositions with the Genitive, p. 262; **43.** Prepositions with the Dative, p. 263; **44.** Prepositions with the Accusative, p. 264; **45.** Prepositions with the Dative or the

Accusative (Two-Way Prepositions), p. 265; **46.** Prepositional Compounds, p. 267; **47.** Noun Gender, p. 269; **A.** Gender According to Meaning, p. 269; **B.** Gender According to Form, p. 270; **48.** Noun Derivation, p. 273; **A.** From Verb Forms, p. 273; **B.** From Primary Adjectives, p. 274; **49.** Strong Noun Declension, p. 275; **50.** Weak Noun Declension, p. 277; **51.** Mixed and Irregular Noun Declension, p. 277; **52.** Special Declension Problems, p. 279; **53.** Definite Article and **der**-Words, p. 281; **A.** Meaning, p. 281; **B.** Usage of the Definite Article, p. 282; **54.** The Indefinite Article and **ein**-Words, p. 285; **55.** Personal Pronoun, p. 286; **56.** Possessive Pronoun, p. 288; **57.** Reflexive and Reciprocal Pronoun, p. 289; **58.** Relative Pronoun, p. 290; **59.** Indefinite Relative Pronoun, p. 292; **60.** Demonstrative Pronoun, p. 293; **61.** Interrogative Pronoun, p. 294; **62.** Indefinite Pronoun, p. 295; **63.** Classification of Adjectives, p. 297; **64.** Adjective Usage, p. 298; **65.** Strong Adjective Declension, p. 299; **66.** Weak Adjective Declension, p. 300; **67.** Mixed Adjective Declension, p. 301; **68.** Declension of Numerical Adjectives, p. 302; **69.** Declension of Adjectival Nouns, p. 304; **70.** Adjective Comparison, p. 306; **71.** Other Comparison Forms, p. 307; **72.** Special Comparison Meanings, p. 308; **73.** Extended Adjective Constructions, p. 309; **A.** Extended Adjective, p. 309; **B.** Extended Present Participle, p. 309; **C.** Extended Past Participle, p. 310.

SYNTAX

74. Adverb Formation, p. 312; **75.** Adverb Classification, p. 313; **76.** Comparison of Adverbs, p. 315; **77.** Special Comparison Meanings, p. 316; **78.** Word Order in Main Clauses, p. 317; **79.** Word Order in Subordinate (Dependent) Clauses, p. 320; **80.** Word Order within Clauses, p. 321; **A.** Objects, p. 321; **B.** Pronouns, p. 322; **C.** Adverbs, p. 322; **81.** Position of **nicht,** p. 323; **82.** Infinitive Constructions, p. 324; **83.** Parallel Constructions, p. 326; **84.** Appositions, p. 327; **85.** Translation Aids: German to English, p. 328; **86.** Translation Aids: English to German, p. 333.

END VOCABULARY   341

Preface

This anthology, intended for students of intermediate German, includes a combination of different features not usually found in second year books. While aiming at increasing comprehension and appreciation of various literary styles and building vocabulary, both active and passive, it is also designed to offer a review of grammar correlated with the texts. It also provides a comprehensive reference grammar presented in traditional arrangement.

The reader consists of unabridged literary texts by German (East and West), Austrian, and Swiss authors including some well-known women writers. Most selections—prose fiction, a radio play, a few poems—were written in the sixties. While expressive of a new literary sensibility, they deal with timeless issues. Some of the settings reflect the experience of the postwar years, but their locale often extends beyond central Europe. The texts range in length from two to twenty pages and are presented, for the most part, in order of increasing difficulty. To facilitate reading, the passive or recognition vocabulary is noted in the margins. The texts are followed by content questions and topics for discussion or composition.

The material is arranged as follows:

> Reader: biographic sketches, active vocabulary, text with sight vocabulary, content questions, topics for discussion or composition
>
> Grammar: correlated comprehensive review of grammar, exercises
>
> End Vocabulary

The sections of the text are coordinated and cross-referenced. Each literary text has references to pertinent sections in the grammar. Frequent or difficult constructions are taken up repeatedly in conjunction with the various texts, allowing the instructor to omit some readings without missing essential grammar coverage. The exercises following the grammar section drill important grammar points as well as the active vocabulary of each text. While they are intended to be helpful for understanding literary language, we kept in mind that they should also reflect common usage.

Among the possible methods of teaching this anthology the following plan might be found helpful:

> 1. assign active vocabulary

2. read the text at a speed which gives the student enough time to glance at the vocabulary given in the margin (allowing for occasional questions on the text by the instructor if the attention span of the audience requires it)
3. ask content questions ("Questions on the Reading Selection")
4. review the grammar according to the reference numbers given with each text and do the text-related exercises
5. assign the topics for composition or discussion (a general discussion might be rounded out by referring to the biographical sketch of the author)

Or, the instructor might prefer the following sequence:

1. assign active vocabulary
2. review the grammar and do the text-related exercises
3. read the text (which should now be easier for the student to understand)
4. ask content questions ("Questions on the Reading Selection")
5. assign the topics for discussion or composition

The vocabulary in this anthology does not include pronouns, numbers, names of days, months, places, obvious cognates and the first 500 words on standard word lists. Our vocabulary lists only the topical meanings and takes four basic forms:

1. The *active vocabulary* at the beginning of each text was chosen with reference to J. Alan Pfeffer's frequency count. We omitted the first 500 standard words from the 1268 words listed by him. We also used C. Gellinek's workbook, where we marked the repeated occurrence of a word and listed it as "active" after it had reappeared several times. The student can be expected to learn about 700 words from the active vocabulary.
2. *Idioms* are listed separately below the active vocabulary for easy reference, in standardized form wherever possible, but otherwise in the text's version. These idioms are not listed again in the end vocabulary.
3. The *sight (passive) vocabulary* is listed in the margins. The number of glosses is generous, so that it is likely that too many, rather than too few, words are given. The active vocabulary does not reappear in the margins. Nouns are usually listed in the singular, verbs in the infinitive, and adjectives are given without endings. Idiomatic expressions are usually listed as they appear in

the text. Other expressions, such as colloquialisms, names, etc., are translated and explained in footnotes.

4. The *end vocabulary* includes the active vocabulary and the sight vocabulary, as well as the vocabulary used in the content questions and topics.

It is hoped that the approach used in this book will heighten the student's enjoyment of literature while improving his language skills.

We are very grateful to Dr. Leo Connolly of New York University who has assisted us greatly with fine points of grammar. We also wish to thank Dr. Hans-Peter Apelt (Goethe Institute, Munich, and Goethe House in New York) for his invaluable pedagogical suggestions.

Doris Stärr Guilloton
Agnes Körner Domandi

1

Helga Novak

Gepäck

HELGA NOVAK wurde 1935 in Berlin geboren. Sie studierte Philosophie und Journalistik, arbeitete als Buchhändlerin und in Radio-, Fisch- und Teppichfabriken. 1961 heiratete sie und zog nach Island. Seit 1967 lebt sie als freie Schriftstellerin in Frankfurt.

EINIGE WERKE: *Die Ballade von der reisenden Anna* (1965), Lyrik; *Geselliges Beisammensein* (1962), *Aufenthalt in einem irren Haus* (1971), Prosa.

Active Vocabulary

das **Gepäck, –(e)s** luggage
der **Koffer, –s, —** suitcase
die **Kirche** church
billig cheap
das **Obst, –(e)s** fruit
riechen, o, o to smell
die **Pfanne** pan
sich **drehen** to turn
die **Haut, —, ⸚e** skin

der **Hof, –(e)s, ⸚e** courtyard
holen to fetch
rufen, ie, u to call
die **Menge** crowd
der **Kreis, –es, –e** circle
heulen to weep
sowieso anyhow
verheiratet married

1. *Sagen Sie mit anderen deutschen Worten:* unsere Koffer, dieses Obst, hierherbringen, schreien, nicht teuer, enthäuten.
2. *Erklären Sie auf deutsch:* Was tut man in einer Kirche? Was ist ein Kreis? Was ist eine Menge? Was macht man mit einer Pfanne? Wozu brauchen Sie einen Koffer?

1

Grammar References

CONJUGATION
{ 7 Future and Future Perfect Tense, p. 205
{ 8 Present Perfect and Past Perfect Tense, p. 206

DECLENSION
{ 47 Noun Gender, p. 269
{ 48 Noun Derivation, p. 273
{ 50 Weak Noun Declension, p. 277

Gepäck

besitzen *own*
r Sack *bag*
verschnürt *tied*

Wir haben kein Geld. Wir haben viel Gepäck. Alles, was wir besitzen,° tragen wir in Koffern und Säcken° verschnürt° bei uns. Es sind fünf Gepäckstücke.

r Saal *hall, dance hall*

Wir kommen in einem Dorf an. Die Bürgermei- sterei, die Kirche, ein Gasthaus mit Saal° liegen eng 5 beieinander.

r Arbeitslose *unemployed*

Wir fragen nach Arbeit. Der Wirt sagt, wir haben selber Arbeitslose.° Noch dazu Männer.

e Fliese *tile*
r Torf *peat*

Wir übernachten in dem Gasthaus. Das Zimmer ist billig. Es hat kalte Fliesen.° Die Fliesen sind marine- 10 blau und torfrot° gemustert. Das Zimmer hat einen Balkon. Der Balkon hängt über den Markt. Auf dem Markt wird angepriesen,° gefeilscht,° geschimpft,° gelobt,° alles angefaßt° und berochen. Auf den Obst- ständen türmen sich° rote, gelbe, grüne Pyramiden 15 aus Früchten.° Es riecht nach Kaffee. Die Pfanne in der Kaffeerösterei° dreht sich. An langen Stangen° werden enthäutete° Lämmer vorübergetragen.° Ger- da und ich packen. Wir tragen das Gepäck in den Hof. Während ich hinaufgehe, um einen schweren 20 Koffer zu holen, bewacht° Gerda das Gepäck.

an·preisen *advertise*
feilschen *haggle*
schimpfen *scold*
loben *praise*
an·fassen *touch*
sich türmen *pile up*
e Frucht *fruit*
e Kaffeerösterei *coffee roasting store*
e Stange *pole*
enthäutet *skinned*
vorüber·tragen *carry by*

bewachen *guard*

Ich komme mit dem schweren Koffer hinunter. Gerda ist weg. Ich rufe, Gerda, Gerda. Ich gehe noch

verschwinden *disappear*
geraten *get into*
auf·halten *delay*

e Bohne *string bean*
derweil *meanwhile*

allerhand *quite a bit*
s Zeug *stuff*

einmal hinauf. Ich komme hinunter. Zwei Gepäckstücke sind verschwunden.° Ich rufe. Ich suche. Ich
gerate° in die Menschenmenge auf dem Markt. Ich
werde aufgehalten.° Ich schreie. Ich drehe mich im
Kreis. Ich kehre zurück. Es sind nur noch zwei Ge- 5
päckstücke da. Ich rufe. Ich weine. Ich heule.

Gerda kommt. Sie lacht.

Ich sage, wo warst du?

Sie sagt, in der Küche, Bohnen° brechen.

Ich sage, derweil° haben sie uns das Letzte ge- 10
stohlen.

Sie sagt, leider nicht.

Ich sage, aber die größten Stücke.

Sie sagt, wir hatten sowieso zu viel.

Ich sage, jetzt haben wir gar nichts mehr. 15

Sie sagt, wir haben allerhand° gewonnen.

Ich sage, ich habe an dem Zeug° gehangen.

Sie sagt, entweder irgendwohin gehören oder gar
kein Gepäck haben.

Jetzt sind Gerda und der Wirt schon lange ver- 20
heiratet. Sie haben mich adoptiert. Ich bewohne das
Zimmer mit den marineblauen und torfroten Fliesen
und dem Balkon, der über den Markt hängt.

Questions on the Reading Selection

1. Was besitzen die beiden jungen Menschen und was fehlt ihnen? **2.** Nennen
Sie die wichtigsten Gebäude des Dorfes! **3.** Warum finden die beiden keine
Arbeit? **4.** Beschreiben Sie das Zimmer im Gasthaus! **5.** Was kann man vom
Balkon aus sehen? **6.** Was soll Gerda im Hof tun? **7.** Was geschieht mit dem
Gepäck? **8.** Wo war Gerda so lange geblieben? **9.** Wie endet die Geschichte?

Topics

1. Wer erzählt wohl diese Geschichte, ein Mädchen oder ein junger Mann? Begründen Sie Ihre Ansicht! **2.** Wie findet sich die erzählende Person mit ihrem
Schicksal am Ende der Geschichte ab? **3.** Versuchen Sie, Ihre Antwort auf die
zweite Frage mit dem Stil der Geschichte zu erklären!

2 Johannes Bobrowski

Brief aus Amerika

JOHANNES BOBROWSKI wurde 1917 in Tilsit geboren. Er studierte Kunstgeschichte, war im Zweiten Weltkrieg und kehrte 1949 aus russischer Kriegsgefangenschaft zurück. Er lebte als freier Schriftsteller in Ost-Berlin, wo er 1965 starb.

EINIGE WERKE: *Schattenland Ströme* (1962), *Sarmatische Zeit* (1962), *Wetterzeichen* (1966), Lyrik; *Levins Mühle* (1964), *Litauische Claviere* (1966), Romane; *Böhlendorff und andere Erzählungen* (1965), *Mäusefest und andere Erzählungen* (1965), *Der Mahner* (1967), Erzählungen.

Active Vocabulary

hübsch pretty
das **Holz,** –es, ⸚er wood
hinauf·schieben, o, o to push up
bloß bare
das **Geschäft,** –(e)s, –e business
der **Stall,** –(e)s, ⸚e stable
der **Wald,** –(e)s, ⸚er forest, wood

die **Decke,** —, –n ceiling
der **Spiegel,** –s, — mirror
der **Rahmen,** –s, — frame
glatt smooth
der **Stoff,** –(e)s, –e fabric
der **Herd,** –(e)s, –e stove
das **Streichholz,** –(e)s, ⸚er match

Beantworten Sie auf deutsch:

1. Wo holt man Holz? **2.** Wozu brauchen Sie Streichhölzer? **3.** Was macht man aus Stoff? **4.** Was ist das Gegenteil von bloß, von hübsch? **5.** Wo kocht man? **6.** Was ist ein Stall? **7.** Wozu hat man einen Spiegel?

Grammar References

CONJUGATION { **9(C)** Tense Usage, p. 208
10 The Imperative, p. 211

SYNTAX **78** Word Order in Main Clauses, p. 317

Brief aus Amerika

bedächtig *deliberately*
schleudern *kick off*
e Holzpantine *wooden clog*
r Bogen *curve*
r Zaun *fence*

schwenken *swing*

r Ast *branch*

r Schatten *shadow*

r Schritt *step*

mit·teilen *report*

s Grab *grave*

Brenn mich, brenn mich, brenn mich, singt die alte
Frau und dreht sich dabei, hübsch langsam und bedächtig,° und jetzt schleudert° sie die Holzpantinen°
von den Füßen, da fliegen sie im Bogen° bis an den
Zaun,° und sie dreht sich nun noch schneller unter 5
dem Apfelbäumchen. Brenn mich, liebe Sonne, singt
sie dazu. Sie hat die Ärmel ihrer Bluse hinaufge-
schoben und schwenkt° die bloßen Arme, und von
den Ästen° des Bäumchens fallen kleine, dünne
Schatten° herab, es ist heller Mittag, und die alte Frau 10
dreht sich mit kleinen Schritten.° Brenn mich, brenn
mich, brenn mich.

Im Haus auf dem Tisch liegt ein Brief. Aus Amerika. Da steht zu lesen:

Meine liebe Mutter. Teile Dir mit,° daß wir nicht 15
zu Dir reisen werden. Es sind nur ein paar Tage, sag
ich zu meiner Frau, dann sind wir dort, und es sind
ein paar Tage, sage ich, Alice, dann sind wir wieder
zurück. Und es heißt: ehre Vater und Mutter, und
wenn der Vater auch gestorben ist, das Grab° ist da, 20
und die Mutter ist alt, sage ich, und wenn wir jetzt
nicht fahren, fahren wir niemals. Und meine Frau
sagt: hör mir zu, John, sie sagt John zu mir, dort ist es
schön, das hast du mir erzählt, aber das war früher.
Der Mensch ist jung oder alt, sagt sie, und der junge 25
Mensch weiß nicht, wie es sein wird, wenn er alt ist,

5

und der alte Mensch weiß nicht, wie es in der Jugend war. Du bist hier etwas geworden, und du bist nicht mehr dort. Das sagt meine Frau. Sie hat recht. Du weißt, ihr Vater hat uns das Geschäft überschrieben,° es geht gut. Du kannst deine Mutter herkommen 5 lassen, sagt sie. Aber Du hast ja geschrieben, Mutter, daß Du nicht kommen kannst, weil einer schon dort bleiben muß, weil alle von uns weg sind.

überschreiben *sign over*

Der Brief ist noch länger. Er kommt aus Amerika. Und wo er zu Ende ist, steht: Dein Sohn Jons. 10

Es ist heller Mittag, und es ist schön. Das Haus ist weiß. An der Seite steht ein Stall. Auch der Stall ist weiß. Und hier ist der Garten. Ein Stückchen den Berg hinunter steht schon das nächste Gehöft;° und dann kommt das Dorf, am Fluß entlang, und die 15 Chaussee° biegt° heran und geht vorbei und noch einmal auf den Fluß zu und wieder zurück und in den Wald. Es ist schön. Und es ist heller Mittag. Unter dem Apfelbäumchen dreht sich die alte Frau. Sie schwenkt die bloßen Arme. Liebe Sonne, brenn mich, 20 brenn mich.

s Gehöft *farm*

e Chaussee *highway*
biegen *bend*

In der Stube° ist es kühl. Von der Decke baumelt° ein Beifußbusch° und summt° von Fliegen. Die alte Frau nimmt den Brief vom Tisch, faltet° ihn zusammen und trägt ihn in die Küche auf den Herd. Sie geht 25 wieder zurück in die Stube. Zwischen den beiden Fenstern hängt der Spiegel, da steckt° in der unteren Ecke links, zwischen Rahmen und Glas, ein Bild. Eine Photographie aus Amerika. Die alte Frau nimmt das Bild heraus, sie setzt sich an den Tisch und 30 schreibt auf die Rückseite: Das ist mein Sohn Jons. Und das ist meine Tochter Alice. Und darunter schreibt sie: Erdmuthe Gauptate[1] geborene° Attalle.[1] Sie zupft° sich die Blusenärmel herunter und streicht sie glatt.° Ein schöner weißer Stoff mit kleinen blauen 35 Punkten. Aus Amerika. Sie steht auf, und während sie zum Herd geht, schwenkt sie das Bild ein bißchen durch die Luft. Als der Annus von Tauroggen[1] ge-

Stube *living room*
baumeln *swing*
r Beifußbusch *bunch of wormwood*
summen *hum*
falten *fold*

stecken *stick*

geborene *née*
zupfen *pull*
glatt·streichen *smooth out*

[1] Erdmuthe Gauptate; Attalle; Annus, Tauroggen *typical Lithuanian names*

kommen ist, damals, und hiergeblieben ist, damals:
es ist wegen der Arme, hat er gesagt, solche weißen
Arme gab es nicht, da oben, wo er herkam, und hier
nicht, wo er dann blieb. Und dreißig Jahre hat er
davon geredet. Der Annus.   5

Der Mensch ist jung oder alt. Was braucht der alte
Mensch denn schon? Das Tageslicht wird dunkler,
die Schatten werden heller, die Nacht ist nicht mehr
verkürzen   *shorten*   zum Schlafen, die Wege verkürzen° sich. Nur noch
zwei, drei Wege, zuletzt einer.   10

Sie legt das Bild auf den Herd, neben den zusam-
mengefalteten Brief. Dann holt sie die Streichhölzer
s Schaff   *cupboard*   aus dem Schaff° und legt sie dazu. Werden wir die
Milch aufkochen, sagt sie und geht hinaus, Holz
holen.   15

Questions on the Reading Selection

1. Was macht die alte Frau im Garten?   **2.** Was trägt sie?   **3.** Beschreiben Sie die
Szene!   **4.** Was teilt ihr der Sohn im Brief mit?   **5.** Warum kann die alte Frau
nicht nach Amerika reisen?   **6.** Beschreiben Sie die Stube!   **7.** Wer ist Annus aus
Tauroggen?   **8.** Warum ist er bei ihr geblieben? **9.** Was tut die alte Frau mit dem
Brief und der Photographie?

Topics

1. Erklären Sie anhand des Briefes die Situation des Sohnes in Amerika!   **2.** Aus
welchen Gründen will seine Frau, Alice, nicht nach Europa reisen?   **3.** Was hat
die alte Frau wohl auf die Rückseite der Photographie geschrieben? Was wird sie
höchstwahrscheinlich mit dem Brief und der Photographie tun? Warum?

3 Hans Bender
In der Gondel

HANS BENDER wurde 1919 in Mühlhausen bei Heidelberg geboren. Er studierte Literatur- und Kunstgeschichte, war im Zweiten Weltkrieg und kehrte 1949 aus russischer Kriegsgefangenschaft zurück. Danach beendete er sein Studium. Er lebt jetzt als freier Schriftsteller in Köln und ist Herausgeber der Zeitschrift *Akzente*.

EINIGE WERKE: *Wunschkost* (1959), Roman; *Wölfe und Tauben* (1957), *Mit dem Postschiff* (1962), Erzählungen.

Active Vocabulary

die **Brücke** bridge
regnen to rain
meinen to think
gerade just
wünschen to wish
streng strict
der **Dreck, –(e)s** dirt
auf·hören to stop
die **Stimme** voice

sich **erinnern** to remember
die **Rechnung** bill
die **Wolke** cloud
aus·steigen, ie, ie to get out, disembark
aus·sehen (ie), a, e to look, appear
beißen, i, i to bite
ein·fallen (ä), ie, a to occur

1. *Finden Sie ein ähnliches Wort für:* meinen, Dreck, gerade, aussehen, wünschen. **2.** Was braucht man, um zu sprechen oder zu singen? **3.** Wie nennen wir es, wenn Wasser aus einer Wolke fällt? **4.** Wozu brauchen wir Brücken?

Idioms

sich satt·sehen to look one's fill
von allein by oneself

Das geht uns nichts an. This is of no concern to us.

Grammar References

CONJUGATION
- **6** Past Tense. p. 203
- **9(A)** Tense Usage, p. 208
- **11(A)** Prefixes, p. 213

DECLENSION
- **40(A,B,E)** Dative Case, p. 257
- **41(A,C)** Accusative Case, p. 259
- **70** Adjective Comparison, p. 306

SYNTAX
- **75** Adverb Classification, p. 313
- **76** Comparison of Adverbs, p. 315

In der Gondel

rudern *row*

schaukeln *rock*
e Welle *wave*
hinüber·pflügen *plow toward*

bestehen aus *consist of*
r Bogen *arch*
r Pfeiler *pier*
r Pfahl *pile*

an·sprechen *address*

Der Gondoliere schwieg und ruderte,° bis wir mitten im Canal Grande[1] waren, unter vielen anderen Gondeln, schaukelnd° in den Wellen° des Vaporettos,[2] das zur Ca d'oro[3] hinüberpflügte.°

Vor dem Rialto[4] erklärte er die Brücke: sie sei an Stelle einer früheren Holzbrücke von Antonio da Ponte[5] erbaut, bestehe aus° einem einzigen Bogen,° und jeder Pfeiler° ruhe auf sechstausend Pfählen.° 5

Als ich Marlen übersetzte, wußte er, daß sie kein Italienisch verstand. 10

„Ich habe Sie gleich wiedererkannt, als Sie uns ansprachen",° sagte ich.

„Ich auch. Fünf Jahre sind es her — und dieses ist der Palazzo Bembo, ein gotischer Bau des 15. Jahrhunderts von großem ornamentalem Reichtum". 15

[1] Canal Grande *main water artery in Venice*
[2] Vaporetto *small motorboat for passenger transportation*
[3] Ca d'oro *"the golden house," the most elegant palace along the Canal Grande*
[4] Rialto *famous bridge over the Canal Grande*
[5] Antonio da Ponte *builder of the Rialto bridge (17th century)*

r Spitzbogen *pointed arch*
sich satt·sehen *see enough*

Marlen konnte sich an den Spitzbögen° nicht sattsehen.°

„Es war der schönste Sommer Venedigs. Hat es einen Tag geregnet damals?"

„Nein, nie hat es geregnet."   5

immerfort *continually*
vertreiben *drive away*

„Dieser Sommer ist kalt. Immerfort° Regen, der die Fremden vertreibt."°

„Was sagt er jetzt?" fragte Marlen.

unzufrieden *dissatisfied*

„Er spricht vom Wetter. Er ist unzufrieden° mit dem Wetter."   10

„Sie sind verheiratet?" fragte er.

„Ja."

e Hochzeitsreise *honey-moon trip*

„Und zur Hochzeitsreise° in Venedig!"

„Nein, es ist nicht die Hochzeitsreise. Die war vor drei Jahren schon."   15

„Was sagt er jetzt?" fragte Marlen.

„Der Gondoliere meint, wir wären Hochzeits-reisende."

„Er ist kein Psychologe", sagte Marlen. „Er soll

ein·stecken *take along*

lieber erklären. Ich hätte den Baedeker[6] einstecken° 20 sollen."

„Wozu?"

„Ich will wissen, wie die Paläste heißen."

„Du wirst sie doch wieder vergessen."

Er zeigte und erklärte: „Palazzo Dandolo, Palazzo 25 Loredan, Palazzo Farsetti, Palazzo Grimani — "[7]

Ich glaube, er vergaß nicht einen.

„Sie heißen Enrico?"

„Ja."

Da fiel auch mir sein Name wieder ein, gerade im 30 richtigen Moment. „Und Sie heißen Francesco!"

„Mamma mia![8] Sie wissen es noch!"

„Ein schöner Sommer damals — "

„Palazzo Papadopoli, Palazzo della Madonetta, Palazzo Bernado, Palazzo Corner-Spinelli!"   35

„Die Namen brauchst du mir nicht zu übersetzen,

---

[6] Baedeker *a famous German guide book*
[7] Palazzo Dandolo ... Grimani *beautiful houses built by wealthy families along the Canal Grande*
[8] „Mamma mia!" (*lit.*) *"My Mother!" A common expletive*

von allein   *by myself*

die verstehe ich von allein;° aber was sagt er dazwischen?"

„Er erzählt von anderen, die er früher gerudert hat."

„Interessiert dich das?"   5

verbieten   *prohibit*

„Ich kann ihm nicht verbieten° zu erzählen."

„Hat er nicht gesagt, er wird singen?"

„Meine Frau wünscht, daß Sie singen, Francesco!"

„Eine strenge Frau", sagte er. „Ihre Freundin   10
lachte immerfort. Nie hatte ich ein Mädchen in der
Gondel, das so viel lachte! Sie konnte über alles

(sie) haben sie einen Dreck
interessiert   *she cared
precious little about them*

lachen, und die Palazzi haben sie einen Dreck interessiert."°

Er sang „O sole mio".[9]   15

Die Gondolieri in den Venedig–Filmen haben

strahlend   *brilliant*

strahlendere° Tenöre, sie singen in ein Mikrophon,
und die Ateliers haben eine bessere Akustik als der
Canal Grande.

„Hoffentlich hört er bald auf", sagte Marlen.   20

„Du hast es dir doch gewünscht."

„Ein Caruso[10] ist er nicht."

Francesco hatte verstanden. Er sagte „Ihrer
Freundin damals hat meine Stimme gefallen, weil sie

überhaupt   *altogether*

glücklich war, weil ihr die Welt überhaupt° gefallen   25
hat. Und dir, Enrico, hat sie auch gefallen."

„Mir gefällt deine Stimme auch heute."

eifersüchtig   *jealous*

„Weißt du noch, wie eifersüchtig° du warst?"

„Ich, eifersüchtig?"

„Nun, sie sprach besser italienisch als du. Sie sagte   30

witzig   *witty*

so witzige° Dinge, die du gar nicht alle verstehen
konntest. Ihre Mutter war Italienerin."

„Aus Messina[11] war ihre Mutter. Ihr Vater
Franzose."

„Du wolltest ins Wasser springen", sagte Francesco.   35

spielen   *play, act*

Ich erinnerte mich. Ich spielte° den Eifersüchtigen,

[9] „O sole mio"   *"Oh my sun," a Neapolitan love song*
[10] Caruso, Enrico   *great Italian singer* (1873–1921)
[11] Messina   *city in Sicily*

verliebt *amorously*

schüren *stoke*

sich ersäufen *drown oneself*

geradeaus *straight ahead*

umarmen *embrace*

weil sie allzu verliebt° zu Francesco hinaufblickte, sich allzu gern mit ihm unterhielt. Sie schürte° das Feuer. So war sie. Ich sagte, ich ersäufe mich,° wenn du nicht augenblicklich geradeaus° siehst und mich umarmst,° wie man sich in Gondeln zu umarmen hat. 5 — Ich sprang auf den Sitz, and sie hielt mich fest, umarmte mich —

„Was macht er jetzt?" fragte Marlen.

beweisen *prove*

Ich drehte mich um und sah, wie Francesco das Ruder ins Wasser stellte, zu beweisen,° daß die 10 Lagune[12] nicht tiefer als fünfzig Zentimeter war.

Nichts hatte Francesco vergessen! Alles holte er aus der Erinnerung!

seicht *shallow*

„Er will uns zeigen, wie seicht° die Lagune ist."

„Warum zeigt er das?" 15

sich ertränken *drown oneself*

„Wir sollen sehen, in der Lagune kann sich nicht einmal ein Nichtschwimmer ertränken."°

„Willst du dich ertränken?"

„Nein", sagte ich. „Mir ist zu kalt dazu."

„Vor fünf Jahren wollte sich einmal einer er- 20 tränken", sagte Francesco und lachte.

„Gehört das auch zur Gondelfahrt?" fragte Marlen.

aufmerksam *considerate*

„Francesco ist besonders aufmerksam."°

„Und wird alle Aufmerksamkeiten auf die Rech- 25 nung setzen!"

böse *angry*

„Warum bist du so böse° auf ihn?"

„Er spricht mir zuviel."

vereinbart *agreed upon*

ablehnen *refuse*

s Märchen *fairy tale*

Damals hatte Francesco die dreitausend Lire, die wir vor der Fahrt vereinbart° hatten, abgelehnt.° 30

Ein Märchen° aus Venedig könnte so anfangen: Es war einmal ein Gondoliere, der ruderte ein Liebespaar durch den Canal Grande und die Mäanderwindungen der vielen kleinen Kanäle. Er hatte seine Gondel mit Lampions behängt, er sang „O sole mio", 35 er ruderte zwei Stunden und wies die dreitausend Lire, die ihm der junge Mann zahlen wollte, zurück, weil dessen Freundin so hübsch war und wie ein

---

[12] e Lagune *lagoon over which Venice is built*

s Glockenspiel *carillon*

lud ein *invited*

schweigsam *taciturn*

gewohnt *usual*

r Glockenturm *bell tower*

berühmt *famous*
s Deckengemälde *painted ceiling*
geschmückt *decorated*

r Einwurf *interjection*

e Kuppel *dome*
r Scheinwerfer *floodlight*

Glockenspiel° lachen konnte. Ja, zuletzt ruderte er die beiden zu einer Taverne, in die sonst keine Touristen hinkamen, lud sie ein,° die halbe Nacht Chianti mit ihm zu trinken, zu lachen, zu tanzen —

„Warum bist du so schweigsam° auf einmal?" 5
fragte Marlen.

„Ich?"

„Auch dein Gondoliere scheint zu schlafen."

„Meine Frau wünscht, daß du ihr sagst, wie die Palazzi rechts und links heißen." 10

Francesco erklärte mit gewohntem° Pathos: „Links sehen Sie den Campo[13] und die Chiesa San Samuele[14] mit dem typisch venezianisch–byzantinischen Glockenturm° aus dem 12. Jahrhundert; der Palazzo Grassi folgt, ein besonders schöner Bau, im Innern mit 15
berühmten° Deckengemälden° Allessandro Longhis[15] geschmückt° — "

Während ich übersetzte, sagte Francesco: „Warum bist du nicht mit ihr gekommen, einen Ring am Finger?" 20

„Und der Palast dort rechts?"

Diesmal war ich dankbar für Marlens Einwurf.°

„Meine Frau will wissen, wie der Palazzo dort heißt."

„Es ist der Palazzo Rezzonocco, ein Werk Lon- 25
ghenas."[16]

Wir waren nun fast am Ende des Kanals. Es war dunkel geworden, dunkler durch Regenwolken, die vom Westen heraufzogen. Die Kuppel° von Santa Maria della Salute[17] strahlten Scheinwerfer° an. 30

„Steigen wir am Markusplatz[18] aus?" fragte Marlen.

„Wenn du willst — "

„Ich friere, und es sieht aus, als regne es gleich."

---

[13] Campo *Small square, usually in front of a church*
[14] Chiesa San Samuele *Church of Saint Samuel*
[15] Longhi, Pietro *Italian painter (1702–1785)*
[16] Longhena, Baldassare *Italian architect (1598–1682)*
[17] Santa Maria della Salute *most important church on the Canal Grande*
[18] Markusplatz *St. Mark's Place, famous square in Venice*

„Hier hielten wir damals lange, weißt du noch, Enrico?"

„Ich weiß — "

betrachten *view*

„Alle Liebespaare halten hier, die Kuppel von Santa Maria della Salute zu betrachten.° Auch Noëlly wollte, daß — " 5

e Zunge *tongue*
entfallen *slip out*

Francesco biß sich auf die Zunge,° weil ihm der Name, den wir bisher vermieden hatten, entfallen° war.

„Noëlly — " 10

„Wer ist Noëlly?" fragte Marlen.

„Noëlly: Es ist der Name eines Mädchens — "

„Welchen Mädchens?"

schlagfertig *quick-witted*

„Seiner Frau vielleicht", sagte ich schlagfertig.°

„Noëlly è mia moglie",[19] sagte Francesco. 15

„Nein, das ist nicht wahr!"

„Es ist wahr. — Sie ist ein Jahr später wieder-gekommen. Allein."

gräßlich *horrible*

„Was sagt der gräßliche° Mensch?"

„Von seiner Frau erzählt er." 20

an·gehen *concern*

„Immer erzählt er Dinge, die uns nichts angehen.° — Sind wir nicht bald da?"

„Gleich, Marlen."

[19] Noëlly . . . moglie   *Noëlly is my wife*

Questions on the Reading Selection

1. Wie heißt der Erzähler, und wie die anderen Personen? **2.** Wo befinden sie sich? **3.** Wie lange war Enrico nicht in Venedig? **4.** Sagen Sie etwas über das Wetter während seiner ersten und während seiner zweiten Reise. **5.** Wann haben Enrico und Marlen geheiratet? **6.** Was will Marlen von dem Gondoliere wissen? **7.** Kann sie ihn verstehen? **8.** Wovon erzählt der Gondoliere? **9.** Was tat das andere Mädchen in der Gondel? **10.** Warum singt der Gondoliere? **11.** Was sagt Marlen über seine Stimme? **12.** Was sagt der Gondoliere über Enricos Freundin von damals? **13.** Wieso konnte sie so gut Italienisch? **14.** Warum wollte Enrico damals ins Wasser springen? **15.** Warum kann man sich in der Lagune nicht ertränken? **16.** Was sagt der Gondoliere über Marlen? **17.** Wie reagiert Marlen, als ihr Mann und der Gondoliere schweigen? **18.** Warum will

Marlen am Markusplatz aussteigen? **19.** Warum halten alle Liebespaare am Ende des Kanals? **20.** Wer ist Noëlly?

Topics

1. Mit welchen Mitteln charakterisiert der Autor seine Personen und ihr Verhältnis zueinander? **2.** In dieser Geschichte hören Sie von zwei Gondelfahrten. Beschreiben Sie die frühere und die jetzige! **3.** Wie unterscheiden sich die beiden Frauen?

4 Armin Ayren
Piatgorsky

ARMIN AYREN wurde 1934 in Friedrichshafen am Bodensee geboren. Er studierte Theologie, Romanistik und Philosophie. Er promovierte und erhielt 1967 einen Lehrauftrag an der Universität Mailand. Jetzt lebt er als freier Schriftsteller in Nizza.

WERK: *Der Brandstifter und andere Abweichungen.*

Active Vocabulary

die **Gegend** area
das **Huhn, –(e)s, ⸚er** chicken
der **Staub, –(e)s,** dust
klopfen to knock
heraus·treten (i), a, e to step out
unterscheiden, ie, ie to distinguish
sich **gewöhnen an** to get used to

wirken to take effect
schmecken to taste
der **Zweck, –(e)s, –e** purpose
der **Ausländer, –s, —** foreigner
untersuchen to investigate
sorgen für to take care of
merken to notice
die **Mauer** wall

Idioms

wenn es reicht if there is enough (time)
Damit ist es schlecht bestellt. That is in poor condition; there is/are not any.
Das fehlt ihm noch. That's all he needs.
Es gibt nichts zu holen. There is nothing to find.

Das macht nichts. It doesn't matter.
Das macht mir nichts aus. It doesn't matter to me.
Ich habe keine Lust. I don't feel like it.
wenn es nach mir ginge if it were up to me
es kommt darauf an it depends

Grammar References

CONJUGATION

5 Present Tense, p. 201
21(A, B, C) Reflexive Verbs, p. 227
24 Use of the Passive, p. 233
25 Substitutes for the Passive, p. 234
26 The Apparent Passive, p. 236

Piatgorsky[1]

unterwegs *on the way*

Ganzenmüller ist unterwegs° von Potenza[2] nach Matera.[2] Wenn es reicht, will er noch bis Tarent[2] kommen, aber wahrscheinlich wird ihn dieser Umweg zuviel Zeit kosten. Ein ganz beträchtlicher°

beträchtlich *considerable*

r Umweg *detour*
sich vor·stellen *imagine*
s Nest *hamlet*
begraben *buried*

Umweg;° so hat er sich das nicht vorgestellt.° San 5 Gelsomino[2] heißt das Nest,° wo Piatgorsky begraben° liegt. Eigentlich kennt er die Leute gar nicht besonders gut, aber er hat nun einmal versprochen, dieses Grab zu fotografieren, das Grab ihres Sohnes, das sie nie ge-

ab·schlagen *refuse*

sehen haben; man kann so etwas schlecht abschlagen.° 10

San Gelsomino steht nicht auf der Karte. Es muß irgendwo zwischen Poggio[2] und Cazzano[2] liegen, irgendwo in dieser verlassenen Gegend; er sucht den

geraume Zeit *a long time*

Namen schon geraume Zeit° auf den Wegweisern, aber damit ist es hier schlecht bestellt. Wahrschein- 15

Einheimische *natives*

lich kennen sich die Einheimischen° ohnehin aus, und Touristen verirren sich wohl kaum hierher.

hat Mucken *acts up*
stottern *cough, misfire*

Hoffentlich hält der Wagen durch. Seit einiger Zeit hat er Mucken,° stottert,° zieht nicht mehr recht. Der

---

[1] Piatgorsky *name of a German officer*
[2] Potenza; Matera; Tarent (Taranto); San Gelsomino; Poggio; Cazzano *cities and villages in Apulia, Southern Italy, between the Adriatic and the Gulf of Taranto*

17

r Vergaser	*carburetor*
e Panne	*breakdown*

Vergaser° vielleicht. Eine Panne° in dieser Gegend, das fehlt noch, keine Garage weit und breit, vielleicht nicht einmal ein Telefon.

Piatgorsky, gefallen. Welch ein Unsinn, hier Krieg zu führen, in diesem Land, wo es, bei Gott, nichts zu ⁵ holen gab. Aber der Krieg ist ja überhaupt nur ein

ungeheuer	*gigantic*
gleichgültig	*no matter*

ungeheurer° Unsinn gewesen, Krieg ist immer Unsinn, gleichgültig° wo.

offenbar	*evidently*
sich verfahren	*get lost*

Offenbar° hat er sich verfahren.° Hier in diesem namenlosen Nest auf dem Hügel hört die Straße auf, ¹⁰ das konnte man von unten nicht erkennen, sie führt nur zu diesen paar Häusern und nicht weiter. Viel-

besser tun	*be better off*

leicht tut er besser,° zu fragen. Gut, daß er wenigstens Italienisch kann.

Es ist Mittag, blendende, staubige Helle, Trok- ¹⁵ kenheit und Licht. Die Zeit, in der die Zeit stillsteht.

verfallen	*dilapidated*

Die Häuser sehen verfallen° aus, noch ärmer als anderswo, man hat sie anscheinend seit Jahrzehnten nicht mehr gestrichen. Alle Fensterläden sind zu. Man könnte meinen, der Ort sei verlassen, wäre da ²⁰ nicht ein schmutziges weißes Huhn, das sich im Staub badet. Ganzenmüller klopft an eine Tür. Nichts rührt

sich rühren	*stir*
vergeblich	*in vain*

sich.° Er versucht es noch einmal, lauter: vergeblich.° Die Tür ist verschlossen. Er sieht sich um. Soll er es woanders versuchen? Er ruft: Hallo! in die heiße ²⁵ Stille. Hallo! ist da jemand?

Lange bleibt alles still, aber dann geht doch eine Tür, weiter vorn, auf der gegenüberliegenden Seite

schwarzgekleidet	*dressed in black*
sichtbar	*visible*
verschwinden	*disappear*
winken	*wave*
sich täuschen	*be mistaken*
gleichviel	*anyhow*

des Weges, und eine schwarzgekleidete° alte Frau wird sichtbar,° sie tritt einen Augenblick lang halb heraus, ³⁰ sieht ihn an und verschwindet° wieder. Hat sie ihm gewinkt?° Er kann sich getäuscht° haben. Gleichviel,° er geht hinüber, klopft, tritt ein. Der Raum ist fast dunkel, eine Zeitlang sieht er gar nichts. Setzen Sie sich, kommt es aus einer Ecke. Er tastet,° unterschei- ³⁵

tasten	*grope*

det Tisch und Stuhl, und setzt sich.

Ich habe mich verfahren, sagt er. Ich suche einen kleinen Ort. Er heißt San Gelsomino. Es muß hier in der Gegend sein. Wissen Sie, wo?

Sie sind Deutscher, sagt die Frau. ⁴⁰

Er kann sie jetzt sehen, seine Augen gewöhnen sich
an das Dunkel. Sie trägt ein Kopftuch, schwarz wie
die übrige Kleidung, gleich allen alten Frauen in
diesem Land.

Ja, Deutscher. Haben Sie meine Autonummer 5
erkannt?

Sie schweigt.

San Gelsomino, sagt er. Wie muß ich fahren?

Sie steht auf und verschwindet in einem Neben-

hantieren *handle things*   raum. Er hört sie hantieren.° Sie kommt mit einer 10
e Flasche *bottle*   Flasche° und einem Glas wieder, stellt beides vor ihn
ein·schenken *pour, fill*   hin und schenkt ein.°

Trinken Sie. Sie müssen Durst haben. Ein Wein
aus der Gegend. Für einen Deutschen sprechen Sie
gut Italienisch.   15

geschäftlich *on business*   Ich brauche es. Ich bin geschäftlich° unterwegs.
Wissen Sie, wo San Gelsomino liegt?

Ja.

Ah, gut! Er trinkt. Wo also?

Was wollen Sie in San Gelsomino?   20

Ein Grab fotografieren. Bekannte haben mich
darum gebeten. Ihr Sohn ist im Krieg hier gefallen
und liegt dort. Ein deutscher Offizier.

Er heißt Piatgorsky, sagt sie.

betroffen *startled*   Ja, erwidert er betroffen.° Haben Sie ihn denn 25
gekannt?

Die Frau antwortet nicht. Eine Weile ist es still im
Zimmer. Eine Fliege summt.

Sie sind in San Gelsomino, Signore.

sickern *trickle*   Die heiße Stille sickert° durch die geschlossenen 30
Läden. Er hat das Gefühl, eine Uhr ticken zu hören,
aber es gibt keine Uhr hier. Er trinkt sein Glas aus; er
schlürfen *drink noisily*   schlürft,° um etwas zu hören. Eigentlich sollte ich
keinen Alkohol trinken, sagt er sich, in dieser Hitze,
es hilft nicht gegen den Durst, und ich muß fahren. 35

Hier also ist es,[3] sagt er laut, damit etwas gesagt
ist.[4] Dann brauche ich nicht weiter zu suchen. Vielleicht, denkt er, komme ich doch noch bis Tarent.

[3] Hier also ist es. *So that's the place.*
[4] damit etwas gesagt ist *here meaning: just to say something*

Nein, sagt die Frau. Sie sind angekommen.

Es wäre unhöflich,° gleich aufzubrechen.° Er muß
sie auch noch nach dem Weg zum Friedhof° fragen.
Draußen brütet° mörderische Hitze. Es tut gut, ein
wenig im Kühlen zu sitzen. 5

Erzählen Sie, sagt die Frau.

Erzählen? Wovon?

Sicher sind Sie auch im Krieg gewesen.

Ja.

In Italien? 10

Ja, auch in Italien.

Und haben getötet.

Ich mußte. Überleben.° Ich oder der andere. Man
hat keine Wahl.°

Sie nickt:° Ich weiß. Es ist immer dasselbe. Alle 15
müssen sie, keiner weiß warum, und Gott läßt es
geschehen.

Daß Sie diesen Piatgorsky — sagt er. Ob sie ihn
lebend gekannt hat? So ein Zufall,° sagt er. Die Welt
ist klein. 20

Zufall? Jetzt, wo Sie da sind?

Ich? Wieso? Auch das ist doch Zufall. Man lernt
Leute kennen, im Urlaub,° wildfremde Leute, man
spricht davon, daß man in Süditalien zu tun hat, und
schon wird man um einen Gefallen° gebeten. 25

Das ist kein Zufall, Signore. Ich habe auf Sie
gewartet.

Gewartet? Was will sie? Steigt ihm der Wein zu
Kopf? Oder redet sie irr?°

Wie meinen Sie das? fragt er. Er versucht, seiner 30
Stimme einen beiläufigen° Klang° zu geben.

Sie antwortet nicht.

Er versucht etwas anderes: Haben Sie Piatgorsky
gekannt?

Gekannt? Gesehen, als er tot war. Vorher hat er 35
meinen Mann und meinen Sohn erschossen.° Er war
allein übriggeblieben, der Letzte von einer Patrouille,
er wehrte sich° bis zum Schluß° and schoß, solange er
konnte, statt sich zu ergeben.°

Eine Weile ist es wieder still im Zimmer. 40

---

unhöflich *impolite*
auf·brechen *depart*
r Friedhof *cemetery*
brüten *brood*

überleben *survive*

e Wahl *choice*

nicken *nod*

r Zufall *coincidence*

r Urlaub *vacation*

r Gefallen, *favor*

irr reden *speak con-
fusedly*

beiläufig *casual*
r Klang *inflection*

erschießen *shoot*

sich wehren *defend one-
self*
r Schluß *end*
sich ergeben *surrender*

begütigend *soothingly*
trösten *console*

auf·fallen *notice*

gerecht *just*

r Haß *hatred*
nach·lassen *abate*
bereit·stehen *be waiting*
s Gift *poison*

r Zweifel *doubt*
e Rache *revenge*

e Wetteränderung *change in weather*

zwecklos *useless*

bedenken *consider*
verurteilen *convict*

Ich habe ihn nicht gekannt, sagt Ganzenmüller. Bekannte, ein Zufall. Es ist auch lange her.

Das macht nichts. Sie sagt es begütigend,° als hätte sie ihn zu trösten.° Sie schenkt noch einmal ein, wartet, bis er getrunken hat, füllt nach.

Ist Ihnen nicht aufgefallen,° daß ich nicht mittrinke?

Oh — sagt er, ich dachte, Sie hätten keine Lust.

Mit einem Gast trinkt man trotzdem.

Warum also nicht?

Es sind zwei Flaschen, sagt sie. Damit Gottes Wille geschieht. Will er es nicht, so werden Sie weiterleben. Wenn es nach mir ginge, nicht. Zwei für zwei, das ist gerecht.° Ich habe immer gewußt, daß Sie eines Tages kommen würden. Sie oder ein anderer. Und nun sind Sie ja auch gekommen. Aber ich habe zuviel Zeit gehabt. Der Haß° läßt nach.° Am Anfang stand nur eine Flasche bereit,° die mit dem Gift.° Gift in der leeren Flasche, Wein dazu, wenn der Tag kommt. Aber dann sind mir Zweifel° gekommen. Es steht geschrieben: Mein ist die Rache,° spricht der Herr. Ich habe eine zweite Flasche danebengestellt, ohne Gift, und habe die beiden im Dunkeln so oft vertauscht, bis ich sie nicht mehr auseinanderkannte. Als ich Sie vorhin ins Dorf fahren sah, habe ich die Flaschen mit Wein gefüllt.

Sie nimmt die nun leere Flasche in die Hand, dreht sie und sagt mit einer Stimme, als spreche sie von der Möglichkeit einer Wetteränderung:° Nun kommt es darauf an.

Wirkt das Gift schnell?

Ich weiß es nicht. Nur wäre es zwecklos,° wenn Sie jetzt noch etwas zu tun versuchten. Es geht gleich ins Blut. Sie kämen zu spät. Ich habe sogar den Namen gewußt, aber diese lateinischen Wörter, man vergißt sie.

Schmeckt es bitter? Oder wie schmeckt es?

Ich weiß nicht. Ich habe es ja nicht versucht.

Wenn ich sterbe, sagt er, was geschieht dann mit Ihnen? Wir sind nicht mehr im Krieg. Haben Sie das bedacht?° Man wird Sie verurteilen.°

5

10

15

20

25

30

35

40

21

Nein. Es wird nie herauskommen. Sie kennen die
Leute hier nicht. Ein Ausländer, der mittags im Land
herumfährt und stirbt: Hitzschlag.° Man wird es
nicht untersuchen. Doch selbst wenn — ich bin alt.
Mir macht es nichts mehr aus. Nicht viel.

Ich bin unschuldig,° sagt er. Ich habe Piatgorsky
nie gesehen.

Das macht doch nichts, sagt sie sanft. Mein Sohn
war auch unschuldig, er lief nur so dazwischen.
Er war erst dreizehn. Er würde jetzt für mich
sorgen.

Was soll ich tun? Er wundert sich,° daß er sie das
fragt, sie, die Frau, die seinen Tod will.

Sie wollten doch das Grab fotografieren? Kommen
Sie, ich zeige Ihnen den Weg. Der Friedhof liegt
außerhalb. Sie müssen zu Fuß hin.

Als sie hinaustreten in den grellen Tag, ist ihm, als°
könne, was er im Dunkeln drinnen erfahren,° hier
unter dem Licht nicht wahr sein. Ein schlechter Film,
und nun ist er zu Ende. Aber die Platzanweiserin° ist
immer noch da.

Wann wirkt es?

Ich weiß es nicht.

Merkt man nichts vorher?

Ich glaube nicht. Aber ich weiß es nicht.

Was werden Sie tun, wenn ich davonkomme?° Auf
den nächsten Deutschen warten?

Natürlich nicht. Sie bleibt stehen, sieht ihn an, und
sagt: Ich werde dann selber die andere Flasche
austrinken.

Warum?

Zur Buße° für meinen Haß. Weil Gott gegen mich
war.

Schweiß° tritt ihm auf die Stirn.° Darf er nicht
einmal ungestraft° hoffen, die falsche Flasche er-
wischt° zu haben?

Tun Sie's nicht, sagt er. Das wäre sinnlos.

Ach, erwidert° sie mit einer wegwerfenden° Hand-
bewegung, was verstehen Sie davon! Sie begleitet°
ihn bis zum Dorfausgang und zeigt ihm den Weg zu

---

r Hitzschlag   *heatstroke*

unschuldig   *innocent*

sich wundern   *be sur-
prised*

ihm ist, als   *he feels as if*
erfahren   *experience*

e Platzanweiserin   *usherette*

davon·kommen   *get away*

e Buße   *penitence*

r Schweiß   *sweat*
e Stirn   *forehead*
ungestraft   *unpunished*
erwischen   *catch*

erwidern   *reply*
wegwerfend   *disparaging*
begleiten   *accompany*

22

verfehlen *miss*

den Gräbern. Dort hinauf, geradeaus. Es ist nicht zu verfehlen.°

Dann geht sie zurück. Er sieht ihr nach, wie sie, schwarz zwischen den weißen Mauern, kleiner wird und sich kein einziges Mal nach ihm umdreht.   5

Questions on the Reading Selection

1. Wo befindet sich Ganzenmüller am Anfang der Erzählung? **2.** Warum reist er nach Italien? **3.** Warum macht er den weiten Umweg nach San Gelsomino? **4.** In welchem Zustand ist sein Auto? **5.** Warum weiß er nicht genau, wo er ist? **6.** Was hat er den Piatgorskys versprochen? **7.** Was denkt er über den Krieg? **8.** Was hat er selbst während des Krieges getan? **9.** Warum kann er auf dem Hügel nicht weiterfahren? **10.** Wie sieht der kleine Ort aus? **11.** Was geschieht, als er ruft und an eine Tür klopft? **12.** Beschreiben Sie die alte Frau und was sie tut! **13.** Warum tritt Ganzenmüller in ihr Haus ein? **14.** Beschreiben Sie das Zimmer und seine Atmosphäre! **15.** Was antwortet die Frau auf seine Frage, wo San Gelsomino ist? **16.** Warum bricht er nicht gleich auf? **17.** Worüber unterhalten sich die beiden? **18.** Was erzählt sie ihm über Piatgorsky? **19.** Wie hat sie ihren Mann und ihren Sohn verloren? **20.** Warum trinkt sie nicht mit ihrem Gast? **21.** Warum gab es zuerst eine, dann aber zwei Flaschen? **22.** Was weiß sie über das Gift? **23.** Was wird geschehen, wenn Ganzenmüller stirbt? **24.** Was soll Ganzenmüller tun? **25.** Was ist sein Gedanke, als er wieder im Hellen ist? **26.** Was wird die alte Frau tun, wenn er nicht stirbt? **27.** Was ist ihr Grund?

Topics

1. Zuerst erschien diese Erzählung unter dem Titel, „Wo die Straße aufhört". Besprechen Sie die verschiedenen Bedeutungen dieses Titels, so z. B. die symbolische, besonders im Hinblick auf die alte Frau und den Deutschen! **2.** Wie versteht die alte Frau den Begriff Gerechtigkeit? **3.** Besprechen Sie die Frage, ob Ganzenmüller schuldig ist!

5 Peter Handke

Die Überschwemmung

PETER HANDKE wurde 1942 in Griffig (*Carinthia*) geboren. Er studierte Jura und lebt seit 1970 als freier Schriftsteller in Paris.

EINIGE WERKE: *Kaspar* (1968), *Der Ritt über den Bodensee* (1971), Dramen; *Die Hornissen* (1966), *Der Hausierer* (1967), Romane.

Active Vocabulary

wahrscheinlich probably
lügen, o, o to tell lies
die **Richtung** direction
geraten (ä), ie, a to get into
die **Brust, —, ⁻e** chest
der **Rock, –(e)s, ⁻e** jacket
die **Mücke** mosquito
sich **bewegen** to move
sonst otherwise
die **Ameise** ant
sich **retten** to save oneself

das **Taschentuch, –(e)s, ⁻er** handkerchief
sich **an·ziehen, o, o** to get dressed
der **Lärm, –(e)s** noise
das **Dach, –(e)s, ⁻er** roof
reiben, ie, ie to rub
stumm silent, mute
treiben, ie, ie to float
der **Bauch, –(e)s, ⁻e** stomach, belly
wischen to wipe

Idioms

etwas ist los something is the matter; something is up

auf einmal all at once, suddenly

24

Grammar References

CONJUGATION
- **8** Present Perfect and Past Perfect Tense, p. 206
- **10** The Imperative, p. 211
- **31** Primary Subjunctive for Hortatory and Optative, p. 241

DECLENSION
- **47(A, B)** Noun Gender, p. 269
- **49(A–C)** Strong Noun Declension, p. 275
- **51(A–C)** Mixed and Irregular Noun Declension, p. 277
- **52** Special Declension Problems, p. 279
- **53(A, B)** Definite Article and **der**-Words, p. 281
- **55** Personal Pronoun, p. 286
- **57** Reflexive and Reciprocal Pronoun, p. 289

Die Überschwemmung°

e Überschwemmung
flood

E in Mann steht im Fluß, sagte ich. Er steht mitten
im Geröll° und hält den Kopf gesenkt;° die Arme

s Geröll *coarse gravel*
gesenkt *inclined*

hängen an ihm herunter. Wahrscheinlich ist er von
dem Ufer,° an dem wir sitzen, in das Flußbett ge-

s Ufer *bank (of a river)*
gestiegen *climbed*

stiegen° und über die Steine langsam zum Wasser hin   5
gegangen; weil wir so weit weg von ihm sind, scheint
er unmittelbar° vor den Wellen° zu stehen: mit einem

unmittelbar *immediately*
e Welle *wave*

Schritt würde er bis zu den Knien im Wasser sein,
mit dem nächsten würde der Fluß ihn mit sich rei-

reißen *tear*

ßen.° Er steht aber gewiß nicht so nahe daran, sondern   10
einige Meter entfernt;° eigentlich müßte er mich also

entfernt *removed*

hören.

    Er hört dich nicht, sagte mein Bruder. Ruf ihn.

    Nein, sagte ich.

    Schaut er etwas an? fragte er.   15

    Ich weiß nicht, sagte ich. Ich sehe ihn nur von hin-
ten. Die Linie seines Gesichtes ist so hell von der

erkennen *recognise*

Sonne, daß ich nichts erkenne.° Vielleicht sind seine
Augen geschlossen. Er ist über die Steine gegangen
und steht dort und schläft im Flußbett.   20

25

Du lügst, sagte mein Bruder. Es steht gar kein Mann im Fluß.

Es ist Herbst, sagte ich. Da steigen die Steine aus den Flüssen. Gießkannen° und Äste° liegen darauf; nur in der Mitte fließt das Wasser. 5

Nimm mich an der Hand und hilf mir hinunter, sagte mein Bruder.

Kannst du nicht ohne Hilfe gehen? fragte ich.

Das ist eine Frage, sagte er.

Ist vielleicht etwas los mit dir? fragte ich. Hast du 10 dir ein Bein gebrochen?

Wenn du nicht willst, gehe ich allein weiter, sagte mein Bruder. Ich werde den Mann fragen, was er anschaut.

Du wirst ihn aber nicht finden, sagte ich. Du wirst 15 in die falsche Richtung gehen und in die Pfützen° und in den Schlamm° geraten; dort wirst du einsinken und nicht mehr herauskommen. Gib mir die Hand.

Hört er uns noch immer nicht? fragte er. Wir gehen über die Steine wie auf einem Straßenpflaster.° 20

Er hört uns nicht, sagte ich. Er verschränkt° gerade die Arme über der Brust und schiebt die Hände unter den Rock, um sich zu wärmen.

Ist jetzt die Sonne untergegangen? fragte mein Bruder. 25

Die Sonne? fragte ich.

Mir ist auf einmal ganz kalt geworden, sagte er.

Du bist in den Schatten° gekommen, sagte ich.

In den Schatten der Bäume vom andern Ufer? fragte er. 30

In den Schatten des Mannes, sagte ich. Dein Gesicht ist im Schatten des Mannes.

Was tut der Mann? fragte er.

Er schaut auf einen Stein, sagte ich.

Er dreht sich nicht nach uns um?° fragte er. 35

Er starrt immerzu auf den Stein, sagte ich.

Was ist es für ein Stein, fragte mein Bruder.

Er ist rund, sagte ich, und liegt mit seinem unteren Teil in einer Lache,° zu der vom Fluß her eine schmale Rinne° führt. Das Wasser um den Stein ist 40

e Gießkanne *watering can*
r Ast *branch*

e Pfütze *puddle*
r Schlamm *mud*

s Pflaster *pavement*
verschränken *cross*

r Schatten *shadow*

sich um·drehen *turn round*

e Lache *puddle*
e Rinne *rivulet*

26

s Gefrieren *freezing*

r Krebs *crayfish*

ruhig und klar wie vor dem Gefrieren.° Ich kann auf dem Grund den Glimmer sehen.

Und ist kein Tier darin? fragte er. Kein Krebs° und kein Wurm?

Eine Mücke ist darin, sagte ich. 5

Und sie bewegt sich nicht? fragte er.

Sie schwimmt im Kreis, sagte ich.

Ist sie tot? fragte er.

Ja, sagte ich.

Wenn sie tot ist, dann muß das Wasser sich be- 10 wegen, sagte er.

Es steigt, sagte ich. Es kommt die Flut. *flood*

Das ist ein Fluß, sagte mein Bruder, und nicht das Meer.

Es ist das Meer, sagte ich, es ist der Ozean. 15

Es ist der Fluß, sagte er, und wir sind allein. Es ist kein Mann da.

Ja, sagte ich. Wir sind allein. Wir sind von dem Ufer, an dem wir saßen, in das Flußbett gestiegen und stehen vor einem Stein mitten im Geröll. Der 20 *pebbles* obere Teil des Steines ist noch frei von Wasser; in *mud* den Rillen° liegt getrockneter° Schlamm; sonst ist nichts auf ihm zu sehen.

e Rille *furrow*
getrocknet *dried*

Vielleicht eine Ameise, sagte mein Bruder.

Zwei Ameisen, sagte ich. Sie haben sich auf den 25 *rock* Felsen gerettet und kriechen° darauf umher; vom Flugzeug° aus sind sie zu sehen wie Ameisen. Sie *ant* winken zu uns herauf und schreien. Wenn wir Taschentücher hätten, könnten wir zurückwinken.°

kriechen *crawl*
s Flugzeug *airplane*

winken *wave*

Sind es Kinder? fragte mein Bruder. 30

Ja, sagte ich. Sie liegen nun auf dem Felsen und krallen sich° in den Stein. Dann steht ein Kind auf und schaut über das Wasser. Ob es noch immer steigt? sagte es zum andern. Ich kann nichts sehen. Ich friere. 35

sich krallen *claw to*

Ich friere auch, sagte mein Bruder. Der Wind ist kälter geworden.

Zieh meinen Pullover an, sagte ich.

Warum schaust du auf den Stein? fragte er. Gehn wir lieber nach Hause. 40

27

Nein! sagte ich.

Was ist? fragte er. Warum schreist du?

Das Wasser, sagte ich.

Sprich lauter, sagte er. In dem Lärm der Motoren
kann ich gar nichts verstehen.   5

Das Wasser hat sich vorgeschoben und die beiden
auf eine kleine Fläche zurückgedrängt,° sagte ich.
Das eine Kind zerrt° das andre wie eine Puppe° hinter
sich her. Das Wasser jedoch steht schon wieder; es ist
an ihm selbst keine Bewegung zu erkennen. Ein Dach   10
schaukelt° darin auf und ab; es ist aus Stroh.° Das
Wetterkreuz° am First° dreht sich heftig,° während
das Dach schaukelt. Der Wind dort unten muß
stürmisch sein; wo das Stroh weggerissen ist, flattern
zwischen den Sparren° die Kleider, die aus den   15
Kästen° und Truhen° geschwemmt° worden sind.

Schreien die Kinder? fragte mein Bruder.

Ja, sagte ich. Sie schreien. Ich erkenne es an den
schwarzen geöffneten Gesichtern, die zu uns empor
gerichtet° sind; aus der Nase des einen rinnt das   20
Blut. Dieses Kind hat nur noch den rechten Schuh;
die schlammbedeckte° Spitze° weist ebenfalls zu uns
herauf;° die Füße des anderen Kindes sind nackt; die
Zehen reiben aneinander.

Und das Wasser? fragte mein Bruder.   25

Es steht noch immer rund um die beiden, sagte
ich. Sie kauern° in der Mitte des trockenen Kreises.
Plötzlich starren sie auf das Wetterkreuz. Wahrscheinlich können sie es knarren° hören, während
es sich dreht; wir hier oben hören nichts davon. Jetzt   30
bricht das Wasser an einer Stelle in den Kreis und
benetzt° den Schuhabsatz° des einen Kindes. Sofort
verstummen die beiden und drängen gegeneinander,
sodaß sie kaum mehr zu unterscheiden sind. In dem
Augenblick —   35

Nein, sagte mein Bruder.

In dem Augenblick, sagte ich, treibt aus der Fins-
ternis° ein totes Schwein heran und fährt langsam
an den Kindern vorbei. Ohne um die Bewegung
ihrer Arme zu wissen, streichen sie mit dem Hand-   40

zurück·drängen *push back*
zerren *pull*
e Puppe *doll*

schaukeln *sway*
s Stroh *thatch*
s Wetterkreuz *weather-vane*
r First *ridge*
heftig *violently*
r Sparren *rafter*
r Kasten *box*
e Truhe *trunk*
schwemmen *carry off*

empor gerichtet *raised upward*

bedeckt *covered*
e Spitze *tip*
herauf·weisen *point upward*

kauern *squat*

knarren *squeak*

benetzen *wet*
r Schuhabsatz *heel (of a shoe)*

e Finsternis *darkness*

verschleiert *veiled*	rücken zur gleichen Zeit über die verschleierten°
	Augen und schauen auf das Schwein; der Bauch
schimmern *shine*	schimmert° schaukelnd aus dem Wasser. Ein
s Staunen *surprise*	Schwein, sagt das eine zum andern voller Staunen.°
	Ein Schwein, sagt das andre und wischt sich das 5
	Blut von den Lippen. Und während sie dasitzen
entstehen *develop, arise*	und über das Schwein reden, entsteht° ganz weit am
s Beben *tremor*	Horizont in der Tiefe des Wassers ein Beben,° das
	durch die Dörfer und Wälder wandert und die
knicken *break*	Bäume knickt,° ohne daß wir es sehen. 10

Gehn wir zurück, sagte mein Bruder. Gehn wir
zurück!

Und auf einmal° sagte ich, und auf einmal, auf
einmal, auf einmal hebt sich das Wasser, auf einmal
hebt sich das Wasser, hebt sich das Wasser, auf ein- 15
mal hebt sich das Wasser und, das Wasser hebt sich
und und und und und und undundund

Nein! sagte mein blinder Bruder.

Und   jetzt, sagte ich.

Questions on the Reading Selection

1. Wer erzählt die Geschichte? **2.** Wo befindet er sich? **3.** Wer ist bei ihm?
4. Wen sieht er im Fluß? **5.** Wo steht der Mann wirklich? **6.** Warum kann der
Mann die Kinder nicht hören? **7.** Warum kann man nicht erkennen, was der
Mann tut? **8.** Worum bittet der Bruder den Erzähler? **9.** Warum darf er nicht
allein gehen? **10.** Warum wird seinem Bruder plötzlich so kalt? **11.** Worauf
schaut der Mann? Beschreiben Sie das Objekt! **12.** Wie weiß man, daß das Wasser
sich bewegt? **13.** Warum bewegt sich das Wasser? **14.** Wo stehen die Brüder
jetzt? **15.** Gibt es zwei Ameisen? **16.** Gibt es andere Kinder? **17.** Was sagt
der Erzähler über die Kinder? **18.** Warum frieren beide Brüder? **19.** Warum
will der Erzähler nicht nach Hause gehen? **20.** Hört der Bruder des Erzählers
Motoren? Was hört er wirklich? **21.** Was ist auf dem Wasser zu sehen?
22. Wieso scheint der Wind stürmisch zu sein? **23.** Woher weiß man, daß die
Kinder schreien? **24.** Beschreiben Sie beide Kinder! **25.** Wo sind die Kinder
jetzt? **26.** Was geschieht, als das Wasser den Schuh des einen Kindes benetzt?
27. Beschreiben Sie das neue Objekt, das herangeschwommen kommt! **28.** Was
tun die Kinder, als sie es sehen? **29.** Was für eine Wirkung hat das Beben des
Wassers? **30.** Was geschieht im letzten Augenblick der Geschichte?

Topics

1. Besprechen Sie das Verhältnis der beiden Kinder zueinander! 2. Welche anderen Personen werden in der Erzählung genannt? Was bedeutet die Beschreibung des Mannes und der anderen Kinder? Wissen wir genau, wie viele Personen wirklich da sind? 3. Mit welchen Mitteln verwischt der Autor die Grenzen zwischen Phantasie und Wirklichkeit?

Herbert Eisenreich

6 *Die blaue Distel der Romantik*

HERBERT EISENREICH wurde 1925 in Linz geboren. Er war im Zweiten Weltkrieg und kehrte 1945 aus der Kriegsgefangenschaft zurück. Er studierte Germanistik, wohnte mehrere Jahre in Deutschland und zog dann nach Österreich, wo er jetzt als freier Schriftsteller lebt.

EINIGE WERKE: *Auch in ihrer Sünde* (1953), Roman; *Böse schöne Welt* (1956), *Sozusagen Liebesgeschichten* (1965), Erzählungen; *Reaktionen* (1964), Essay.

Active Vocabulary

passieren to happen	die **Kellnerin**, —, –nen waitress
die **Gefahr** danger	der **Sessel**, –s, — armchair
das **Ziel**, –(e)s, –e goal	die **Flasche** bottle
wichtig important	**blühen** bloom
heben, o, o to lift	der **Ort**, –(e)s, –e place
der **Blick**, –(e)s, –e glance	der **Eimer**, –s, — pail

Grammar References

CONJUGATION

- **3** Strong Verbs: Ablaut Classes, p. 194
- **4** Special Strong and Hybrid Verbs, p. 200
- **9(E)** Tense Usage, p. 208
- **13** Conjugation of Modal Verbs, p. 217
- **14** Use of Modal verbs with Dependent Infinitive, p. 218

e Distel *thistle*

Die blaue Distel° der Romantik

r Strand *beach*
besprechen *discuss*
s Ufer *shore*
e Landzunge *peninsula*

entdecken *discover*
gezackt *jagged*
e Blüte *blossom*
schmal *narrow*
r Spieß *spear*
es kommt ihm schön vor
  to him it looks beautiful
ab·brocken *pluck*
fortwährend *continually*

zugleich *simultaneously*

Der Mann ging mit seinem Freund von dem Badestrand° weg und sprach mit ihm von den Dingen, die er mit Frauen niemals hätte besprechen° können. Sie gingen am Ufer° entlang und über die Landzunge° zu dem anderen Ufer und dort dann am Ufer entlang, 5 bis zu den Ruinen, die sie von ferne schon oft, doch noch nie aus der Nähe, gesehen hatten. Und dort zwischen den Steinen entdeckte° der Mann eine blaue Distel mit sechs- und sieben- und achtfach gezackten° Blüten° so schmal° und so scharf wie Spieße.° Die 10 Distel kam ihm sehr schön vor,° und er brockte sie ab,° um sie seiner Frau zu bringen. Doch fortwährend° sprach er weiter mit seinem Freund, und er sagte zu ihm: „Wer bin ich denn: bin ich noch ich, wenn ich denke, daß etwas mit mir geschieht, das noch 15 gar nicht geschehen ist und wahrscheinlich auch niemals geschehen wird? Bin ich nun der, dem's geschieht, oder immer noch der, dem es nicht geschieht? Oder bin ich dann beide zugleich,° oder keiner von beiden?" Den ganzen sehr weiten Weg lang spra- 20 chen sie also von diesen Dingen, die er mit Frauen niemals hätte besprechen können, und immer

noch trug er die Distel, und als sie dann, nah
von dem Bungalow, wo sie wohnten, in einem Gast-
hause ein Glas Wein tranken, sprachen sie immer
noch von den Dingen. Dann gingen sie weiter und
kamen sehr bald zu dem Haus, und da stand, in wei- 5
ßer Schürze° vorm roten Kleidchen, die Frau von dem
Mann, der die Distel abgebrockt hatte, auf spitzen
Zehen° im Gras und nahm die Badetrikots von der
Leine, und als er sie sah, da gewahrte° der Mann, daß
er die Distel auf der Terrasse des Gasthauses liegen- 10
gelassen hatte. Er schämte sich,° und er sagte zu seiner
Frau: ,, Jetzt hab' ich dir etwas mitbringen wollen,
und habe es mitgebracht fast bis hierher, und dann
hab' ich es liegengelassen bei einer Rast.``° Sie lachte
ihn lauthals° an und sagte: ,, Das kann ja ein jeder 15
sagen!`` Er stand noch, aber zuinnerst war er schon
auf dem Wege zurück zum Gasthaus gewesen, und
also, obwohl er's nach ihrer Antwort schon gar nicht
mehr wollte, machte er kehrt° und ging zu dem
Gasthaus zurück, um die Distel zu holen. Es war ein 20
sehr kurzer Weg, doch er kam ihm sehr lang vor, und
deshalb ging er sehr schnell. Er dachte, er hätte nicht
so viel reden sollen von all jenen Dingen, dann wär'
ihm das nicht passiert. Dann aber dachte er, daß es
doch unnütz° sei, zurückzugehen und die Distel zu 25
holen, denn wenn er die Distel dort liegengelassen
hatte, dann hatte das wohl einen Grund gehabt; und
er forschte° nach diesem Grund, und er dachte, er
habe die Distel nur deshalb dort liegengelassen, um
nicht in Gefahr und Verdacht° einer Lüge zu kom- 30
men. Er dachte, daß es die allerbanalste Lüge gewesen
wäre, wenn er die Distel ihr heimgebracht hätte.
Doch weil er die Distel den weiten Weg lang getragen
hatte bis nah an das Ziel, aber nicht bis ans Ziel:
drum war ihm die Distel jetzt wichtig. Und deshalb 35
ging er noch schneller,
  und ist dann auch schon in dem Gasthaus, und da
auf dem Tische liegt sie ja noch, die Distel; er hebt sie
hoch und hebt auch den Blick, und in dem Blick steht
die Kellnerin, die ihnen vorher den Wein gebracht 40

e Schürze *apron*

e Zehe *toe*
gewahren *notice*

sich schämen *be ashamed*

e Rast *rest*
lauthals *heartily*

kehrtmachen *turn around*

unnütz *useless*

forschen *search*

r Verdacht *suspicion*

33

s Gebiß   *set of teeth*
quellend   *full*
blitzen   *gleam*

schenken   *present, give*
stürzen   *throw oneself*

e Brüstung   *banister*

abschätzend   *appraising*

e Hoffnung   *hope*
geeignet   *appropriate*
tilgen   *eradicate*

ab·räumen   *clear*

hat, und erst jetzt aber sieht er ihr weißes Gebiß,°
wenn sie lacht, aus den blutvoll quellenden° Lippen
blitzen,° und da er das sieht, da weiß er: ihr nur
gehört diese Distel, und deshalb nur hat er sie liegengelassen hier, und er schenkt° ihr die Distel und 5
stürzt° in ihr Lachen, mitten hinein in das weiße
Gebiß dieses göttlichen Tieres,

doch immer noch war er nicht dort und ging immer
noch schneller,

und ist dann auch schon in dem Gasthaus, und da 10
an der Brüstung° steht eine Frau und dreht in der
Hand die Distel und blickt auf die Distel und dann
auf den Mann neben ihr und dann abschätzend° her
zu ihm, der die Distel gebrockt und den weiten Weg
lang getragen hat, doch sie glaubt, daß der Mann 15
neben ihr das getan hat, und lächelt dem Mann
deshalb zu und läßt ihm die heiße Hand auf der
steinernen Brüstung, und bald wird es nicht nur die
Hand sein, und alles für diese Distel, die nicht der
Mann neben ihr, sondern er gebrockt und hierher 20
getragen hat,

doch da war er noch immer nicht dort und ging
schneller als je zuvor,

und ist dann auch schon in dem Gasthaus, und da
ist nirgends mehr diese Distel, die er so lange getragen 25
hat: auf dem Tisch nicht und nicht auf dem Sessel
und nirgendwo sonst, und einen Tag später erst sieht
er sie wieder, im Schlafzimmer seiner Frau, und sie
hat die Distel geschenkt bekommen von einem Mann,
der die Distel da auf der Terrasse gefunden und gar 30
nicht selber gebrockt und nicht selber den weiten
Weg lang getragen hat, nur gefunden und ihr geschenkt, und sie hat sie genommen und an ihr Bett
gestellt,

und deshalb lief er jetzt schon, denn die Distel war 35
ihm jetzt wichtig wie nichts auf der Welt; sie war
seine Hoffnung,° sie war seine Chance: sie schien
ihm geeignet,° just das zu tilgen,° weswegen er sie
dort liegengelassen hatte. Er flog hinauf und hin zu
dem Tisch, der schon abgeräumt° war, aber unter 40

hastig *hastily*
eilen *hurry*

dem Sessel, blau überm Grau des Betons, lag die
Distel, und hastig° nahm er die Distel an sich und
eilte° zurück zu dem Haus und gab sie der Frau, und
die Frau nahm die Distel und tat sie in eine der leeren
Tuborg-Flaschen aus meergrünem Glas; denn sie 5
hatte eine sehr große Liebe zu allem, was blühte, und
drei Tage später war sie schon nicht mehr bei ihm.
Auch der Mann verließ dann den Ort, und es kamen
dann andere Sommergäste; und einer von denen
nahm dann die Tuborg-Flasche, in der das Wasser 10

verdunsten *evaporate*
stach(e)lig *prickly*
s Gestrüpp *brush*
r Abfalleimer *garbage
  pail*
murmeln *murmur*
e Schlamperei *sloppiness*

verdunstet° war, mit dem stachelig° grauen Ge-
strüpp° darin, und warf sie in einen Abfalleimer,° und
murmelte° etwas von typisch südlicher Schlamperei.°

Questions on the Reading Selection

1. Wo geht der Mann mit seinem Freund spazieren? **2.** Wo findet er die Distel,
und wie sieht sie aus? **3.** Welche Frage stellt der Mann seinem Freund? **4.** Wo
finden sie seine Frau, als sie nach Hause kommen? **5.** Was sagt der Mann zu
seiner Frau? **6.** Warum hat er keine Lust mehr, die Distel zu suchen? **7.** Warum
hat er die Distel liegenlassen? **8.** Was passiert in seiner ersten Phantasie im
Gasthaus? **9.** In seiner zweiten? **10.** In seiner dritten? **11.** Wo findet er die
Blüte dann? **12.** Was geschieht mit der Blume? **13.** Was geschieht mit dem
Ehepaar?

Topics

1. Die „blaue Blume", das Ziel der Sehnsucht, das man nie finden kann, ist ein
Zentralsymbol der deutschen romantischen Literatur. Auch wenn Sie diese Literatur nicht kennen, könnten Sie darüber diskutieren, was für eine Blume der Autor
seinen Mann *finden* läßt, und warum. **2.** In welcher Beziehung steht die Unterhaltung der beiden Männer bei ihrem Spaziergang zu den Phantasien bei der
Suche nach der Distel? **3.** Warum kann der Mann solche Dinge nicht mit Frauen
besprechen? Diskutieren Sie über seine Beziehung zu seiner Frau und die Entwicklung dieser Beziehung!

7 Jens Rehn

Singen sie wieder?

JENS REHN wurde 1918 in Flensburg geboren. Er wuchs in Berlin auf und studierte Philosophie, Anglistik und Musikwissenschaft. Er lebt jetzt als freier Schriftsteller in Berlin und arbeitet als Redakteur beim Berliner Rundfunk.

EINIGE WERKE: *Feuer im Schnee* (1956), *Die Kinder des Saturn* (1959), Romane; *Der Zuckerfresser* (1961), *Das einfache Leben und der schnelle Tod* (1966), Erzählungen.

Active Vocabulary

schief oblique
begrenzen to limit
zerstören to destroy
die **Wirtschaft** economy
der **Platz, –es, ⸚e** spot, square
die **Mütze** hat, cap
das **Tuch, –(e)s, ⸚er** fabric, cloth
der **Stern, –(e)s, –e** star
das **Tor, –(e)s, –e** gate
stricken to knit
gemütlich cozy
waagerecht horizontal
sammeln to collect
die **Feier** ceremony

schaffen to master
die **Schwierigkeit** difficulty
schreien, ie, ie to scream
ziemlich rather
öffnen to open
die **Treppe** stairs
die **Reihe** series, row
die **Zahl** number, figure
das **Gebiet, (e)s, –e** area, field
krumm bent
ehemals formerly
erziehen, o, o to educate
zahlen to pay

Idioms

wie es sich geziemt as it is fitting
So gehört es sich. Thus it behooves; as is right and proper.
Irgendetwas war los. Something was happening.

Es ist aus. It's over.
Es ist soweit. Time has come.
Sieh mal einer an. Just have a look; what do you know.
Ich bin dran. It's my turn.

Grammar References

CONJUGATION
- 12 Meaning of Modal Verbs, p. 215
- 13 Conjugation of Modal Verbs, p. 217
- 15 Use of Modal Verbs Alone, p. 219
- 18 Impersonal Constructions, p. 222
- 31(A, B) Primary Subjunctive for Hortatory and Optative, p. 241

DECLENSION
- 39(E) Genitive Case, p. 253
- 41(D) Accusative Case, p. 259
- 53(A, B) Definite Article and **der**-Words, p. 281
- 62(A, B) Indefinite Pronoun, p. 295

SYNTAX 85 Translation Aids: German to English, p. 328

Singen sie wieder?

I *Daten*

Zeit: Freitag, 26. Februar 1965, nachmittags.
Ort: Stadtplan „Berlin in der Tasche", Seite 39, Quadrat B 7: ein etwas schiefes Viereck, begrenzt im Norden von der Grunewaldstraße, im Osten von der Apostel-Paulus-Kirche, im Westen von der Klix- 5 straße und im Süden von der Apostel-Paulus-Straße.
Wetter: Heftiger° Schneesturm.
Bebauung° des schiefen Vierecks:
a) früher: Das staatliche Prinz-Heinrichs-Gymnasium und Realgymnasium mit dem drei- 10 geschossigen° Hauptgebäude, der Turnhalle° und einer Dienstvilla,° alles aus roten Klinkerziegeln° gebaut. Der Schulhof ist mit vielen Bäumen, vorwiegend° Akazien, bestanden;° an seiner Nordseite steht ein Ehrenmal° für die 15 Gefallenen 14/18.

heftig *violent*
e Bebauung *construction*
dreigeschossig *three-story*
e Turnhalle *gymnasium*
e Dienstvilla *director's house*
r Klinkerziegel *glazed brick*
vorwiegend *mostly*
bestanden *planted, growing*
s Ehrenmal *monument*

37

e Wirtschaftsschule
  school of economics and commerce
unbeschädigt *undamaged*
ehemalig *former*
e Grünanlage *landscaping*
einbezogen *incorporated, included*
seinerzeit *then*

r Vergleich *comparison*

e Eiskonditorei *ice cream parlor*

e Kneipe *tavern*

verputzt *plastered*

e Versetzung *promotion*
s Zeugnis *report card*

fällig *due*
zinnoberrot *vermilion*

s Rudel *group*

b) heute: Auf den Fundamenten des gegen Ende des Krieges 39/45 zerstörten Gymnasiums ist eine Wirtschaftsschule° errichtet worden. Die Turnhalle ist verschwunden, die Dienstvilla unbeschädigt.° Der ehemalige° Schulhof ist in die Grünanlagen° der Kirche mit einbezogen° worden. Das Ehrenmal steht am alten Platze.

Umgebung (seinerzeit° für die Schüler wichtige Punkte):

a) Die großgoldene Uhr am Hauptturm der Apostel-Paulus-Kirche (Zeitvergleich°/Stundenende).

b) Die Mädchenschule, 5 Minuten ab, am Barbarossa-Platz (zerstört).

c) Die Eiskonditorei° um die Ecke in der Schwäbischen Straße (zerstört).

d) Das Geschäft „Dirks Hüte" gegenüber dem Schuleingang.

e) Die Kneipe° an der Ecke Grunewald- und Klixstraße, in der ich jetzt sitze und schreibe, mit Blick auf die braungrau verputzte° Fassade der Wirtschaftsschule und in die Grunewaldstraße hinein.

II *Ostern 1932*

Meine Versetzung° nach Untertertia U III rg.[1] Mit dem brandneuen Zeugnis° in der Mappe rüber zu „Dirks Hüte", mein Vater erwartet mich dort, die neue Schülermütze ist fällig:° zinnoberrotes° Tuch, weißblaues Band, an der linken Seite drei Sterne, zwei silberne — für Englisch und Französisch — und ein goldener — für Latein. Die Sextaner und Quintaner haben es wie immer am eiligsten, in Rudeln° überqueren sie die Straße. Die alten Herren ab Obersecunda[1] bewegen sich gelassen, wie es sich geziemt. „Wie es sich geziemt" ... wie heißt denn diese Formel noch auf lateinisch? Weiß nicht. keine

---

[1] e Untertertia . . . Obersecunda *Latin designations referring to Gymnasium classes:* Sexta *first,* Quinta *second,* Untertertia *fourth,* Oversecunda *seventh class*

e Ahnung *idea*

wütend *furious*
schnappen *snap*

schneeverklebt *snow-covered*

biegen *turn*

r Schädelumfang *skull size*
zugenommen *increased*
witzeln *joke*
e Aussicht *prospect, expectation*

um·rennen *run over*

e Auseinandersetzung *argument*
verhauen *fail*

e Kneipenwirtin *tavern-keeper*
r Tresen *counter*

fegen *sweep*

erträglich *bearable*
aus·fallen *turn out*
kommissarischer Leiter *acting head*

Ahnung° mehr. Am Tor steht Dr. Paetzel und führt um ein anderes Mal Krieg mit seiner Obertertia:[2] ich sehe, wie sein Mund wütend° auf- und zuschnappt,° hören kann ich ihn nicht hinter diesem schneeverklebten° Kneipenfenster. Salomon Birnbaum — wir werden im nächsten Schuljahr Mathematik und Physik bei ihm haben — biegt° um die Ecke, er lacht vor sich hin, als er glaubt, daß ihn niemand mehr sehen kann. 5

Bei Dirks im Laden ist es brechend voll. Mein 10 Schädelumfang° hat schon wieder einen Zentimeter zugenommen,° mein Vater witzelt° über die Aussichten,° und ich mag das nicht besonders gern. Die neue, rote Mütze also.

Vor der Tür rennen wir fast Balduin Fischer um,° 15 meinen letzten Lateinlehrer. Mein Vater und er kennen sich von einer stürmischen Auseinandersetzung° her, im Herbst hatte ich eine Serie von Arbeiten verhauen.° Ein sehr kühles „Guten Tag": gehabte Schmerzen hab' ich gern. 20

Darauf einen Cognac. Die Kneipenwirtin° sitzt hinter ihrem Tresen° und strickt. Sonst ist niemand da. Ich rufe lauter. Es ist gemütlich warm. Der Sturm fegt° den Schnee waagerecht am Fenster vorbei. 25

III *Herbst 1934*

Das Zeugnis ist erträglich° ausgefallen.° „Dräbert" und „Kommissarischer Leiter"° steht unten auf dem Zeugnis. Unser alter Dr. Schönbrunn ist ja schon lange weg. Soll ein Sozi[3] gewesen sein, daher. Auch andere Lehrer haben die Schule verlassen. Dr. Hirsch 30 zum Beispiel. Und „Tönnchen".

„Wer ist Tönnchen?"[4] fragt mein Vater. „Habe nie gehört, daß Du bei dem Unterricht hattest."

[2] e Obertertia *fifth class in the* Gymnasium
[3] r Sozi *Social Democrat*
[4] s Tönnchen *Little Barrel, nickname*

Ich erkläre, daß Tönnchen eigentlich Prof. Rubesohn heißt und Latein und Griechisch in den oberen Klassen gibt.

„Ja, verstehe schon", sagt mein Vater.

Nun soll auch Birnbaum gehen, das hat sich her- 5 umgesprochen.° Aber wir haben Unterschriften° gesammelt in der ganzen Schule, daß er doch bitte bleiben soll.

sich herum·sprechen *become known*
e Unterschrift *signature*

„*Was* habt ihr?" sagt mein Vater. „Na und?"

Nichts, natürlich. Aber dafür haben wir neue 10 bekommen: Krohn zum Beispiel (SA),[5] dann Rees (SS),[6] dolle° Uniform, und der neue Turnlehrer ist auch SS, aber wir bleiben beim alten Lorenz, das heißt, damals war er noch gar nicht so alt. In unserer Klasse haben wir jetzt auch einen SA-Mann, Hesse 15 heißt er, raucht Stumpen° und trinkt Bier und ist noch fauler als wir. Aber die Schülermützen sind verboten:° „Vater?"

doll (toll) *terrific*

r Stumpen *stogy*

verboten *prohibited*

„Ja, mein Junge?"

„Nächstes Jahr, in Obersecunda hätte ich die 20 weiße Schülermütze bekommen."

„Ja, ich weiß", sagt mein Vater. „Aber jetzt ist Uniform erlaubt."

auf·heben *keep*

Ich habe mir meine rote Tertianermütze aufge- hoben.° Sie liegt auf dem Stuhl neben mir. Das Tuch 25 ist ausgeschossen,° die Sterne verrostet.° Die Wirtin wundert sich.° Für einen Studenten, denkt sie gewiß, ist der doch wohl ein bißchen zu alt.

ausgeschossen *faded*
verrosten *rust*
sich wundern *be surprised*

Ich trinke langsam den Rest meines Cognacs aus. Durch das Schneetreiben hindurch sehe ich drüben 30 an der Ecke Birnbaum stehen. Er hat den Mantel- kragen° hochgeschlagen und lehnt sich gegen den Sturm. Er hat keinen Hut auf.° Sein eisengraues Haar trägt eine Schneekappe, so, als stehe er schon sehr lange dort, an der Ecke, im Wetter, jahrelang. 35

r Mantelkragen *coat collar*
auf·haben *wear*

In der letzten Stunde vor den Ferien hatte es noch schnell eine Feier in der Aula gegeben, irgendetwas

[5] e SA (Sturmabteilung) *Nazi storm troops*
[6] e SS (Schutzstaffel) *Nazi security troops*

war los *was happening*
stolz *proud*

war wieder los,° etwas, worauf Deutschland stolz°
sein durfte. Wir haben fast jede Woche so eine Feier.
Dann redet der neue kommissarische Leiter mit
rotem Kopf seine langen Reden, den Bonbon[7] im

s Knopfloch *button hole*

Knopfloch.° Wir, in den hinteren Bänken der Aula   5
spielen immer Skat,[8] den hat uns unser SA-Hesse

bei·bringen *teach*

beigebracht.° Die Lehrer sitzen aufrecht und sehen
es nicht, das heißt, manche. Zum Schluß singen wir
das Deutschland-[9] und Horstwessellied,[10] gottsei-
dank aber immer nur eine Strophe. Wenn Dr. Bork   10

sonderbar *peculiar*

singt, sieht er sonderbar° aus. Vielleicht kann er gar
nicht singen, das ist vielleicht möglich. Wenn die
Schule wieder anfängt, in vierzehn Tagen, werden
wir nicht mehr so viele Jungen in meiner Klasse sein.
Die meisten Juden sind allerdings schon früher und   15

freiwillig *voluntary*
ab·gehen *leave school*
stecken *hide out*

freiwillig° abgegangen.° Ich möchte einmal wissen,
wo der kleine Martin Löffler steckt.° Und der dicke
Josselewitsch . . .

IV *1936/37, Winter*

Das Abitur[11] kommt langsam näher. Unsere Klasse
ist die erste, die ein Jahr früher aus der Unterprima[12]   20

entlassen *dismiss*
s Pensum *curriculum*

entlassen° wird. Wir haben vor- und nachmittags
Unterricht, um das Pensum° zu schaffen. Mit Jutta
von der Barbarossaschule ist es aus, weil ich ja niemals
mehr Zeit habe. Und dann noch die Schwierigkeiten

passen *suit*

mit Dr. Hecht, Deutsch, ihm paßt° mein Stil nicht,   25
ich kann schreiben, was und wie ich will. Da habe ich

wenn schon *and this is all
there was to it*

es aufgegeben, wenn schon.° Gestern Abend war die
ganze Klasse bei Birnbaum in der Wohnung, wir

[7] r Bonbon *colloquial term for the* NSDAP *badge* (National-
sozialistische Deutsche Arbeiterpartei) *worn by members of
the Nazi party*
[8] Skat *skat (a three-hand card game)*
[9] s Deutschlandlied *German national anthem*
[10] s Horstwessellied *Nazi anthem, always sung after the national
anthem. Its composer, Horst Wessel, shot by the communists,
was considered a martyr by the Nazi movement.*
[11] s Abitur *final Gymnasium examination, qualifying to enter
the university*
[12] e Unterprima *eighth Gymnasium class*

41

e Differentialrechnung *differential calculus*

s Parterre *first floor*

r Witz *joke*

unterrichten *teach*

e Fahne *flag*
verleihen *bestow*

„über die Distanz" kommen *cover the distance, i.e. survive*

horchen *listen*

schwerhörig *hard of hearing*

e Eigentumswohnung *co-operative apartment*

eine (Flasche) Selters *soda water*

hatten irgendetwas in der Differentialrechnung° nicht begriffen. Er wohnt nicht weit weg, in der Rosenheimerstraße, Gartenhaus, parterre.° Hinterher hat er uns mathematische Witze° erzählt, und seine Frau machte Kaffee für uns. Er unterrichtet° 5 jetzt an der jüdischen Schule, ist aber nicht mehr so dick wie früher. Unsere Schule hat kürzlich die HJ[13]-Fahne° verliehen° bekommen, weil so viele, über 90 Prozent dadrin sind. Birnbaum sagt, wir sollten lieber nichts mehr von seinen alten Kollegen 10 erzählen, und er fragt, was wir denn eigentlich werden wollen, nach dem Abitur, versteht sich. Nun ja, erst einmal Arbeitsdienst[14] und Wehrmacht,[15] nichtwahr. Dann Studium, mal abwarten.

„Und Du?" fragt Birnbaum. 15

Ich will zur Marine.[16] Seeoffizier. Mein Vater meint, da käme ich am besten „über die Distanz",° wie er sich ausdrückt.

Ich horche° nach drüben. Singen sie nicht schon wieder? 20

„Hören Sie etwas?" frage ich die Wirtin.

Nein, sie kann nichts hören, vielleicht auch ist sie schwerhörig,° wer weiß.

Vorhin bin ich auch in der Rosenheimerstraße gewesen. Aber Birnbaums Haus existiert nicht mehr. 25 Jetzt steht da ein glatter, hübscher Neubau, lauter Eigentumswohnungen,° da weiß man doch, was man hat.

„Noch einen Cognac", sage ich, „Und eine Selters° vom Eis!" 30

„Was!", fragt sie zurück, „Vom Eis, jetzt?"

Und ich sage: „Ja, sehr kalt."

Nun wundert sie sich schon wieder.

[13] e HJ (Hitlerjugend) *youth organization for boys 14 to 18 years of age*

[14] r Arbeitsdienst *youth labor service of one year for preliminary training, involving work on public projects, such as street construction, draining of swamps, etc.*

[15] e Wehrmacht *military forces consisting of army, navy and air force*

[16] e Marine *navy*

V *Dezember 1941*

r Urlaub *furlough, leave*
e Beschädigung *damage*
r Hafen *harbor*

üblich *usual*
s Geschrei *screaming*
s Gehaste *hurrying*
s Drängeln *pushing*
hinken *limp*
r Brocken *bit*

verwechseln *mix up*

läuten *ring*

mächtig *mighty*

r Schreck *fright*
stockdunkel *pitch black*
s Treppenhaus *staircase-hall*
erkennen *recognize*
zittern *tremble*

Ich habe Urlaub.° Mein Torpedoboot liegt mit Beschädigungen° im Hafen° von Rotterdam, wir haben im Kanal[17] eine Bombe abbekommen. Durch die Straßen gehe ich zum Gymnasium. Es liegt immer noch an der gewohnten Stelle. Von den Schülern 5 kenne ich niemanden mehr. Um 12.35 Uhr ist die fünfte Stunde aus, das übliche° Geschrei,° Gehaste,° Rufen, Drängeln.° Hirschelmann kommt wie je hinkend° durch das Tor, das Holzbein von Weltkrieg Nummer 1. Er hatte mir die ersten Brocken° Latein 10 beigebracht: flamma flagrat,[18], puella numerat,[19] stellae micant[20] . . . die Sterne? . . . tabula rasa[21] — nein, das verwechsele° ich, das stand damals noch nicht im ,,ludus latinus ",[22] aber die Germanen[23] sind prima gewesen. Und Dr. Blankenburg kommt, er ist 15 sehr alt geworden, schon von ferne kann ich das erkennen. Nein. Ich gehe lieber.

Am Abend besuche ich Birnbaum.

Es war schon ziemlich spät. Ich läutete° lange, ehe er mir die Tür öffnete. Er muß einen mächtigen° 20 Schreck° bekommen haben, als er mich im stockdunklen° Treppenhaus° nicht erkannte.° Er war sehr dünn geworden und zitterte° immer noch, als wir schon einige Zeit in seinem Wohnzimmer saßen und sprachen. Ich hätte meine Marineuniform mit dem 25 langen dunklen Mantel ausziehen sollen, am Nachmittag schon, aber wer denkt schon an so etwas? Seiner Frau hatte ich etwas holländischen Kaffee mitgebracht. Als wir eine Tasse getrunken hatten, wurde es langsam besser. Birnbaum fragte nach 30 den anderen aus meiner Klasse, er erinnerte sich genau an unsere Namen und Gesichter. Sonny ist

[17] r Kanal *English Channel*
[18] flamma flagrat *the flame blazes*
[19] puella numerat *the girl counts*
[20] stellae micant *the stars shine*
[21] tabula rasa *blank page (the mind before receiving impressions)*
[22] ludus latinus *Latin game*
[23] Germanen *Germanic tribes (ref. to Tacitus' "Germania")*

r Unteroffizier *non-com-*
missioned officer

Reihen- und Zahlen-
theorien *theory of sets*
s Steckenpferd *hobby*

knarren *rasp*

e Dämmerung *twilight*
ein·setzen *begin*

r Schneewirbel *whirl of*
snow

angetrunken *tipsy*
hager *haggard*

ausschließlich *exclusively*

schnarren *rattle*
gelegentlich *occasionally*
schräg *diagonal*

nach·lassen *abate*

Artillerieleutnant im Osten, schon Kompaniechef vor
Leningrad, Wossidlo studiert Medizin, aber natürlich
als Unteroffizier,° der lange Christian Heer ist gefallen, als einziger bislang, soweit ich das weiß.

„Und Sie?" frage ich.   5

„Ja", sagt Frau Birnbaum, „mein Mann beschäftigt sich mit Reihen- und Zahlentheorien,° sein
altes Steckenpferd.° Ich werde selbst schon zu einer
Expertin auf diesem Gebiet, nach den Vorträgen, die
er mir hält . . . "   10

Kleine Pause. Und ich sage endlich:

„Darf ich Ihnen eine Zigarette anbieten, Herr
Studienrat?"[24]

„Nein danke", sagt Birnbaum. „Wir rauchen
nicht mehr."   15

In der Kneipe ist es still. Nur das knarrende° At-
men der Wirtin, vielleicht hat sie Asthma. Und das
Uhrenticken aus dem Hintergrund des Raumes. Die
Dämmerung° hat eingesetzt.° Drüben in der Wirt-
schaftsschule ist noch Unterricht, im ganzen ersten 20
Stockwerk brennt Licht.

Die Tür fliegt auf, ein Schneewirbel° stäubt herein.
Es ist vorbei mit der schönen Ruhe. Zwei neue
Menschen, die nicht zusammengehören, deutlich
zu sehen. Eine dicke Frau, angetrunken.° Ein hagerer° 25
Mann, undefinierbaren Alters. Er bestellt Pils[25] und
Korn,[26] die Frau einen doppelten Jägermeister,[26]
dann beschäftigt sie sich ausschließlich° mit zwei
Spielautomaten an der Wand, grün, rot und schnar-
rend,° gelegentlich° ein Gong. Der Mann setzt sich   30
mir schräg° gegenüber und zieht eine Zeitung aus der
Brusttasche. Als ich den Titel lese „Nationalzeitung
und Soldatenzeitung",[27] ein EK[28] ist auch dabei, ist
die Frau bereits beim zweiten Jägermeister angekommen. Der Schneesturm hat etwas nachgelassen.° 35

[24] r Studienrat *title and rank of a* Gymnasium *teacher*
[25] (s) Pils *Bohemian beer*
[26] (r) Korn; Jägermeister *German brandies*
[27] e Nationalzeitung und Soldatenzeitung *veterans' newspaper,*
still in existence
[28] s EK (Eiserne Kreuz) *Iron Cross (medal)*

Der Mann hat jetzt meine Schülermütze entdeckt, ordnet mich offensichtlich° ein° und will sich mit mir unterhalten. Ich blicke weg und schreibe weiter. Birnbaum steht immer noch drüben an der Ecke im Sturm, unerbittlich,° er ist nahezu verschneit,° 5 nur sein Gesicht leuchtet° durch das kommende Dunkel.

VI *1951, Sommer*

In der Zeit, die die Marine „Sauregurkenzeit"[29] nannte, also 1943, als es in der Atlantikschlacht° Hiebe gab,° wurde ich Kommandant eines U-Bootes, 10 VIIc, alter Typ also, uraltes Frontboot, und mein Vater war nicht mehr so sicher, daß ich „über die Distanz" käme, wie er früher gehofft hatte. Immerhin° waren wir, zu seinem Troste,° den Goldfasanen[30] im Atlantik unerreichbar.° Im Juli war es dann 15 soweit. Zerstörer, Flugzeuge, Bomben, und vor allem Radar.

Nach der Kriegsgefangenschaft° und zwei Jahren im Westen bin ich wieder nach Berlin gekommen. Vier von unserer alten Klasse, mit denen ich das 20 Abitur gemacht habe, sind auch wieder hier, alles Ärzte.° Ein anderer soll noch in der Lüneburger Heide[31] Landarzt sein, einer drüben in der Zone[32] an der Uni° Greifswald. Alle anderen sind tot. Das Gymnasium ist eine Ruine. Das Ehrenmal steht aber 25 noch.

Nach und nach erfahre ich einiges: Rees (SS) ist schon frühzeitig auf eine Mine gefahren, im Westen. Dr. Bork lebt, ich lese eine Leserzuschrift° (Thema:

---

[29] e Sauregurkenzeit   (*lit.*) *sour pickle time. A period without great events; originally a time when there is little to do permitting people to make provisions for the winter such as canning sour pickles*

[30] Goldfasanen   (*lit.*) *gold pheasants. A mocking ref. to party functionaries whose uniforms were golden yellow*

[31] Lüneburger Heide   *heather country surrounding the town of Lüneburg*

[32] e Zone   *Russian zone of occupation, since 1949* DDR (Deutsche Demokratische Republik)

45

(marginal glosses)

offensichtlich   *obviously*
ein·ordnen   *categorize*

unerbittlich   *merciless*
verschneit   *snowed under*
leuchten   *shine*

e Atlantikschlacht   *battle of the Atlantic*
es gab Hiebe   *we got beatings*

immerhin   *nevertheless*
r Trost   *comfort*
unerreichbar   *out of reach*

e Gefangenschaft   *captivity*

r Arzt   *doctor*

e Uni (Universität)   *university*

e Leserzuschrift   *letter to the editor*

pensioniert *retired*	
r Flügel *grand piano* anno 46 *in the year 1946*	
krummgezogen *twisted*	
erfahren *find out*	
e Gemeinde *community*	
ermorden *murder*	

Ägyptische Plastik) im „*Tagesspiegel*".[33] Auch Dr. Paetzel lebt, er ist pensioniert,° natürlich, und ich besuche ihn. Er hat seinen schönen Bechstein-Flügel° anno 46° verkaufen müssen, früher hatten wir Schüler oft bei ihm und mit ihm zusammen 5 musiziert. Er ist klein, krummgezogen° und eisen-grau. Wo unser Direktor, der ehemals kommissa-rische, geblieben ist, kann ich nicht erfahren.° Ich gehe zur jüdischen Gemeinde.° Salomon Birnbaum? Ja, bittesehr: er ist 1943 in einem KZ[34] ermordet° 10 worden. Und seine Frau? Die auch. Ja.

e Schlagzeile *headline*	
e Schuldknechtschaft *servitude for debt* beruhigend *soothing* e Ausgabe *edition*	

Der Mann, mir schräg gegenüber am Tisch liest immer noch in seiner „National- und Soldaten-zeitung". Er hält sie so, daß ich die Schlagzeile° lesen kann: „In Israels Schuldknechtschaft?"° Das 15 Fragezeichen wirkt beruhigend.° Es ist die Ausgabe° 9 vom 26.2.1965.

Ich glaube, daß ich doch noch einen Cognac trinken sollte.

VII *26. Februar 1965, 19 Uhr*

Vor einigen Monaten las ich in der Zeitung die 20 „Kulturnotiz", daß sich ehemalige Schüler des Prinz-Heinrichs-Gymnasiums im Ratskeller Schöne-berg treffen werden.

Soll ich hingehen?

Ich gehe. 25

zu spät kommen *be late*	
überraschend *surpris-ingly*	
r Anzug *suit (of clothes)*	
r Hufeisentisch *horseshoe shaped table*	

Und, wie immer, komme ich zu spät.° Lange, weißgedeckte Tische, überraschend° viele alte Schüler sind gekommen, ich wundere mich. Wein, Bier, Zigarren, Zigaretten, gut gekleidet, meist dunkle Anzüge,° keine Damen. Reihen unbekannter Ge- 30 sichter jeden Alters. Am Kopf des Hufeisentisches° redet jemand . . . :

„ . . . und so freue ich mich, liebe Schulkameraden des PHG,[35] freue ich mich, daß so viele von uns Alten gekommen sind, und nicht nur sie, sondern auch 35

---

[33] r Tagesspiegel *German daily newspaper*
[34] s KZ (Konzentrationslager) *concentration camp*
[35] s PHG = Prinz-Heinrichs-Gymnasium

einige unserer verehrten alten Lehrer. Ich darf nun dem letzten Direktor unseres PHG das Wort geben!"

Beifall.

übersehen *overlook*

Nein, ich hätte ihn eigentlich nicht übersehen° dürfen, den Direx[36] Draebert, kommissarischer Leiter nach 33. Und er sagt:

„Liebe Schüler, wenn Sie mir gestatten, auch die älteren Semester unter Ihnen so anzureden, obgleich ich doch nur . . . bis zum bitteren Ende . . . herzer-

herzerfrischend *heart-warming*
teil·haben *share*
e Gemeinschaft *community*
s Bewußtsein *consciousness*
lehren *teach*

frischendes° Gefühl, mich heute unter Ihnen zu wissen, teilhaben,° alte humanistische Gemeinschaft° . . . mit vollem Bewußtsein° soeben ‚humanistisch' gesagt, denn unter diesem Worte wurde doch an unserer Schule in schwerer Zeit . . gelehrt° . . erzogen . . wie gesagt . . glücklich . . ich".

— Ja, bitte? Mein Nebenmann spricht mich an. Waren Sie, er meint mich, im Herbst in Wolfsburg[37] auch dabei? Wieso Wolfsburg? Das wissen Sie nicht? Nein, ich bin heute zum ersten Male hier. Na, der

s Abbi (Abitur) (*cf. fn. 11*)

Nordhoff, VW-Mann, der hat doch 17 das Abbi° am PHG gemacht! Was, der? Ja, und der Bundespresse-[38]Hase auch. Ist das die Möglichkeit, der auch? Richtig, ich erinnere mich, der muß eine Klasse unter oder über mir gewesen sein, ich weiß nicht mehr, sieh mal einer an, was das PHG geleistet hat.

offenbar *obviously*
sich aus·zahlen *pay off*

Humanistische Bildung zahlt sich offenbar° über alle Zeiten hin aus.° Ja, das mag mein Nachbar offenbar nicht gerne hören. Ich sitze allein vor meinem Glas

vorzüglich *excellently*
unverändert *unchanged*

Wein. Er ist vorzüglich° temperiert. Der alte Direktor Draebert sieht gut aus, fast unverändert.° Schön, daß er sich im Kreis seiner alten Schüler so wohl fühlt. Nun ja, er redete schon damals sehr gut. Nett. Es klingt nett, was er gesagt hat. Humanismus, und so weiter. Wirklich nett.

5

10

15

20

25

30

35

---

[36] r Direx (Direktor) *school principal*
[37] Wolfsburg *city east of Hannover, location of the Volkswagen works*
[38] e Bundespresse *federal press*

r Beifall *applause*

reihum *all around*

sich vor·stellen *introduce oneself*

r Abiturjahrgang *year of graduation*

Nach der Rede mit Beifall° stehen wir nacheinander reihum° auf und stellen uns vor:° Name, Abiturjahrgang,° was jeder so macht, jetzt. Als ich dran bin, stelle ich auch mich so vor. Und dann sage ich: „ Ich hätte noch eine Frage, ob nämlich jemand von Ihnen, meine Herren, weiß, was aus Studienrat Salomon Birnbaum geworden ist?" 5

Niemand wußte etwas, auch der Herr Direktor Draebert nicht. Oder vielleicht sagte auch nur niemand etwas. Und da sagte ich dann auch nichts mehr. Warum auch. 10

„ Frau Wirtin!" rufe ich. „ Bitte zahlen!"

Meine Schülermütze mit den verrosteten Sternen stecke ich in die Seitentasche des Mantels. Die Jägermeisterfrau hat den Kopf auf die Ellenbogen° gelegt und schläft schon seit Äonen. 15

r Ellenbogen *elbow*

„ Auf Wiedersehen", sage ich zu der freundlichen Wirtin. Auch der Soldaten- und Nationalzeitungsmann, den ich gar nicht gemeint hatte, antwortet. Man muß immer nett zueinander sein, so gehört es sich unter zivilisierten Menschen, nichtwahr. 20

auf·stemmen *push open*

Ich stemme die Tür auf° und gehe.

Das Wetter ist trotzdem ein wenig klarer geworden, die Sterne sind zwischen den fliegenden Wolken herausgekommen, und es schneit nicht mehr. Aber es ist kalt. Verflucht° kalt. 25

verflucht *damned*

Im Gymnasium ist inzwischen das Licht ausgegangen, das hatte ich hinter dem Kneipenfenster gar nicht bemerkt. Im Gymnasium? Nein, der Unterricht in der Wirtschaftsschule wird wohl zu Ende sein. 30

Questions on the Reading Selection

1. Wann wird die Geschichte erzählt, und von wem? **2.** Wo befindet sich der Erzähler? **3.** Was kann er von seinem Platz aus sehen? **4.** Wann spielt die erste Episode? **5.** Welche Personen treten auf? **6.** Welche anderen Personen werden genannt? **7.** Warum kaufen Vater und Sohn eine neue Mütze? **8.** Wann spielt die zweite Episode? **9.** Was ist in der Zwischenzeit in Deutschland passiert? **10.** Wovon sprechen Vater und Sohn? **11.** Warum bekommt der Sohn keine neue Mütze? **12.** Beschreiben Sie eine der häufigen Schulfeiern! **13.** Warum werden bei Schulanfang weniger Jungen in der Klasse sein? **14.** Wieviel Jahre liegen zwischen der dritten und vierten Episode? **15.** Warum haben die Schüler jetzt so wenig Zeit? **16.** Von welchen Schwierigkeiten berichtet der Erzähler? **17.** Wo unterrichtet Birnbaum jetzt? **18.** Warum hat ihn die ganze Klasse besucht? **19.** Warum hat die Schule eine HJ–Fahne bekommen? **20.** Warum will Birnbaum nichts von seinen alten Kollegen hören? **21.** Was müssen alle Schüler tun, ehe sie studieren dürfen? **22.** Warum will der Erzähler Seeoffizier werden? **23.** Wann und wo spielt die vierte Episode? **24.** Warum erschrickt Birnbaum so furchtbar über den späten Besuch? **25.** Wo sind jetzt Birnbaums ehemalige Schüler? **26.** Womit beschäftigt Birnbaum sich? **27.** Berichten Sie, was der Erzähler in den zehn Jahren zwischen der fünften und sechsten Episode erlebte! **28.** Beschreiben Sie die Rede des alten Direktors beim Schülertreffen! **29.** Wovon erzählt der Tischnachbar des Erzählers? **30.** Was ist die Reaktion des Erzählers? **31.** Welche Frage stellt der Erzähler bei der Vorstellung, und warum? **32.** Welche Antwort bekommt er?

Topics

1. Beschreiben Sie die Orte, an denen sich die Szenen abspielen! Welche Veränderungen werden berichtet? Warum werden sie so genau beschrieben? **2.** Wie lange dauert die Rahmenhandlung? Wie lange. ist dagegen die Zeitspanne, von der erzählt wird? Wie trennt der Autor beide Handlungen? Was ist der Grund für seine Behandlung der Zeit? **3.** Welches sind die politischen Veränderungen in Deutschland zwischen der ersten und siebten Episode? Mit welchen Mitteln beschreibt sie der Autor? Warum sind viele für Nicht–Deutsche schwer verständlich? **4.** Beschreiben Sie die beiden anderen Gäste in der Kneipe! Zu welchem Zweck sind sie da? **5.** Beschreiben Sie die Stellen, an denen Birnbaum auftritt! Was will der Autor durch diese Person zeigen? **6.** Besprechen Sie den Titel im Zusammenhang mit der Bedeutung der ganzen Geschichte!

8 Günter Kunert

Fahrt mit der S-Bahn

GÜNTER KUNERT wurde 1929 in Berlin geboren. Er studierte Kunstgeschichte und lebt als freier Schriftsteller in Ost-Berlin.

EINIGE WERKE: *Im Namen der Hüte* (1967), Roman; *Tagträume* (1964), *Zentralbahnhof* (1968), Erzählungen; *Moderne Balladen* (1967), Lyrik.

Active Vocabulary

der **Bahnhof,** –(e)s, ̈e   station
die **Wunde**   wound
das **Rad,** (e)s, ̈er   wheel
der **Strom,** –(e)s, ̈e   river
wieder·kehren   to return
der **Körper,** –s, —   body
zählen   to count
ahnen   to suspect
fürchten   to fear
der **Zug,** –(e)s, ̈e   train
der **Eindruck,** –(e)s, ̈e
   impression

fröhlich   merry, happy
sich **befinden**   to be
lustig   merry
die **Lage**   situation
bemerken   to notice
versammeln   to gather
zwar   indeed
der **Spaß,** –es, ̈e   fun
entdecken   to discover
bieten, o, o   to offer

Grammar References

DECLENSION

38(A, B) Nominative Case, p. 252
48(A, B) Noun Derivation, p. 273
58 Relative Pronoun, p. 290
60 Demonstrative Pronoun, p. 293
65 Strong Adjective Declension, p. 299
66 Weak Adjective Declension, p. 300
67 Mixed Adjective Declension, p. 301

SYNTAX

74 Adverb Formation, p. 312
85 Translation Aids: German to English, p. 328

Fahrt mit der S-Bahn

1

e Scheibe *pane*

pechfarben *pitch black*
r Ocker *ochre*
e Preßluft *compressed air*
ergeben *resignedly*

s Verderben *ruin*

nichtsahnend *unsuspecting*
aufmerksam *attentive*

Außen sind sie von einem schwärzlich gebrochenen Weinrot bis zur Scheibenhöhe;° von da bis zum pechfarbenen° Dach von unsauberem Ocker.° Preßluft° öffnet und schließt ihre Türen, und man steigt ergeben° in sie, wie in ein lange erwartetes Verder- 5 ben.° Mit ihnen rolle ich von Bahnhof zu Bahnhof, nichtsahnend° und nicht aufmerksamer° als sonst. Und weiß nicht: es hat sich ein Fenster aufgetan als eine Wunde. Und wartet auf mich.

2

entwachsen *grow out of*
düster *gloomy*
r Ziegel *brick*

Obwohl an der Brandmauer oft genug vorbeige- 10 fahren, bemerkte ich ein Fenster nie. Vielleicht entwuchs° es auch erst später den düsteren° Ziegeln;° vielleicht auch saß ich nur immer auf dem falschen Platz. Oder es rüttelte mich, der ich auf Rädern

51

schwanken *sway*
dahin·dämmern *daze along*
überaltert *overaged*
ausgefahren *worn-out*
e Schiene *rail*
überraschend *unexpectedly*
wach·rütteln *shake awake*

e Gleichartigkeit *similarity*
ein·färben *color*

verbergen *hide*
senken *lower*
ständig *constantly*

sich ersparen *save oneself the trouble*
glotzen *gape*

verflossen *subsided, past*

poltern *rumble*

s Klirren *clatter*

kreuzen *cross*
r Einblick *view*
e Einsicht *insight*
Uneingeweihte *uninitiated*

e Ölschicht *oilskin*

hingegeben *devotedly*
e Stiefelspitze *point of the shoe*

auf·gehen *dawn*

---

schwankend° dahindämmerte,° eines Tages der überalterte° Wagen gemeinsam mit den ausgefahrenen° Schienen° überraschend° wach.° Vielleicht.

3

Nur die Namen unterscheiden die Stationen, deren Gleichartigkeit° die Leute einfärbt,° daß sie 5
sich auf einmal kaum noch unterscheiden lassen. Und weil sie das wissen, halten sie während der Fahrt die Blicke hinter Zeitungen verborgen° oder senken° sie auf den Boden, der sich ständig° fortbewegt. Man weiß, wie man selber ausschaut, wie man geworden 10
ist, und man erspart sich,° in den lebenden Spiegel gegenüber zu glotzen°, der bloß während der Fahrt einer ist.

4

Auf dem Grund verflossener° Ströme, von dem aus kaum die Dächer der Stadt sichtbar sind, poltern° wir 15
dahin. Oder wir bringen in Höhe des zweiten Stockwerks in den Straßen alle Scheiben zum Klirren.° Hoch durch die Alleen oder sie kreuzend.° Einblicke.° Unerwartete Einsichten.° Der Kanal: rot vom Licht der sinkenden Sonne für die Uneingeweihten;° für 20
uns aber, die wissen und wissen, ist es von Blut. Das hat sich untrennbar mit dem immerwiederkehrenden Wasser vermischt, damals, als es aus dem zerstörten Körper Rosa Luxemburgs lief. Dessen erinnert sich an manchen Tagen unter seiner Ölschicht° er, der 25
da schweigend durch die Stadt zieht. Wir weniger. Wir sozusagen gar nicht. Wir betrachten hingegeben° unsere Stiefelspitzen.° Wir zählen die Tropfen an der Scheibe. Wir fahren und fahren. Und ahnen nicht, daß hinter einem unerwarteten Fenster ein Licht 30
aufgegangen° ist. Und daß alles andere nur noch eine Frage der Zeit ist und der Perspektive.

5

Hinter Häusern entlang. Lärm des Fahrens, zurückgeworfen auf die Reisenden. Unvorsichtig nä-

e Brandmauer *fireproof
  wall, party wall*
aufgebockt *elevated*
r Gleiskörper *track*
r Fahrgast *passenger*
schaffen *transport*
r Saal *hall*
r Abort *toilet*
e Kammer *small room*
unversehens *unexpec-
  tedly*
aus·laden *unload*
an·rücken *advance*
verfleckt *spotty*
betränt *stained*
verlöschend *fading*
e Inschrift *inscription*
künden von *recall*
r Anzeiger *Observer
  (newspaper)*
s Local *locality (the local
  scene)*
sich beschränken *limit
  oneself*
ab·blättern *peel*
entschwinden *disappear*
unenträtselt *undeci-
  phered, unguessed*
schaukeln *rock*
vielsagend *significant*

hern sich die Brandmauern° dem aufgebockten° Gleiskörper,° daß der Fahrgast° fürchten muß, sogleich schaffe° es ihn in Wohnungen Räume Säle,° durch Badestuben Aborte° Kammern° und lade ihn unversehens° in einem Hinterzimmer aus,° von wo 5 kein Zug ihn je wieder abholen würde.

Brandmauern, Brandmauern. Sie rücken gegen mein Gesicht an,° das ich an die verfleckte,° betränte° Scheibe lege, und zeigen mir ihre verlöschenden° Inschriften,° bevor sie sich hinter meinen Rücken 10 zurückziehen. Manche künden von° der Zeit, da ein Anzeiger° sich humanitär aufs LOCAL° beschränkte,° wie abblätternde° Buchstaben verraten. Ganz vereinsamte Lettern kommen mir hilflos entgegen und entschwinden° unenträtselt° mit der 15 rhythmischen Bewegung, die mich trägt und schaukelt,° und ohne sie zu verstehen, verstehe ich sie: die Überlebenden verschwundener vielsagender° Schriften.

6

einförmig *uniform*

r Abgrund *abyss*

stürzen *crash*
drohen *menace*
s Gestänge *railing*
verrosten *rust*
behauen *hew*
lädieren *damage*

r Augenwinkel *corner of
  the eye*

s Bekanntsein *acquain-
  tanceship*

mitgenommen *tired out*

In Hinterhöfe von Fabriken, darinnen nichts mehr 20 produziert wird als einförmige° Tage, schaut man hinab, wenn man hinabschaut, als in unbekannte Abgründe° dieser Stadt, dahinein unsere Brüder gestürzt° sind, diese drohenden° Gestänge° verrosteten° Metalls, unsere Schwestern, die Autowracks; wo 25 unsere Väter ausruhen, die behauenen° Steine, unsere Mütter, die lädierten° Granitfiguren.

Von hier oben, und von Augenwinkel° zu Augenwinkel, machen sie den Eindruck langen Bekanntseins° mit ihnen; als hätten wir in den Höfen da unten 30 während unserer Kindheit zwischen ihnen und mit ihnen gespielt, da sie und wir, wir allesamt etwas weniger mitgenommen° waren.

7

Zwischen zwei Bahnhöfen dann. Eines Abends.

8

e Wucht *force*	
erleuchten *light up, illuminate*	
nachträglich *subsequently*	
rabenfederfinster *black as a raven's feather*	
strahlen *glow*	
e Unterbrechung *interruption*	
e Fläche *surface*	

Aber eines Abends zwischen zwei Bahnhöfen geschieht es, daß ich mit voller Wucht° in ein erleuchtetes° Fenster hineinsehe. Das scheint nachträglich° in eine rabenfederfinstre° Brandmauer geschnitten, und es strahlt° als einzige Unterbrechung° der Fläche° 5 aus der Fläche heraus, da ich an diesem Abend zwischen zwei Bahnhöfen daran vorbeifahre.

Sehr kurz der Augenblick des Einblicks.

r Zeitbruchteil *moment*	
e Geschwindigkeit *speed*	
derweil *while*	

Aber ich renne sofort durch den langen, fast leeren Waggon gegen die Fahrtrichtung an, um wenigstens 10 einen Zeitbruchteil° länger zu sehen, was ich gesehen habe. Die Geschwindigkeit° ist zu hoch. Derweil° ich renne und renne, halten meine Augen nur die Ecke einer dunkel gebeizten,° glänzenden Anrichte° fest, auf der ein Körbchen° aus weißem Porzellan steht, 15 Weidengeflecht° nachahmend° und gefüllt mit rotfleckigen° Äpfeln.

beizen *stain*	
e Anrichte *sideboard*	
s Körbchen *little basket*	
s Weidengeflecht *wickerwork*	
nach·ahmen *imitate*	
rotfleckig *red cheeked*	

Im Zimmer selber, das so schnell an mir vorbeigeschossen und das so freundlich erhellt war von einer Deckenlampe, innen mit orangefarbener, außen mit 20 grüner Seide° bespannt,° da hatte kein anderer am Tisch gesessen als ich selbst: fröhlich lachend, einen Apfel in der Hand, ein lustiges Wort im Mund, das sah ich genau, halb hingewendet° zu jemand neben mir, einem Freund, der eigentlich tot war und von 25 mir vergessen. Mehrere Gestalten° hatten sich im Zimmer befunden, die ich aus dem schwindenden° Eindruck auf meiner Netzhaut° zu identifizieren versuche, als sich die Fahrt verlangsamt und in einem jener Bahnhöfe zur Ruhe kommt, die so wenig 30 erwähnenswerte° Wahrzeichen° unserer Lage sind.

e Seide *silk*	
bespannen *cover*	

hin·wenden *turn*	

e Gestalt *figure*	
schwinden *fade*	
e Netzhaut *retina*	

erwähnenswert *worth mentioning*	
s Wahrzeichen *landmark*	

9

eilen *hurry*	
zerstampfen *trample*	
r Papierfetzen *scrap of paper*	
aus·harren *persevere*	
bewahren *preserve*	

Ich eile° über die Fläche aus festgetretenem Zement, zerstampften° Zigarettenresten Papierfetzen° Schmutz, seit Bau des Bahnhofes ausharrend° und bewahrt° für die Stunde der Archäologen, die noch 35 längst nicht geboren sind. Schnell über die Fläche

e Wange *cheek*

zittern *tremble*

rechteckig *rectangular*

inzwischen *in the mean-time*

r, e Anwesende *person present*
ausschließlich *exclusively*
seit je *from time immemorial*
verschollen *lost*
erschlagen *slay*
r Greis *old man*

vertrauensvoll *trusting*
r Rücken *back*
ebenfalls *also*

undeutlich *blurred*

e Stimmung *atmosphere*

gelassen *serene*
e Heiterkeit *serenity*
herrschen *reign, prevail*
e Friedlichkeit *peacefulness*

scheppern *rattle*

sacht *gently*
vergehen *fade*
vergilben *turn yellow*

auf·nehmen *snap*

sich zulegen *acquire*

und in den Zug, der auf der gegenüberliegenden Seite zurückfährt. Die Wange° ans Fensterglas gepreßt, sehe ich zitternd° die schwarze Brandmauer mit dem rechteckigen° Lichtfleck näher kommen. Immer näher. Näher. Und bin schon heran und bemerke als 5 erstes, daß ich inzwischen° den Apfel aufgegessen habe. Vorbei.

Unter den Anwesenden° fanden sich ausschließlich° bekannte Gesichter, kein Fremder war dabeigewesen. Nur waren viele von ihnen seit je° 10 verschollen° oder verbrannt oder erschlagen° oder weggewandert oder zu Greisen° geworden; dort aber waren sie alle versammelt. In jenem Zimmer stand die Tür hinter meinem vertrauensvollen° Rücken° offen und ließ ein weiteres Zimmer sehen, ebenfalls° 15 erleuchtet, in dem sich ebenfalls Menschen bewegten, etwas undeutlicher° zwar, doch mir genauso bekannt wie die anderen. Eine Stimmung° ruhiger, gelassener° Heiterkeit° herrschte° in den beiden Räumen, und mit dem Licht zusammen brach 20 eine ungewöhnliche Friedlichkeit° aus dem Fenster hervor, wie ich sie niemals kennengelernt hatte.

Die ganze scheppernde° Wagenkette ist schon an der Brandmauer vorüber, doch ich habe das Bild klar 25 vor mir, das sacht° vergehende,° wie ein mehr und mehr vergilbendes° Foto aus einem Familienalbum, das aufgenommen° worden war, als es noch Spaß machte, sich Erinnerungen zuzulegen.°

10

e Schmalseite *narrow side*
zu·kehren *turn to*
s Gerümpel *trash*
lauern *watch, lie in wait for*
unfähig *incapable*
gelegen *situated*
hin·gelangen *get there*

Tagelang und abendelang suchte ich das Haus, das 30 seine Schmalseite° den Zügen zukehrt.° Oft inmitten von Gerümpel° lauerte° ich, ob über mir die Wagen kämen; mag sein, ich war einfach unfähig,° es zu entdecken, mag sein, es ist so gelegen,° daß ich es nicht erreichen konnte, so bleibt: ich gelangte nie 35 hin.°

auf freier Strecke *on the
  open track*
an·halten *stop*
e Kluft *gap*
unüberwindlich
  invincible

Den Zug auf freier Strecke° anzuhalten° gilt mir zu gefährlich und auch zu unsicher, denn zwischen Gleiskörper und Hauswand ist eine Kluft° von mehreren Metern — unüberwindlich° für mich.

So kann ich nichts tun, als, so oft es mir möglich ist, mit der S-Bahn zu fahren. Einmal jede Woche bin ich unterwegs° auf der Strecke, hin und her und hin, und jedesmal beim Vorbeihuschen° nehme ich auf,° was das Zimmer mir bietet, wo wir alle heiter und wahrhaft° bei uns und beisammen° sind, Lebende und Tote, und wo wir uns über lauter lautere° Nichtigkeiten° unterhalten. 5

unterwegs *on the road*
s Vorbeihuschen *slipping
  past*
auf·nehmen *receive*
wahrhaft *truly*
beisammen *together*
lauter lautere *nothing
  but pure*
e Nichtigkeit *nothingness*

10

11

Wieder und wieder weiß ich, trägt mich der Zug vom Fenster fort: Könnte ich ein einziges Mal dort eintreten und mich vereinigen° mit mir, der ich das apfelvolle Porzellankörbchen nie leer essen kann, so wäre alles ungeschehen,° was die Wagenladungen° von Worten niemals zudecken° werden. 15

sich vereinigen *unite*

ungeschehen *undone*
e Ladung *load*
zu·decken *cover, hide*

Einmal im richtigen Moment eintreten, und ich wäre erlöst.° Und die Stadt dazu.° 20

erlösen *redeem*
dazu *also*

Questions on the Reading Selection

1. Wann und wo spielt die Geschichte? **2.** Was beschreibt der Autor im ersten Abschnitt? **3.** Wie sehen die Wagen aus? **4.** Von wo sieht der Autor die Stadt? **5.** Wie unterscheiden sich die Stationen? **6.** Wie sehen die Leute aus? **7.** Was tun die Reisenden im Zug? **8.** Warum schauen sie sich nicht an? **9.** Was ist eine Brandmauer? **10.** Was entdeckt der Autor auf ihnen? **11.** Warum erscheint das Wasser im Kanal rot? **12.** Was produzieren die Fabriken, an denen er vorbeifährt? **13.** Wie nennt er die Dinge, die er in den Höfen sieht? Warum? **14.** Was sieht er Besonderes eines Abends? **15.** Was erkennt er in dem Zimmer? **16.** Warum kann er das Zimmer nur einen Augenblick lang sehen? **17.** Was tut er, um es noch länger sehen zu können? **18.** Warum liebt er alles, was er dort sieht? **19.** Woran erinnert ihn der Anblick? **20.** Was tut er, um das Haus mit dem Fenster zu finden? **21.** Warum kann er es nie erreichen? **22.** Was ist sein größter Wunsch?

Topics

1. Diese kurze Geschichte besteht aus elf Teilen. Finden Sie diese Struktur sinnvoll? **2.** Beschreiben Sie die Stadt und ihre Bewohner, wie der Autor sie sieht! **3.** Wie wird das Erscheinen des Fensters vorbereitet? Was bedeutet es für den Autor? **4.** Was meint der Autor damit, daß er im richtigen Moment einzutreten wünscht? Was würde dann geschehen?

9

Stephan Hermlin

In einer dunklen Welt

STEPHAN HERMLIN wurde 1915 in Chemnitz (jetzt Karl-Marx-Stadt) geboren und wuchs in Berlin auf. 1931 trat er dem Kommunistischen Jugendverband bei. 1936 emigrierte er nach Ägypten, Palästina, England und Frankreich. Er kämpfte im Spanischen Bürgerkrieg und kehrte 1945 nach Deutschland zurück. Zunächst wohnte er in Frankfurt am Main und zog dann 1947 nach Ost-Berlin, wo er noch heute lebt.

EINGE WERKE: *Zwölf Balladen von den großen Städten* (1945), *Die Straßen der Furcht* (1946), Lyrik; *Die Zeit der Gemeinsamkeit* (1949), *Erzählungen* (1965), Erzählungen.

Active Vocabulary

spülen to rinse
verschwinden, a, u to disappear
klingen, a, u to sound
die **Tätigkeit** activity
das **Ereignis, –ses, –se** event
zögern to hesitate
reif mature
dauern to last
drucken to print
das **Ausland, –(e)s** abroad
wechseln to change
die **Vorbereitung** preparation
verlegen embarrassed
ähnlich similar
der **Schmerz, –es, –en** pain

übrig left over
sichtbar visible
erreichbar accessible
der/die **Verwandte, –n, –n** relative
bestimmt certain
beschäftigt occupied, busy
taub deaf
um·bringen, a, a to kill
streiten, i, i to quarrel
rechnen to count
bestellen to order
ein·richten to arrange
verlangen to demand
die **Tasche** pocket
stoßen (ö), ie, o to hit

Idioms

Mach's gut. Good luck.

auf und davon up and away

an jemandem hängen to be attached to someone

es mit jemandem aufnehmen to tackle someone

vor Augen stehen to have in mind

sich den Kopf zerbrechen to rack one's brains

Das geht nicht. It can't be done; it is impossible.

sich die Zeit vertreiben to kill time

Was soll das Ganze! What's the use of it all!

sich Sorgen machen to worry

Das kann nicht Ihr Ernst sein. You can't be serious.

Grammar References

CONJUGATION

11(A) Prefixes, p. 213

18 Impersonal Constructions, p. 222

19 Es gibt, Es ist (sind) p. 224

20 Stylistic **Es**, p. 225

21(A–C) Reflexive Verbs, p. 227

DECLENSION

39(C,D) Genitive Case, p. 253

43 Prepositions with the Dative, p. 263

44 Prepositions with the Accusative, p. 264

45 Prepositions with the Dative or the Accusative, p. 265

56 Possessive Pronoun, p. 288

58 Relative Pronoun, p. 290

In einer dunklen Welt

Ich lernte Hermann R. im Sommer des Jahres 1933 kennen. Der Mann, der uns zusammengebracht hatte, war gleich gegangen. Es war noch ganz hell draußen, durch das offene Fenster kam ein Wind. Wir hatten uns, jeder mit seinem Bierglas, an einen Tisch unter dem Radioapparat mit seiner 5

59

e Kneipe *tavern*
träge *lazy*
e Theke *counter*
sich erheben *rise*
dröhnen *resound*

leiten *lead*

vermuten *imagine*
kühn *bold*
e Unternehmung
   enterprise
ungeduldig *impatient*
vereinbaren *agree upon*

erwähnen *mention*

üblich *customary*

betreffen *concern*
überlegen *consider,*
   think over

neigen *incline*
zerstreut *absent-minded*
Entlegenes *distant event*
vermögen *be able*

Unfehlbares *something*
   infallible
Schlüssiges *finality*
überraschen *surprise*
e Tatsache *fact*
e Beweiskette *chain of*
   proofs

spaßhaft *jokingly*
zusammen·kneifen
   squint

Marschmusik gesetzt. In der kleinen Friedenauer Kneipe° gab es zu dieser frühen Abendstunde keine weiteren Gäste. Träge° spülte der Wirt hinter der Theke° seine Gläser. Zwischen ihm und unserem Gespräch erhob sich° die dröhnende° Wand des Hohen- 5
friedberger.[1] Unbekannte Leute, irgendwo, hatten Herman R. zu mir geschickt und zu der illegalen Gruppe, die ich leitete.° Er war der neue Instrukteur.

Wir trafen uns von da an öfter, eigenlich jede Woche. Manchmal verschwand Hermann für einige 10
Zeit. Ich vermutete° ihn auf schwierigen, kühnen° Unternehmungen.° Ungeduldig° wartete ich auf die Postkarte mit dem vereinbarten° Text, aus dem ich herauslesen konnte, wann und wo er mich sprechen wollte — am Zoo, in der Potsdamer Straße oder am 15
Alexanderplatz. Ein- zweimal erwähnte° er im Gespräch Amsterdam, Paris, Städte, die ich damals nicht kannte und deren Namen mir phantastisch ins Ohr klangen. Ich stellte, wie es bei uns üblich° war, niemals Fragen, die seine Person, seine Tätigkeit, 20
seine Reisen betrafen.° War mir irgendein Ereignis, eine Situation nicht klar, so überlegte° er einen Augenblick lang. Während er seinen schönen dunkel- haarigen Kopf zur Seite neigte,° schien sein Blick zerstreut° zu werden, aber nur, weil er sich auf etwas 25
Wunderbares, Entlegenes° konzentrierte, das er allein zu sehen vermochte.° Er trug seine Erklärungen mit leiser, eilender, dann wieder zögernder Stimme vor, Erklärungen, die etwas Unfehlbares° und Schlüssiges° hatten, weil sie eine Menge überra- 30
schender,° mir unbekannter Tatsachen° zu einer Be- weiskette° verbanden. Ich liebte und bewunderte Hermann R., der nur ein paar Jahre älter und dabei soviel reifer, kühler und wissender war als ich.

Meist sahen wir uns nur wenige Minuten. Die 35
Konspiration hat ihre Regeln, und Hermann hatte selten Zeit. „Also, mach's gut . . . " sagte er, kniff seine dunklen Augen spaßhaft° zusammen° und war

[1] Hohenfriedberger *a march celebrating Frederick the Great's victory over the Austrians in 1745*

schon auf seinem Rad auf und davon. Manchmal
dauerte unsere Begegnung nur einen Augenblick,
nämlich dann, wenn Hermann mir Material für
meine Gruppe brachte, ein paar Flugblätter° oder auf
ganz dünnes Papier gedruckte Zeitungen oder andere 5
Schriften, die als Reclam-Hefte getarnt° waren.
Einmal war ein neues, im Ausland erschienenes Buch
von Heinrich Mann dabei. Wir trafen uns dann, auf
die Minute genau, in einem Schöneberger Park oder
auf einer Bank im Tiergarten. Jeder von uns hatte 10
sein Rad und eine Mappe bei sich. Die meine war leer.
Wir wechselten unauffällig° die Mappen und gingen
auseinander.

Manchmal hatte Hermann Zeit. Dann machten wir
unendliche Spaziergänge durch das nächtliche Berlin, 15
die Räder neben uns herschiebend, von Steglitz bis
zum Kurfürstendamm und von da wieder die Char-
lottenburger Chaussee entlang bis zum Lustgarten
und noch weiter in den Berliner Norden hinauf. Wir
redeten und redeten. Es störte° mich nicht, daß ich 20
von Hermann nichts wußte, nichts von seiner
Vergangenheit,° nicht, wo er wohnte, daß ich nicht
einmal wußte, ob der Name, mit dem ich ihn
anredete, sein wirklicher Name war. Am meisten
sprachen wir natürlich über Politik, von den Kriegs- 25
vorbereitungen der Nazis, den Februarkämpfen° in
Paris und Wien, den Verhaftungen,° von der unver-
meidlich° kommenden Revolution. Wir diskutierten
über Bücher, Konzerte, Ausstellungen,° Boxkämpfe.

Manchmal redeten wir auch über Mädchen. Her- 30
mann kannte meine Freundin, die in meiner Gruppe
arbeitete. Ich wußte nicht, ob er an jemand hing; er
sprach von Mädchen ohne Scheu,° aber auch ohne
prahlerische° Andeutungen,° die junge Leute manchmal lieben und die mich immer abstießen.° Zwei- 35
oder dreimal erwähnte er eine jüngere Schwester in
einem Ton° naiver Bewunderung. „Das ist ein
Mädel!" sagte er und zog die Brauen hoch. Einmal
fügte er, mit einem scherzhaften° Seitenblick auf
mich, hinzu: „Eigentlich würdet ihr gut zueinander 40

s Flugblatt *flier*

tarnen *disguise*

unauffällig *incon-
spicuously*

stören *disturb*

e Vergangenheit *past*

r Kampf *fight*
e Verhaftung *arrest*
unvermeidlich *inevitable*
e Ausstellung *exhibition*

e Scheu *timidity*

prahlerisch *boasting*
e Andeutung *hint*
ab·stoßen *repel*

r Ton *sound*

scherzhaft *joking*

zueinander passen *suit each other*	
ähnlich sehen *resemble each other*	
r Altersgenosse *contemporary*	
verändern *change*	
zu·kommen *approach, come to*	
e Verwirrung *confusion*	
e Enttäuschung *disappointment*	
erfahren *learn*	
r Umstand *circumstance*	
offenbar *evidently*	
r Spitzel *informer*	
übrigens *by the way*	
abwechselnd *alternately*	
spitzbübisch *cunning*	
zerquält *tortured*	
tauchen aus *emerge*	
r Nebel *mist*	
s Gedächtnis *memory*	
r Steinbruch *quarry*	

passen° . . ." Ich war verlegen, denn seine Stimme hatte ernst geklungen. „Seht ihr euch eigentlich ähnlich?"° fragte ich, nur um etwas zu sagen. „Ich weiß nicht, ich glaube, ja . . .", antwortete er. Aber da wechselten wir schon das Thema. 5

Wir waren junge Leute, die ihre Zeit ernster sahen als die meisten ihrer Altersgenossen,° die diese Zeit verändern° wollten und liebten und die nicht wußten, was auf sie zukam:° Verwirrung,° schreiende Schmerzen, Enttäuschung° und Tod. Wir kämpften, 10 so gut wir konnten, aber wir wußten noch lange nicht, mit wem wir es aufgenommen hatten.

Ich erfuhr° von Hermanns Verhaftung im Spätherbst 1935, ein halbes Jahr, bevor ich ins Ausland ging. Keiner wußte etwas von den Umständen° der 15 Verhaftung. Offenbar° ein Spitzel.° Man wußte nicht genau, wo Hermann saß; wahrscheinlich in der Prinz-Albrecht-Straße. Es gab übrigens° in unserem Kreis keine weiteren Verhaftungen. Hermann hatte keine Namen genannt, soviel war sicher. Wir hatten 20 es nicht anders erwartet.

In den folgenden Jahren hörte ich manchmal im Traum seine abwechselnd° hastende und zögernde Stimme, sah ihn manchmal vor mir in irgendwelchen Ländern, irgendwelchen Städten, unter Flieger- 25 bomben, in der Baracke eines Lagers. Sein Gesicht wurde immer undeutlicher, es war aber für mich immer als das seine kenntlich. Es war spitzbübisch,° nachdenklich, oder einfach zerquält° und tot.

Kurze Zeit nach dem Ende des Krieges und meiner 30 Rückkehr besuchte ich im zerschlagenen Berlin eine Ausstellung von Dokumenten und Bildern aus dem deutschen Widerstandskampf. An einer Wand sah ich plötzlich Hermann R.s Gesicht. Es tauchte gleichzeitig aus° dem Nebel° der vergrößerten Photogra- 35 phie und aus dem meines eigenen Gedächtnisses.° Eine kurze Notiz unter dem Bild besagte, daß Hermann R. 1940 im Steinbruch° von Buchenwald[2]

[2] Buchenwald *German concentration camp outside Weimar*

stand für mich fest *I was determined*	
bewahren *protect* vergehen *fade*	
drängen *press*	
s Schicksal *fate* forschen *inquire, search* sich erkundigen *inquire*	
zu·tragen *report*	
schattenhaft *shadowy*	
dringlich *pressing*	
unter·gehen *perish*	
sich vor·nehmen *take up*	
nach·eifern *strive after*	
r Gegenstand *subject*	
unziemlich *improper* e Weitschweifigkeit *verbosity* verzichten *renounce*	
r, e Angehörige *relative*	
e Nachforschung *research*	
zuweilen *sometimes* rühmen *praise* verheißungsvoll *promising*	

erschossen worden war. Schon damals stand für mich fest,° daß ich über ihn etwas schreiben, dieses Lächeln auf der verwischten Photographie davor bewahren° würde, ganz zu vergehen.° Wie viele von denen, die ihn gekannt hatten, waren noch übrig . . . 5 Wie viele von den Übriggebliebenen dachten noch seiner . . . Ich hatte ihn gekannt, wenn auch nur eine kurze Zeit lang; es war meine Aufgabe, davon zu berichten. Wie das geschehen sollte, war mir nicht klar. Die Sache drängte° nicht, blieb aber im Hinter- 10 grund deutlich sichtbar stehen und brachte sich von Zeit zu Zeit in Erinnerung. Ich hatte, während ich nach dem Schicksal° anderer Freunde forschte,° mich auch nach Hermann erkundigt,° mit wenig Glück übrigens. Was mir von aus dem Lager 15 Geretteten zugetragen° wurde — es waren zwei oder drei, die sich seiner entsannen — blieb schattenhaft.°

Der Fall begann dringlicher° zu werden, als ich ein paar Jahre später ein kleines Buch über Leute 20 meiner Generation schreiben wollte, die gegen Hitler gekämpft hatten und untergegangen° waren. Ich hatte mir damals den Plutarch[3] vorgenommen,° las zum erstenmal wieder seit meiner Schulzeit Livius und Sueton.[4] Mir stand etwas vor Augen, das der 25 Prosa dieser Historiker nacheifern° sollte; sie hatten um der Größe des Gegenstandes° willen auf falsches Pathos und unziemliche° Weitschweifigkeit° verzichtet.° Ich stellte eine Liste von Namen auf, unter denen sich auch der Hermanns befand. 30

Ich wollte herausfinden, ob noch einige seiner Angehörigen° erreichbar seien. Meine Nachforschungen° ergaben, daß seine Mutter noch während des Krieges in Berlin gestorben war; seine Schwester, jene Schwester, von der er mir zuweilen° so rühmend° 35 und verheißungsvoll° gesprochen hatte, befand sich im Ausland; sie war erst vor zwei Jahren als Frau

[3] Plutarch *Greek historian about 100 B.C.*
[4] Livius; Sueton *Roman historians at the beginning of the Christian era*

verziehen *move away*

erläutern *explain*
ausführlich *explicit, detailed*
beabsichtigen *intend*
erhalten *receive*
benötigen *need*

Einsicht nehmen *examine*

entgegen·bringen *offer*

vorhanden *existing*
s Andenken *souvenir*

e Angelegenheit *matter*
in absehbarer Zeit *in the near future*
in Betracht kommen *be taken into consideration*
e Bedenklichkeit *reservation*

sich ergeben *happen*

rechtzeitig *in good time*
an·kündigen *announce*

unvertraut *unfamiliar*

entfernt *distant*

beklommen *anxiously*

r Anlaß *reason*

eines britischen Offiziers aus Berlin nach London verzogen.° Sie war jetzt eine Mrs. Young; ihre Adresse hatte ich erhalten.

Ich erläuterte° mein Anliegen in einem ziemlich ausführlichen° Brief. Das Bild, so schrieb ich, das ich 5 von Hermann zu geben beabsichtige,° müsse Relief erhalten;° ich benötige° manches, was Hermanns Kindheit und Jugend, den ganzen Abschnitt seines Lebens beträfe, der vor unserem Zusammentreffen gelegen hatte. Ich bäte darum, Einsicht nehmen° zu 10 dürfen in Briefe und Dokumente, falls solche erhalten geblieben seien. Mein Name, so hoffe ich, sei ihr nicht unbekannt dank der Freundschaft, die mir ihr Bruder entgegengebracht° hatte. „ Diese Freundschaft", schloß ich, „ rechtfertigt sicherlich die Er- 15 wartung, daß Sie meinen Plan unterstützen werden."

Die Antwort blieb nicht lange aus. Mein Name, hieß es da, sei der Briefschreiberin hier und da begegnet, sie entsinne sich noch gut der Wärme, mit der ihr Bruder von mir gesprochen hatte, jedoch gebe sie 20 die vorhandenen° Andenken° ungern aus den Händen, das Anfertigen von Kopien sei beschwerlich, kurz, sie hielte es für das beste, wenn man einmal in London über die Angelegenheit.° reden würde, zumal für sie in absehbarer Zeit° eine Reise nach Berlin nicht 25 in Betracht käme.° Unüberhörbar klang aus dem Brief Bedenklichkeit.° Ich werde es nicht leicht haben, dachte ich.

Es ergab sich,° daß ich ein Vierteljahr darauf aus verschiedenen Gründen nach London fahren mußte. 30 Ich kündigte meinen Besuch Mrs. Young rechtzeitig° an.° Seit den letzten Vorkriegsjahren war ich nicht mehr in dieser Stadt gewesen, an die mich manches band, die mir von mehreren Besuchen her wohl bekannt, aber doch unvertraut° war, eine räumlich 35 entfernte° Verwandte, die man als Kind scheu und beklommen° liebt.

Ich fuhr vom Bahnhof in ein kleines Hotel in Kensington. Die Sache, die der eigentliche Anlaß° meiner Reise gewesen war, hatte ich bald hinter 40 mich gebracht. Am nächsten Morgen rief ich Mrs. Young an.

„Ich bin es selbst", sagte eine Stimme. „Sie wünschen?" Ich schwieg verblüfft,° und die Stimme fuhr fort: „Verzeihen° Sie, natürlich, ich weiß, wer 5 Sie sind, was Sie wünschen. Ich habe oft über Ihren Brief nachgedacht."

„Vielleicht könnten wir . . .", sagte ich, aber die Stimme unterbrach° mich.

„Hermann hat mir oft von Ihnen erzählt", sagte 10 sie langsam. „Oder vielmehr,° gar nicht so oft, denn ich sah ihn nur noch selten, meine Mutter und ich, wir sahen ihn nur noch selten und wußten gar nicht recht, was er eigentlich trieb.° Ihren Namen nannte er übrigens nie, aber er sprach von einem bestimmten 15 Freund, und als Sie schrieben, begriff° ich, daß Sie dieser Freund waren."

„Ja", sagte ich, „ich war dieser Freund."

Ihre Stimme überhastete sich° manchmal, manch-mal zögerte sie. Nach einer Weile merkte ich, daß ich 20 jedesmal, wenn sie sprach, den Atem anhielt, um dieser Stimme nachzulauschen,° um eine andere Stimme in ihr zu finden, die natürlich tiefer und sicherer gewesen war und einmal gesagt hatte: „Eigentlich würdet ihr gut zueinander passen 25 . . . "

„Ich möchte", sagte ich, „sehr gern mit Ihnen über Hermann reden."

„Mein Gott", sagte sie, „wie lange das her ist. Hermann, du lieber Gott. Mein großer Bruder, der 30 sich über uns auch nicht gerade den Kopf zerbrach. Er wollte lieber die Welt verändern. Und dann geschah das Unglück, das man ja hatte voraussehen° können."

„Er hat", sagte ich, „auch an Sie gedacht. Gerade° 35 an Sie hat er gedacht. Er . . . "

„Ich weiß, was Sie meinen", sagte die Stimme. „Man hat ja seither° eine Menge Dinge erfahren, die man damals nicht wußte."

„Vielleicht könnten wir uns sehen, Mrs. Young", 40

verblüfft   *bewildered*
verzeihen   *excuse*

unterbrechen   *interrupt*

vielmehr   *rather*

treiben   *do, occupy oneself with*

begreifen   *grasp*

sich überhasten   *hurry*

nach·lauschen   *listen*

voraus·sehen   *anticipate*

gerade   *especially, exactly*

seither   *since*

sagte ich jetzt. „Ich wäre froh, wenn ich einmal zu Ihnen kommen dürfte."

Im Hörer rauschte es. „Das geht jetzt leider nicht", sagte die Stimme nach einer Weile. „Ich bin den ganzen Tag beschäftigt." 5

„Vielleicht paßt es Ihnen morgen besser", sagte ich. „Oder übermorgen."

hartnäckig *insistent*
spöttisch *mocking*
erbeben *tremble*
vernehmbar *audible*

„Aber Sie sind ja hartnäckig,° mein Lieber", sagte die Stimme mit spöttischer° Verwunderung. Ich fühlte, daß ich erbebte,° denn es war Hermanns 10 Stimme, die eben vernehmbar° gewesen war, aber auch die Stimme einer Frau, seiner Schwester, die ihm vielleicht ähnlich sah, die er vor mir gepriesen,°

preisen *praise*
erblicken *see*
e Eile *haste*

vor seinem inneren Auge neben mir erblickt° hatte. „Warum diese Eile?° Warum überhaupt all diese 15 Dinge wieder ans Tageslicht bringen? Die Toten soll man ruhen lassen. Wir haben damals alle genug

durch·machen *endure*

durchgemacht."°

erbittert *exasperated*

„Ich komme zu Ihnen, wann Sie wollen", sagte ich erbittert,° „morgen oder übermorgen 20 oder noch später. Mein Visum ist für zwei Wochen

gültig *valid*

gültig."°

heiter *serene*
r Ärger *anger*

„Ich sehe, daß man Sie nicht so leicht los wird." Die Stimme versuchte heiter° zu klingen, aber ich hörte nur den Ärger° in ihr. „Hören Sie zu. Bei mir 25 zu Hause geht es nicht. Treffen wir uns lieber in der Stadt. Heute abend um acht." Sie nannte mir ein Restaurant in Soho, das ich kannte.

„Ich werde um acht dort sein", sagte ich. „Sie werden mich finden. Auf meinem Tisch wird die 30 ,Financial Times' liegen. Ich vermute, die Leute

ausgerechnet *of all things, just*

werden in dieses Lokal nicht ausgerechnet° mit der ,Financial Times' kommen."

ab·hängen *hang up*

Sie lachte kurz und hängte ab.°

ein·laden *invite*

Ich vertrieb mir die Zeit, so gut es ging, ließ mich 35 von meinem Freund D. in den Saville-Club einladen,° ging langsam durch Albany, um wieder einmal zu sehen, wer dort wann gewohnt hatte, las im Hyde Park eine Menge Zeitungen und fand mich zehn

sich ein·finden *arrive*

Minuten vor acht in dem Restaurant ein,° das ziem- 40

lich voll war. Dem Kellner sagte ich, daß ich eine
Dame erwarte. Ich trank einen Campari und behielt
die Tür im Auge. Es war beinahe halb neun, als der
Kellner an meinen Tisch trat und sagte, er irre sich°
wohl nicht, ich müsse es gewiß sein, den eine Dame 5
am Telefon erwarte, bitte, hier entlang, dort drüben
sei die Kabine.

„Es ist mir wirklich unangenehm", sagte die
Stimme. „Aber ich fürchte,° ich werde nicht kommen können." 10

„Ich warte gern eine Weile", antwortete ich.

„Ich habe es mir überlegt",° sagte sie. „Ich
möchte nicht kommen. Ich ertrage° Aufregungen°
nicht. Überhaupt, es ist so lange her, was soll das
Ganze..." 15

„Ich schulde° es ihm", sagte ich, „verstehen Sie
das nicht?"

„Ich verstehe Sie durchaus",° sagte die Stimme.
„Aber ich zweifle,° ob Sie mich verstehen. Mein
Leben hat sich geändert, es ist überhaupt jetzt alles 20
anders, ich bin froh, daß es so ist. Wenn Sie über
Hermann schreiben und Ihr Buch erscheint da
drüben, könnte mir das sogar noch Unannehmlich-
keiten° einbringen."° Die Stimme hatte jetzt überhaupt keine Ähnlichkeit° mehr mit irgendeiner 25
anderen. Sie kam aus einer eisigen Ferne.° Sie brach
plötzlich ab.

„Ich glaube", sagte ich, „Sie machen sich ganz
unnötige Sorgen. Wer soll Sie denn mit einem gewissen Hermann R. in Verbindung bringen,° wenn Sie 30
es nun einmal so nicht haben wollen?"

„Es gibt eine Menge Leute", sagte die Stimme,
„die sich mit Vorliebe um fremde Angelegenheiten
kümmern.° Wissen Sie das nicht? Hier wissen ziemlich viele, daß ich Deutsche bin, daß ich aus Berlin 35
komme, wie ich als Mädchen hieß."

In mir wuchs ein taubes,° totes Gefühl. „Das kann
nicht Ihr Ernst sein", sagte ich. „Ich bin Hermanns
wegen nach London gekommen, nicht nur seinetwegen, gewiß, aber vor allem seinetwegen." 40

---

sich irren *be mistaken*

fürchten *be afraid*

sich überlegen *think over*
ertragen *put up with*
e Aufregung *excitement*

schulden *owe*

durchaus *absolutely*
zweifeln *doubt*

e Unannehmlichkeit
  difficulty
ein·bringen *cause*
Ähnlichkeit *resemblance*
Ferne *distance*

in Verbindung bringen
  relate to

sich mit Vorliebe um
  fremde Angelegen-
  heiten kümmern *love
  to pry into other people's
  affairs*
taub *deaf*

aufrichtig *sincerely*
ständig *constantly*
auf·rühren *stir up*

vernünftig *reasonable*

rechnen auf *count upon*

sich lohnen *pay*

klicken *click*
e Leitung *connection*
s Summen *humming*
an·schwellen *increase*

stolpern *stumble*

wirr *confused*

„Es tut mir wirklich leid", sagte die Stimme. „Es tut mir aufrichtig° leid. Ich habe Sympathie für Sie, obwohl Sie einer von den Leuten sind, die ständig° vergangene Dinge aufrühren° und die Welt nicht in Ruhe lassen." 5

„Welche Welt meinen Sie?" fragte ich. „Vielleicht wäre es in der Welt ein wenig ruhiger und vernünftiger° zugegangen, wenn Leute wie Hermann etwas zu sagen gehabt hätten. Aber man hat ihn umgebracht." 10

„Ich will nicht mit Ihnen streiten", sagte die Stimme. „Ich will Ihnen auch nichts ausreden. Aber auf mich können Sie nicht rechnen."°

„Warten Sie", sagte ich, „warten Sie. Denken Sie einmal nach . . . " 15

„Es ist mein letztes Wort", sagte die Stimme. „Übrigens, noch eins . . . Eigentlich möchte ich es Ihnen gar nicht sagen. Aber vielleicht ist es besser, wenn Sie es wissen: Als er verhaftet war, hat Hermann nicht mehr daran geglaubt." 20

„Woran hat er nicht mehr geglaubt?" fragte ich und fühlte eine Kälte in mir.

„Er hat nicht mehr daran geglaubt", sagte die Stimme. „An seine Ideen, an Ihre Ideen. Er hat eben an das Ganze nicht mehr geglaubt. Er glaubte nicht 25 mehr, daß es sich gelohnt° hatte. Ich habe ihn in der Haft noch einmal gesehen, ehe sie ihn nach Buchenwald brachten. Er hat es mir selber gesagt."

„Sie lügen", sagte ich. „Jetzt haben Sie ihn eben zum zweitenmal umgebracht. Aber das soll Ihnen 30 nicht gelingen."

„Werden Sie nicht pathetisch", sagte die Stimme. „Gute Nacht!"

Es klickte° in der Leitung,° ein Summen° schwoll an,° tausend undeutliche Stimmen wisperten. 35
Als ich die Tür der Telefonkabine öffnete, stolperte° ich. Ich kam bis zu meinem Tisch und setzte mich. In meinem Kopf waren tausend wirre° Gedanken oder auch kein einziger. Ich bestellte noch einen Campari. Als der Kellner ihn brachte, sagte er: 40

„Ich glaube, die Dame möchte Sie noch einmal sprechen." Ich stürzte° zurück in die Telefonkabine.

stürzen *rush*

„Ich möchte wirklich nicht, daß wir uns auf so schroffe° Weise trennen", sagte die Stimme. „Sie sind ein Idealist und können nicht begreifen, daß normale Leute ihr Leben so einzurichten suchen, wie es die Zeit verlangt. Seien Sie mir nicht böse . . ." 5

schroff *brusque*

„Ich sagte vorhin", erwiderte ich, „Sie hätten ihn zum zweitenmal umgebracht. Ich habe wohl etwas übertrieben.° Aber Sie haben ihn damals angezeigt."° 10

übertreiben *exaggerate*
an·zeigen *denounce*
stumpf *dull*
dumpf *hollow*
sich aus·breiten *spread*
ein·treten *set in*

Wieder wisperten die Stimmen. Eine stumpfe,° dumpfe° Ruhe breitete sich° zwischen uns. Dann sagte Mrs. Young: „Ja." Eine Pause trat ein.° „Was wissen Sie denn", sagte sie, „gar nichts wissen Sie mit Ihrem blödsinnigen° Idealismus. Ich war sechs 15 Jahre jünger als Hermann, aber alt genug, um begreifen zu können, was er trieb und wohin er es trieb. Ich wollte nicht seinen Tod, wo denken Sie hin, er war doch mein Bruder. Er sollte nur einen Denkzettel° kriegen° und lernen, daß man auf seine Familie 20 Rücksicht zu nehmen° hat. Man sprach doch damals von Schutzhaft,° die Gefangenen sollten in sich gehen,° hieß es, sich in eine neue Gemeinschaft° einfügen.° Ich wollte nicht seinetwegen vom Studium ausgeschlossen werden, ich wollte mir nicht mein 25 Leben verderben° lassen. Meine Mutter hat bis zu ihrem Tode nichts davon gewußt. Und er hat auch nichts geahnt . . ."

blödsinnig *idiotic*

r Denkzettel *reminder*
kriegen *obtain*
Rücksicht nehmen *be considerate*
e Schutzhaft *protective custody*
in sich gehen *search oneself*
e Gemeinschaft *community*
sich ein·fügen *adapt oneself*
verderben *spoil*

Ich nahm langsam den Hörer° vom Ohr, ließ ihn an der Leitungsschnur° hängen und ging leise aus der 30 Kabine. Dann zahlte ich und verließ das Lokal.

r Hörer *receiver*
e Schnur *cord*

Ich ging wie in einem Schlaf durch die Straßen. Manchmal erwachte° in mir ein Gedanke: Vielleicht hatte Hermann mich in Verdacht° gehabt. Ich erwachte einmal hier, einmal dort. Ich erkannte in 35 meiner halben Bewußtlosigkeit° eine Straße, einen Platz.

erwachen *awaken*
r Verdacht *suspicion*

halbe Bewußtlosigkeit *semiconsciousness*

Aus Lyon's Corner House drang der Jazz. Große Automobile lagen dunkel vor den Türen von Park Lane. An den Espresso-Cafés weiter oben standen 40

sich vor·beugen *bend forward*
unbeweglich *immobile*
s Schild *sign*
e Inschrift *inscription*

junge Leute, lachten und sangen. Eine Stimme im Halbdunkel sagte: „Vergessen Sie uns nicht, Sir!" Ich beugte mich vor° und sah einen Mann, der unbeweglich° dastand und an mir vorbeisah. Er trug ein Schild° vor der Brust. Ich trat noch näher und konnte 5 jetzt die Inschrift° lesen: PEOPLE LIVING IN A WORLD OF DARKNESS DESPERATELY NEED YOUR HELP. In kleineren Buchstaben stand darunter: The Royal School for the Blind, Leatherhead, Surrey. Ich suchte in meinen Taschen 10 nach ein paar Schillingen.

e Glocke *bell*
s Geräusch *sound*
r Widerschein *reflection*
s Düsengeheul *screaming of jets*
ziehend *nagging (pain)*

e Strecke *distance*

Über der Stadt lag eine Glocke° von Staub, Licht und Geräuschen.° Im Nachthimmel brannte der Widerschein° ferner Straßen. Aus den Lüften drang Düsengeheul.° Ich fühlte, daß jetzt sehr weit weg 15 irgendwo sich ein leiser, ziehender° Schmerz auf den Weg machte, um zu mir zu stoßen. Er hatte eine lange Strecke° vor sich und viel Zeit. Aber ich war ruhig. Er würde mich schon erreichen.

Questions on the Reading Selection

1. In welcher Stadt spielt die Geschichte? Erinnern Sie sich an die Namen einiger Stadtteile? **2.** Wie viele Jahre kannte der Autor Hermann? **3.** Was ist Hermanns Rolle in der Widerstandsbewegung? **4.** Warum treffen sich die beiden Jungen? **5.** Worüber sprechen sie, wenn sie sich treffen? **6.** Was sagt Hermann über seine Schwester? **7.** Was tut der Erzähler, nachdem er von Hermanns Verhaftung erfährt? **8.** Warum wurde Hermann verhaftet? **9.** Was geschah mit ihm? **10.** Was will der Erzähler tun, nachdem er Hermanns Bild gesehen hat? **11.** Warum ist das eine schwere Aufgabe? **12.** Welchen Vorbildern eifert der Autor nach? **13.** Wie soll seine Prosa sein? **14.** Was weiß der Autor über Hermanns Familie? **15.** Was schreibt er Hermanns Schwester? **16.** Was antwortet Mrs. Young? **17.** Wann fährt der Autor nach London? **18.** Woher kennt er die Stadt? **19.** Wie erreicht er Hermanns Schwester? **20.** Warum möchte er sie kennenlernen? **21.** Warum geht das nicht? **22.** Warum will sie nicht über Hermann sprechen? **23.** Wann und wo wollen sie sich treffen? **24.** Was sagt ihm der Kellner im Restaurant? **25.** Warum ist Mrs. Young nicht gekommen? **26.** Wovor hat sie Angst? **27.** Zu welchen Leuten gehört der Erzähler? **28.** Was berichtet Mrs. Young über Hermann? **29.** Woran hat Hermann zum Schluß nicht mehr geglaubt? **30.** Wieso bringt die Schwester Hermann ein zweites Mal um? **31.** Was sagt der Autor im zweiten Telefongespräch? **32.** Warum hat Mrs. Young damals ihren Bruder Hermann angezeigt? **33.** Was ist eine Schutzhaft? **34.** Wie endet das Telefongespräch? **35.** Was tut der Autor, nachdem er das Restaurant verlassen hat? **36.** Wen trifft er auf seinem Spaziergang? **37.** Was denkt er, als er die nächtliche Stadt ansieht?

Topics

1. Besprechen Sie die Art der Freundschaft zwischen dem Erzähler und Hermann im Zusammenhang mit der damaligen Lage in Deutschland! **2.** An welchen Bemerkungen erkennen Sie, was Hermanns Schwester und was der Erzähler über die Vergangenheit denken? Äußern Sie sich über die Verschiedenheit ihrer Ansichten! **3.** Besprechen Sie die Bedeutung des Schildes des Blinden!

10 Wolfdietrich Schnurre

Das Märchen der Märchen

WOLFDIETRICH SCHNURRE wurde 1920 in Frankfurt geboren. Er war im Zweiten Weltkrieg und lebt jetzt in Berlin als Kritiker und freier Schriftsteller.

EINIGE WERKE: *Kassiber* (1956), *Neue Gedichte* (1964), Lyrik; *Das Los unserer Stadt* (1959), Roman; *Eine Rechnung, die nicht aufgeht* (1958), *Man sollte dagegen sein* (1960), *Funke im Reisig* (1963), *Was ich für mein Leben gern tue* (1967), Erzählungen.

Active Vocabulary

der **Vogel, –s, ̈** bird
überraschen to surprise
das **Pult, –(e)s, –e** desk
nett nice
der **Sinn, –(e)s, –e** sense
wählen to choose
sauber clean
das **Fach, –(e)s, ̈er** shelf, drawer
der **Kragen, –s, —** collar
das **Pferd, –(e)s, –e** horse

das **Gedächtnis, –ses, –se** memory
der **Gedanke, –ns, –n** thought
der **Schlüssel, –s, —** key
das **Schloß, –sses, ̈sser** lock
erkennen, a, a to recognize
merkwürdig peculiar
schlucken to swallow
husten to cough
mühsam with effort

Idioms

von Herzen cordially
mit Namen by name
von Beruf by occupation

zu Füßen at (her) feet
vor Jahr und Tag years ago

Grammar References

CONJUGATION $\begin{cases} \textbf{9(A,D)} & \text{Tense Usage, p. 208} \\ \textbf{32(A--D)} & \text{Primary Subjunctive for Indirect Statements, p. 242} \end{cases}$

DECLENSION $\begin{cases} \textbf{47(A,B)} & \text{Noun Gender, p. 269} \\ \textbf{51(A--C)} & \text{Mixed and Irregular Noun Declension, p. 277} \\ \textbf{63} & \text{Classification of Adjectives p. 297} \\ \textbf{68(A--C)} & \text{Declension of Numerical Adjectives, p. 302} \end{cases}$

SYNTAX **82(A--C)** Infinitive Constructions, p. 324

s Märchen *fairy tale*

Das Märchen° der Märchen

r Justizangestellte *court employee*

e Inbrunst *ardor*
e Ausschließlichkeit *exclusiveness*
hingezogen *attracted*

e Näherin *seamstress*

erwidern *return*
e Zuneigung *affection*

e Zurückhaltung *reserve*
sich auf·erlegen *force upon oneself*
s Verhalten *behavior*

durchqueren *cross*

Scheu haben *be afraid*

s Schicksal *destiny*

auf·heben *keep*

Als er eben zweiundvierzig geworden war, geschah dem Justizangestellten° Jonathan S. etwas Merkwürdiges. Er lernte ein Mädchen kennen, zu dem er sich sogleich in einer Inbrunst° und Ausschließlichkeit° hingezogen° fühlte, wie er es nie mehr für 5 möglich gehalten hätte.

Das Mädchen, Lore mit Namen und Näherin° von Beruf, erwiderte° seine Zuneigung° von Herzen, erlegte sich selbst jedoch eine so seltsame Art von Zurückhaltung° auf,° daß er es eines Tages bat, ihm 10 doch den Grund dieses Verhaltens° zu sagen.

„Ich will es versuchen", antwortete Lore. „Ich liebe einen Wald, in dem keine Vögel mehr singen; ich liebe einen Fluß, der keine Fische mehr hat. Ich fürchte mich, diesen Wald zu durchqueren;° ich habe 15 Scheu,° in diesem Flusse zu baden."

„Ich konnte nicht wissen, daß das Schicksal° dich mir noch aufgehoben° hat", sagte Jonathan S. „Ich

73

e Münze   *coin*
s Äußerste   *the extreme*
fordern   *demand*

s Anrecht   *claim*
erwerben   *gain*
überraschen   *surprise*

Urlaub nehmen   *take leave*
auf·suchen   *visit*
überlassen   *leave to, give*

gerührt   *touched*

zunächst   *first*

sich heraus·stellen   *turn out*

e Sehnsucht   *longing*
verblassen   *fade*
ergreifen   *take*
vollständig   *completely*

sich räuspern   *clear one's throat*
lediglich   *merely*
zumindest   *at least*

s Kästchen   *small box*
heraus·kramen   *pull out*

schwer·fallen   *be difficult*
trennen   *separate*

habe immer geglaubt, mich in kleiner Münze° weg-
zugeben, sei schon das Äußerste.° Ich ahnte nicht,
daß noch einmal die ganze Summe gefordert° werden könnte."

„Ich fordere sie ja nicht", erwiderte sie; „ich liebe   5
dich ja auch so."

Aber Jonathan S. war diese Liebe zu wenig, er
wollte sich das Anrecht° auf Lores volle Zuneigung
erwerben.°

Wenig später überraschte° sie ihn bei Reisevorbe-   10
reitungen. Befragt, erklärte er, er habe Urlaub genommen,° und er wolle jetzt alle Frauen aufsuchen,°
denen er einmal ein Stück seines Ich überlassen°
habe, und er wolle sie bitten, es ihm wiederzugeben;
und wenn er alle Teile zusammenhabe, würde er   15
zurückkommen und sie ihr zu Füßen legen.

Lore war sehr gerührt;° sie bat ihn noch, nicht zu
lange zu bleiben, dann küßten sie sich, und seine
Reise begann.

Sie führte ihn zunächst° zu einer Frau, die er   20
einmal hatte heiraten wollen. Sie hieß Lola und war
noch immer schön, und es stellte sich heraus,° daß
sie lange auf ihn gewartet hatte. Dann aber, sagte sie,
sei ihre Sehnsucht° nach ihm verblaßt,° denn sie
habe einen Beruf ergriffen,° und der fülle sie jetzt   25
vollständig° aus.

Das freue ihn, antwortete Jonathan S., das freue
ihn sehr. Im übrigen sei er ja auch nur gekommen,
um sie —

„Wirklich?" rief sie und ergriff seine Hand. „Oh,   30
ich hab's ja geahnt!"

Er räusperte sich.° Sie verstehe ihn falsch, er habe
sie lediglich° bitten wollen, ihm sein Ich wiederzugeben, zumindest° denjenigen Teil, den er ihr damals, als sie —   35

„Ach so." Sie lächelte müde. Dann ging
sie zum Pult und kramte ein Kästchen° heraus.°
„Hier", sagte sie. „Aber glaube nur ja nicht,
daß es mir schwerfiele,° mich von ihm zu
trennen."°   40

überschwenglich *exaltedly*
versenken *stuff into*
weichen *recede*
e Wange *cheek*
wanken *sway*

hängen an *be attached to*
verwirrt *confused*
schieben *push*
Lebensgeister *spirits*
geleiten *accompany, escort*

sich verbeugen *bow*
benommen *numbed*

es erging ihm *he fared*

umständlich *painstakingly*

r Urheber *originator*
e Qual *torture*
tagtäglich *day after day*
zu·fügen *inflict*

vor·halten *reproach*

r Kavalier *gentleman*

r Schrank *cupboard*
heraus·reißen *pull out*

seinerzeit *at that time*
dedizieren *dedicate*
sich bücken *bend down*
befremdet *embarrassed*
e Larve *mask*
heraus·rutschen *slip out*
e Dünkelhaftigkeit *arrogance*
e Falschheit *insincerity*
e Sinneslust *sensuality*
r Zug *feature*
auf·weisen *display*

Er nahm es und bedankte sich überschwenglich.°

Kaum aber hatte er es in seiner Tasche versenkt,° wich° ihr plötzlich alles Blut aus den Wangen,° sie wankte,° und noch ehe er hinzuspringen konnte, war sie zu Boden gestürzt. 5

Da erst erkannte er, wie sehr sie noch jetzt an ihm hing.° Verwirrt° schob° er ihr das Kästchen wieder in die Hand, und sogleich kehrten ihre Lebensgeister° zurück, sie stand auf und geleitete° ihn lächelnd zur Tür. 10

„Nett, daß du mich mal besucht hast."

Er verbeugte sich° stumm und stieg benommen° die Treppe hinab.

Recht merkwürdig erging es ihm° auch, als er Luzie aufsuchen wollte. Sie selbst war nicht da; ihr 15 Mann öffnete ihm.

Jonathan S. stellte sich vor und erklärte umständlich° den Grund seines Kommens.

Der Mann zog die Brauen hoch und bat ihn herein.

„So also", sagte er im Zimmer mit veränderter 20 Stimme und kam auf Jonathan S. zu, „so also sieht der Urheber° der Qualen° aus, die meine Frau mir tagtäglich° zufügt."°

Jonathan S. wich zurück. Er verstehe nicht ganz.

Er werde es ihm schon noch erklären, sagte der 25 Mann. Kein Tag nämlich, ach was: keine Stunde vergehe, ohne daß seine Frau ihm nicht vorhalte:° „Da war Jonathan aber anders. Jonathan war ein Kavalier.° Und was bist *du*? Jonathan, Jonathan, Jonathan!" schrie der Mann. 30

Er rannte zum Schrank° und riß einen Pappkarton heraus.° Er wolle wiederhaben, was er Luzie seinerzeit° dediziert° habe? Bitte sehr! Und er warf ihm den Karton vor die Füße.

Jonathan S. bückte sich° und hob befremdet° 35 einige Larven° auf, die herausgerutscht° waren. Eine stellte die Dünkelhaftigkeit,° eine andere die Falschheit,° eine dritte die Sinneslust° dar. Zugleich aber wies jede auch unverkennbar seine, Jonathan S.' Züge° auf.° 40

entsetzt	*horrified*
schleudern	*throw*
hinab·hetzen	*rush down*
überwinden	*overcome*
ehemalig	*former*
redlich	*honest*
s Erstaunen	*surprise*
betreiben	*manage, run*
s Regal	*shelf*
angeblich	*allegedly*
r Rand	*brim*
voll·stopfen	*fill up*
wahllos	*arbitrarily*
verstauen	*stow away*
verschrammt	*scratched up*
abwesend	*absentmindedly*
zerschlagen	*shattered*
schildern	*describe*
sich häufen	*accumulate*
zusammen·schrumpfen	*shrink*
an·stellen	*do*
ab·haken	*cross off*
e Ausbeute	*yield, gain*
abgegriffen	*beat up, faded*
rittlings	*astride*
s Karussell	*merry-go-round*
bierfleckig	*beer-stained*

Entsetzt° schleuderte° er die Masken von sich, riß die Tür auf und hetzte die Treppe hinab.°

Er brauchte einige Zeit, ehe er seinen Schock überwunden° hatte. Als er endlich wieder, ohne zu erröten, in den Spiegel zu sehen vermochte, wählte 5 er aus seiner Liste die Adresse einer ehemaligen° Jugendliebe aus. Sie hieß Luzinde, war Wäschemädchen gewesen, und sie hatten einander sehr geliebt; er war sicher, von ihr den redlichsten° und saubersten Teil seines Selbst zurückzuerhalten. 10

Wer aber beschreibt sein Erstaunen,° als sich Luzinde, die inzwischen selbst eine gutgehende Wäscherei betrieb,° an nichts mehr erinnerte, lachend eine Gardine vor einem riesigen Regal° wegzog und sagte: Bitte sehr, er möge sich, was er von seinem Ich 15 angeblich° bei ihr gelassen, nur heraussuchen, sie habe alles, was man im Laufe ihres Lebens bei ihr vergessen, hier säuberlich einsortiert.

Jonathan S. sah sich einer endlosen Reihe bis zum Rand° vollgestopfter° Fächer gegenüber. Nachdem 20 er wahllos° einige der in ihr verstauten° Päckchen herausgezogen hatte — in einem war ein Kragen und eine Krawatte, in einem anderen ein zerschrammtes° Zigarettenetui gewesen —, grüßte er abwesend° und ging, zerschlagener° denn je, zurück ins Hotel. 25

Von nun an wurde seine Reise zu einem wahren Marathonlauf. Je mehr sich Ereignisse wie die geschilderten° häuften° (und sie wiederholten sich, mit wenigen Ausnahmen, ständig), desto atemloser stürzte er sich in das nächste. Allmählich schrumpfte 30 seine Liste dabei immer mehr zusammen,° und eines Morgens war es so weit: Er konnte anstellen,° was er wollte, es war keine Adresse mehr übrig, Name für Name war abgehakt;° er hatte alle seine früheren Freundinnen besucht, und seine ganze Ausbeute° 35 bestand aus einem abgegriffenen° Foto, das ihn mit einer starken Blondine rittlings° auf dem Holzpferd eines Karussells° sitzend zeigte, einer bierfleckigen° Studentenmütze, die er einmal bei einer Klavierpädagogin vergessen hatte, und einem 40

r Strohblumenstrauß
bouquet of straw flowers
verehren *present, give*
niedergeschlagen *depressed*

sich besinnen *recall*
verstört *upset*

vergeblich *in vain*

greifbar *clearly, tangibly*

e Brieftasche *billfold*

zu·stecken *hand, give*

betroffen *perplexed*
an·treten *start*
trösten *console*
r Bahnsteig *platform (at railway stations)*
auf·tauchen *appear*
s Bildnis *likeness, image*
habhaft werden *gain possession of*

erschöpft *exhausted*
e Sperre *turnstile*

achten auf *pay attention to*
e Wiederherstellung *reconstruction*
bemüht sein *struggle*

sich um·drehen *turn around*

ab·holen *meet*

sich verpassen *miss each other*
zucken *shrug*

Strohblumenstrauß,° den er vor Jahr und Tag der jungen Frau eines Fleischermeisters verehrt° hatte.

Niedergeschlagen° ging Jonathan S. zur Post und gab ein Telegramm auf an Lore, er komme zurück. Dabei fiel ihm ein, dies war das erste Mal seit seiner 5 Abreise, daß er sich auf sie besann.° Verstört° versuchte er, sie sich ins Gedächtnis zu rufen. Vergeblich;° alle seine Freundinnen zwar standen ihm greifbar° vor Augen, aber Lores Bild war verblaßt.

Er suchte in seiner Brieftasche° nach ihrer Foto- 10 grafie, die sie ihm beim Abschied zugesteckt° hatte. Doch er fand nur jene, die ihn mit der korpulenten Blondine auf dem Holzpferd zeigte.

Betroffen° trat er die Heimreise an° und versuchte, sich mit dem Gedanken zu trösten,° wenn ihr Gesicht 15 erst am Bahnsteig° auftauche,° werde sein Herz ihres Bildnisses° schon wieder habhaft.°

Doch als er dann ankam, war niemand zu sehen, der ihn an Lore erinnert hätte. Er lief noch ein paarmal den Bahnsteig entlang, dann schob er sich 20 erschöpft° durch die Sperre.°

Während er zu Hause die Treppe emporstieg, ging vor ihm eine Dame hinauf. Er achtete nicht weiter auf° sie, seine Gedanken waren viel zu sehr um die Wiederherstellung° des Bildes von Lore bemüht.° 25

Plötzlich blieb die Dame vor Jonathan S.' Wohnungstür stehen und steckte den Schlüssel ins Schloß.

„Verzeihung", sagte Jonathan S., „aber hier wohne ich." 30

Die Dame drehte sich um.° „Sie — ?" Irritiert sah sie ihn an. „Hallo", sagte sie auf einmal; „Jonathan! Ich habe dich gar nicht erkannt."

Ja, es war Lore. Sie begrüßten einander, und beim Frühstück stellte es sich heraus, daß sie am Zug 35 gewesen war, um ihn abzuholen.° Sie war auch noch ein paarmal am Bahnsteig auf und abgelaufen. „Aber wir müssen uns wohl verpaßt° haben", schloß sie und zuckte° die Schultern.

Jonathan S. sah unsicher zu ihr hinüber. „Wenn 40

ich nur wüßte, weshalb du mir plötzlich so fremd bist."

„Merkwürdig", sagte sie; „es geht mir mit dir nicht viel anders."

schweigen *be silent*

Sie schwiegen° einen Augenblick, dann sagte sie: 5

empfinden *feel*

„Ich hatte alles, was ich für dich empfand,° auf die Rückseite meines Fotos geschrieben."

schlucken *swallow*

„Welchen Fotos?" fragte er schluckend.°

„Dessen, das ich dir bei der Abreise gab."

verlegen *embarrassed*

Tödlich verlegen° zog er die Brieftasche. Dabei 10 fiel die Fotografie, die ihn mit der Blondine auf dem Karussell zeigte, heraus.

„Wer ist das", fragte Lore.

husten *cough*

Er hustete.° „Eine frühere Freundin", sagte er mühsam. 15

„Und wo ist *mein* Bild?"

Jonathan S. hob hilflos die Schultern. „Ich — ich muß es verloren haben."

Lore stand auf und trat ans Fenster. Nach einer

geraum *considerable*

geraumen° Weile kam sie zurück und begann, das 20

s Geschirr *dishes*
ab·räumen *clear*

Geschirr° abzuräumen.°

vor·kommen *seem,*
appear

Zwei Wochen darauf haben sie geheiratet. Es wäre ihnen sinnlos vorgekommen,° es nicht zu tun, da sie doch nun einmal zusammenwaren.

Questions on the Reading Selection

1. Wer ist der Held der Geschichte? **2.** Wie alt ist er? **3.** Was passiert ihm in diesem Alter? **4.** Wer ist Lore? **5.** Wie erklärt sie ihre Zurückhaltung? **6.** Was sagt sie damit über Jonathan? **7.** Wie erklärt er sich selbst? **8.** Ist Lore mit ihm zufrieden? **9.** Ist Jonathan mit sich selbst unzufrieden? **10.** Was will er tun? **11.** Was denkt Lore über seinen Plan? **12.** Wer ist Lola? **13.** Wie geht es ihr jetzt? **14.** Wieso versteht sie ihn falsch? **15.** Was geschieht, als er das Kästchen von ihr nimmt? **16.** Was erkennt Jonathan aus diesem Ereignis? **17.** Was sagt Luzies Mann zu Jonathan? **18.** Inwiefern wird er von seiner Frau gequält? **19.** Was befindet sich in dem Pappkarton? **20.** Was lernt Jonathan daraus? **21.** Was macht seine Jugendliebe, Luzinde, jetzt? **22.** Warum ist Jonathan sehr erstaunt über Luzinde? **23.** Warum kann er bei ihr nichts finden? **24.** Was für Erfolge hat er bei den anderen Frauen auf seiner Liste? **25.** Was ist das Ergebnis am Ende seiner Reise? **26.** Was sagen diese Dinge über Jonathans Beziehungen zu diesen Frauen? **27.** Was ist Jonathans nächster Schritt? **28.** Warum ist er verstört? **29.** Wie versucht er sich zu trösten? **30.** Werden seine Hoffnungen verwirklicht? **31.** Warum haben sich die beiden am Bahnsteig verpaßt? **32.** Wie erklären Sie die Tatsache, daß die beiden sich jetzt fremd sind? **33.** Was passiert am Ende der Geschichte?

Topics

1. Was sind die Probleme der Liebe zwischen Jonathan und Lore? Wie könnten sie überwunden werden? **2.** Gibt es in der Geschichte eine Lehre; wer muß sie lernen, und woraus besteht sie? **3.** Warum nennt der Autor seine Erzählung ein Märchen, ja, *das* Märchen der Märchen? Sie müßten bei Ihrer Antwort sowohl über *Märchen* als über *Liebe* sprechen.

11 Ilse Aichinger

Mein grüner Esel

ILSE AICHINGER wurde 1921 in Wien geboren. Sie studierte Medizin und arbeitete dann als Lektorin für einen Verleger. 1953 heiratete sie den Schriftsteller Günther Eich und lebt heute als freie Schriftstellerin in Bayrisch Gmain in Oberbayern.

EINIGE WERKE: *Die größere Hoffnung* (1948), Roman; *Der Gefesselte* (1953), *Zu keiner Stunde* (1957), *Eliza Eliza* (1965), Erzählungen; *Auckland* (1969), Hörspiel.

Active Vocabulary

die **Eisenbahn** railroad
das **Werk,** –(e)s, –e work
an·fangen (ä), i, a to do, make of
einzeln single
stechen, (i), a, o to sting, burn
der **Nagel,** –s, ⸚ nail

eilig hurried
pfeifen, i, i to whistle
der **Blitz,** –es, –e lightning
senken to lower
der **Draht,** –(e)s, ⸚e wire
sanft gentle
drücken to press

Idioms

in die alten Fehler verfallen
to make the old mistakes

Grammar References

CONJUGATION {
    35 Secondary Subjunctive after **als ob** and **als wenn**, p. 248
    36(A–C) Other Uses of the Secondary Subjunctive, p. 249

DECLENSION {
    42 Prepositions with the Genitive, p. 262
    43 Prepositions with the Dative, p. 263
    44 Prepositions with the Accusative, p. 264
    46(A,B) Prepositional Compounds, p. 267

SYNTAX {
    75(A–D) Adverb Classification, p. 313
    85 Translation Aids: German to English, p. 328

r Esel   *donkey*

Mein grüner Esel

r Huf *hoof*
klappern *clatter*
e Bohle *board*
ragen *rise above*
s Geländer *parapet*

auf·lassen *leave open*
s Elektrizitätswerk *power plant*
pfeilgerade *arrow-straight*
ohnehin *anyhow*
verfallen *neglected*

r Fetzen *shred*

grell *glaring, dazzling*
e Ritze *crack*
vernageln *nail shut*
s Nachlassen *fading*
r Steg *overpass*

Ich sehe täglich einen grünen Esel über die Eisenbahnbrücke gehen, seine Hufe° klappern° auf den Bohlen,° sein Kopf ragt° über das Geländer.° Ich weiß nicht, woher er kommt, ich konnte es noch nie beobachten. Ich vermute aber, aus dem aufgelassenen° Elektrizitätswerk° jenseits der Brücke, von wo die Straße pfeilgerade° nach Nordwesten geht (einer Weltrichtung, mit der ich ohnehin° nie etwas anfangen konnte) und in dessen verfallener° Einfahrt abends manchmal Soldaten stehen, um ihre Mädchen zu umarmen, sobald es finster geworden ist und nur mehr ein schwacher Fetzen° Licht über dem rostigen Dach liegt. Aber mein Esel kommt früher. Nicht daß er schon zu Mittag käme oder kurz danach, wenn die Sonne noch grell° in jeden einzelnen der verlassenen Höfe drüben sticht und zwischen die Ritzen° der vernagelten° Fenster. Nein, er kommt mit dem ersten unmerklichen Nachlassen° des Lichtes, da sehe ich ihn, meistens schon oben auf dem Steg° oder während er die Stegtreppen hinaufsteigt. Ein einziges Mal sah

s Pflaster *pavement*

Bahnbedienstete *railroad employees*
sich kümmern um *take notice of*
aus·weichen *step aside*
s Stampfen *pounding*
zuweilen *sometimes*
gleichgültig *indifferent*

s Geleise *track*

anlangen *arrive*

sich täuschen über *be mistaken about*

entstehen *originate*
s Lager *place for lying down*

ehemalig *former*

vertraut *familiar*

r Hochspannungsmast *high tension pole*
e Leitung *wire*
freilich *to be sure*

füttern *feed*
tränken *give to drink (to animals)*
s Fell *coat (of an animal)*
glatt·reiben *groom*
trösten *comfort*
r Umriß *contour*
unzweifelhaft *clearly*
sich ab·heben *contrast*
bekennen *confess*

ich ihn noch auf der andern Bahnseite über das Pflaster° klappern, aber er sah eilig aus, als hätte er sich verspätet. Damals schien es mir übrigens, als käme er geradewegs aus dem halboffenen und in der Hitze stillstehenden Tor des alten Elektrizitätswerks. 5

Um Bahnbedienstete° oder sonst Leute, die die Brücke passieren, kümmert er sich° nicht, er weicht ihnen höflich aus,° und auch das Stampfen° und Pfeifen der Züge, die zuweilen,° während er darüber geht, unter der Brücke durchfahren, läßt ihn gleich- 10 gültig.° Oft wendet er den Kopf seitwärts und schaut hinunter, auch zumeist dann, wenn kein Zug kommt, und nie für sehr lange. Mir scheint es, als wechselte er dann einige Worte mit den Geleisen,° aber das ist wohl nicht möglich. Und zu welchem Zweck auch? 15 Ist er jenseits der Mitte der Brücke angelangt,° so verschwindet er nach einigem Zögern, ohne um- zukehren. Darüber, nämlich über die Art seines Verschwindens, täusche ich mich° nicht. Ich verstehe das auch ganz gut, weshalb sollte er sich die Mühe 20 nehmen und umkehren, da er den Weg doch kennt?

Aber wie kommt er, von wo kommt er, wo entsteht° er? Hat er eine Mutter oder ein Lager° von Heu in einem der stillen Höfe da drüben? Oder bewohnt er eines der ehemaligen° Büros und hat darin eine Ecke, 25 die ihm vertraut° ist, ein Stück Wand? Oder entsteht er, wie Blitze entstehen, zwischen den ehemaligen Hochspannungsmasten° und den herabhängenden Leitungen?° Ich weiß freilich° nicht genau, wie Blitze entstehen, ich will es auch nicht wissen, außer mein 30 Esel entstünde wie sie. Mein Esel? Das ist ein großes Wort. Aber ich möchte es nicht zurücknehmen. Sicher ist es möglich, daß auch andere ihn sehen, aber ich werde sie nicht fragen. Mein Esel, den ich nicht füttere,° nicht tränke,° dessen Fell° ich nicht glatt 35 reibe° und den ich nicht tröste.° Dessen Umrisse° sich aber gegen die fernen Gebirge so unzweifelhaft° abheben° wie die Gebirge selbst gegen den Nach- mittag. Für meine Augen, mein Esel also. Weshalb soll ich nicht bekennen,° daß ich von dem Augenblick 40

lebe, in dem er kommt? Daß seine Erscheinung mir
die Luft zum Atem schafft, gerade er, sein Umriß,
die Schattierung° seines Grüns und seine Art, den
Kopf zu senken und auf die Geleise hinunterzu-
schauen? Ich dachte schon, daß er vielleicht hungrig 5
wäre und nach den Gräsern und spärlichen° Kräu-
tern° ausschaute, die zwischen den Bahnschwellen°
wachsen. Aber man soll sein Mitleid° bezähmen.°
Ich bin alt genug dazu, ich werde ihm kein Bündel
Heu auf die Brücke legen. Er sieht auch nicht schlecht 10
aus, nicht verhungert und nicht gepeinigt° — auch
nicht besonders gut. Aber es gibt sicher wenige Esel,
die besonders gut aussehen. Ich möchte nicht in die
alten Fehler verfallen, ich möchte nicht zuviel von
ihm verlangen. Ich will mich damit begnügen,° ihn 15
zu erwarten oder vielmehr:° ihn nicht zu erwarten.
Denn er kommt nicht regelmäßig.° Vergaß ich es zu
sagen? Er blieb schon zweimal aus.° Ich schreibe es
zögernd nieder, denn vielleicht ist das sein Rhyth-
mus, vielleicht gibt es so etwas wie zweimal für ihn 20
gar nicht und er kam immer, er kam regelmäßig und
wäre verwundert über diese Klage.° Wie er auch sonst
über vieles verwundert zu sein scheint. Verwunderung, ja, das ist es, was ihn am besten bezeichnet,°
was ihn auszeichnet,° glaube ich. Ich will lernen, 25
mich auf Vermutungen zu beschränken,° was ihn
betrifft,° später auch auf weniger. Aber bis dahin gibt
es noch vieles, was mich beunruhigt.° Mehr als sein
möglicher Hunger zum Beispiel, daß ich den Ort
seines Schlafes nicht kenne, seiner Ruhe und damit 30
vielleicht seiner Geburt.° Denn er benötigt° die
Ruhe. Es könnte sogar sein, daß er jedesmal den Tod
benötigt, ich weiß es nicht. Ich halte es für° anstrengend, jeden Abend so grün wie er über die Brücke zu
gehen, zu schauen wie er und im rechten Moment 35
zu verschwinden.

Ein solcher Esel braucht Ruhe, viel Ruhe. Und ob
ein altes Elektrizitätswerk dazu der richtige Ort ist, ob
es genügt? Ob die herabhängenden Leitungsdrähte°
ihn sanft genug streicheln,° sobald er nicht da 40

Glossary (left margin):

e Schattierung *shading, nuance*

spärlich *sparse*
s Kraut *herb*
e Bahnschwelle *railroad tie*
s Mitleid *compassion*
bezähmen *control*

peinigen *harass*

sich begnügen *content oneself*
vielmehr *rather*
regelmäßig *regularly*
aus·bleiben *stay away*

e Klage *complaint*

bezeichnen *characterize*
aus·zeichnen *distinguish*
sich beschränken *limit oneself*
betreffen *concern*
beunruhigen *trouble*

e Geburt *birth*
benötigen *need*

halten für *consider*

r Leitungsdraht *wire*
streicheln *stroke*

bezeigen *show*

ist, während seiner Nacht? Denn seine Nacht ist länger als die unsere. Und ob die Umrisse der Berge ihm ihre Freundschaft genügend bezeigen° während seines Tages? Denn sein Tag ist kürzer. Wie immer,

erfahren *find out*
s Ziel *goal*

ich weiß es nicht. Ich werde es auch nicht erfahren,° denn mein Ziel° kann nur sein, immer weniger von ihm zu wissen, so viel habe ich während des halben Jahres, das er nun kommt, schon gelernt. Von ihm

ertragen *endure*

gelernt. Und so werde ich es vielleicht auch ertragen° lernen, wenn er eines Tages nicht mehr kommt, denn

befürchten *fear*

das befürchte° ich. Er könnte vielleicht mit der Kälte ausbleiben, und das könnte ebenso zu seinem Kommen gehören wie sein Kommen selbst. Bis dahin will ich es lernen, so wenig von ihm zu wissen, daß ich auch sein Ausbleiben ertrage, daß ich dann meine Augen nicht mehr auf die Brücke richte.

träumen *dream*

Aber bis ich soweit bin, träume° ich manchmal davon, daß er einen grünen Vater und eine grüne Mutter haben könnte, ein Bündel Heu in einem der

s Gelächter *laughter*

Höfe da drüben und in den Ohren das Gelächter° der jungen Leute, die sich in die Einfahrt drücken. Daß er manchmal schläft, anstatt zu sterben.

Questions on the Reading Selection

1. Welche Farbe hat ein Esel gewöhnlich? **2.** Woher kommt der Esel in dieser Geschichte? **3.** Wo liegt das Elektrizitätswerk? **4.** Wer ist sonst noch im Elektrizitätswerk? **5.** Wann und wo sieht die Erzählerin den Esel zuerst? **6.** Warum geht der Esel über die Brücke? **7.** Warum kommt er nicht zurück? **8.** Was fragt die Erzählerin über die Entstehung des Esels? **9.** Weshalb nennt sie ihn *ihren* Esel? **10.** Warum lebt sie für den Augenblick, in dem er kommt? **11.** Glauben Sie, daß der Esel hungrig ist? **12.** Warum tut die Erzählerin nichts für den Esel? **13.** Was könnte sie denn für ihn tun? **14.** Was bezeichnet den Esel? **15.** Was beunruhigt die Erzählerin? **16.** Was sagt sie über den Tag, die Nacht, und das Leben des Esels? **17.** Wie lange kennt sie ihn schon? **18.** Was möchte sie lernen? **19.** Wovon träumt sie?

Topics

1. Diskutieren Sie die Beziehung der Erzählerin zu dem Esel! **2.** Wie entwickelt sich diese Beziehung? Was will die Erzählerin damit vielleicht sagen? **3.** Was finden Sie an dieser Geschichte besonders oder ungewöhnlich?

12 Heinrich Böll

Die Sprechanlage

HEINRICH BÖLL wurde 1917 in Köln geboren. Er war im Zweiten
Weltkrieg und kam in Gefangenschaft. Er studierte Germanistik
und lebt jetzt als freier Schriftsteller in Köln. 1972 bekam er den
Nobelpreis.

EINIGE WERKE: *Und sagte kein einziges Wort* (1953), *Haus ohne
Hüter* (1954), *Billard um halbzehn* (1959), *Ansichten eines Clowns*
(1963), Romane; *Der Zug war pünktlich* (1949), *Entfernung von der
Truppe* (1964), Erzählungen; *Hausfriedensbruch* (1969), Hörspiel;
Irisches Tagebuch (1957), Tagebuch.

Active Vocabulary

die **Veränderung** change
die **Störung** disturbance
flach shallow
die **Marke** stamp
die **Bedeutung** significance
begreifen, i, i to comprehend
die **Entfernung** distance
die **Diele** hall
verwirrt confused
schlimm bad, sad
nach·ahmen to imitate
der **Korb, –(e)s, ⁀e** basket
der **Vortrag, –(e)s, ⁀e** lecture
heiter serene
entschuldigen to excuse
erfahren (ä), u, a to find out,
  learn
bezweifeln to doubt

der **Beruf, –(e)s, –e** profession,
  trade, employment
das **Gefängnis, –ses, –se** jail
gelegentlich occasionally
die **Scheibe** pane (of glass)
das **Schweigen, –s** silence
überlegt well weighed, deliberate
ungeduldig impatient
auf·heben, o, o to pick up
die **Neugier** curiosity
bedenken to consider
der **Ton, –(e)s, ⁀e** sound, intonation
vertraut machen familiarize
schleichen, i, i sneak, crawl
enttäuscht disappointed
stürzen to rush, precipitate

Idioms

Wo hast du gesteckt? Where have you been hiding?

Wie ist es dir ergangen? How have you been?

Du bist mir etwas schuldig. You owe me something.

Recht haben to be right

Nimm's mir nicht übel. No offence meant, pardon me.

es auf einen Versuch ankommen lassen to put something to the test

auf die Idee kommen to get the notion

Ich kann nichts damit anfangen. I can't use it.

Ich habe es eilig. I am in a hurry.

aufs Spiel setzen to risk

Grammar References

CONJUGATION
- **6** Past Tense, p. 203
- **7** Future Tense and Future Perfect Tense, p. 205
- **16** Special Use of **möchte**, p. 220
- **17** Other Verbs with Double Infinitive, p. 221

DECLENSION
- **40(A)** Dative Case, p. 257
- **55** Personal Pronoun, p. 286
- **57** Reflexive and Reciprocal Pronoun, p. 289
- **62(A,B)** Indefinite Pronoun, p. 295

SYNTAX
- **79** Word Order in Subordinate (Dependent) Clauses, p. 320
- **82(A–C)** Infinitive Constructions, p. 324
- **85** Translation Aids: German to English, p. 328

e Sprechanlage *intercom*

Die Sprechanlage°

Personen:

Franz Rehbach, Ende Vierzig
Marianne Rehbach, seine Frau, Anfang Vierzig
Franz Rehbach, der Sohn, etwa sechzehn Jahre alt
Robert Köhler, Ende Vierzig

e Anmerkung *note*

Anmerkung:°
Der Dialog muß (bis auf die Szenen, in denen Rehbach mit seinem Sohn oder seiner Frau spricht) ganz von den technischen Möglichkeiten, Veränderungen, evtl.° auch Störungen, die sich beim Gespräch durch 5 eine Sprechanlage ergeben,° „getönt"° sein, und etwas Irreales bekommen, gegen das die in normaler Akustik spielenden Szenen etwas Flaches bekommen sollten.

evtl. (eventuell) *possibly*
sich ergeben *occur*
getönt *colored*

I

s Klingelzeichen *bell sound*

(*Man hört ein Klingelzeichen:*° *einmal, zweimal,* 10 *nicht zu laut*)
REHBACH: Du hast doch gesagt, daß ich nicht zu Hause bin.
FRANZ: Ja, ich habs ihm gesagt.
(*Kurze Pause*) 15

seufzen *sigh*
sich verziehen *disappear*

REHBACH (*seufzt*):° Er scheint sich zu verziehen,° Gott sei Dank — Hier, Franz, da habe ich dir eine besonders hübsche Marke mitgebracht; eine spanische; da ist Philipp der Zweite; wie schön der goldene Grund ist — und drauf dieser schwarze, 20 feierliche° König. Du weißt doch, wer Philipp der Zweite war und welche Bedeutung er gehabt hat?
FRANZ: Ja, Vater — eine schöne Marke.
REHBACH: Und hier habe ich noch eine sehr schöne Marke: eine aus der Schweiz, mit einem Edelstein° 25 — erkennst du den Stein?
FRANZ: Ja, das ist ein Topas,[1] Vater — schön . . .
REHBACH: Die Struktur des Steins! Herrlich.° Das ist eine ganze Serie, ich werde sehen, ob (*es klingelt wieder, einmal, sehr schüchtern*)° — offenbar ein 30 zäher° Patron;° es gibt einfach Leute, die nicht wissen, daß man auch einmal Ruhe° braucht (*ärgerlich*)° einfach nicht begreifen (*die Klingel, einmal*)
FRANZ: Soll ich gehen? 35
REHBACH: Ja, geh und sag, ich bin nicht zu Hause — aber sei etwas energischer.

feierlich *solemn*

r Edelstein *precious stone*

herrlich *magnificent*

schüchtern *shy*
zäh *tenacious*
r Patron *fellow*
e Ruhe *rest*
ärgerlich *angrily*

[1] Topas *topaz, yellow sapphire*

87

FRANZ (*geht, läßt die Tür offen, man hört ihn in einiger Entfernung — in der Diele — in die Sprechanlage sagen*): Ich habe Ihnen doch schon gesagt, daß mein Vater nicht zu Hause ist. (*Unverständliches° Gemurmel° aus der Sprechanlage. Franz unsicher*) 5
Er ist nicht zu sprechen. (*Gemurmel aus der Anlage*) Gut . . . ich will sehen. (*Franz kommt zurück, spricht von der Tür aus*) Ich habe ihm gesagt . . .

REHBACH (*flüsternd*):° Hast du das Ding abgestellt?°

FRANZ: Ja — er sagt . . . 10

REHBACH (*wütend*):° Du bist einfach nicht energisch genug gewesen. Erst sagst du: er ist nicht zu Hause, dann sagst du: er ist nicht zu sprechen. Man hört ja deiner Stimme schon an, daß du lügst. Nimm dich zusammen,° sprich energisch und sicher. 15

FRANZ: Er sagt, wenn ich dir seinen Namen nenne, wirst du zu Hause sein.

REHBACH: Seinen Namen?

FRANZ: Er sagt, er heißt Robert.

REHBACH (*erregt*):° Robert — Robert — und den 20 Nachnamen?

FRANZ: Den hat er nicht genannt, er sagt, es genügt, wenn ich sage, Robert sei da und wolle dich sprechen.

REHBACH (*leise*): Robert — es kann doch nicht Robert 25 Köhler sein, Robert Köhler ist doch (*er steht auf, geht rasch° in den Flur, spricht mit Angst in der Stimme in die Sprechanlage*)

II

REHBACH: Wer sind Sie?

KÖHLER (*lacht*): Ich bin Robert. 30

REHBACH: Robert Köhler?

KÖHLER (*lacht*): Ich weiß nicht, wieviel Roberte du kennst und ob meine Stimme . . .

REHBACH (*erregt*): Robert, du mußt sofort heraufkommen — du mußt, — nein, ich komme runter. 35 Wo hast du denn die ganze Zeit über gesteckt,° Robert — ich komme . . .

unverständlich *incomprehensible*
s Gemurmel *murmur*

flüstern *whisper*
ab·stellen *turn off*

wütend *furiously*

sich zusammen·nehmen *pull oneself together*

erregt *excited*

rasch *quickly*

stecken *be*

KÖHLER (*mit kalter Stimme*): Wenn du runterkommst, geh ich weg. Bleib oben!

REHBACH (*verwirrt*): Gut, aber dann komm rauf.

KÖHLER (*milder*): Ich komme nicht rauf. Ich will dich
nicht sehen, nur mit dir sprechen. 5

REHBACH: Warum willst du mich nicht sehen?

KÖHLER (*lacht*): Ich will nicht das Gesicht wiedersehen, das ich zuletzt vor siebzehn Jahren gesehen
habe . . .

REHBACH: Aber . . . Robert . . . 10

KÖHLER: Laß mich, ich will nicht; hören ist schon
schlimm genug, aber sehen. (*Lacht*)

an·tun *do to*

REHBACH: Ich weiß nicht, was ich dir angetan° haben
könnte; wie du mit mir sprichst. Ich bin so froh,
daß du wieder da bist — wir hielten dich für ver- 15

verschollen *lost*

schollen,° wir haben gesucht, gesucht. Keine Spur
von dir. Warum kommst du nicht rauf, Robert?
Komm. Du weißt doch: alles was mein ist, ist auch
dein.

KÖHLER (*lacht*): Alles? 20

dauernd *all the time*

REHBACH: Ja, alles. Warum lachst du dauernd?°

s Hauptnahrungsmittel
  main nourishment

KÖHLER: Lachen ist mein Hauptnahrungsmittel°
(*lacht*), es ist mein Brot, mein Wein . . .

schrecklich *awful*

REHBACH: Es ist doch schrecklich,° daß wir hier

fürchterlich *terrible*
e Leitung *circuit (of the
  house phone)*

stehen und uns durch diese fürchterliche° Leitung° 25
unterhalten . . .

KÖHLER (*lacht länger und lauter*): Ich finde,
diese Leitungen sind phantastisch — man kann
mit jemand sprechen, ohne ihn sehen zu
müssen. 30

REHBACH: Daß du da unten stehst und nicht raufkommen willst — mich nicht runterkommen läßt.

grausam *cruel*

Telefonieren wäre weniger grausam° gewesen,
Robert, warum . . . ?

KÖHLER: Telefonieren kostet Geld. (*Lacht*) 35

REHBACH: Geld brauchst du?

KÖHLER (*lacht*): Das klingt, als wenn du dir gar nicht
vorstellen könntest, daß man kein Geld haben
kann. (*Ahmt Rehbach nach*) Geld brauchst du?
Luft brauchst du? Brauchst du vielleicht ein Paar 40

tatsächlich *indeed*

Socken? Tatsächlich,° Franz, ich könnte sowohl
ein Paar Socken wie Geld gebrauchen.

REHBACH: Mein Gott, es geht dir schlecht? Robert —
erzähl doch: was hast du die ganze Zeit über .ge-
macht — wo bist du gewesen — wie ist es dir 5

erleben *spend, experience*

ergangen? Wo hast du das Ende erlebt.° Männer
wie du fehlen uns, Männer, die . . .

KÖHLER: Euch fehlen Männer wie ich? Wer seid ihr?
(*Lacht*) — daß ihr Männer wie mich braucht . . .

REHBACH: Nun, ich meine — der Staat, die Gesell- 10

e Gesellschaft *society*
sich schämen *be ashamed*

schaft,° ja, ich schäme mich° nicht zu sagen: die
Menschheit; wir . . . wir . . .

herzlich *heartily*

(*Köhler lacht lange und besonders herzlich*)°

REHBACH: Nur Lachen, Robert?

KÖHLER: Ja, nur Lachen, Franz. (*Ahmt Rehbach nach*) 15
Männer wie du fehlen uns! (*Kalt*) Ich kenne niemanden, dem ich fehlen könnte.

REHBACH: Aber mich kennst du, Robert.

neulich *recently*

KÖHLER (*lacht*): Ich kannte dich. Und neulich° habe
ich dich sogar gesehen. (*Lacht*) In der Zeitung, 20
Franz. Ein Bild von dir. In irgendeinem Park, aus
irgendeinem Papierkorb, angelte ich mir eine
Zeitung und sah dein Bild, Franz. Du hattest
irgendwo einen Vortrag gehalten über „ Die ko-
ordinierte Gesellschaft". (*Lacht sehr lange, sehr* 25
laut, sehr herzlich)

REHBACH: Robert, ich denke, du bist mir eine Erklärung schuldig. Wir sind Freunde gewesen, wir

verbringen *spend*

haben bittere Zeiten miteinander verbracht.°
(*Bewegt*) Du hast mir das Leben gerettet, Robert 30
. . . lach jetzt nicht, bitte, lach nicht . . .

KÖHLER: Gut, ich lach jetzt nicht, obwohl . . . Unter-

unterstellen *suppose*

stellen° wir einmal: ich habe dir das Leben gerettet;
wir sind Freunde gewesen; wir haben bittere
Zeiten miteinander verbracht — gut. Wieso bin 35
ich dir dann noch eine Erklärung schuldig. Das
klingt, als ob ein Lebensretter . . . (*leiser*) vielleicht
hast du recht. Aber warum sollte ich nicht lachen.

schwer·fallen *be difficult*

Es fällt mir schwer,° nicht zu lachen. Findest du
mein Lachen bitter, Franz? 40

merkwürdigerweise
strange to say

schwinden *disappear*

ein·reden *persuade*
r Raster *screen*
r Druck *print*

sich räuspern *clear one's
throat*

insgesamt *all together*

Anspruch haben auf *be
entitled to*
r Kontoauszug *bank
statement*

REHBACH: Nein — merkwürdigerweise:° nein — es klingt fast heiter — es . . .

KÖHLER (*lacht*); Ich bin auch heiter; meine Heiterkeit schwindet° nur, wenn ich zuviel sehe. Es war wirklich nicht erheiternd, dein Gesicht in der Zeitung zu sehen; nimms mir nicht übel: du wirst ja hin und wieder in den Spiegel sehen — solange ich dich nicht mit meinen eigenen Augen sehe, kann ich mir einreden,° es habe am falschen Raster,° an der Technik des Fotos, des Drucks° gelegen. Auf einen Versuch ankommen lassen möchte ichs nicht. (*Lacht, räuspert sich*)° Wir sprachen eben über Geld . . .

REHBACH: Wieviel brauchst du?

KÖHLER: Wieviel hast du?

REHBACH: Hier? Zu Hause?

KÖHLER (*lacht*): Hast du auch anderswo Geld? (*Lacht sehr lange*) Papiere? Ein Bankkonto? Franz! (*Lacht*)

REHBACH: Entschuldige, aber das klingt mir nun doch zu kindlich. Glaubst du wirklich, ich sollte mein Geld hier herumliegen haben?

KÖHLER: Ist es denn soviel? Wieviel ist es denn?

REHBACH: Wie meinst du das? Insgesamt?°

KÖHLER: Ja, insgesamt. Da mir alles gehört, muß ich es wohl erfahren. (*Lacht*) Ich habe doch sozusagen Anspruch auf° einen Kontoauszug.°

REHBACH: Wenn ich deine Stimme nicht kennte, würde ich bezweifeln, ob du wirklich der Robert bist, den ich kannte.

KÖHLER (*lacht*): Nun wirst du wirklich ungerecht, Franz. Du warst es doch, der sagte: alles, was mein ist, ist auch dein. Oder wars nicht so gemeint?

REHBACH: Es war so gemeint.

KÖHLER: Dann sags mir doch. Ich brauche wirklich Geld, und ich bin gekommen, dich um welches zu bitten. (*Leiser*) Ich brauchs, Franz.

REHBACH (*herzlich*): Ich komme sofort runter. Ich bringe dir alles, was ich im Hause habe. Brauchst du auch Kleider? Hast du Hunger? Ich komme sofort.

91

KÖHLER: Wenn du runterkommst, verschwinde ich. Und du hörst nie mehr von mir! Oder möchtest du, daß ich verschwinde?

REHBACH: Ich möchte dich sehen . . . und wie soll ich dir Geld, Kleider, zu essen geben, wenn ich nicht 5 runterkommen kann und du nicht raufkommen willst?

verzeihen *excuse*

bewährt *tested*

KÖHLER (*lacht*): Verzeih,° daß ich lache. Aber es gibt eine uralte und bewährte° Methode: wirf es zum Fenster raus. 10

REHBACH: Zum Fenster rauswerfen? Das macht man mit einem Groschen° für die Straßenmusikanten.

r Groschen *formerly: 10 pennies; small reward*

KÖHLER (*lacht*): Oder klingt dir das Zum-Fenster-raus-Werfen zu schlimm? Du könntest es ja in einen Karton tun, gut verschnüren;° natürlich 15 weiß ich nicht, welche Summe . . .

verschnüren *tie up*

REHBACH: Ich werde etwa fünfhundert Mark im Hause haben. Ich könnte dir noch einen Scheck geben.

KÖHLER: Fünfhundert Mark. Soviel habe ich lange 20 nicht in der Hand gehabt.

REHBACH: Ich gebe dir dreitausend, vier — aber ich habe es nicht bar. Ein Scheck . . .

KÖHLER: Mit einem Scheck kann ich nichts anfangen.

REHBACH: Du könntest doch zur Bank gehen. 25

betreten *enter*

KÖHLER (*lacht*): Sobald ich eine Bank betrete,° drückt der Portier den Alarmknopf. (*Lacht*)

REHBACH: Wie siehst du denn aus?

r Anblick *sight*

KÖHLER (*lacht*): Kannst du dir nicht vorstellen, wie jemand aussieht, bei dessen Anblick° ein Bank- 30 portier den Alarmknopf drückt? (*Lacht*)

REHBACH: Lach doch nicht dauernd!

gemein *mean*
vorwurfsvoll *reproachful*
stocken *stop, hesitate*

KÖHLER: Laß mir doch mein Lachen. Ist es denn bitter? Klingt es gemein?° Oder vorwurfsvoll?°

REHBACH: Nein, nein, es ist nur . . . (*stockt*)° 35

KÖHLER: Was denn? Was ist es? (*Lacht*)

verantwortungslos *irresponsible*

REHBACH: Es klingt so verantwortungslos.°

(*Köhler lacht laut und lange*)

REHBACH: Ja, das ist das richtige Wort: verant-wortungslos. 40

KÖHLER (*lacht*): Du gibst mir das Geld besser sofort,
sonst kommst du noch auf die Idee, es wäre verantwortungslos, mir welches zu geben.

REHBACH: Du (*zögert*) — übst du deinen Beruf nicht
mehr aus?° 5

KÖHLER: Bist du Wohlfahrtsbeamter?°

REHBACH: Nein, ich bin dein Freund.

KÖHLER (*lacht*): Dieselbe Frage hat mir auch Helene
gestellt.

REHBACH (*lacht sehr herzlich*): Du bist bei Helene 10
gewesen?

KÖHLER: Jetzt lachst du . . .

REHBACH: Helene ist wirklich komisch° geworden.
(*Lacht*) Schrullig.° Ein bißchen zu schrullig.
Fanatisch. (*Lacht*) Ich habe nichts gegen Ordnung 15
— aber sie macht eine Religion draus. Wann warst
du bei ihr?

KÖHLER: Ich komme gerade von ihr. Sie hat leider
keine Sprechanlage, und so mußte ich meine letzten Groschen in den Telefonautomaten werfen. 20

REHBACH: Sie hat dir nichts gegeben?

KÖHLER: Nichts. Sie hat gesagt, ein Mann von
meiner Intelligenz und so weiter. Dann wollte sie
unbedingt° wissen, wo ich die ganze Zeit über
gesteckt habe — und (*lacht sehr laut*) ob ich weiter 25
(*lacht*) weitergekommen sei.

REHBACH: Wo hast du denn die ganze Zeit über
gesteckt?

KÖHLER: Hör, bitte, Franz! Wirf erst das Geld
runter, ja? 30

REHBACH: Warst du — du warst im Gefängnis?

KÖHLER (*lacht*): Natürlich nicht die ganze Zeit.

REHBACH: Wo bist du denn von Osbergen aus hin?
Damals . . .

KÖHLER: Zu den Franzosen — hör, Franz, machst 35
du den Karton fertig?

REHBACH: Waren sie nett zu dir, ich meine, haben
sie . . . ?

KÖHLER: Sie waren reizend,° ganz reizend. Sofort
kapiert,° was mit mir los war. Sofort kapiert, sag ich 40

aus·üben *practice*
r Wohlfahrtsbeamte
social worker

komisch *strange*
schrullig *whimsical*

unbedingt *absolutely*

reizend *charming*
kapieren *understand*

93

e Vollmacht   *power of authority*

dir. (*Lacht*) Zum Bürgermeister haben sie mich
gemacht. Vollmachten,° Freiheiten. Zu essen, zu
trinken — aber ich bin ja kein Bürgermeister, ich
bin Maler — war Maler.

REHBACH: Du malst nicht mehr?   5

KÖHLER (*lacht*): Nein, ich zeichne nur noch.

REHBACH: Darf ich auch deine Zeichnungen nicht
sehen?

begabt   *talented*

Anlaß geben zu   *give rise to*

e Bedingung   *condition*

s Atelier   *studio*

KÖHLER: Möchtest du gern wissen, ob ich begabt°
bin? Zu Hoffnungen Anlaß gebe?° (*Lacht*) Nein,   10
ich zeichne nur unter bestimmten Bedingungen.°

REHBACH: Ich verstehe. Kein Material. Kein Atelier.°

KÖHLER: Material. Atelier. (*Lacht*) Nein, nein — gewisse klimatische Bedingungen fehlen mir.

REHBACH: Ich verstehe. — Sonne. Wärme. Vielleicht   15
Süden?

KÖHLER: Du verstehst gar nichts, Franz. Ich zeichne
nur noch gelegentlich mit meinem rechten Zeige-

r Zeigefinger   *index finger*

beschlagen   *dimmed with moisture*

dringend   *urgent*

finger° auf beschlagene° Scheiben, und die gibts
nicht immer, nur morgens früh (*lacht*) und in   20
Badezimmern, aber Badezimmer . . . (*dringender*)°
Warum wirfst du mir das Geld nicht runter?
Gehört mir nun alles, oder gehört mir nichts? Bist
du mein Freund oder nicht? He? Bist du noch
da . . . ?   25

REHBACH (*nach kurzem Schweigen*): Ich bin noch da.
(*Überlegt*) Gut, ich werf dir das Geld runter. Warte.

KÖHLER: Ich warte.

REHBACH: Wirst du sofort gehen, wenn ich das Geld
runtergeworfen habe? (*Leise*) Zum Fenster hinaus?   30

KÖHLER (*lacht*): Du fängst an, mich wirklich zu lang-
weilen, Franz. Wirf das Geld runter und du wirst
sehen, ob ich noch da bin oder nicht. Oder solls eine
Bedingung sein? Bedingungen nicht, wie?

REHBACH: Bist du schon bei Georg gewesen?   35

KÖHLER: Nein. Glaubst du, er wird mir was geben?

REHBACH: Wir sprechen immer von dir, immer,
Robert; er würde sich freuen, dich zu sehen — und
du fragst, ob er dir was geben würde! Warum bist
du nicht früher gekommen, Robert?   40

verhindert *unable*

höhere Gewalt *"force majeure"*

r Anflug *trace*

KÖHLER: Ich war verhindert° (*lacht*) durch höhere Gewalt.° (*Zum ersten Mal mit einem Anflug° von Bitterkeit*) Wirfst du nun das Geld runter oder nicht?

REHBACH (*ungeduldig*): Ja, sofort — hast dus so eilig? 5

KÖHLER: Ich habs sehr eilig. Ich brauch das Geld, Franz. Hast dus nicht gehört?

REHBACH: Warte. (*Er geht ins Zimmer zurück*)

III

FRANZ: Was ist das für ein Mann, Vater?

lauschen *eavesdrop*

REHBACH: Hast du gelauscht?° 10

FRANZ: Die Tür stand offen, ich habe nicht gelauscht, nur gehört.

REHBACH: Alles?

FRANZ: Alles, was du gesagt hast. Ist es wirklich Robert Köhler? Der Mann, von dem du uns so viel 15 erzählt hast?

REHBACH: Ja, er ist es.

FRANZ: Warum kommt er nicht rauf?

REHBACH: Er will nicht.

FRANZ: Und warum gehst du nicht runter? 20

REHBACH: Er will nicht, daß ich runterkomme.

FRANZ: Warum?

gereizt *irritated*

REHBACH (*leicht gereizt*):° Warum? Warum? Ich weiß nicht, warum.

FRANZ: Man kann ihn gar nicht sehen da unten. 25

REHBACH: Hast dus versucht?

FRANZ: Ja, ich hab zum Fenster rausgeschaut. Er muß sich ganz nah an die Haustür drücken.

REHBACH: Geh jetzt ins Bett, Franz, es ist schon spät.

FRANZ: Mutter hat gesagt, ich dürfte warten, bis sie 30 nach Hause kommt.

REHBACH (*gereizt*): Gut, dann warte meinetwegen. (*Man hört Rehbachs Schritte im Zimmer. Er reißt*

e Schublade *drawer*

aufreißen *tear open*

rascheln *rustle*

Schubladen° auf,° Papier raschelt)°

FRANZ: Was machst du da, Vater? 35

REHBACH: Ich werfe ihm Geld runter.

FRANZ: Zum Fenster raus?

REHBACH: Ja.

FRANZ: Zum Fenster raus . . .

IV

REHBACH (*geht in die Diele, spricht in die Anlage*):
Robert?

KÖHLER: Ja? 5

REHBACH: Ich werfs jetzt runter!

KÖHLER: Versprich mir, nicht zu schauen, wenn ich
das Päckchen aufhebe.

(*Rehbach schweigt*)

KÖHLER: Versprichst dus mir? 10

REHBACH: Du hältst es für Neugier — es ist mehr,
Robert.

KÖHLER (*mild*): Ich weiß, Franz, ich weiß, aber glaub
mir, es ist besser, wenn wir uns nicht sehen.

REHBACH (*nach einigem Zögern*):° Gut, ich werde 15
nicht schauen. (*Rehbach geht ins Zimmer zurück,
öffnet das Fenster — man hört das Päckchen fallen,
aufschlagen. Rehbach geht in die Diele zurück*)

REHBACH: Robert?

KÖHLER: Ja? Danke, ich habs, Franz, (*lacht*) danke, 20
Franz. (*Man hört durch die Anlage, wie er das
Päckchen aufreißt, Papier zerknüllt,° plötzlich lacht
er laut*) Das sind aber keine fünfhundert, Franz.
Genau zweihundertundzehn. (*Lacht*) Hast du dich
verzählt° oder nicht gewußt, daß du nur soviel im 25
Haus hast? Wenn mir alles gehört, schuldest° du
mir noch alles weniger zweihundertzehn. Warum
die zehn Mark? (*Lacht*) Warum nicht zweihun-
dert? Fünfhundert — danke, Franz, das ist viel
Geld — im Verhältnis zu° allem sehr wenig! 30

REHBACH: Bist du jetzt nicht ungerecht?

KÖHLER: Ich bin nur genau. Ich habe nicht gesagt,
daß mir alles gehört. (*Kurze Pause, Schweigen*) Bist
du noch da, Franz?

REHBACH: Ich bin froh, daß *du* noch da bist. 35

KÖHLER: Ich warte auf den Rest, Franz, den Rest
von fünfhundert. Bedenke, daß ich zu Georg nicht
gehen kann.

---

s Zögern *hesitation*

zerknüllen *crumple*

sich verzählen *count
wrong*
schulden *owe*

im Verhältnis zu *in
proportion to*

an·rufen *call up*	
zitieren *quote*	
auf·tauchen *appear suddenly*	
verkommen *ruined, degenerate*	
auf·lauern *lie in wait*	

REHBACH: Warum nicht?

KÖHLER: Du wirst ihn anrufen,° informieren, vielleicht sogar warnen. (*In zitierendem° Ton*) Robert ist aufgetaucht,° offenbar verkommen,° demoralisiert — dunkle Vergangenheit — er braucht Geld 5 — und Georg wird mir irgendwo auflauern,° mich abfangen. (*Lacht*) Sag ihm, ich käme — aber nicht heut; irgendwann — und mach ihn mit der Methode vertraut: zum Fenster raus werfen, hörst du? (*Da Rehbach schweigt*) Bist du noch da? 10

erdulden *endure*

REHBACH (*leise*): Ja. Ich denke an Osbergen.[2] Was haben wir miteinander erduldet,° füreinander getan, wie haben wir miteinander gesprochen; du hast mir das Leben gerettet, dein eigenes aufs Spiel

s Versteck *hiding place*

gesetzt, bist nachts aus unserem Versteck° ge- 15 schlichen, um Medikamente zu holen, einen Arzt, Milch — und nun?

unverändert *unchanged*

KÖHLER: Ich bin derselbe Robert. Unverändert° derselbe. (*Lacht*) Sogar Oberbürgermeister bin ich eine Zeitlang gewesen. (*Lacht*) Sie waren einfach 20 reizend zu mir. Ihr konntet mich gar nicht finden, ich hatte meinen Namen geändert und nannte mich Kohl: Friedrich Kohl; ein Name ist ein

r Steckbrief *arrest warrant*

Steckbrief,° Franz. Ein Gesicht ist einer, ein Bild; alles, was wiedererkennbar ist, ist Steckbrief. 25 (*Lacht*) Ich wurde steckbrieflich gesucht und gefunden. Du möchtest so gern wissen, warum? Du würdest enttäuscht sein, wenn ichs dir sage. Denk nicht dran und wirf den Rest runter. Franz! (*Schreit*) Warum wirfst du den Rest nicht? 30

REHBACH: Schrei mich nicht an! Du weißt doch wohl noch, daß ich nie einen Menschen anschreien konnte.

KÖHLER (*leise*): Verzeih.

REHBACH: Ich werde dich nie mehr sehen? 35

KÖHLER: Ich komme wieder, wenn ich Geld brauche — aber nicht so bald.

REHBACH: Du weißt, daß ich in deiner Schuld stehe.

[2] Osbergen *undefined place (according to Böll)*

KÖHLER: Deshalb vielleicht der Rest? Nein, du stehst nicht in meiner Schuld, Franz. Ich ging ganz gern mal nachts aus unserem Versteck raus, schon um mal eine andere Frau als Helene zu sehen. (*Lacht*) Das Leben gerettet . . . (*man hört den erstaunten*° 5 *Ausruf einer Frau, dann Robert sehr rasch weglaufen*)

erstaunt *astonished*

REHBACH: Robert, Robert, warte doch, warte — ich werf dir den Rest sofort — Robert . . .

V

(*Die Haustür wird aufgeschlossen, Frau Rehbach* 10 *stürzt in die Diele, wirft die Tür hinter sich zu, keucht*)

REHBACH: Was ist los, Marianne, hast du ihn gesehen?

MARIANNE (*erregt*): Ja, ich habe ihn gesehen. War ers? 15

REHBACH (*erstaunt*): Wen meinst du?

MARIANNE: Dieser Mann, von dem du uns immer erzählt hast.

REHBACH (*erstaunt*): Ja. Wie sah er aus?

MARIANNE: Ich kann dir nicht sagen, wie er aussah. 20 Ich habe ihn gesehen — ihn . . .

REHBACH (*lacht*): Ja — und . . . ?

MARIANNE: Lach nicht, Franz! Ich kann dir nicht *mehr* sagen: Ich habe ihn gesehen. — Was hast du von Rest gerufen? 25

REHBACH: Ich habe ihm Geld runtergeworfen . . . (*stockt*)

MARIANNE: Nicht alles?

REHBACH: Nein — und ich wollte ihm noch einen Scheck geben. 30

MARIANNE (*lacht*): Einen Scheck . . .

REHBACH: Warum lachst du? Ich gebe dir auch Schecks.

MARIANNE: Ja, mir. Verzeih — du kannst nicht wissen . . . (*lacht*) Ihm einen Scheck . . . 35

REHBACH: Was soll ich denn tun?

MARIANNE: Warten, bis er wiederkommt.

Questions on the Reading Selection

1. Was ist ein Sprechanlage? **2.** Warum will Rehbach nicht gestört werden? **3.** Was sagt sein Sohn zu dem Mann, der klingelt? **4.** Was antwortet der Mann? **5.** Ergänzen Sie den Satz von Rehbach, „Robert Köhler ist doch . . . " **6.** Warum will Köhler nicht, daß Rehbach zu ihm hinunterkommt? **7.** Was ist Köhlers konstante Reaktion? **8.** Was sagt Rehbach über Köhler und die Gesellschaft? **9.** Was denkt Köhler über Rehbachs Bild in der Zeitung? **10.** Was ist die Verbindung zwischen Rehbach und Köhler? **11.** Wie geht es Köhler jetzt? **12.** Warum fragt Köhler, wieviel Geld Rehbach hat? **13.** Wie will Rehbach Köhler helfen? **14.** Warum kann Köhler keinen Scheck gebrauchen? **15.** Beschreiben Sie Köhlers Besuch bei Helene. **16.** Woher kennen sich Köhler und Helene? **17.** Mit welcher Bitte unterbricht Köhler dauernd die Unterhaltung? **18.** Wie will er das Geld von Rehbach empfangen? **19.** Warum kann der Sohn Franz Köhler nicht sehen? **20.** Warum ist Köhler über das Geld im Karton enttäuscht? **21.** Glauben Sie, daß Rehbach noch mehr Geld im Hause hatte? **22.** Warum hat er Köhler nicht alles gegeben? **23.** Wie will Köhler sich das Geld von Georg besorgen? **24.** Warum läuft Köhler plötzlich weg? **25.** Was ist Frau Rehbachs Reaktion auf Köhler?

Topics

1. Was erfahren wir über die Vergangenheit der beiden Männer und über ihre Beziehungen zueinander? **2.** Worin besteht der jetzige Gegensatz zwischen Köhler und Rehbach? Wie kam es dazu? **3.** Inwiefern wird durch die Auseinandersetzungen zwischen den Freunden ein bestimmter Typ des wohlhabenden Bundesdeutschen der sechziger Jahre kritisiert? **4.** Welche Unterschiede bestehen zwischen dem Hörspiel und dem Drama? Berücksichtigen Sie dabei besonders die Hinweise, die uns Böll gibt a) im Thema der Geschichte, b) in der Anmerkung vor Beginn des Stücks und c) in der Reaktion von Rehbachs Frau auf Köhler.

Gabriele Wohmann

13 *Denk immer an heut nachmittag*

GABRIELE WOHMANN wurde 1932 in Darmstadt geboren. Sie studierte Germanistik und Musikwissenschaft und wurde Lehrerin. Sie lebt jetzt als freie Schriftstellerin in Darmstadt.

EINIGE WERKE: *Sieg über die Dämmerung* (1960), *Ländliches Fest* (1968), Erzählungen; *Jetzt und Nie* (1958), *Abschied für länger* (1965), *Ernste Absicht* (1970), Romane.

Active Vocabulary

feucht humid
die **Gasse** alley
das **Gebet,** –(e)s, –e prayer
klebrig sticky
die **Wolle** wool
schwitzen to sweat
die **Zunge** tongue
naß wet
der **Besitz,** –(e)s, –e possession

handeln to act
stolz proud
das **Gebäude,** –(e)s, –e building
der **Zaun,** –(e)s, ¨e fence
sich **regen** to move
kreischen to shriek
dumpf damp, muggy
fest·stellen to notice, confirm

Idioms

Ob er es schafft? Will he make it?
danach handeln to act accordingly
an etwas Spaß bekommen to get to like it

ab und zu now and then
Lust haben to want to
in Erinnerung behalten keep in mind
es fällt ihm auf it strikes him, he notices

Grammar References

CONJUGATION
16 Special Use of **möchte**, p. 220
30(A–D) Tenses of the Secondary Subjunctive, p. 239
36(A–C) Other Uses of the Secondary Subjunctive, p. 249

DECLENSION
38(A, B) Nominative Case, p. 252
41(A) Accusative Case, p. 259
48(A, B) Noun Derivation, p. 273

SYNTAX **83** Parallel Constructions, p. 326

Denk immer an heut nachmittag

„Eine halbe Stunde Fahrt auf der Hinterplattform", sagte der Vater, „wieder was Schönes zum Drandenken."

Die Bahn ruckelte° durch die dunklen feuchten Gäßchen von Gratte.[1] Spätnachmittags, die Zeit, in 5 der noch einmal alle Frauen ihre Einkaufstaschen° zu den Krämern° trugen, in die Auslagen° der engen Schaufenster starrten und wie im Gebet die Lippen bewegten, während sie die Münzen° in ihren klebrigen Portemonnaies zählten. Die letzten Minuten, 10 bevor die Kinder endgültig° hinter den schartigen° Hausmauern verschwänden, ehe die Männer auf ihren Motorrädern in das Delta der Gassen donnern würden.

Das Kind hielt die Messingstange° vor der 15 Fensterscheibe fest, aber immer wieder rutschte die glatte Wolle seiner Handschuhe ab.°

„Wie im Aussichtswagen.° Lauter° lustige Dinge", sagte der Vater. „Du kannst immer dran denken: wie lustig wars doch, als wir plötzlich bei Wickler im 20 Fenster die Mannequins° entdeckten und als der

---

[1] Gratte *name of small town*

Glossary

ruckeln *jerk along*

e Einkaufstasche *shopping bag*
r Krämer *grocer*
e Auslage *display*

e Münze *coin*

endgültig *finally*
schartig *jagged*

e Messingstange *brass rod*

ab·rutschen *slide off*

r Aussichtswagen *sightseeing bus*
lauter *nothing but*

s Mannequin *model*

Vater sagte: schön, wir fahren eine Bahn später. Die
hübschen Mannequins, weißt dus noch?"

„Ja", sagte das Kind. Sein Knie spürte den Koffer.

Die Bahn fuhr jetzt durch eine Straße mit eckigen
unfrisierten° Gärtchen, und Gratte sah nur noch wie 5
ein dicker dunkler Pickel° aus. Dann Bäume, die
meisten noch kahl,° eine Bank mit einem Mädchen,
das die Fingernägel reinigte,° gekrümmte° nackte
Kiefernstämme° in sandigen Kahlschlägen.°

„Der Wald von Laurich",[2] sagte der Vater, „er 10
zieht sich bis zu deinem Schulheim.° Ihr werdet ihn
wahrscheinlich oft zu sehen bekommen, Spiele im
Wald veranstalten,° Schnitzelversteck° und was weiß
ich, Räuberspiele,° Waldlauf."

Ein fetter Junge auf dem Fahrrad tauchte auf° und 15
hetzte in geringem Abstand hinter der Bahn her.°
Sein schwitzendes bläuliches Gesicht war vom
Ehrgeiz° verunstaltet,° die farblose dicke Zunge lag
schlaff° auf der Unterlippe. „Zunge rein", rief der
Vater und lachte. „Ob ers schafft? Was meinst du?" 20

„Ich weiß nicht", sagte das Kind.

„Ach du Langweiler",° sagte der Vater.

Das Kind merkte mit einer geheimen° Erregung,°
daß seine Augen jetzt schon wieder naß wurden; das
Fahrrad, der hechelnde° schwere Körper und das 25
besessene° Gesicht des Jungen schwammen hinter
der Scheibe.

Mit gekränkter° Stimme sagte der Vater:

„Und vergiß nicht die Liebe deiner Mutter. Sie
ist dein wertvollster° Besitz. Präge es dir ein. Vergiß 30
nicht, wie lieb sie dich hatte, und handle danach. Tu
nur, was sie erfreut hätte. Ich hoffe sehr, du kannst
das behalten."°

Immer größer wurde der Abstand° zwischen dem
Fahrrad und der Plattform, aber obwohl keine Aus- 35
sicht° mehr bestand, in diesem Wettbewerb° zu
gewinnen, gab der Junge nicht auf. „Siehst du",
sagte der Vater, „der läßt nicht locker."°

Seine Stimme war stolz und fast zärtlich.°

[2] Laurich   *name of small town*

Glossary (left margin):

unfrisiert   *unkempt*

r Pickel   *pimple*

kahl   *bare*

reinigen   *clean*
gekrümmt   *bent*
e Kiefer   *pine*
r Kahlschlag   *clearing*

s Schulheim   *boarding school*

veranstalten   *organize*
s Schnitzelversteck   *hide and seek*
Räuberspiele   *cops and robbers*
auf·tauchen   *appear suddenly*
hinterher·hetzen   *rush after*
r Ehrgeiz   *ambition*
verunstaltet   *distorted*
schlaff   *limply*

r Langweiler   *dull fellow*

geheim   *secret*
e Erregung   *emotion*

hechelnd   *panting*

besessen   *obsessed*

gekränkt   *hurt*

wertvoll   *valuable*

behalten   *remember*

r Abstand   *distance*

e Aussicht   *chance*
r Wettbewerb   *competition*

locker·lassen   *give in*

zärtlich   *tender*

fleckig *spotted*	Das Kind sah in das fleckige° Gesicht des Jungen,
listig *cunning*	aus dem die Zunge sich plötzlich listig° reckte,° zuge-
sich recken *stick out, extend*	spitzt, blaß zwischen den weißen verzogenen° Lippen.
verzogen *twisted*	Der Vater lachte:
raus·strecken *stick out*	„Siehst du, jetzt streckt er dir die Zunge raus!° 5
zukünftig *future*	Vielleicht ist es sogar ein Lauricher, ein zukünftiger°
	Kamerad. Dann würdest du schon einen kennen."
gestrichen *painted*	Sie sahen von der Plattform aus die hellgrün ge-
e Ulme *elm*	strichenen° Gebäude vor dem Ulmenwäldchen,°
	alles sah doch anders aus als auf den Bildern des 10
r Acker *field*	Prospekts. Sie gingen zwischen Äckern° den großen
	Gebäuden entgegen.
	„Wie freundlich das da liegt", sagte der Vater.
	„Zu meiner Zeit waren Schulen noch nicht so nett.
	Da, der Sportplatz! Ich hoffe sehr, du wirst hier all- 15
allmählich *gradually*	mählich° Spaß am Sport bekommen. Richtige
	Muskeln, weißt du. Du mußt sonst auf sehr viel
verzichten auf *do without*	Gutes im Leben eines Mannes verzichten."°
r Drahtzaun *wire fence*	Ein hoher Drahtzaun° umschloß° den Platz. Eine
umschließen *surround*	Horde von Kindern, die aus der Entfernung einheit- 20
einheitlich *uniformly*	lich° schwarz wirkte,° rannte und stieß und schrie
wirken *appear*	planlos durcheinander, und ab und zu erhob sich°
sich erheben *rise*	plump und dunkel ein eiförmiger Ball, einem kranken
	Vogel ähnlich, über die Masse der Köpfe.
	„Komm", sagte der Vater und griff nach der Hand 25
	des Kindes, „komm, wir eilen uns ein bißchen, viel-
	leicht können wir noch sehen, wer gewinnt."
spüren *feel*	Durch die Handschuhwolle spürte° das Kind den
	Wärmestrom. Es hatte Lust, den Handschuh aus-
	zuziehen, aber es regte seine Finger nicht. Von 30
schwellen *swell*	neuem schwoll° das Nasse in seinen Augen, es war ein
e Spange *clasp*	Gefühl, als wollten die Augen selbst aus der Spange°
platzen *burst*	der Lider platzen.° Das Nasse schmierte° die
schmieren *smear*	Gebäude, den Sportplatz, das Gewimmel° der
s Gewimmel *crowd*	Kinder in eine mattglasige° Einheit, aus der jetzt der 35
mattglasig *matted*	Ball wieder schwarz und träge in den Himmel auf-
	stieg; und dann sah es nichts mehr, gar nichts, es
	hörte die kreischenden Rufe, los, los, vorwärts, es
faulig *rotten*	spürte die Hand seines Vaters und roch den fauligen°
aufgeworfen *heaped up*	dumpfen Abendgeruch der aufgeworfenen° Erde, 40

103

hoch·torkeln *soaring*
hinauf·schrauben *spiral upward*
stoßend *kicking*
wetzend *grinding*
sich vor·stellen *imagine*

aber es sah nichts mehr, so daß es nur die Erinnerung an den hochtorkelnden° Ball festhielt. Es ließ den Ball sich höher hinaufschrauben,° es ließ ihn nicht wieder zurückfallen zwischen die stoßenden° und wetzenden° Beine, es schraubte ihn so hoch, bis es sich nicht 5 mehr vorstellen° konnte, daß er wieder auf die Erde zurückmüßte.

„Behalte all das in Erinnerung", sagte der Vater. „All das Schöne und Liebe, das deine Mutter und ich dir zu geben versucht haben. Und wenns mal 10 trübe° aussehen sollte, denk zum Beispiel an heut nachmittag. Das war doch wie ein richtiger lustiger Ausflug.° Denk immer an heut nachmittag, hörst du? An alles an die Wäffelchen,° an Wicklers Schau, die Plattform, an den Jungen auf dem Fahrrad. Hörst 15 du?"

trübe *dreary*

r Ausflug *excursion*

e Waffel *wafer*

„Ja", sagte das Kind.

Gegen seinen Willen mußte es feststellen, daß die Augen wieder ordentlich und klar zwischen den Lidern saßen. 20

quadratisch *square*
e Masche *mesh*
s Zaungitter *fence*
sich lösen aus *detach oneself from*
gegoren *fermented*
geschwollen *swollen*
e Pflaume *plum*
klatschen *crush down*
bedauern *pity*

Sie waren jetzt nah am Sportplatz, die quadratischen° Maschen° des Zaungitters° lösten sich einzeln aus° dem Dunkelgrau, in das wie eine gegorene,° von Würmern geschwollene° Pflaume° der Ball zurückklatschte.° Nun erst fiel ihm auf, daß es noch nie 25 daran gedacht hatte, seinen Vater zu bedauern.°

Questions on the Reading Selection

1. Was sieht man auf den Straßen des Städtchens Gratte? **2.** Was hatten Vater und Sohn vor der Straßenbahnfahrt erlebt? **3.** Wohin fahren die beiden? **4.** Was finden Sie an der Fahrradepisode interessant? **5.** Warum spricht der Vater über Sport? **6.** Was sieht der Sohn auf dem Sportplatz? **7.** Wie erlebt der Sohn das Spiel mit dem Ball?

Topics

1. In welcher Weise hofft der Vater den Generationskonflikt zwischen ihm und seinem Sohn zu überbrücken? **2.** Wie äußert sich die Elternliebe, wie die Kindesliebe hier? **3.** Wodurch ist das Kind dem Vater überlegen?

14 Siegfried Lenz

Die Nacht im Hotel

SIEGFRIED LENZ wurde 1926 in Lyck in Ostpreußen geboren. Er studierte Philosophie, Literaturgeschichte und Anglistik. Er lebt jetzt als freier Schriftsteller in Hamburg.

EINIGE WERKE: *Es waren Habichte in der Luft* (1951), *Der Mann im Strom* (1957), *Stadtgespräch* (1963), Romane; *So zärtlich war Suleyken* (1955), *Jäger des Spotts* (1958), *Das Feuerschiff* (1960) Erzählungen; *Die Augenbinde* (1970), Drama.

Active Vocabulary

streichen, i, i to rub
gefährlich dangerous
einzig only, unique
dienen to be of service
teilen to share
erblicken to see, catch sight of
die **Hoffnung** hope
das **Geräusch, –(e)s, –e** noise, sound

erschrocken scared
erhalten (ä), i, a to receive
der **Schatten, –s, —** shadow
winken to wave
aus·weichen, i, i to avoid
angenehm pleasant
sich **schämen** to be ashamed
der **Stock, –(e)s, ⁼e** cane

Idioms

in der Lage sein to be in a position (to)
den Atem anhalten to hold one's breath
darin bestehen to consist in
ihm einen Gefallen tun to do him a favor

Gott bewahre heaven forbid
etwas genau nehmen to be exact
Das tut mir leid. I am sorry about it.

Grammar References

CONJUGATION
- **15** Use of Modal Verbs Alone, p. 219
- **22** Formation of the Passive, p. 230
- **33(A,B)** Secondary Subjunctive for Contrary-to-Fact Conditions, p. 245

DECLENSION
- **56** Possessive Pronoun, p. 288
- **57** Reflexive and Reciprocal Pronoun, p. 289
- **64(A–C)** Adjective Usage, p. 298
- **71** Other Comparison Forms p. 307

Die Nacht im Hotel

r Nachtportier *night clerk*
e Fingerkuppe *finger tip*
e Kladde *registration book*
bedauernd *with regret*

spannen *stretch*

Der Nachtportier° strich mit seinen abgebissenen Fingerkuppen° über eine Kladde,° hob bedauernd° die Schultern und drehte seinen Körper zur linken Seite, wobei sich der Stoff seiner Uniform gefährlich unter dem Arm spannte.° 5

„Das ist die einzige Möglichkeit", sagte er. „Zu so später Stunde werden Sie nirgendwo ein Einzelzimmer bekommen. Es steht Ihnen natürlich frei, in anderen Hotels nachzufragen. Aber ich kann Ihnen

ergebnislos *without result*

schon jetzt sagen, daß wir, wenn Sie ergebnislos° 10 zurückkommen, nicht mehr in der Lage sein werden, Ihnen zu dienen. Denn das freie Bett in dem Doppelzimmer, das Sie — ich weiß nicht aus welchen Gründen — nicht nehmen wollen, wird dann auch einen Müden gefunden haben." 15

„Gut", sagte Schwamm, „ich werde das Bett nehmen. Nur, wie Sie vielleicht verstehen werden, möchte ich wissen, mit wem ich das Zimmer zu teilen habe; nicht aus Vorsicht, gewiß nicht, denn ich habe nichts zu fürchten. Ist mein Partner — Leute, mit 20

denen man eine Nacht verbringt, könnte man doch
fast Partner nennen — schon da?"

„Ja, er ist da und schläft."

„Er schläft", wiederholte Schwamm, ließ sich
die Anmeldeformulare° geben, füllte sie aus und 5
reichte sie dem Nachtportier zurück;° dann ging er
hinauf.

Unwillkürlich° verlangsamte Schwamm, als er die
Zimmertür mit der ihm genannten Zahl erblickte,
seine Schritte, hielt den Atem an, in der Hoffnung, 10
Geräusche, die der Fremde verursachen° könnte, zu
hören, und beugte sich dann zum Schlüsselloch
hinab.° Das Zimmer war dunkel. In diesem Augenblick hörte er jemanden die Treppe heraufkommen,
und jetzt mußte er handeln. Er konnte fortgehen, 15
selbstverständlich,° und so tun, als ob er sich im
Korridor geirrt habe. Eine andere Möglichkeit
bestand darin, in das Zimmer zu treten, in welches er
rechtmäßig° eingewiesen° worden war und in dessen
einem Bett bereits ein Mann schlief. 20

Schwamm drückte die Klinke° herab. Er schloß die
Tür wieder und tastete mit flacher Hand nach° dem
Lichtschalter.° Da hielt er plötzlich inne:° neben ihm
— und er schloß sofort, daß da die Betten stehen
müßten — sagte jemand mit einer dunklen, aber 25
auch energischen Stimme:

„Halt! Bitte machen Sie kein Licht. Sie würden
mir einen Gefallen tun, wenn Sie das Zimmer dunkel
ließen."

„Haben Sie auf mich gewartet?" fragte Schwamm 30
erschrocken; doch er erhielt keine Antwort. Statt
dessen sagte der Fremde:

„Stolpern° Sie nicht über meine Krücken,° und
seien Sie vorsichtig, daß Sie nicht über meinen
Koffer fallen, der ungefähr in der Mitte des Zimmers 35
steht. Ich werde Sie sicher zu Ihrem Bett dirigieren:°
Gehen Sie drei Schritte an der Wand entlang, und
dann wenden Sie sich° nach links, und wenn Sie
wiederum drei Schritte getan haben, werden Sie den
Bettpfosten° berühren können." 40

---

s Anmeldeformular
registration form
zurück·reichen *hand
back*

unwillkürlich *involun-
tarily*

verursachen *cause*

hinab·beugen *bend down*

selbstverständlich
obviously

rechtmäßig *rightfully*
ein·weisen *assign*

e Klinke *door handle*
tasten nach *fumble for*
r Lichtschalter *light
switch*
inne·halten *stop*

stolpern *stumble, trip*
e Krücke *crutch*

dirigieren *direct, guide*

sich wenden *turn*

r Bettpfosten *bed post*

gehorchen *obey*

schlüpfen *slip*

vorerst *for the time being*

nach einer Weile *after a while*

Schwamm gehorchte:° er erreichte sein Bett, entkleidete sich und schlüpfte° unter die Decke. Er hörte die Atemzüge des anderen und spürte, daß er vorerst° nicht würde einschlafen können.

„Übrigens", sagte er zögernd nach einer Weile,° 5 „mein Name ist Schwamm."

„So", sagte der andere.

„Ja."

„Sind Sie zu einem Kongreß hierhergekommen?"

„Nein. Und Sie?" 10

„Nein."

„Geschäftlich?"

„Nein, das kann man nicht sagen."

„Wahrscheinlich habe ich den merkwürdigsten Grund, den je ein Mensch hatte, um in die Stadt zu 15 fahren", sagte Schwamm. Auf dem nahen Bahnhof rangierte° ein Zug. Die Erde zitterte,° und die Betten, in denen die Männer lagen, vibrierten.

rangieren *shunt*
zittern *tremble*

Selbstmord begehen *commit suicide*

„Wollen Sie in der Stadt Selbstmord begehen?"° fragte der andere. 20

„Nein", sagte Schwamm, „sehe ich so aus?"

„Ich weiß nicht, wie Sie aussehen", sagte der andere, „es ist dunkel."

bang *timid, anxious*

Schwamm erklärte mit banger° Fröhlichkeit in 25 der Stimme:

„Gott bewahre, nein. Ich habe einen Sohn, Herr . . . (der andere nannte nicht seinen Namen), einen kleinen Lausejungen,° und seinetwegen bin ich hierhergefahren." 30

r Lausejunge *little scamp*

„Ist er im Krankenhaus?"

„Wieso denn? Er ist gesund, ein wenig bleich zwar, das mag sein, aber sonst sehr gesund. Ich wollte Ihnen sagen, warum ich hier bin, hier bei Ihnen, in diesem Zimmer. Wie ich schon sagte, hängt das mit meinem 35 Jungen zusammen.° Er ist äußerst° sensibel, mimosenhaft, er reagiert bereits, wenn ein Schatten auf ihn fällt."

zusammen·hängen mit *be connected with*
äußerst *extremely*

„Also ist er doch im Krankenhaus."

„Nein", rief Schwamm, „ich sagte schon, daß er 40

in jeder Hinsicht *in every respect*	
gefährdet *endangered*	
r Bengel *little rascal*	
e Seele *soul*	
bedrohen *menace*	

ungereift *not mature yet*

e Schranke *crossing gate*

heftig *vigorously*

verzweifelt *desperate*

verstört *troubled*
benommen *confused*
imstande sein *be capable*

veranlassen *cause*
s Verhalten *behavior*

e Befürchtung *fear*

diesbezüglich *referring to this*
e Vorschrift *instruction, rule*
erlassen *issue*
s Elend *misfortune*
auf·saugen *absorb*

gesund ist, in jeder Hinsicht.° Aber er ist gefährdet,° dieser kleine Bengel° hat eine Glasseele,° und darum ist er bedroht."°

„Warum begeht er nicht Selbstmord?" fragte der andere.   5

„Aber hören Sie, ein Kind wie er, ungereift,° in solch einem Alter! Warum sagen Sie das? Nein, mein Junge ist aus folgendem Grunde gefährdet: Jeden Morgen, wenn er zur Schule geht — er geht übrigens immer allein dorthin — jeden Morgen muß er vor   10 einer Schranke° stehen bleiben und warten, bis der Frühzug vorbei ist. Er steht dann da, der kleine Kerl, und winkt, winkt heftig° und freundlich und verzweifelt."°

„Ja und?"   15

„Dann", sagte Schwamm, „dann geht er in die Schule, und wenn er nach Hause kommt, ist er verstört° und benommen,° und manchmal heult er auch. Er ist nicht imstande,° seine Schularbeiten zu machen, er mag nicht spielen und nicht sprechen: das   20 geht nun schon seit Monaten so, jeden lieben Tag. Der Junge geht mit kaputt dabei!"

„Was veranlaßt° ihn denn zu solchem Verhalten?"°

„Sehen Sie", sagte Schwamm, „das ist merkwürdig: Der Junge winkt, und — wie er traurig sieht   25 — es winkt ihm keiner der Reisenden zurück. Und das nimmt er sich so zu Herzen, daß wir — meine Frau und ich — die größten Befürchtungen° haben. Er winkt, und keiner winkt zurück; man kann die Reisenden natürlich nicht dazu zwingen, und es wäre   30 absurd und lächerlich, eine diesbezügliche° Vorschrift° zu erlassen,° aber . . . "

„Und Sie, Herr Schwamm, wollen nun das Elend° Ihres Jungen aufsaugen,° indem Sie morgen den Frühzug nehmen, um dem Kleinen zu winken?"   35

„Ja", sagte Schwamm, „ja."

„Mich", sagte der Fremde, „gehen Kinder nichts an. Ich hasse sie und weiche ihnen aus, denn ihretwegen habe ich — wenn man's genau nimmt — meine Frau verloren. Sie starb bei der ersten Geburt."   40

auf·stützen *prop up*

„Das tut mir leid", sagte Schwamm und stützte sich im Bett auf.° Eine angenehme Wärme floß durch seinen Körper; er spürte, daß er jetzt würde einschlafen können.

Der andere fragte: „Sie fahren nach Kurzbach, 5 nicht wahr?"

„Ja."

s Bedenken *scruple, hesitation*
s Vorhaben *plan*
betrügen *deceive*

zu·geben *admit*

e Hintergehung *deception*
aufgebracht *enraged*
sich erlauben *take liberties*

überlegen *reflect on*

„Und Ihnen kommen keine Bedenken° bei Ihrem Vorhaben?° Offener gesagt: Sie schämen sich nicht, Ihren Jungen zu betrügen?° Denn, was Sie vor- 10 haben, Sie müssen es zugeben,° ist doch ein glatter Betrug, eine Hintergehung."°

Schwamm sagte aufgebracht:° „Was erlauben Sie sich,° ich bitte Sie, wie kommen Sie dazu!" Er ließ sich fallen, zog die Decke über den Kopf, lag eine 15 Weile überlegend° da und schlief dann ein.

Als er am nächsten Morgen erwachte, stellte er fest, daß er allein im Zimmer war. Er blickte auf die Uhr und erschrak: bis zum Morgenzug blieben ihm

ausgeschlossen sein *be out of the question*

noch fünf Minuten, es war ausgeschlossen,° daß er 20 ihn noch erreichte.

sich leisten *afford*

niedergeschlagen *depressed*

Am Nachmittag — er konnte es sich nicht leisten,° noch eine Nacht in der Stadt zu bleiben — kam er niedergeschlagen° und enttäuscht zu Hause an.

Sein Junge öffnete ihm die Tür, glücklich, außer 25 sich vor Freude. Er warf sich ihm entgegen und

e Faust *fist*
r Schenkel *thigh*

hämmerte mit den Fäusten° gegen seinen Schenkel° und rief:

„Einer hat gewinkt, einer hat ganz lange gewinkt."

„Mit einer Krücke?" fragte Schwamm. 30

„Ja, mit einem Stock. Und zuletzt hat er sein Taschentuch an den Stock gebunden und es so lange aus dem Fenster gehalten, bis ich es nicht mehr sehen konnte."

Questions on the Reading Selection

1. Erinnert Sie der Anfang dieser Geschichte irgendwie an eine Szene aus *Moby Dick*, als Ishmael nachts im Spouter-Inn mit dem Kannibalen Queequeg zusammentrifft? **2.** Warum scheint in unserer Geschichte der Fremde gefährlich?

3. Was tut der Junge jeden Morgen auf seinem Weg zur Schule? **4.** Welches Wortspiel erlaubt sich der Fremde mit dem Namen seines Zimmerpartners? **5.** In welchem Augenblick verliert Schwamm seine Angst vor dem Unbekannten? **6.** Welchen moralischen Vorwurf macht der fremde Mann dem Vater des Jungen? **7.** Wie hat der Mann mit der Krücke das unbekannte Kind glücklich gemacht?

Topics

1. Betrachten Sie die Gestalt des Unbekannten und sagen Sie, durch welchen scheinbaren Widerspruch die Geschichte besonders reizvoll ist. **2.** Könnte die Situation des Jungen in größerem Zusammenhang auch auf die zwischenmenschlichen Beziehungen des modernen Menschen zutreffen?

15 Marieluise Kaschnitz
Vogel Rock

MARIELUISE KASCHNITZ wurde 1901 in Karlsruhe geboren und verbrachte ihre jungen Jahre in Baden und Berlin. 1924 arbeitete sie als Buchhändlerin in Rom und verheiratete sich dort 1925. Zwischen 1932 und 1955 wohnte sie in verschiedenen Gegenden Deutschlands und lebt jetzt als freie Schriftstellerin in Frankfurt.

EINIGE WERKE: 6 Bände Lyrik; *Engelsbrücke* (1955), Autobiographisches; *Lange Schatten* (1960), *Ferngespräche* (1966), *Steht noch dahin* (1970), Erzählungen; Hörspiele (1962).

Active Vocabulary

die **Dämmerung** twilight, dusk
die **Stimmung** atmosphere, mood
die **Spur** trace
der **Flügel**, –s, — wing
sich **wundern** to be surprised
das **Erstaunen**, –s surprise
die **Geschicklichkeit** dexterity
nämlich to be sure
sich **verletzen** to hurt oneself
der **Schnabel**, –s, ⸚ beak
berühren to touch
der **Teppich**, –s, –e carpet
die **Kette** chain
überlegen to ponder

der **Himmel**, –s, — sky
erschrecken (i), a, o to frighten
stumpf dull
der **Fleck**, –(e)s, –e spot
vergleichen, i, i to compare
riesig gigantic
die **Beruhigung** comfort
der **Rand**, –(e)s, ⸚er edge, outskirts
nüchtern sober
die **Gestalt** shape, form, figure
schmal narrow
wagen to dare
kriechen, o, o to creep, crawl
gewöhnlich normal, ordinary
zittern to tremble

Idioms

nicht aus noch ein wissen
not to know which way to
turn
ins Gedächtnis rufen to recall, call to mind
ins Gespräch kommen mit
(+ *Dat.*) to enter into conversation with
sich Mühe geben to make an
effort

auf den Gedanken kommen
to hit upon the idea
sich herausreden to make ex-
cuses
nicht daran denken to have
no intention
die Frage anbringen to raise
the question
im Sinn haben to have in mind,
intend

Grammar References

CONJUGATION

3 Strong Verbs: Ablaut Classes, p. 194
19 Es gibt, Es ist, (sind), p. 224
21(A–C) Reflexive Verbs, p. 227
25 Substitutes for the Passive, p. 234
33(A,B) Secondary Subjunctive for Contrary-to-Fact
Conditions, p. 245

DECLENSION

46(A,B) Prepositional Compounds, p. 267
55 Personal Pronoun, p. 286
59(A,B) Indefinite Relative Pronoun, p. 292
61 Interrogative Pronoun, p. 294
73(A–C) Extended Adjective Constructions, p. 309

SYNTAX

78(A–C) Word Order in Main Clauses, p. 317
79 Word Order in Subordinate (Dependent) Clauses, p. 320

Vogel Rock

Kurz vor drei Uhr bemerkte ich den Vogel in meinem Zimmer. Kurz vor drei Uhr nachmittags, ein
schöner Tag im September, draußen schien die

unheimlich *mysterious*

unfähig *incapable*

r Vorhang *curtain*
zu·ziehen *draw*

e Zeitschrift *journal*

merkwürdig *peculiar*

e Nähe *proximity*
sich bewegen *move*

tapezieren *hang
wallpaper*

aufgeregt *excited*
nieder·stürzen *crash
down*
rasch *quick*
e Schwanzfeder *tail
feather*

s Moos *moss*
e Morgenröte *dawn*

Sonne, also nichts von Dämmerung oder unheim-
licher° Stimmung, keine Spur. Da ich morgens früh
aufwache, habe ich nach dem Mittagessen eine tote
Zeit und bin unfähig,° irgend etwas zu tun. Ich lege
mich also mit der Zeitung auf mein Bett, lese ein biß- 5
chen und schlafe ein bißchen, übrigens ohne die Vor-
hänge° zuzuziehen,° auch die kleine Balkontüre steht
offen und zwar bei jedem Wetter und bei jeder Tem-
peratur. Neben meinem Bett befindet sich ein langer
niederer Tisch, auf dem außer Büchern und Zeit- 10
schriften° auch Schreibhefte und Bleistifte liegen, die
ich gern zur Hand habe, um jederzeit etwas aufschreiben zu können.

Ich habe also auch an dem Tag geschlafen und bin
aufgewacht und zwar diesmal nicht von selbst, son- 15
dern von einem merkwürdigen° Geräusch, Schlagen
wie von schweren Flügeln, aber wer denkt gleich an
so etwas, und ich habe auch nicht an Flügel gedacht.
Ich habe mich nur gewundert, weil in meiner Nähe°
sich etwas bewegte° und habe die Augen aufgemacht. 20
Den Vogel, einen großen, graubraunen, habe ich dann
mit Erstaunen gesehen. Noch nie war einer zu mir
ins Zimmer gekommen und war dort herumgeflogen
zwischen den rosatapezierten° Wänden, was dieser
gleich zu Anfang mit einiger Geschicklichkeit tat. 25
Mein Zimmer ist nämlich nicht groß, drei auf fünf
Meter würde ich sagen, und es hätte mich nicht
gewundert, wenn der Vogel sich bei seinem auf-
geregten° Hin und Her verletzt hätte und tot zu
meinen Füßen niedergestürzt° wäre. Er machte aber 30
jedesmal eine rasche° Wendung, nicht einmal mit
dem Schnabel oder mit seinen Schwanzfedern°
berührte er die Wand. Wenn er nur, dachte ich,
wieder hinunterfliegen würde auf den Teppich, und
hinausspazieren, zu Fuß sozusagen, wie er doch wohl 35
auch gekommen war, den braunen Teppich für Moos°
haltend und die rosa Wände für die Morgenröte,°
aber er tat es nicht, er blieb da oben und fand nicht
zurück. Er flog noch eine ganze Weile lang hin und
her und versuchte bald auf der Kette des Kerzen- 40

r Kerzenleuchter *chande-
lier*
Fuß fassen *get a foothold*

hin·streichen *glide along*

leuchters,° bald auf dem Rahmen des Spiegels Fuß
zu fassen,° wandte sich aber auch dort jedesmal
blitzschnell wieder ab und strich unter der Zimmer-
decke hin.° Es war ihm bald anzumerken, daß er
müde wurde und nicht aus noch ein wußte, und ich   5
überlegte, wie ich ihm helfen könnte, etwa dadurch,
daß ich das Fenster öffnete, das viel breiter als die
Balkontüre ist und durch das man ein großes Stück
Himmel sieht. Ich fürchtete aber, den Vogel zu
erschrecken, und rührte mich° nicht. Nur mein   10
Schreibheft hatte ich ganz vorsichtig° herüberge-
schoben° und hielt es auf meinen angezogenen°
Knien.

sich rühren *move*
vorsichtig *carefully*
herüber·schieben *push
over*
an·ziehen *pull up*

langgezogen *drawn out*
durchdringend *penetra-
ting*

r Käfig *cage*
überhaupt *altogether*
befangen *ill at ease*
zutraulich *familiar*
um·gehen *deal with*

    Dann, kurz nach halb vier Uhr, fing der Vogel
plötzlich an zu schreien. Er gab, immer noch hin-   15
und herfliegend, einen langgezogenen° und schrillen
Ton von sich und dieser durchdringende° und angst-
volle Ton erschreckte mich sehr. Ich habe niemals,
etwa in einem Käfig,° Vögel gehalten und bin Tieren
gegenüber überhaupt° befangen;° auch die zutrau-   20
liche° und respektlose Art, mit der viele Menschen
mit ihren Hunden oder Katzen umgehen,° habe ich
niemals nachahmen können. Ich bekam darum, als
ich die wilde Stimme des Vogels hörte, sofort Herzklopfen.° Ich wollte sogar aufspringen und aus dem   25
Zimmer laufen, ich schlug schon mit der Hand die
leichte Decke, die über meinen Knien lag, zurück.
Es ist aber in diesem Augenblick der Vogel, der wohl
meiner jetzt erst gewahr geworden° war, plötzlich zur
Ruhe gekommen. Er hat sich auf meine Wäsche-   30
kommode° gesetzt und seinen Kopf zu mir herüber-
gewandt. Die ganze nächste Zeit über saß er da oben
und sah mich mit seinen gelbumränderten° traurigen
Vogelaugen an.

s Herzklopfen *palpita-
tions*

gewahr werden *become
aware of*

e Wäschekommode *chest
of drawers*

gelbumrändert *yellow-
bordered*

sich ein·bilden *imagine*

beunruhigen *disquiet*

sachlich *objective*

    Wenn ich mir jetzt einbilde,° daß ich mich von   35
Anfang an vor dem fremden Vogel gefürchtet habe,
so ist das nicht wahr. Seine Stimme hat mich einen
Augenblick lang beunruhigt,° ich habe ihn aber,
sobald er wieder still war, ganz ruhig und mit einem
gewissen sachlichen° Interesse angesehen. Ich habe   40

115

heraus·bekommen *find out*

versucht herauszubekommen,° was für ein Vogel es
war, und zu diesem Zweck habe ich zuerst einmal
festgestellt, was er für eine Körperform hatte, wie
lang seine Beine und sein Schnabel waren und wie

s Gefieder *feathers*
beschaffen sein *be like*

e Gattung *breed*

sein Gefieder° beschaffen war.° Es hätte mir ohne 5
Zweifel Freude gemacht, ihn einer bestimmten
Gattung° von Vögeln zuzuordnen, und wahrschein-
lich hätte ich mich auch, wenn mir das gelungen wäre,

e Gegenwart *presence*
e Untersuchung *investi-
gation*

in seiner Gegenwart° ruhiger und sicherer gefühlt. Ich
habe aber mit diesen Untersuchungen° kein Glück 10
gehabt. Obwohl ich eine Menge von Vögeln kenne,

struppig *shaggy*
r Gast *guest*

gab es doch keinen, dem mein struppiger° Gast
ähnlich gesehen hätte. Er war ziemlich groß, aber er

e Steuerfeder *steering
feather*
e Trappe *bustard*
e Wildtaube *wild dove*

hatte weder die rostroten Steuerfedern° der Trap-
pen° noch das bunte Gefieder der Wildtauben,° nicht 15
die glänzenden schwarzen Federn der Raben und

e Elster *magpie*
r Wiedehopf *hoopoe
(tufted bird)*
e Schnepfe *woodcock*

Krähen, nicht den langen Schwanz der Elster° und
nicht die Federkrone des Wiedehopfs.° Sein Schnabel
war lang und gelb wie der einer Schnepfe° und seine
Füße waren wie die der Schnepfe stark und niedrig, 20

e Färbung *coloring*
gleichmäßig *even*

aber seine Färbung° war gleichmäßig° und stumpf,
es waren auf seinen Federn weder lichte Flecke noch

r Streifen *stripe*

helle Streifen° zu sehen. Es gibt ihn also nicht, dachte
ich ein wenig beunruhigt, als ich mir noch all die
andern Vögel ins Gedächtnis gerufen hatte, die ich 25
zwar nicht aus der Natur kannte, die aber einmal,
auf großen farbigen Tafeln° abgebildet, in unserem

e Tafel *board*

Kinderzimmer hingen. Es gibt dich also nicht, sagte
ich laut, und stieß dann, weil ich vor meiner eigenen

r Piepton *piping sound*
s Gespräch *conversation*

Stimme erschrak, einige lächerliche Pieptöne° aus, 30
so als könnte ich mit meinem Gast ins Gespräch°
kommen, ich wußte aber schon, daß das nicht gelingen würde, und der Vogel rührte sich auch nicht und
schaute mich nur immer weiter an.

Soviel ich mich erinnere, habe ich gleich danach, es 35
mochte jetzt etwa vier Uhr sein, angefangen den
Vogel zu zeichnen.° Wahrscheinlich habe ich dabei

zeichnen *draw*
e Absicht *intention*
e Wiedergabe *rendering*
e Abbildung *picture*
vogelkundlich *ornitho-
logical*

die Absicht° gehabt, eine etwa gelungene Wieder-
gabe° des Tieres mit Abbildungen° in berühmten
vogelkundlichen° Werken zu vergleichen und ihn 40

auf diese Weise schließlich doch noch zu identifizieren. Ich zeichnete in mein Notizheft, das ich gegen
meine aufgestützten Knie lehnte, ich gab mir Mühe°
und hatte, da ich, ohne den Vogel zu erschrecken, das
Zimmer ohnehin nicht verlassen konnte, Zeit genug. 5
Ich bin auch im Zeichnen ganz geschickt, ich meine
auf eine gewisse akademische Weise, ich habe, um
mich in dieser Fertigkeit° zu üben, verschiedentlich°
Abendklassen besucht. Es gelang mir aber nicht, den
Vogel so wie er war aufs Papier zu bringen, und dar- 10
über wunderte ich mich sehr. Ich machte vier
Zeichnungen und auf der einen hatte der Vogel
Storchenbeine° und einen Spatzenkopf,° auf der
zweiten trug er auf einem dünnen Hals zwei Köpfe,
auf der dritten hing er in einer Schlinge° und hatte 15
drei Beine, auf der vierten war von ihm fast nur das
mir zugewandte Auge, ein riesiges Menschenauge,
zu sehen. Ich versuchte es noch ein paarmal, auf
immer neuen Blättern, aber es wollte mir nicht gelingen, meine Finger taten nicht, was ich wollte, 20
sondern etwas, was ich gar nicht wollte und was mir
den Vogel nicht näher brachte, sondern ihn fremd
und höchst unheimlich erscheinen ließ.

Als ich meine Zeichnungen eine Weile angestarrt
hatte, klingelte das Telefon. Bei diesem Geräusch 25
fing der Vogel an mit den Flügeln zu schlagen und die
Augen zu verdrehen° und ich hielt es für besser, auf
den Korridor zu gehen und den Hörer° abzunehmen,
manche Leute lassen den Apparat viele Male klin-
geln, ehe sie ihren Versuch aufgeben, und das hätte 30
den Vogel gewiß ganz verrückt° gemacht. Ich war
aber auch sehr froh, auf diese Weise aus dem Zimmer
zu kommen, und vielleicht hatte ich auch die Hoffnung, der Vogel würde in meiner Abwesenheit° den
Mut haben, bis zur Balkontür und durch die Tür ins 35
Freie zu fliegen. Ich ging also hinaus und redete eine
ganze Weile, aber als ich wieder in mein Schlafzimmer zurückkehrte, war der Vogel immer noch da.
Er saß immer noch auf der Kommode, nur daß er
sich jetzt aufgeplustert° hatte, jedenfalls schien er mir 40

sich Mühe geben *make an effort*

e Fertigkeit *skill*
verschiedentlich *repeatedly*

s Storchenbein *stork leg*
r Spatzenkopf *sparrow head*
e Schlinge *noose*

verdrehen *turn, roll*
r Hörer *receiver*

verrückt *crazy*

e Abwesenheit *absence*

sich auf·plustern *ruffle one's feathers*

117

jetzt viel größer als vorher. Ich starrte ihn erschrocken an und dann setzte ich mich hin, diesmal auf einen Stuhl, aber ich zeichnete nicht mehr. Ich muß ihm einen Namen geben, dachte ich und fing an mich zu besinnen.° Es fiel mir aber keiner ein und darüber 5 geriet ich in eine furchtbare Aufregung,° so als sei mit einem Namen alles gewonnen, Ruhe und Sicherheit und Glück. Ein Name aus einem Märchen, aber ich wußte nicht, aus welchem, kam mir endlich in den Sinn,° ich wußte auch nicht mehr, was für eine Art 10 von Vogel das gewesen war. Ich schrieb unter meine Zeichnungen die Worte Vogel Rock und sagte sie auch leise vor mich hin, Rock, Rock, Rock, aber eine Beruhigung war das nicht.

Ungefähr um fünf Uhr muß ich auf den Gedanken 15 gekommen sein, mir eine Tasse Tee zu machen. Ich ging in die Küche und stellte Wasser aufs Gas, und als das Wasser kochte und ich es auf die Teeblätter gegossen hatte, beschloß° ich, das Tablett° ins andere Zimmer zu tragen, das ehemals das Zimmer meines 20 Mannes war. Ich hatte aber diesmal die Tür nicht richtig zugemacht, und als ich in das Zimmer meines Mannes kam, sah ich den Vogel schon dort sitzen und zwar auf einem Tisch, der mit Büchern und Manuskripten bedeckt war. Er saß da nicht ruhig, sondern 25 wandte den Kopf nach allen Seiten, so als wolle er alles in Augenschein nehmen,° den Sekretär und die lange Bücherwand und die Couch mit den drei Rückenkissen° und den Schreibtischstuhl mit den Armlehnen,° die vorn etwas eingekerbt° sind, so daß 30 man in die Kerben seine Finger legen kann. Auf eine dieser Armlehnen setzte er sich später und das war mir sehr unangenehm, weil ich überhaupt niemand Fremden auf diesem Stuhl sitzen lasse, wenigstens wenn ich es vermeiden° kann. Die Fenster standen 35 auch in diesem Zimmer weit offen, und während ich auf der Couch saß und meinen Tee trank, überlegte ich, warum der Vogel nicht hinausflöge, es wurde darüber° sechs Uhr und die Sonne ging unter, gerade in der Lücke° zwischen den beiden gegenüberlie- 40

---

sich besinnen *ponder*

in Aufregung geraten *get excited*

in den Sinn kommen *remember*

beschließen *decide*
s Tablett *tray*

in Augenschein nehmen *examine*

s Rückenkissen *back rest*

e Armlehne *armrest*
eingekerbt *notched*

vermeiden *avoid*

darüber *in the meanwhile*
e Lücke *gap, space*

e Pappel *poplar*

in Worte kleiden *express*

e Übelkeit *nausea*
verdorben *spoiled, rotten*

am Rande *on the out-
skirts*
r Schrebergarten *allot-
ment garden*

r Tierliebhaber *animal
lover*

an·fangen mit *do with*

s Windlicht *hurricane
lamp*
r Nachtfalter *night moth*
schwirren *whir*
e Rüster *elm*
s Käuzchen *owl*

näherliegend *obvious*

genden Häusern, dort, wo die Pappeln° stehen. Sie
war groß und rot, und als sie hinter den Pappeln verschwunden war, fing der Vogel wieder zu schreien an.

Ich glaube, daß mir schon in diesem Augenblick
der Gedanke gekommen ist, den ich damals nicht in 5
Worte zu kleiden° wagte und den ich auch heute noch
nicht aufschreiben kann. Das Telefon klingelte noch
einmal, diesmal war eine Freundin von mir am
Apparat, die, kaum daß ich ein paar Worte gesprochen
hatte, erschrocken fragte, was hast du, was ist dir, und 10
gewiß dachte ich daran, ihr von dem Vogel zu erzählen, aber ich tat es nicht, ich redete mich heraus
mit Kopfschmerzen und Übelkeit,° ich mußte wohl
etwas Verdorbenes° gegessen haben, und als meine
Freundin herüberkommen und nach mir sehen 15
wollte, sagte ich schnell, nein danke, ich brauche nur
Ruhe, ich gehe ins Bett. Ich dachte aber nicht daran,
ins Bett zu gehen. Vielmehr zog ich, kaum daß ich
den Hörer niedergelegt hatte, meinen Mantel an und
lief aus der Wohnung und die Treppe hinunter, 20
wohin ich wollte, wußte ich nicht.

Es war jetzt schon dunkel, aber noch sehr warm,
und ich war froh, draußen zu sein. Ich ging eine Weile
ziellos durch die Straßen und dann ging ich zu einem
mir befreundeten Ehepaar, das ziemlich weit drau- 25
ßen, schon am Rande° der Schrebergärten,° ein
Häuschen und einen Garten mit schönen alten
Bäumen besitzt. Der Mann ist Vogelkenner und überhaupt ein Tierliebhaber° und wahrscheinlich wollte
ich mir bei ihm Rat holen, was ich mit dem Vogel 30
anfangen° sollte, ein großer Vogel in einer kleinen
Stadtwohnung, ein Vogel, der wegfliegen könnte und
nicht wegfliegen will. Wie ich es erwartet hatte, saßen
meine Freunde im Garten bei einem Windlicht,° um
das die Nachtfalter° schwirrten,° in der hohen Rüster° 35
hörten wir die Käuzchen° schreien. Über diese
Käuzchen wurde gleich gesprochen und nun hätte
nichts näher gelegen,° als daß ich meine Frage an-
brachte, aber ich habe es nicht getan. Ich habe schon
angefangen, denkt euch nur, heute, und bin dann 40

119

aus·weichen *dodge*

belanglos *inconsequential*
r Vorfall *event*
benützen *use*

ächzen *groan*

nüchtern *sober*
wissenschaftlich *scientific*
volkstümlich *popular*
e Anschauung *belief*
r Todverkünder *messen-
ger of death*

entfliehen *flee*
e Seele *soul*

vergeblich *in vain*
s Erlebnis *experience*

begleiten *accompany*

verbergen *hide*

sich verabschieden *bid
good-bye to a person*

r Läufer *runner*

nach·schleppen *drag
behind*
streifen *touch*
fegend *sweeping,
fluttering*
hervor·rufen *cause*
gering *little, low*

vollgeräumt *stacked full*

wieder ausgewichen° und habe von einem anderen,
ganz belanglosen° Vorfall° berichtet, der schon ein
paar Tage zurücklag und den ich nur benützte,° um
nicht stumm dazusitzen und die großen Bäume im
Nachtwind ächzen° zu hören. Wir sprachen danach 5
noch einmal über Nachtvögel, aber auf eine ganz
nüchterne,° fast wissenschaftliche° Weise, es wurde
die volkstümliche° Anschauung° von den Käuzchen
als Todverkündern° gar nicht erwähnt und auch von
Seelenvögeln, das heißt von in Gestalt von Vögeln 10
dem Körper entfliehenden° Seelen,° war die Rede
nicht. Ich machte im Laufe des Abends noch zweimal,
aber vergeblich° den Versuch, von meinem Erlebnis°
zu erzählen, und hatte wohl auch im Sinn, mich von
meinen Freunden nach Hause begleiten° zu lassen, 15
wenn der Vogel dann verschwunden war, um so besser. Stellt euch vor, hätte ich dann gesagt, ich habe
mich vor ihm gefürchtet, und mit einem Gelächter
wäre alles zu Ende gegangen. Ich sagte aber nichts
und bat meine Freunde auch nicht um ihre Beglei- 20
tung, und das war gerade, als ob ich etwas zu verschweigen oder zu verbergen° hätte.

Es muß ungefähr halb zwölf gewesen sein, als ich
mich von meinen Freunden verabschiedete,° und
kurz vor Mitternacht, als ich nach Hause kam. Sofort, 25
nachdem ich das Licht im Korridor angedreht hatte,
sah ich den Vogel, der auf dem schmalen blauen
Läufer° saß und sich langsam auf mich zu bewegte.
Er ging nicht, wie am Nachmittag auf dem Bücher-
tisch, hochbeinig den Flur entlang, sondern kroch 30
auf dem Bauch, wobei er seine Flügel weit ausge-
breitet nachschleppte.° Der Korridor ist ebenfalls
recht schmal, darum streifte° der Vogel mit seinen
Flügelspitzen die Wände, was ein seltsam fegendes°
Geräusch hervorrief,° so wie wenn große Schwärme 35
von Zugvögeln in geringer° Höhe vorüberziehen.

Der Vogel schien mir viel größer als vor meinem
Weggehen, niemals hätte er jetzt noch auf der
schmalen, mit allerlei Sachen vollgeräumten°
Wäschekommode Platz gehabt. Er war so groß, daß 40

e Feuerwehr *fire depart-
ment*
an·rufen *telephone*
e Leiter *ladder*
verirrt *lost*
r Wipfel *treetop*

gelangen *reach*

vielmehr *rather*

e Feigheit *cowardice*

verstört *disturbed*
verwirrt *confused*

hocken *crouch*

sich drängen *push close*

häßlich *ugly*
trübe *dim*
r Glanz *luster*

s Krächzen *croaking*

e Tannennadel *fir needle*

modrig *moldy*

r Talgrund *bottom of
the valley*
e Nachtschnecke *night
snail*
verjagen *drive away,
chase out*
klatschen *clap*
r Dampf *steam*
stampfen *stamp*

ich erschrak und am liebsten gleich wieder zur Türe
hinausgelaufen wäre. Aber dann blieb ich doch stehen
und überlegte, was ich tun könnte, die Nachbarn
wecken oder die Feuerwehr° anrufen,° von der ich
wußte, daß sie mit Hilfe von langen Leitern° oft 5
verirrte° Tiere aus den Wipfeln° der Bäume oder von
den Dächern herunterholt. Ich hätte aber, um zum
Telefon zu gelangen,° an dem Vogel vorbeigehen
oder vielmehr° über ihn hinwegsteigen müssen und
das wagte ich nicht. Ich wagte gar nichts und eine 10
Zeitlang machte ich aus Feigheit° die Augen zu. Als
ich sie wieder öffnete, war der Vogel mir noch ein
Stück näher gekommen. Er saß jetzt bei der Türe
zum Wohnzimmer, die offenstand, und auch die
Fenster im Wohnzimmer standen noch immer offen, 15
und ich konnte über den Pappeln zwei Sterne sehen.

Geh fort, dachte ich, und vielleicht sagte ich es
sogar, verstört° und verwirrt,° wie ich war, mit dem
riesigen Vogel zu meinen Füßen, von dem ich mir
schon vorstellte, wie er mir auch ins Schlafzimmer 20
folgen und schließlich auf meiner Brust hocken°
würde. Denn der Vogel drängte sich° jetzt ganz nah
an meine Füße, und ich spürte seine staubige Wärme
an meinem nackten Bein. Er war sehr groß und häßlich,° und seine Augen waren trübe° und ohne 25
Glanz,° und als ich auf ihn herunter- und gerade in
seine traurigen kalten Augen sah, gab er ein merkwürdiges Krächzen° von sich und jeden Augenblick
konnte er wieder anfangen zu schreien. Zum ersten
Mal roch ich ihn auch, er hatte den Geruch von 30
trockenen Tannennadeln,° auf die den ganzen Tag
die Sonne geschienen hat, aber am Abend kriechen
die fürchterlichen Schatten eines modrigen° Tal-
grundes° wie Nachtschnecken° über sie hin.

Sie wissen, wie man ein Tier verjagt.° Man 35
klatscht° in die Hände und stößt den Atem wie eine
Lokomotive ihren Dampf° von sich, und wenn das
nicht hilft, stampft° man mit den Füßen, bewegt die
Arme wie Windmühlenflügel und schreit. All das
habe ich am Ende dieses Tages getan und der Vogel 40

r Laut *sound*

r Bestandteil *ingredient*

schweben *glide*

bleich *pale*

e Erwartung *expectation*

hat sich wirklich gerührt, er ist ins Zimmer gekrochen und von dort zum Fenster hinausgeflogen, ziemlich ruhig übrigens, ohne wildes Flügelschlagen und ohne einen Laut.° Es hat während seines kurzen Fluges merkwürdigerweise so ausgesehen, als flöge 5 jeder Teil des Tieres für sich, der Kopf für sich und die Flügel für sich und der Schwanz für sich, es war Luft zwischen dem allen, wie bei einem Ding, das sich in seine Bestandteile° aufzulösen beginnt. Einen Augenblick lang habe ich ihn auch draußen noch so 10 schweben° sehen, er war jetzt wieder klein, nicht größer als ein gewöhnlicher Vogel, und kaum, daß er das Fenster hinter sich gelassen hatte, war er auch schon nicht mehr da. Ich bin gleich durch das Zimmer gelaufen, um ihm nachzusehen, vielleicht wollte ich 15 auch das Fenster hinter ihm schließen. Es war aber da gar nichts mehr, kein Schatten vor den stillen, nachtbleichen° Häusern, keine Bewegung auf die Pappeln zu. Da war nur ich, die jetzt ihre Arme nach dem verschwundenen Vogel ausstreckte und weinte 20 und die am nächsten Tag und am übernächsten Tag und noch viele Tage lang mittags zitternd vor Erwartung° auf ihrem Bett lag, aber der Vogel kam nicht, und ich weiß, er kommt auch nicht mehr.

Questions on the Reading Selection

1. Innerhalb wie vieler Stunden geschehen die Ereignisse dieser Geschichte? **2.** Beschreiben Sie das Schlafzimmer der Erzählerin! **3.** Wovon wachte sie an diesem Tage auf? **4.** Was tat der Vogel in ihrem Zimmer? **5.** Wie konnte er hereinkommen? **6.** Wieso wurde er bald müde? **7.** Wie wollte die Erzählerin ihm helfen? **8.** Warum tat sie es nicht? **9.** Was erschreckte sie gegen halb vier Uhr? **10.** Warum lief sie nicht aus dem Zimmer? **11.** Welche Gefühle hatte sie für den Vogel? **12.** Warum sah sie ihn mit sachlichem Interesse an? **13.** Beschreiben Sie den Vogel! **14.** Warum konnte sie ihn keiner Gattung zuordnen? **15.** Was geschah, als sie den Vogel zeichnete? **16.** Beschreiben Sie die Resultate ihrer Versuche! **17.** Worüber geriet sie zum zweiten Mal in Aufregung? **18.** Was machte der Vogel während sie telefonierte? **19.** Wo saß der Vogel, als sie mit dem Tee zurückkam? **20.** Warum war ihr das unangenehm? **21.** Warum war die

Freundin am Telefon so erschrocken? **22.** Was tat der Vogel, als die Sonne unterging; warum wohl? **23.** Was machte die Erzählerin nach dem Telefongespräch? **24.** Warum ging sie zu diesen Freunden? **25.** Wo saßen sie, und wovon sprachen sie? **26.** Warum erzählte sie ihnen nichts von dem Vogel? **27.** Wo und wie fand sie den Vogel, als sie nach Hause zurückkehrte? **28.** Was tat die Erzählerin, als der Vogel im Korridor war? **29.** Was stellte sie sich vor? **30.** Wie beschreibt sie den Vogel, als er ihr ganz nahe ist? **31.** Wie verjagte sie ihn? **32.** Beschreiben Sie das Hinausfliegen des Vogels! **33.** Was tat die Frau, nachdem der Vogel weggeflogen war?

Topics

1. Sprechen Sie über das Aussehen, den Geruch, das Benehmen usw. des Vogels, und versuchen Sie zu erklären, was sein Schreien das erste Mal und das zweite Mal bedeutet! **2.** Besprechen Sie den Titel und andere Motive im Hinblick auf die Realität oder Irrealität der Ereignisse! **3.** Warum ist die Erzählerin am Ende der Geschichte so verzweifelt? **4.** Welches ist der Gedanke, den die Verfasserin nicht aufschreiben kann? Finden Sie die verschiedenen Hinweise in der Erzählung, die auf diesen Gedanken vorbereiten und ihn begründen!

16 Astrid Claes
Fliegen

ASTRID CLAES wurde 1928 in Leverkusen geboren. Sie studierte Germanistik und alte Geschichte. Jetzt lebt sie als freie Schriftstellerin in München.

EINIGE WERKE: *Dagmars glücklichste Zeit, Ein Mädchen erlebt Holland* (1954), Prosa; *Der Mannequin* (1956), *Meine Stimme mein Schiff* (1962), Gedichte; *Didos Tod* (1964), Schauspiel.

Active Vocabulary

lösen to unfasten
sich **rühren** to move
der **Zustand, –(e)s, ⸚e** condition
der **Gang, –(e)s, ⸚e** aisle
die **Seife** soap
der **Löffel, –s, —** spoon
das **Zeichen, –s, —** sign
das **Schicksal, –s, –e** fate
unterwegs en route
beobachten to observe
verschieden different
der **Schriftsteller, –s, —** writer
scheu shy
die **Schuld** fault, guilt
der **Magen, –s, ⸚** stomach

vernehmen (i), a, o to hear
schwanken to sway
seltsam strange
die **Notwendigkeit** necessity
häufig frequent
verzweifelt desperate
der **Nacken, –s, —** nape
unterbrechen (i), a, o to interrupt
vertrauen to trust
der **Ast, –(e)s, ⸚e** branch
vergebens in vain
der **Schmetterling, –s, –e** butterfly
die **Schaufel** shovel
der **Hügel, –s, —** hill

Idioms

Bescheid wissen to know
vor sich gehen to happen
zum Zuge kommen to achieve one's turn
nach Luft ringen to gasp for air
sich zusammennehmen to collect oneself; to make an effort
zu sich kommen to regain consciousness or control, to come to
darauf kommt es an all depends on that

Grammar References

CONJUGATION

4	Special Strong and Hybrid Verbs, p. 200
18	Impersonal Constructions, p. 222
32(A–D)	Primary Subjunctive for Indirect Statements, p. 242
34	Secondary Subjunctive for Unreal Wishes, p. 247

DECLENSION

41(D)	Accusative Case, p. 259
43	Prepositions with the Dative, p. 263
45	Prepositions with the Dative or the Accusative (Two-Way Prepositions), p. 265
46(A,B)	Prepositional Compounds, p. 267
47(A,B)	Noun Gender, p. 269
52(A–E)	Special Declension Problems, p. 279
53(A,B)	Definite Article and **der**-Words, p. 281
54	Indefinite Article and **ein**-Words, p. 285
59(A,B)	Indefinite Relative Pronoun, p. 292
69	Declension of Adjectival Nouns, p. 304

Fliegen

geheimnisvoll *mysterious*
r Tagtraum *daydream*

unirdisch *unearthly*

r Gurt *belt*

e Übelkeit *nausea*
widrig *disgusting*
r Kloß *lump*
e Kehle *throat*
dumpf *stifling*
e Beklommenheit
anxiety

Es war merkwürdig: Das Licht um mich war nicht das leere Licht, das ich kannte und das mich jeden Morgen beim Erwachen empfing. Es erinnerte mich an die geheimnisvolle° Helle der Tagträume,° die ich als Kind vor hohen Festen gehabt hatte: ein unirdisches° Licht, das mich wie Luft zu berühren und in eine andre Welt zu tragen schien.

,,Du kannst den Gurt° jetzt lösen.''

Die Stimme sprach zu mir. Aber ich konnte mich noch nicht rühren, denn schon die kleinste Bewegung ließ die Übelkeit° wachsen, den widrigen° Kloß,° der seit der Sekunde des Abflugs in meiner Kehle° saß und mich mit einer dumpfen° Beklommenheit° erfüllte. Vielleicht lag es daran, daß dieses Licht zu mir von früher sprach. Auch damals hatte ich Angst vor dem, was hinter den verschlossenen Fenstern lag,

125

r Käfig *cage*
sperren *lock*
s Spielzeug *toy*

r Rumpf *hold*

e Puppe *doll*

r, e Erwachsene *grown-up*
gleichmütig *calmly*

säuerlich *sour*
r Geschmack *taste*

sich wehren *resist*

ohnmächtig werden *faint*
sich beugen *bend*

r Storch *stork*

s Internat *boarding school*

r Aufprall *bump*
s Rethdach *thatched roof*

blutüberströmt *covered with blood*

dem Käfig,° in den das Leben gesperrt° schien, und ich drückte ein Spielzeug° an mich, um mich zu beruhigen. Heute gab es kein Spielzeug. Nicht einmal in meinem Koffer irgendwo im dunklen Rumpf° des Flugzeugs war zwischen Schulbüchern und Schuhen 5 noch eine Puppe° versteckt. Ich war zu alt seit diesem Sommer — aber ich war noch nicht wie die Erwachsenen,° die neben mir gleichmütig° ihre Zigaretten in den Mund steckten und ihre Zeitungen entfalteten. Obwohl ich gleich neben dem Fenster saß, wagte ich 10 nicht hinauszusehn. Und obwohl wir die Erde verlassen hatten, wurde ich nicht leicht. Ich fühlte mich schlecht und schwer.

„Möchtest du ein Glas Milch?"

Die Vorstellung des weißen, schleimigen Getränks, 15 das ich nie gemocht hatte, verstärkte die Übelkeit. Etwas Heißes kam hoch, füllte den Mund mit scharfem, säuerlichem° Geschmack.° Wie immer in diesem Zustand, an dessen Kommen und Gehen ich mich in diesen Monaten hätte gewöhnen müssen, 20 wehrte sich° alles in mir. Wenn ich nur nicht ohnmächtig würde.° Ich beugte mich° vornüber und legte den Kopf vorsichtig auf die Knie, wie ich es in der Ballettstunde gelernt und sonntags in der überfüllten Kirche so oft geübt hatte. Ich befahl mir, an 25 etwas Schönes zu denken.

Das Schönste, was ich mir damals vorstellen konnte, war unser Haus bei Husum. Aber wenn ich daran dachte, fielen mir zugleich die Störche° ein. Drei Dinge gab es, die ich noch immer nicht glauben 30 konnte: daß Amadeus tot war und daß ich keine Mutter mehr hatte und in einem Internat° in London leben würde.

Ich hatte ihn gefunden. Als ich den Aufprall° hörte, glaubte ich, es sei ein Stück Rethdach,° losge- 35 brochen vom Sturm. Erst am Morgen wußte ich, was es war. Ich ging hinaus, um Blumen zu schneiden. Sein Hals war blutüberströmt,° und als meine Mutter kam, schob sie mich ins Haus. Ich war weggerannt.

e Faust *fist*
e Abscheu *disgust*

haften bleiben *stick*

verzerren *distort*

drohend *menacing*

grinsen *grin*
gierig *greedy*
r Mörder *murderer*

hoch·quillen *well up*
taumeln *stagger*

beben *shake*
e Kunststoffwand *plastic partition*

s Grab *grave*
e Ruhestatt *resting place*

r Klumpen *lump*

röcheln *rattling (in the throat)*
würgen *choke*
s Becken *sink*
erbrechen *vomit*
verlogen *hypocritical*

Ich war in die Felder hinausgerannt und hatte mich mit Fäusten° geschlagen. Abscheu° erfüllte mich, Abscheu und Schrecken nicht so sehr vor dem, was geschehen war, als vor dem, was mich in der nächsten Zeit erwartete. Vor der Erinnerung, die haften geblieben° war. Ich hätte dieses Bild gern vergessen.

„ Ist dir nicht gut? "
Jemand tippte mir auf die Schulter, und ich setzte mich auf. Ich sah die Stewardess, und ich erschrak: Ihr Lächeln und das Lächeln der Umsitzenden, die sich jetzt alle mir zuwandten, veränderte ihre Gesichter, verzerrte° ihre Münder zu Schnäbeln, langen spitzen Schnäbeln, die sich auf mich richteten, sich mir näherten, drohend.° Ich sprang auf, und mit der schnellen Bewegung stieg die Übelkeit in meinem Hals wieder hoch. Der schmale Gang schien in eine Unendlichkeit drohender Schnäbel, grinsender° weißer Gesichter, gieriger° Augen zu führen. Mörder,° dachte ich, es sind alles Mörder. Ich fühlte sie auf mich einhacken, fühlte das Blut in meinem Hals hochquillen.° Ich taumelte° durch den Gang, und es gelang mir, die kleine Tür zu erreichen, die ich mit bebenden° Händen zuschlug und hastig verschloß. Ich stand da gegen die Kunststoffwand° mit dem Blut im Hals, und durch Urin und Seife spürte ich diesen anderen Geruch — wie ich ihn gespürt hatte durch die Rosen, so daß ich nicht im Garten bleiben konnte. Sie hatten die Stelle bei den Rosen für sein Grab° bestimmt, damit es wie eine schöne Ruhestatt° aussähe. Aber er ruhte nicht. Er war ganz tot.

Tot, das Wort blieb da, wuchs, war nicht wirklich ein Wort, war ein Klumpen,° sank in mich hinein und hob sich dann wieder, ein Klumpen Blut, und ich weinte. Tot, es brannte in meinen Augen, brannte in meinem Hals, gurgelte, röchelte° nach, schoß hoch — tot, und ich würgte,° würgte es heraus, beugte mich über das Becken° und erbrach° in das blitzende, fleckenlose, verlogene° Weiß.

Für Augenblicke sah ich mich im Spiegel, das

ab·wischen *wipe off*

Handtuch vor dem abgewischten° Mund: mein Gesicht war das, dieses bläuliche, blasse Gesicht mit den dunklen Ringen unter den Augen, den Schatten der Schlaflosigkeit, den erschrockenen Blicken voll Fragen. Wozu? Wozu das alles? Das Wachsen und 5

e Anstrengung *effort*
schweben *float in the air*

Wünschen, all die Anstrengung,° zu schweben° und leicht zu sein? Wenn dabei nichts weiter herauskam als solch ein Morgen: die gebrochenen Flügel, der blutige Hals im Gras. Doch auf solche Fragen gab niemand Antwort. 10

„Geht es dir jetzt besser?"

Die Stewardess kam auf mich zu. Sie sah mich an,

durchbohren *pierce*
s Eingeweide *intestines*

als ob sie mich durchbohren,° mein Innerstes hervorholen wollte, meine Eingeweide,° mein Blut.

„Ist es dein erster Flug? Du hattest Angst? Ich 15 bringe dir jetzt den Tee."

beachten *pay attention*

Niemand beachtete° mich. Die Erwachsenen lasen oder versuchten zu schlafen, manche hatten gefrühstückt und hielten noch den Löffel in der Hand. Sie sahen nicht mehr gefährlich aus, nur mit sich selbst 20 beschäftigt. Aber ich wußte Bescheid. Ich hatte den durchbohrten Hals gesehn, den über und über mit

r Biß *bite*
r Stich *cut*
r Leib *body*
stählern *of steel*

Bissen° und Stichen° bedeckten blutenden Leib.° Kein stählerner° Leib — lebendig, federleicht — gebrochene Flügel, tot. 25

Als der September gekommen war, wußte ich, daß sie es tun würden. Den ganzen Sommer über hatte ich

e Drohung *menace*

diese Drohung° überall gespürt, ihre Zeichen gelesen, sie wuchs mit dem wachsenden Jahr. Nicht, als ob mein Vater uns irgend etwas gesagt hätte. Und auch 30 die Störche hatten wir ja in jedem Sommer gehabt.

e Ankunft *arrival*

Aber schon ihre Ankunft° im Frühjahr war wie ein Signal. Vielleicht, weil ich sie diesmal ohne die alte

e Erregung *excitement*

Erregung° erwartete und, wie ich meinte, mit nüchternen Augen sah. In diesem Sommer wurde ich 35 fünfzehn Jahre. Die alten Geschichten konnte ich

e Sage *legend*
heilig *holy*

nicht mehr glauben, die Sagen,° daß der Storch ein heiliger° Vogel sei und das Schicksal der Häuser von den Störchen abhing. Wo nämlich Störche auf dem

Dach wohnten, könne das Haus nicht brennen. Und
die Kinder bekamen Bedenken,° wenn die Störche
einmal ausblieben.°

Ich stand auf der Wiese hinter unserem Haus, als
hoch im Himmel ein Schwarm großer Vögel ange- 5
segelt kam. Mit ruhigen Flügelschlägen glitten sie
heran. Ab und zu ruhten sie auf ihren ausgebreiteten
Schwingen.°

Bald trennte sich einer von dem Schwarm und ließ
sich herab. Er kreiste° einige Male über unserem 10
Haus, steuerte auf das Nest zu° und bremste° den
Flug. Einen Augenblick später stand er auf dem
Dachfirst° und blickte sich um. Er bog° den Kopf
zurück und erhob° ein langes Geklapper.° Ich fragte
mich, was für Dinge er wohl sagen würde, wenn er 15
sprechen könnte. Er hatte einen langen Flug hinter
sich, der über ein ganzes Viertel der Erde gegangen
war. Er war bei jedem Wetter unterwegs gewesen und
hatte viele Gefahren überlebt. Und den Weg vom
äußersten Afrika zu einem Haus bei Husum, diesen 20
Weg wußte er und sie fanden ihn alle, wenn sie nicht
unterwegs umkamen.°

Es war früh im April, der Tag, an dem meine
Mutter aus der Stadt zurückgekommen war. Ich fing
ein paar Worte des Arztes auf, daß man nun abwarten, 25
die Entwicklung° beobachten müsse. Die Worte
verstand ich als Warnung vor einer unbekannten
Gefahr, deren Wachsen ich mit dem Wachstum der
jungen Störche verfolgte und deren Zeichen ich in
den großen Veränderungen las, die mit meinen 30
Eltern vor sich gingen. Denn obwohl diese Veränderungen so verschieden wie möglich waren, schienen
sie mir doch von gleichem Grund, und ich sah sie mit
gleichem Schrecken.

Mein Vater war Schriftsteller, und es hatte eine 35
Zeit gegeben, da das Licht des Morgens, das Lied
eines Vogels und die Weite eines Wintertags Er-
fahrungen° und Einfälle° zu einer Erzählung, einem
Gedicht verschmolz. Eine Zeit, da er jeden Tag
schrieb und seine einsame° Arbeit gedruckt und 40

---

s Bedenken *doubt*
aus·bleiben *stay away*

e Schwinge *wing*

kreisen *circle*
zu·steuern *steer toward*
bremsen *brake*

r Dachfirst *ridge (of roof)*
biegen *bend*
erheben *raise*
s Geklapper *clatter*

um·kommen *perish*

e Entwicklung *develop-
  ment*

e Erfahrung *experience*
r Einfall *idea*

einsam *lonely*

würdigen   *respect*
angestrengt   *with exertion*
behutsam   *carefully*
ein·fügen   *insert*

r Lockruf   *mating call*

e Schreibmaschine   *type-writer*
stoßen   *push*

schließlich   *finally*

aus·dehnen   *expand*

fade   *insipid*

s Stöhnen   *groaning*
r Seufzer   *sigh*

e Kluft   *abyss*
überwinden   *overcome*
düster   *sinister*

gewürdigt° sah. Er arbeitete angestrengt,° schnitt lange Verse behutsam° auseinander, strich Wörter aus und fügte neue ein.°

In diesem Frühjahr saß er, wenn ich kam, vor leeren Seiten. Er schien zusammengesunken und irgendwie geängstigt, ein schwerer Mann Ende vierzig mit Schatten unter den Augen und einem blassen Mund. Worte, die scheuen Vögel, folgten keinem Lockruf° und flogen fern vorbei. Aber das war nicht meine Schuld, und es war kein Grund, das zu tun, was mein Vater eines Abends tat: nämlich aufzuspringen und die Schreibmaschine° vom Tisch zu stoßen° und zu schreien: raus raus — und die Tür hinter mir zuzuschlagen und zu verschließen.

Er schloß sich nun immer ein, aber die Arbeit schien deshalb nicht schneller voranzugehn. Eine Weile versuchte er nachts zu schreiben, und tags, wenn er schlief, sah ich die zerrissenen Seiten, die ihm gefallen hatten, so lange er daran schrieb. Schließlich° schrieb er nichts mehr. Er unternahm große Spaziergänge, die sich nach und nach zu Fahrten in die Stadt ausdehnten,° von denen er erst nach Tagen, oft erst nach Wochen wortlos wiederkam.

Der Tee war süß und stark. Nicht nur, daß er den faden° Geschmack von meiner Zunge nahm und den leeren Magen füllte, er weckte mich für den Tag. Denn nun vernahm ich mit einemmal das dumpfe Stöhnen,° diese scharfen Seufzer,° die die Maschine ausstößt, während sie sich hoch in der Luft hält und die Kluft° zwischen Himmel und Erde für uns überwinden° will. Diese Seufzer liefen unterm Himmel hin wie eine düstere° Melodie, und ich hörte sie, und die anderen hörten sie nicht.

Es dauerte immer lange, wenn meine Mutter aufstand, bis sie wieder ins Leben zurückgekommen war. Aber nun fand ich sie am Morgen lächelnd und

5

10

15

20

25

30

35

lebhaft *vivacious*
r Schaukelstuhl *rocking chair*

munter *animated*
r Ton *voice*
heftig *violently*
erschöpft *exhausted*

s Gleichgewicht *balance*

e Vorstellung *idea*

verhängnisvoll *fatal*

s Geschwür *tumor*
erspähen *discover*

sich verzehren *yearn for*

sich türmen *pile up*

unaufhörlich *incessantly*

unmerklich *unnoticeably*

r Luftsprung *leap*

lebhaft° in ihrem Schaukelstuhl.° Sie hatte aus einem großen Glas getrunken, und wenn ich eintrat, schob sie das Glas schnell weg. Sie sprang auf, sie schwankte auf mich zu, ihr Kuß schmeckte rauchig und scharf. In munterem° Ton° sprach sie kurze Zeit auf mich ein, um mich ebenso plötzlich heftig° an sich zu ziehn, wie erschöpft° hinauszuschicken. Im Anfang blieb sie ganze Tage in ihrem Zimmer, aber mit der Zeit wurde sie freier, brachte die Flasche nach unten und selbst in den Garten mit. Sie schwankte und fand das Gleichgewicht° nicht mehr. Immer hielt sie sich fest, am Türrahmen, einer Wand, einem Baum. Manchmal wunderte es mich, daß mein Vater nicht mit ihr darüber sprach. Aber die Gespräche in unserem Haus erinnerten mich an die Vorstellungen,° die ich mir vom Leben im Krieg gemacht hatte, vom gefährlichen Leben, wo eine Bewegung, ein Wort verhängnisvoll° werden kann. Sie sprachen von der Jahreszeit, vom Wetter. Dann stand sie im Garten mit ihrem Glas und starrte auf das Haus oder, wie ich später verstand, über das Haus hinweg, während die Geschwüre° in ihr wuchsen. Etwas hatte sie erspäht° im fernen Grau, etwas, nach dem sie sich verzehrte,° etwas vielleicht, für das unsere Füße zu schwer sind. 5 10 15 20 25

Man sieht die Erde nicht. Was man sieht, sind Wolken. Wolken, hinter denen eine Zeitlang irgendwo die Sonne gestanden war. Nun war die Sonne verschwunden. Wolkenberge türmten sich° unter uns, flogen uns entgegen, zogen an uns vorbei. Dem Himmel näher, dachte ich einen Moment. Aber Wolken schoben sich unaufhörlich° zwischen uns und den Himmel. 30

Die Tage begannen unmerklich° kürzer zu werden, da hatten die jungen Störche das Fliegen versucht. Ich sah ihnen zu, wie sie auf dem Dach mit ausgebreiteten Flügeln seltsame Tänze und kleine Luftsprünge° machten. Anfangs hatten sie wie kleine, 35

flaumbedeckt *covered with fluffy down*

aus·schlüpfen *hatch*

übel *bad*
r Ekel *aversion*
scheinbar *apparently*
befallen *come over*

stets *always*

r Grundriß *outline*

sich anbahnen *begin*

zusammen·krampfen *tighten up*
unbekümmert *unconcerned*
wirken *appear*
s Ungemach *misfortune*

r Kulissenwechsel *change of scenery*
e Anregung *stimulus*
hervor·heben *emphasize*
jäh *suddenly*

flaumbedeckte° Klumpen ausgesehn. Die Beine waren fast weiß und die Schnäbel grau. Aus einem Ei war kein Junges ausgeschlüpft.° Ich fand es eines Morgens im Hof, die Alten hatten es zum Nest hinausgeworfen. Es hatte einen üblen° Geruch, und 5 zum erstenmal spürte ich den Ekel,° die aufsteigende Übelkeit, die mich von nun an scheinbar° grundlos immer wieder befiel.°

Im Hochsommer hatten die jungen Störche schon die Farben ihrer Eltern, Weiß und ein tiefes, metallisch glänzendes Schwarz. Immer wenn der Wind 10 ging, breiteten sie die Flügel aus und ließen sich von der Luft tragen. Es waren stets° die gleichen Störche, die den Flug versuchten, und einer, der schwächste, blieb immer im Nest zurück. 15

Ende Juli war mein Geburtstag, der schon in die Ferien fiel. Mein Vater war in der Stadt, ich sollte ihn dort besuchen. Am Telefon sagte er uns, daß nun eine neue Arbeit begonnen sei. Seine Stimme klang kräftig, fast jugendlich erregt. Ich konnte mich gut 20 erinnern, wie oft er früher so gewesen war. In der letzten Zeit aber hatte er auf die Frage, was er jetzt schreibe, seltsame Antworten gehabt. Er sagte, daß er einen langen Roman plane, mit dessen Grundriß° er vorerst beschäftigt sei. Daß er erst am Anfang 25 seines „eigentlichen Schaffens" stehe und „eine große Wandlung" sich anbahne.° Es waren keine guten Antworten, und er sah nicht gut dabei aus. Er sah aus, als krampfe sich etwas in ihm zusammen,° aber er bemühte sich, unbekümmert° zu wirken.° Er 30 sprach von Schriftstellern, die „zum Schreiben geboren", durch äußeres Ungemach° aber nie ganz „zum Zuge gekommen" seien, hob die Notwendigkeit eines häufigen Kulissenwechsels° und anderer äußerer „Anregungen"° hervor° und endete, vom 35 ratlosen Schweigen der Zuhörer jäh° in Wut gebracht, fast immer mit dem Aufschrei, er sei schließlich kein Gedichtefabrikant. Was mir dabei Angst machte, weiß ich nicht. Ich kannte nur wenig Bücher, wußte wenig von ihren Verfassern. Aber von einigen 40

e Hinterstube   *back room*
zubringen   *spend*
r Ruhm   *fame*
r Irrtum   *error*
verwehen   *blow away*

gleichzeitig
   simultaneously
nicht geheuer   *uncanny*
wedeln   *wave*

abwechselnd   *alternately*

e Qual   *torture*

r Rittersporn   *larkspur*
verwandeln   *transform*
dichtbelaubt   *thick with
   foliage*
reglos   *motionless*

unschlüssig   *undecidedly*

flattern   *flutter*

zerspringen   *burst*

spreizen   *spread*

hatte ich gehört, sie hätten ihr ganzes Leben an einem
einzigen Ort, der Hinterstube° eines düsteren Hauses,
zugebracht.° War es möglich, daß sie zu Unrecht zu
so großem Ruhm° gelangt waren — war es möglich,
daß mein Vater sich im Irrtum° befand? Wenn mein 5
Vater mit seinen Gästen im Garten war, verwehte°
der Wind seine Stimme. Aber allein im Haus, sah ich
durchs Fenster seine Bewegungen und wußte,
wovon er sprach. Diese Bewegungen, diese Gesten
erinnerten mich an etwas, das mir gleichzeitig° sehr 10
vertraut und nicht geheuer° war. Er wedelte° mit den
Armen und zuckte mit den Beinen, die er unruhig
abwechselnd° hob, ungeduldig, wie jemand, der den
Staub von seinen Füßen schütteln will. Er rang nach
Luft — einer anderen, reineren Luft. Aber das Ende 15
war immer, daß mein Vater erschöpft die Arme fallen
ließ. „Wozu schreibe ich überhaupt noch", murmelte
er, ins Haus tretend. „Es ist eine einzige Qual."°

Ich dachte an diese Dinge, als ich durch Husum
ging. Es war gegen Abend an einem heißen Tag. Der 20
Himmel hatte die Farben des blauen Rittersporns,°
und der Mond verwandelte° die dichtbelaubten°
Bäume in reglose,° mächtige Schatten. Die Straße lag
verlassen, aber das Hotel war erleuchtet, und ich
erkannte meinen Vater, der mit einer fremden Frau 25
die Treppe hinunterkam. Im Schein der Lampen sah
ich beide nur einen Augenblick, bevor sie die Straße
hinabkamen, während ich mich an die gegenüberliegenden Häuser drückte und unschlüssig° stehen
blieb. Das Gesicht meines Vaters war gerötet und 30
strahlte jene Erregung, jene zitternde Lebendigkeit
aus, die in seiner Stimme am Telefon mitgeschwun-
gen hatten. Und auch seine Gesten, verzweifelt und
bewegt, die flatternden° Arme, der zurückgeworfene
Kopf, als er auf die Frau an seiner Seite einsprach, 35
waren mir nicht neu. Wie er die Füße hob, tänzerisch,
bebend, als wolle er springen, zerspringen,° während
er nur auf der Stelle trat. Er beugte sich hinunter und
küßte den Mund der Frau. Er stand mit gespreizten°

umschlingen *embrace*

Beinen, mit einem Arm die Frau umschlingend° und an sich pressend, mit der anderen Hand ihr breites Gesicht bedeckend. Im Gegensatz zu dieser dramatischen Umarmung schien die junge Frau ihre Unbefangenheit° und anmutige° Haltung° zu bewahren.° 5
Aufrecht,° den hellen Kopf nur leicht zurückgelegt, umfing° sie mit einem Arm den Nacken meines Vaters, aber wohl eher,° weil sie nicht wußte wohin damit in dieser Lage, als aus Leidenschaft.° Der andere Arm hing lässig° herab, und die Finger hielten 10 noch die Zigarette. Jedesmal, wenn die Frau unterbrechen wollte, suchte mein Vater aufs neue ihren Mund. Er atmete heftig, mit geschlossenen Augen und wildem, verwirrtem° Haar. Ich lief so schnell ich konnte die Straße hinauf davon. 15

e Unbefangenheit *ease, calm*
anmutig *graceful*
e Haltung *posture*
bewahren *preserve*
aufrecht *upright*
umfangen *embrace, surround*
eher *rather*
e Leidenschaft *passion*
lässig *idly*

verwirrt *disheveled*

Fasten seat belts, die Schrift leuchtete auf. Diesmal legte ich den Gurt alleine an. Das Flugzeug stöhnte lauter und ließ sich ein wenig fallen, aber dann nahm es sich wieder zusammen, als hätte es die rote drohende Tiefe gesehn. Wir kamen vom Meer aufs Land 20 — dem Meer, über das ich damals beinahe geflohen war.

r Zettel *slip of paper*

Ich hatte einen Zettel° auf den Küchentisch gelegt: „Liebe Mutter, bin nach Afrika. Sag's Vater bitte. Deine Carolin." 25
Den ganzen August über hatte ich diese zornige Unruhe in mir gehabt. Nicht so eine Unruhe wie früher, die schnell wieder vergeht. Eine neue, in der Tiefe brennende Unruhe, die vor allem bei Nacht wuchs und für ihr Feuer neue Nahrung° fand, wenn 30 ich mit offenen Augen dalag. Mir war, als hätte man mich belogen,° ein Versprechen° gebrochen, auf das ich all die Jahre vertraut. Nur daß ich mich nicht erinnern konnte, wer es mir gegeben und wann das geschehen war. Also konnte ich auch meinen Zorn auf 35 niemand richten. Manchmal nachts fühlte ich mich wieder als Kind, fürchtete mich vor einem Rascheln,° einem Schatten und lief die Treppe hinab. Aber so-

e Nahrung *nourishment*

belügen *deceive (by lying)*
versprechen *promise*

s Rascheln *rustling*

e Fliese *tile*	
tarnen *disguise*	
e Trauer *sadness*	
r Schlummer *slumber*	
verrinnen *pass*	

bald meine Füße die kalten Fliesen° berührten, wußte ich, daß meine Angst nichts anderes als getarnte°
Trauer° war, aus einem gewohnten, glücklichen
Zustand wie aus einem Schlummer° wachgerüttelt
zu sein. Es war, wie wenn die Nacht verronnen° 5
ist: Lange Zeit war man im Traum zuhaus, mit
einem Male jedoch liegt man im kalten Licht und
fühlt Schmerz in sich aufsteigen. Ich wollte mich lösen, mich aufschwingen. Aber die Erinnerungen
hingen an mir wie schwere Gewichte.° 10

Die jungen Störche hatten das Fliegen gelernt.
Es hatte sich gezeigt, daß sie fliegen konnten, ohne es
lernen zu müssen. Es lag ihnen im Blut. Nur die
Feinheiten — das Steuern,° das Berechnen° der
Landung und die Ausnützung° des Windes — waren 15
eine Sache der Erfahrung und der Zeit.

Als die anderen schon mit den Eltern auf Futter-
suche gingen, hatte einer noch immer den Sprung aus
dem Nest nicht gewagt. Aber dann kam der Tag, an
dem die beiden Alten ihn mit ihren Schnäbeln un- 20
sanft vom Dach stießen. Nur weil er vor Angst und
Verzweiflung mit den Flügeln schlug, die Beine
unbewußt° nach hinten und den langen Hals nach
vorne schob, stürzte er nicht hinab. Einen Augenblick schwebte er über dem Garten, bis er in dem 25
großen Nußbaum landete und in seinen Ästen hängen
blieb. Flatternd und bebend rutschte° er durch die
belaubten Zweige und lag flügelschlagend im Gras.
Endlich kam er zu sich. Er sprang in die Luft und
spannte die Flügel aus.° Doch vergebens versuchte 30
er Luft unter die Flügel zu bekommen. Der Flug
hatte ihn erschöpft, und er hatte sich die Flügel an
den Ästen lahm° geschlagen. Es wurde Abend, bis er
flatternd und keuchend auf dem niederen Dach des
Hauses landete. 35

Und wenn er auch später mit allen zum Flusse
flog, immer kannte ich ihn an seiner anderen Haltung
heraus. Er denkt daran, fühlte ich, denkt daran, daß
er fliegt. Vergessen, nur darauf kam es an. Und noch
im selben Jahr sollte er weit weg fliegen. 40

Glossary (left margin):

s Gewicht *weight*

s Steuern *steering*
s Berechnen *calculation*
e Ausnützung *utilization*

unbewußt *instinctively*

rutschen *slide*

aus·spannen *spread*

lahm *lame*

vor·kommen *happen*
r Aufbruch *start*
zutodgehackt *chopped to death*

überstehen *survive*
e Flugprobe *test flight*
e Beratung *council*
flugtüchtig *capable of flying*

e Küste *shore*

e Muschel *shell*

vernünftig *reasonable*
längst *long ago*

wahrhaftig *truthful*

im Beisein *in the presence of*

rächen *avenge*

Ich wußte, daß viele Störche auf der Reise umkamen. Und von meinem Vater wußte ich noch etwas. Es kam vor,° daß man vor Aufbruch° einen Storch zutodgehackt° am Boden liegen fand. Die Leute sagten, das seien kranke, schwache Tiere, die nicht 5 die Kraft gehabt hätten, den weiten Flug zu überstehn.° Die Störche unternähmen Flugproben° und hielten Beratungen° ab, um zu sehn, wer nicht flugtüchtig° sei.

Als der September gekommen war, wußte ich, daß 10 sie es tun würden. Ich wünschte unbestimmt, ein Schiff zu nehmen und mich an der Küste° entlang zu entfernen, die Störche, das Haus, das ganze alte Leben zurücklassend. Ich legte den Zettel auf den Tisch und begann zu packen: Schmetterlinge, 15 Muscheln,° einen seltsam geformten Stein. Dann sah ich die Zigarette.

Später haben mich alle gefragt, wie das gekommen sei und warum ich das damals getan hätte. Sie sagten, zum Rauchen sei ich doch noch viel zu jung. Fünf- 20 zehn Jahre, sagten sie, fast noch ein Kind. Und doch zu alt, viel zu vernünftig° längst,° um so etwas zu tun. Fünfzehn Jahre, da dürfe man doch erwarten, wahrhaftig.° Ja, wenn ich wenigstens wahrhaftig gewesen wäre, offen gesagt hätte daß. Da hätte man doch, im 25 Beisein° der Eltern natürlich, und ich hätte meinen Spaß gehabt ohne den Schrecken. Schließlich hätte ich auch zu Ostern schon mein Glas Wein bekommen, richtigen roten Burgunder, unverdünnt. Sie seien doch Menschen, sagten sie, mit ihnen könne man 30 reden.

Gewiß hätte ich reden können. Aber was? Ich wollte ja gar nicht rauchen. Ich dachte an die Störche — ich wußte, sie würden es tun. Aber damals, Anfang September, waren die Störche noch da. Hätte 35 ich sagen sollen, ich müsse etwas rächen,° was noch gar nicht geschehen sei? Oder hätte ich die Geschichten erzählen sollen, die alten Geschichten, die schon immer erzählt worden sind — daß ein Haus, bei dem ein Storch umkommt, Feuer fürchten muß? 40

Über das alles habe ich nachgedacht, als ich am
Fenster stand. Ich habe den Rauch gesehn, der in
grauen Ringen lautlos durchs Zimmer flog. Den Wind
ums Haus habe ich gehört und das Fenster geöffnet.
Und dann hat der Wind die Gardine° gefaßt, und sie 5
wehte hinaus. Sie flatterte hoch und hing doch oben
fest. Ich habe gedacht, daß man sie lassen soll, und
versucht, die Röllchen von der Stange° zu ziehn. Ich
habe nur eben zufällig° die Zigarette noch in der
Hand gehabt, die fiel dann aufs Dach, das plötzlich in 10
Flammen stand. Mein Vater war im gleichen Augenblick bei mir. Ich wollte ihm alles sagen, aber ich
wußte nicht wie. Ich schrie und warf die Arme über
den Kopf. Und dann sagte ich etwas, was ich gar nicht
sagen wollte: Ich sagte, ich wollte fliegen. Ich auch. 15

Ich hatte für die Beerdigung° gesorgt.° Unter dem
Nußbaum hob ich die Grube° aus.° Es hatte tagelang
geregnet, die Erde war kühl und schwer unter dem
welken° Laub. Ich nahm Schaufel um Schaufel und
warf einen Hügel auf.° Ich legte den Storch in das 20
Loch. Ich warf die Schmetterlinge hinab, nahm das
Glas mit den Muscheln und leerte es in die Gruft.°
Einen Augenblick stand ich, die Faust am Mund,
finster am offenen Grab. Mitleid° würgte mich,
Mitleid mit mir selbst. Als läge ich hier begraben, 25
sinnlos hingemordet. Ich füllte die Grube mit Erde,
glättete den Boden und deckte ihn mit Laub. Ich sah
den Himmel, leergefegt° vom Regen, undurchlässig°
und grau. In der Ferne wurde er weiß, als hätte der
Wind große weiße Blumen, ein Meer weißer Blumen 30
hoch in die Luft geweht. Es waren die Störche. Die
Störche flogen fort.

Ganz plötzlich sah ich die Erde, verschneite°
Bäume, ein Haus. Ich sah sie tief unten, und ich war
oben, ich flog. Erst jetzt sah ich, daß ich flog. Mir war, 35
als ob ich träumte. War fliegen nicht eben° dies:
Träumen zu folgen statt nur der Notwendigkeit?
Doch ich flog mit fremder Kraft. Was war das also,
als die Maschine aufsetzte, Landung oder Sturz?

Glossary (margin)

e Gardine *curtain*

e Stange *rod*
zufällig *by chance*

e Beerdigung *funeral*
sorgen für *take care of*
e Grube *hole*
aus·heben *dig*

welk *withered*

auf·werfen *erect*

e Gruft *grave*

s Mitleid *pity*

leergefegt *swept clean*
undurchlässig *impene-
   trable*

verschneit *snowcovered*

eben *just*

137

s Flugfeld *airfield*
Fußstapfen *footprints*

Jedenfalls ging ich zur Tür. Ich würde gehn, wenn ich gehen sollte, und essen, wenn ich mich zu Tisch setzte. Alles würde wieder von vorn beginnen, Schwersein und Zweifel, Erinnerung und Angst. Für jetzt hatte ich meine Füße. Nur das verschneite 5 Flugfeld,° das vor mir lag, und meine einsamen Fußstapfen° auf der Erde.

„Wirst du wieder fliegen?" fragte die Stewardess.

„Wenn ich loskomme", sagte ich leise.

Doch sie verstand mich nicht.   10

Questions on the Reading Selection

1. Wovon spricht die Erzählerin zuerst? **2.** Wo befindet sie sich? **3.** Wie geht es ihr? **4.** Was fragt die Stewardess sie? **5.** Was tut das Mädchen gegen ihre Übelkeit? **6.** Was ist das Schönste, woran sie denken kann? **7.** Welche drei Tatsachen kann sie noch immer nicht glauben? **8.** Wer ist Amadeus, und was geschah mit ihm? **9.** Wie beschreibt die Erzählerin die Gesichter der Erwachsenen? **10.** Warum nennt sie die anderen Passagiere Mörder? **11.** Wie versteht die Stewardess die Übelkeit des Mädchens? **12.** Wie alt ist die Erzählerin? Inwiefern ist das interessant? **13.** Was erlebte sie in diesem Frühjahr? **14.** Welche alten Geschichten erzählt man von den Störchen? **15.** Beschreiben Sie die Veränderungen der Mutter! Was ist der Grund dafür? **16.** Beschreiben Sie die Veränderungen im Vater! Welche Unterschiede bestehen zwischen seinem früheren und seinem jetzigen Leben? **17.** Was denkt das Mädchen über die Erklärungen ihres Vaters? **18.** Suchen Sie die verschiedenen Beschreibungen des Flugzeugs, des Himmels und der Landung! Was ist daran charakteristisch vom Standpunkt der Erzählerin? **19.** Beschreiben Sie das Aussehen und die Tätigkeit der Störche im Hochsommer! **20.** Beschreiben Sie das Erlebnis der Erzählerin vorm Hotel in Husum! **21.** Warum wollte Carolin nach Afrika? **22.** Was geschieht mit dem Storch, der den Sprung aus dem Nest nicht wagt? **23.** Wieso kann Carolin den einen Storch immer erkennen? Warum hat sie Angst um ihn? **24.** Erzählen Sie von dem Ereignis mit der Zigarette! **25.** Was bedeutet das Feuer für die Erwachsenen, für Carolin? **26.** Wo wollten die Eltern den Storch begraben? **27.** Warum wählt Carolin eine andere Stelle? **28.** Beschreiben Sie Carolin am Grab! Warum hat sie Mitleid mit sich selbst? **29.** Was erwartet Carolin von der Zukunft? **30.** Was ist die große Frage für Carolin?

Topics

1. Versuchen Sie, die Geschichte mit ihren Zeitsprüngen chronologisch nachzuer-
zählen! Warum hat die Autorin nicht chronologisch erzählt? **2.** Beschreiben Sie
die Gefühle Carolins für ihre Eltern und andere Erwachsene! **3.** Beschreiben
Sie Carolins Gefühle für die Störche und besonders für Amadeus! **4.** Carolins
letzter Satz enthüllt den Sinn der Erzählung. Besprechen Sie ihn, und weisen Sie
dabei auf die vielen Parallelen hin, aus denen die Erzählung lebt!

17 Wolfdietrich Schnurre

Das Manöver

(Biographie: s. S. 72).

Active Vocabulary

das **menschliche Wesen, –s, —** human being
die **Stellung** position
ertönen to resound
sich **ein·graben (ä), u, a** to entrench oneself
das **Netz, –(e)s, –e** net
das **Schaf, –(e)s, –e** sheep
offensichtlich evidently
jagen to chase

verbergen (i), a, o to hide
spüren to feel
verrückt insane
die **Welle** wave
vorsichtig cautious
quellen (i), o, o, to gush
sich **erheben, o, o** to rise
ständig constant
die **Bremse** brake

Idioms

sich zur Wehr setzen to resist
in vollem Gang in full swing
von Sinnen kommen to go out of one's mind
es sich leicht machen to try to get away easily

jemanden zur Rechenschaft ziehen to call someone to account
sich in Marsch setzen to set out, move

Grammar References

CONJUGATION
{
24   Use of the Passive, p. 233
29(A–D)   Tenses of the Primary Subjunctive, p. 237
}

DECLENSION
{
39(A)   Genitive Case, p. 253
42   Prepositions with the Genitive, p. 262
47(A,B)   Noun Gender, p. 269
63   Classification of Adjectives, p. 297
73(A–C)   Extended Adjective Constructions, p. 309
}

SYNTAX
{
77   Special Comparison Meanings, p. 316
84   Appositions, p. 327
}

Das Manöver

melden   *report*

e Sperrzone   *interdicted zone*

e Stichprobe   *spot check*
an·ordnen   *order*

s Gehöft   *farmstead*

r Geländewagen   *jeep*

s Sanitätsfahrzeug   *field ambulance*

e Lerche   *lark*
e Heide   *heath*

r Raubwürger   *shrike*

r Goldammerschwarm   *flock of finches*
ab·stieben   *rise up, disperse*
blendend   *splendid*

In Kürze schon konnte der Ordonnanzoffizier[1] der Manöverleitung melden,° daß sich kein menschliches Wesen mehr innerhalb der Sperrzone° befand. Der General ordnete zwar noch einige Stichproben° an,° doch seine Sorge erwies sich als unbegründet: jedes 5 der untersuchten Gehöfte° war leer; die Übung konnte beginnen. Zuerst setzten sich die Geländewagen° der Manöverleitung in Marsch, gefolgt von der Jeepkette der Militärdelegationen. Den Abschluß bildete ein Sanitätsfahrzeug.° Es herrschte 10 strahlendes Wetter; ein Bussardpaar kreiste vor der Sonne, Lerchen° hingen über der Heide,° und alle paar hundert Meter saß in den Büschen am Weg ein Raubwürger° oder stob leuchtend ein Goldammernschwarm° ab.° 15

Die Herren waren blendender° Laune. Sie hatten nicht mehr lange zu fahren, eine dreiviertel Stunde vielleicht; dann bog das Fahrzeug des Generals,

[1] r Ordonnanzoffizier   *officer who passes on orders from his superior to the others*

141

r Ginster *broom*

r Höhenzug *ridge of mountains*

e Gulaschkanone *field kitchen*

e Marketenderware *goods sold to soldiers*

e Feldkabelleitung *field cable*

r Klappstuhl *folding chair*

s Fernglas *field glass*

r Aufriß *sketch*

e Gefechtsübung *manoeuvre*

vornehmlich *mainly*

r Panzer *tank*

bestreiten *lead, undertake*

abgehackt *chopped off, clipped*

wegwerfend *disdainful*

ausgedehnt *extended*

verlandetes Luch *dried-up marsh*

dunstflimmernd *shimmering air*

e Ordonnanz *orderly*

s Blech *tin*

s Lerchengedudel *twitter of larks*

s Zirpen *chirping*

e Grille *cricket*

s Gleitkettenrasseln *clatter of tank tracks*

s Gedröhn *rumbling*

r Panzerverband *tank unit*

langsam von den anderen gefolgt, vom Feldweg ab und hielt am Rand eines kurzen, mit Ginster° bestandenen Höhenzugs.° Hier war schon alles vorbereitet. Ein Gulaschkanone° dampfte, Marketenderware° lag aus, Feldkabelleitungen° wurden gezogen, 5 Klappstühle° standen herum, und durch die bereitgehaltenen Ferngläser° konnte man weithin über die Ebene sehen.

Der General gab zunächst einen kurzen Aufriß° der geplanten Gefechtsübungen;° sie sollten vor- 10 nehmlich° von Panzern° und Infanterieeinheiten bestritten° werden. Der General war noch jung, Ende Vierzig vielleicht, er sprach abgehackt,° wegwerfend° und in leicht ironischem Tonfall; er wünschte, man möchte ihm anmerken, daß er dieses Manöver für 15 eine Farce hielt, denn es fehlte die Luftwaffe.

Das Manövergelände wurde im Norden von einer ausgedehnten° Kusselkiefernschonung[2] und im Süden von einem verlandeten Luch° abgegrenzt. Nach Osten zu ging es in eine dunstflimmernde° Heide- 20 landschaft über. Es war schwer zu übersehen, zahlreiche Wacholdergruppen und allerlei mit Heide oder Ginster bewachsene Hügel und Bodensenken würden es den Panzern nicht leicht machen; zudem waren die dazwischen verstreuten Gehöfte, wie sich der Adju- 25 tant ausgedrückt hatte, für PAK-[3] und IG-[4]Nester geradezu prädestiniert.

Es war Mittag geworden. Die Ordonnanzen° hatten eben die Blechteller,° von denen die Herren ihr Essen zu sich genommen hatten, wieder einge- 30 sammelt, und allerorts auf dem Hügel stiegen blaue Zigarettenwölkchen in die reglose Luft, da mischte sich in das Lerchengedudel° und das monotone Zirpen° der Grillen° von fern das dumpfe Gleitkettenrasseln° und asthmatische Motorgedröhn° der 35 sich nähernden Panzerverbände.° Zugleich wurden überall im Gelände wandernde Büsche sichtbar, die

[2] e Kusselkiefernschonung *plantation of small pines*

[3] PAK (Panzerabwehrkanone) *anti-tank gun*

[4] IG (Infanteriegeschütz) *infantry gun*

verschmelzen	*blend*
lediglich	*merely*
vermuten	*assume*
e Stellung beziehen	*take up position*

jedoch ständig wieder mit dem Landschaftsbild verschmolzen.° Lediglich °die unruhig hier und dort aufsteigenden Goldammerntrupps ließen vermuten,° daß die Infanterie dort Stellung bezog.°

Es dauerte eine halbe Stunde vielleicht, da brachen, 5 mit den Ferngläsern eben erkennbar, aus den Kusselkiefern die ersten Panzer hervor, dicht auf von kleineren, jedoch ungetarnten° Infanterieeinheiten gefolgt; und nicht lange, und man sah auch um das Luch herum sich ein tief gestaffeltes° Feld von 10 Panzern heranschieben. Die Luft dröhnte; der Lärm hatte den Lerchengesang ausgelöscht,° es blieb jedoch zu vermuten, daß er weiter ertönte, denn die Lerchen hingen noch genau so in der Luft wie zuvor. Die getarnte Infanterie hatte sich inzwischen einge- 15 graben. Auch die in der Nähe der Gehöfte in Stellung gegangenen IG's und PAK's waren ganz unter ihren Tarnnetzen verschwunden.

ungetarnt	*not camouflaged*
gestaffelt	*staggered*
aus·löschen	*blot out*

Jetzt sahen sich allmählich auch jene Offiziere genötigt,° ihre Ferngläser vor die Augen zu heben, 20 die bisher etwas gelangweilt abseits gestanden hatten, denn nun eröffneten die Panzer das Feuer. Anfangs streuten sie zwar noch wahllos das Gelände ab,° doch als dann auch das sich von Süden her nähernde Feld beidrehte,° um sich durch eine weit ausholende° 25 Zangenbewegung° mit dem nördlichen zu vereinigen, fraßen sich die Einschläge° immer mehr auf das eigentliche Übungsgelände zu.°

sich genötigt sehen	*feel obliged*
ab·streuen	*sweep with fire*
bei·drehen	*converge*
ausholend	*sweeping*
e Zangenbewegung	*pincer movement*
r Einschlag	*shell crater*
sich zufressen auf	*edge forward*

Die eingegrabenen Infanterieverbände ließen sich überrollen. Sie warteten, bis das Gros der Panzer 30 vorbei war; dann erst ging Gruppe um Gruppe, unterstützt von PAK's und IG's, zum Angriff° teils auf die begleitende Infanterie, teils, mit allerlei Spezialwaffen, auf die einzelnen Panzer über, die sich nachhaltig,° wenn auch etwas schwerfällig,° zur 35 Wehr setzten. Nun war die Schlacht° in vollem Gang.

r Angriff	*attack*
nachhaltig	*persistently*
schwerfällig	*unwieldily*
e Schlacht	*battle*
r Pulverdampf	*gun smoke*

Unglücklicherweise war aber ein Wind aufgekommen, der die Staub- und Pulverdampfwolken° auf den Hügel der Manöverleitung zutrieb, so daß den Offizieren einige Zeit jede Sicht entzogen 40

143

e Sicht war entzogen
(they) had no visibility
r Stieglitz *goldfinch*

zutraulich *tame, friendly*

e Schar *flock*

in Mitleidenschaft gezo-
gen *involved*

s Ungehaltensein *indig-
nation, anger*

r Gefechtslärm *battle
noise*
ab·flauen *subside*
e Bö *gust*
r Qualmschleier *a veil
of dense smoke*

zusammen·schrumpfen
shrink
wimmeln *be crowded*
anprallend *crashing
against*
verschmelzend *melting*
umher·rasen *run around
frenziedly*

kopfscheu *skittish*

e Turmluke *loophole*
ölverschmiert *greasy
(with oil)*

s Bersten *bursting*

s Getrappel *trampling*

ausgedörrt *parched*

aufbrandend *surging*
r Trommelwirbel *roll of
the drum*
erstickt *stifled*
s Blöken *bleating*

war.° In den Ginsterbüschen um sie herum waren in-
des allerlei verängstigte Vögel eingefallen, Stieglitze,°
Goldammern und einige Raubwürger. Ihre Angst
hatte sie zutraulich° gemacht, sie schienen die Offiziere ebenfalls für eine Schar° durch die Schlacht in 5
Mitleidenschaft gezogener° Heidebewohner zu halten. Der General mußte sich Mühe geben, sich sein
Ungehaltensein° nicht anmerken zu lassen. Es gelang
ihm nur schwer; er ärgerte sich, daß der Wind sich
ihm widersetzte. Plötzlich flaute der Gefechtslärm° 10
unvermutet ab,° und als im selben Augenblick eine
Bö° den Qualmschleier° zerriß, bot sich den Offizieren ein merkwürdiges Bild. Das gesamte Übungsgelände, durch die Zangenbewegung der Panzer nun
etwa auf einen knappen Quadratkilometer zusam- 15
mengeschrumpft,° wimmelte° von Schafen, die,
von offensichtlicher Todesangst gejagt, in mehreren
unglaublich breiten, gegeneinander anprallenden°
und ineinander verschmelzenden° Strömen zwischen
den Panzern umherrasten.° 20

Die Panzer hatten gehalten und, um die Tiere nicht
noch kopfscheuer° zu machen, auch ihre Motoren
abgestellt. Die PAK's und IG's schwiegen ebenfalls,
und durch die Ferngläser konnte man erkennen, wie
hier und dort in den Fenstern der zunächst gelegenen 25
Gehöfte neugierige Soldatengesichter erschienen, die
gebannt auf das seltsame Schauspiel herabsahen.
Auch die Turmluks° der Panzer gingen jetzt auf,
immer zwei bis drei ölverschmierten° Gesichtern
Raum lassend, und plötzlich war die Luft, eben noch 30
bis zum Bersten° geschwellt von Gefechtslärm, mit
nichts angefüllt, als dem tausend- und abertausend-
fachen Getrappel° der Schafhufe, einem Geräusch,
das sich auf dem ausgedörrten° Boden wie ein ge-
waltiger, drohend aufbrandender° Trommelwirbel° 35
anhörte, der lediglich hin und wieder mal ein halb
ersticktes° Blöken° freigab.

Der General, fleckig vor Zorn im Gesicht, sah
sich nach seinem Ordonnanzoffizier um, der mit der
Evakuierung des Geländes beauftragt gewesen war. 40

stammeln *stammer*

unbeholfen *awkward*

sich rechtfertigen *justify oneself*

anwesend *present*

sich verbeißen *suppress*

r Gefechtsstand *command post*

verantwortlich *responsible*
entsprechend *appropriate*

e Peinlichkeit *embarrassment*

r Durchlaß *passage*

wogend *surging*
fluchtartig *in full flight*

r Ausbruch *escape*

sich auf·bäumen *rear*

r Kessel *pocket*
zurück·fluten *flow back*
kauern *crouch*

e Muschel *receiver*

gefälligst *kindly*

um·springen *deal with*

Der war blaß geworden. Er stammelte° einige unbeholfene° Entschuldigungen und vermochte sich nur mühsam soweit zu rechtfertigen,° daß er behauptete, die Schafe könnten einzig von außerhalb des Gefechtsgeländes eingebrochen sein. 5

Mit Rücksicht auf die anwesenden° Gäste verbiß sich° der General eine Erwiderung und rief den Gefechtsstand° an. Die Schafe, befahl er mit bebender Stimme, hätten umgehend zu verschwinden, die verantwortlichen° Herren sollten sofort die ent- 10 sprechenden° Befehle erteilen.

Die Offiziere am Gefechtsstand sahen sich an. Auch ihnen war die Peinlichkeit° der Situation klar. Doch wie sich gegen diese Flut von Sinnen gekommener Schafherden zur Wehr setzen? Sie fanden, daß der 15 General es sich etwas leicht machte. Immerhin, sie gaben an die nördliche Flanke einen Feuerbefehl und befahlen gleichzeitig den Panzern auf dem südlichen Flügel, den Tieren einen Durchlaß° zu öffnen, in der Hoffnung, daß das immer noch wirr durcheinander- 20 wogende° Feld so fluchtartig° sich ordnen und ausbrechen werde.

Doch die Tiere gehorchten anderen Gesetzen. Als die Schußsalve ertönte, fuhr zwar ein großer Schreck in die einzelnen Herden, aber vor der erhofften 25 Ausbruchsstelle° stauten sich die Tierströme plötzlich, bäumten sich auf° und fluteten, womöglich noch kopfloser als vorher, wieder in den Kessel° zurück,° wobei die in ihren Erdlöchern kauernden° Infanteristen alle Mühe hatten, sich der über sie weg- 30 donnernden Schafhufe zu erwehren.

Nun konnte der General sein Ungehaltensein nicht länger verbergen. Er rief abermals den Gefechtsstand an und schrie in die Muschel,° er werde die verantwortlichen Offiziere nach Beendigung des 35 Manövers zur Rechenschaft ziehen, und sie sollten jetzt gefälligst° mal achtgeben, wie man mit so einer Schafherde umspränge,° er, der General, würde es ihnen jetzt vorexerzieren. Darauf entschuldigte er sich bei den Delegationen, befahl dem Ordonnanz- 40

145

ihn vertreten *take his place*
sich begeben *set out*
r Hang *slope*
s Getümmel *tumult*

scheuen *fear, shun*

unbedeutend *insignificant*
im Nu *in no time*
ein·keilen *wedge in*

zusammen·raffen *gather quickly*

ein·sehen *realize, admit*

e Witzelei *joke*
aus·tauschen *exchange*
maßlos *immoderate*

sich bewähren *prove oneself*
s Gewimmel *throng*
preis·geben *expose*

auf·heulen *screech*

umwogen *surge around*

r Gurt *belt*
wahllos *indiscriminately*

sich neigen *bend over*

offizier, ihn zu vertreten,° begab sich° den Hang° hinunter zu seinem Jeep und ließ sich, so weit es ging, in das Getümmel° der Schafleiber hineinfahren.

Es ging aber längst nicht so weit, wie er gedacht hatte; die Tiere scheuten° zwar vor den Panzern, 5 doch der Jeep des Generals war ihrer Angst zu unbedeutend,° und im Nu° war er derart eingekeilt,° daß er weder vorwärts konnte noch rückwärts.

Der General hatte eigentlich vorgehabt, ein paar Züge Infanterie zusammenzuraffen° und mit ihrer 10 Hilfe die Schafe zu jener Ausbruchsstelle zu treiben; jetzt mußte er einsehen,° daß das unmöglich war. Aber er sah noch etwas ein; er sah ein, daß er sich lächerlich gemacht hatte. Er spürte im Nacken, daß die Militärattachés[5] auf dem Hügel ihn durch ihre 15 Ferngläser beobachteten, und in Gedanken hörte er sie lachend allerlei Witzeleien° austauschen.° Ein maßloser° Zorn stieg plötzlich in ihm auf; ihn, der sich in zwei Weltkriegen und Dutzenden von Schlachten bewährt° hatte, ihn sollte dieses Gewimmel° 20 dumpfer, nur ihrem Herdeninstinkt gehorchender Tiere der Lächerlichkeit preisgeben?°

Er spürte, wie ihm das Blut ins Gehirn stieg, er schrie den Chauffeur an, er solle Gas geben und weiterfahren; der Chauffeur gehorchte auch, auf- 25 heulend° fraßen die Räder sich in den staubigen Boden; aber der Wagen rührte sich nicht, der Gegendruck der ihn umwogenden° Schafherden war stärker. Da riß der General, verrückt fast vor Zorn, die Pistole aus dem Gurt° und schoß, wahllos° in die 30 Herden hineinhaltend, sein Magazin[6] leer. Im selben Augenblick wurde der Wagen auf der einen Seite eine Kleinigkeit angehoben, er schwankte, als würde er von windbewegten Wellen getragen, neigte sich° etwas, und ehe der General und der Chauffeur sich 35 hätten auf die entgegengesetzte Seite werfen können, stürzte er langsam und fast vorsichtig um.

[5] r Militärattaché *military expert from the diplomatic corps invited to manoeuvres*
[6] s Magazin *chamber in a pistol that holds cartridges*

sich reihen *join*

zum Untergang bestimmt *destined for destruction*
hervor·ragen *rise above, project*

winzig *tiny*

zurück·weichen *recede*

ohnmächtig *unconscious*

r Bannkreis *boundary*

r Widder *ram*

zottig *shaggy*
r Schädel *skull*
unförmig *monstrous*
s Schneckengehörn *curved horns*

r Gehörnansatz *root of horns*
auf·weisen *show*
s Rinnsal *brooklet*

klettenverklebt *with balls of burrs*

sich stellen *take one's stand*
tasten *grope for*
behutsam *carefully*

e Starre *rigidity*

federnd *elastic*
r Satz *leap*

krachen *crash*

betäubt *stupefied*

e Stirn *forehead*
e Handfläche *palm*

Die Welt schien nur aus Schafen zu bestehen; so weit das Auge reichte, reihte sich° Wollrücken an Wollrücken, die Panzer ragten wie zum Untergang bestimmte° Stahlinseln aus dieser Tierflut hervor.° 5

Jetzt erst bemerkte der General, daß sich um ihn und den Jeep ein winziger° freier Platz gebildet hatte, die Schafe schienen vor irgendetwas zurückgewichen° zu sein. Der General wollte sich eben dem Chauffeur zuwenden, der sich den Kopf angeschlagen hatte und 10 ohnmächtig° geworden war, da gewahrte er, daß sich noch jemand innerhalb des Bannkreises° befand: ein riesiger, schweratmender Widder.°

Reglos stand er da, den zottigen° Schädel° mit dem unförmigen° Schneckengehörn° abwartend gesenkt: 15 das Weiß seiner Augen spielte ins Rötliche, Brust und Vorderbeine des Tieres zitterten wie von einem im Innern laufenden Motor erschüttert, Hals und Gehörnansatz° wiesen mehrere frische Schußwunden auf,° aus denen in schmalen Rinnsalen° fast tief- 20 schwarzes Blut quoll, das sich langsam im klettenverklebten° Brustfell verlief.

Der General wußte sofort: dieses Tier hatte er vorhin verwundet, und diesem Tier würde er sich jetzt stellen° müssen. Er tastete° nach seiner Pistolen- 25 tasche, sie war leer. Behutsam,° ohne den Widder dabei aus den Augen zu lassen, machte er einen tastenden Schritt zum Jeep hin, den er gern zwischen sich und den Widder gebracht hätte. Doch kaum sah der sich den Gegner aus seiner Starre° lösen, da 30 raste er mit zwei, drei federnden° Sätzen° heran, der General warf sich zur Seite, und der Kopf des Widders krackte° gegen die Karosserie. Er schüttelte sich und starrte einen Augenblick betäubt° vor sich nieder. 35

Dem General schlug das Herz bis in den Hals, er spürte, wie ihm Stirn° und Handflächen° feucht wurden. Sein Zorn war verflogen. Er dachte auch nicht mehr an die Bemerkungen der Herren auf dem Manöverhügel, er dachte nur: Er darf mich nicht 40

147

töten, er darf mich nicht töten. Er war jetzt kein General mehr, er war nur noch Angst, nackte, bebende Angst; nichts anderes hatte mehr in ihm Platz, nur diese Angst.

Da warf sich der Widder herum; der General 5 spürte einen wahnsinnigen° Schmerz in den Eingeweiden, eine Motorsäge° kreischte in seinem Kopf auf, er mußte sich übergeben,° er stürzte, und noch während er umsank, stieß ihm der Widder abermals das klobige° Schneckengehörn in die Bauchgrube;° 10 der General spürte, wie etwas, das ihn an diese Erde gebunden hatte, zerriß, dann ging das Kreischen in einen unsagbar monotonen Geigenstrich° über, und ihm schwanden die Sinne.

Niemand hatte geahnt, daß der General sich in 15 Lebensgefahr befunden hatte. Einige der Panzerbesatzungen° und die Offiziere auf dem Manöverhügel hatten zwar, als der Jeep umgekippt° und dann plötzlich der Widder auf den General losgegangen war, den Eindruck von etwas Ehrenrührigem° und 20 Peinlichem gehabt, aber auf die Idee, der Widder könnte dem General gefährlich werden, war niemand gekommen. Die Offiziere fühlten sich daher, als der General sich nicht wieder erhob, etwas merkwürdig berührt; ein Teil versuchte sich abzulenken; ein Teil 25 überlegte aber auch, wie man durch dieses Meer von Tierleibern hindurch zu ihm hingelangen könnte.

Es waren die Schafe selbst, die die Herren der Peinlichkeit ihres Untätigseinmüssens° enthoben.° Ganz plötzlich, wie auf einen unhörbaren Befehl hin, 30 entstand nämlich inmitten der immer noch hektisch gegeneinander anbrandenden° Herden so etwas wie eine Art ordnender° Wirbel,° der ständig breitere Tierströme mit einbezog,° bis sich auf einmal eine gewaltige Sogwelle° von ihm ablöste,° die ihn im Nu 35 aufgerollt hatte und, das gesamte Feld hinter sich herreißend, sich ostwärts in die dunstflimmernde Heide ergoß,° wo die Tiere, innerhalb kürzester Frist,° hinter einer riesigen, rötlichen Staubwolke verschwunden waren. 40

wahnsinnig *maddening*

e Motorsäge *motor saw*

sich übergeben *vomit*

klobig *rough*
e Bauchgrube *belly*

r Geigenstrich *scraping sound of a fiddle*

e Besatzung *crew*
um·kippen *tip over*

ehrenrührig *dishonorable*

s Untätigseinmüssen *forced idleness*
entheben *relieve of*

anbrandend *surging against*
ordnend *regulating*
r Wirbel *swirl*
ein·beziehen *draw into*
e Sogwelle *suction*
sich ablösen *become detached*

sich ergießen *gush forth*
e Frist *lapse of time*

r Leichnam *corpse*

e Bahre *stretcher*

r Krankenwagen *ambulance*

e Wiederaufnahme *resumption*

r Spritverbrauch *gasoline consumption*
rangältest *senior*
kurzerhand *abruptly*
ab·blasen *call off*
schlendern *stroll*

an·lassen *start*

Nachrichtenleute *men in charge of communications*
ab·bauen *remove*

angezogene Bremsen *with the brakes on*
r Abhang *slope*

r Lebensmut *joy of life*
umständlich *clumsily*

trunken *wild, joyous*

Als der Ordonnanzoffizier, zugleich mit den Offizieren vom Gefechtsstand, bei dem umgestürzten Jeep angelangt war, hatten die Sanitäter, unterstützt von einigen Panzersoldaten, den Leichnam° des Generals schon auf eine Leichtmetallbahre° gehoben 5 und waren dabei, ihn zum Krankenwagen° zu tragen; der Chauffeur des Generals half ihnen dabei.

Eine Wiederaufnahme° der Gefechtsübungen erschien nicht ratsam. Da die Panzer sich hierfür wieder auf ihre Ausgangsposition hätten zurück- 10 ziehen müssen, was gleichbedeutend mit einem gut dreifachen Spritverbrauch° gewesen wäre, glaubte der rangälteste° Offizier es verantworten zu können, die Übung kurzerhand° abzublasen.°

Enttäuscht schlenderten° die Herren wieder zu 15 ihren Geländewagen, die Fahrer ließen die Motoren an,° und langsam, vorbei an den schwerfällig wendenden Panzern und den Trupps sich sammelnder Infanterie, setzte die Jeepkette sich in Marsch; den Abschluß bildete der Sanitätswagen. 20

Es dauerte nicht lange, da zog auch die Infanterie ab; ihr folgten die PAK's und IG's; und zuletzt war nur noch die Feldküche übrig, auf die die Ordonnanzen die Klappstühle verluden, während zwei Nachrichtenleute° die Feldkabel abbauten.° Bald war auch 25 diese Arbeit getan. Der Fahrer der Feldküche pfiff die Leute zusammen, sie stiegen auf, und einen mit Wasser besprengten Aschenhaufen zurücklassend, rollte die Feldküche mit halb angezogenen Bremsen° den Abhang° hinab. 30

Nun kehrte den Vogelscharen, die zu Beginn des Gefechts auf dem Ginsterhügel eingefallen waren, der Lebensmut° wieder. Sie schüttelten sich, sie putzten sich umständlich,° und Schwarm nach Schwarm stoben sie ab, hinab in die Ebene, über der 35 immer noch, fast unbeweglich, die Lerchen hingen, deren Gesang nun wieder mit dem monotonen Zirpen der Grillen, dem Summen der Bienen und dem trunkenen° Schrei des Bussardpaares verschmolz. 40

Questions on the Reading Selection

1. Wie wurde das Manöver vorbereitet? **2.** Welche Bequemlichkeiten finden die Offiziere auf dem Höhenzug vor? **3.** Welchen Eindruck macht der junge General? **4.** Wie verändert sich das ländliche Idyll bei der Ankunft der Panzer? **5.** Wie zeigt sich die Angst bei den Vögeln und Schafen? **6.** Wie versucht man die Schafe zu beruhigen? **7.** Wodurch verschlimmert der General die Situation? **8.** Wie hätten die Schafe entkommen können? **9.** Wie beginnt der General seinen persönlichen Angriff auf die Schafe? **10.** Was erhöht seinen Zorn ganz besonders? **11.** Warum greift der Widder den General an? **12.** Wie versucht der General sich zu retten? **13.** Beschreiben Sie die Reaktion der Offiziere und der Schafe auf den Tod des Generals. **14.** Wie wird das Manöver beendet? **15.** Wohin fliegen die Vogelscharen, als alles vorüber ist?

Topics

1. Wie wird gezeigt, daß der Mensch ein Eindringling in der Natur ist? **2.** Wie zeigt der Autor, daß die Natur sich rächt, wenn der Mensch ihre Gesetze mißachtet? **3.** Welche innere Entwicklung erlebt der General? **4.** Beschreiben Sie die ironischen Züge, die die ganze Geschichte durchziehen. **5.** Inwiefern könnte man hier von einer Satire sprechen?

18 Heinz Piontek
Unsere frühen Jahre

HEINZ PIONTEK wurde 1925 in Kreuzburg in Oberschlesien geboren. Er war im Zweiten Weltkrieg. Er studierte Germanistik, Philosophie und Kunstgeschichte. Jetzt lebt er als freier Schriftsteller in München.

EINIGE WERKE: *Die mittleren Jahre* (1967), Roman; *Vor Augen* (1955), *Kastanien aus dem Feuer* (1963), *Liebeserklärungen* (1969), Erzählungen.

Active Vocabulary

sich **schütteln**   to shake oneself
der **Schrank, –(e)s, ̈e** cupboard, closet
stammen   to originate
der **Topf, –(e)s, ̈e** pot
der **Kühlschrank, –(e)s, ̈e** refrigerator
der **Knochen, –s, —**   bone
das **Fieber, –s, —**   fever

das **Stockwerk, –(e)s, –e** floor, story
die **Zehe**   toe
leiden   to suffer
zucken   to move convulsively, twitch
die **Vorstellung**   imagination
wiegen, o, o   to weigh
unheimlich   uncanny
der **Schwarm, –(e)s, ̈e** flock

Idioms

sich **gefaßt machen auf** (+ *Akk.*)   to prepare oneself for
sich die **Hacken für etwas ablaufen**   to run one's feet off for something
es **weiter bringen**   to get on better
mit starken **Brocken um sich werfen**   to use strong language

auf den **Hals hetzen**   to impose
Hals über Kopf   precipitately
wie es sich **gehört**   as is right, seemly
nach menschlichem **Ermessen**   as far as one can judge
hinter jemandem her sein   to come after someone
auf etwas **kommen**   to think of something

Grammar References

CONJUGATION
- 8 Present Perfect Tense and Past Perfect Tense, p. 206
- 17 Other Verbs with Double Infinitive, p. 221
- 28 Subjunctive Conjugation, p. 237
- 36(A–C) Other Uses of the Secondary Subjunctive, p. 249

DECLENSION
- 38(A,B) Nominative Case, p. 252
- 68(A–C) Declension of Numerical Adjectives, p. 302

SYNTAX
- 74(A–C) Adverb Formation, p. 312
- 76 Comparison of Adverbs, p. 315
- 81(A–C) Position of **nicht**, p. 323

Unsere frühen Jahre

zu zweit *two of us*	Auch wir waren einmal zu zweit° losgezogen und hatten uns einen Platz gesucht und ihn so eingerichtet, als ob wir uns auf eine sehr lange Belagerung°
e Belagerung *siege*	gefaßt machen müßten. Der reine strenge Geruch von
r Kalk *plaster*	Sand und Kalk° war noch nicht verflogen.° Ich zog 5
verfliegen *evaporate, vanish*	das Etui mit den vier Schlüsseln aus der Tasche und
genießen *enjoy*	genoß° es, mit einem der Schlüssel die Tür zu unserer
auf·sperren *unlock*	Neubauwohnung aufzusperren,° für die wir uns die Hacken abgelaufen hatten.

Ich kam mit Schnee auf den Schultern. Katharina 10
kostete° von dem Schnee, während ihr das braunrote
Haar über die Augen fiel. Ich kam naß bis auf die Haut
herein. Sie schüttelte sich wie ein Hund und half mir
mit den Fingerspitzen, das triefende° Zeug abzu-
streifen. Ich kam durch die Tür in einem verschwitz- 15
ten, über der Brust offenen Hemd. Sie war warm vom
Sommer und hatte Katzenhaare auf dem Rock. Im
Herbst weinte sie mit zusammengebissenen° Zähnen
eine ganze Nacht darüber, daß sie ihr Examen an der
Musikhochschule nicht geschafft hatte. Nun kam sie 20

kosten *taste*

triefend *dripping*

zusammengebissen *clenched*

mit Schnee auf den Schultern und mit dicken Taschen aus den Geschäften. Ich wartete ungeduldig darauf, sie zu umarmen.

Wir saßen an einem schönen alten Tisch aus Riedhausen[1] und schliefen zusammen auf der Couch. Es ⁵ gab noch zwei Schränke bei uns, die auch aus dem Besitz ihres Vaters stammten, gut gearbeitete schwäbische[2] Stücke, Biedermeier,[3] sowie eine

bemalt *painted*

r Zeiger *hand*

bemalte° Wanduhr mit Gewichten und der Jahreszahl 1812, die aber keine Zeiger° mehr hatte, und ein ¹⁰ paar weniger schöne Sachen in der Küche; außerdem hatte uns der Vater die Hälfte seines Silbers überlassen. Alles Weitere besorgten wir selbst. Wir kalkulierten und stritten uns, und wenn wir das Geld beisammen hatten, nahmen wir uns viel Zeit vor den ¹⁵

prüfen *examine*

e Sorgfalt *care*
daunenweich *downy*

Schaufenstern und prüften° endlich jedes Stück mit großer Sorgfalt.° Wir kauften zwei daunenweiche° Sessel und waren nicht wenig stolz, als Leonhard sie bewunderte. Für den braunen und blauen Vogel von

leihen *lend*

Braque[4] mußten wir uns Geld leihen,° das wir in ²⁰ anderthalb Jahren zurückzahlten. Dieser Vogel. Wir lagen unter ihm auf der Couch, er flog mit blauem

indianerfarben *as the color of Red Indians*
s Gefieder *plumage*
r Satz *set*

s Bücherregal *bookshelf*

Kopf und indianerfarbenem° Gefieder° durch unsere Träume, und sein Auge glänzte von wilder Wanderschaft. Nach und nach kauften wir einen Satz° Töpfe, ²⁵ ein Bücherregal,° sechs gute Wolldecken, eine Theorbe,[5] einen 70-Liter[6]-Kühlschrank, einen mexikanischen Teppich aus Schafwolle, Winterkleidung

r Honig *honey*

für uns beide, Riedhausener Honig,° zehnpfundweise, mehrere Pakete Schreibpapier, Steinhäger.[7] ³⁰

Katharina schlug die sechzehn Saiten. Sie sagte, daß sie mich liebe. Sie hatte fast schwarze Augen, und

---

[1] Riedhausen *small town in Southern Germany*
[2] schwäbisch *pertaining to Swabia, a province in Southwest Germany, parts of which became Bavarian*
[3] Biedermeier *an art form in Germany in the first half of the 19th century with a simple style adapted to modest bourgeois tastes*
[4] Braque, Georges *French cubist painter, 1882–1963*
[5] e Theorbe *theorbo, antique lute with two necks*
[6] r Liter *liter (1¾ pints)*
[7] Steinhäger *German brandy*

anmutig *gracefully*

empfindlich *sensitive*

sich verteidigen *defend oneself*
gelassen *composed*
kühn *bold*

markieren *simulate*
durch·brennen *escape*
r Fasching *carnival*

unwiderstehlich *irresistible*
e Tatze *paw*
e Zärtlichkeit *affection*

e Fingerkuppe *finger tip*

e Begierde *desire*

sich erkundigen *inquire*

r Ratschlag *advice*
r Bursche *fellow*

an·stehen *wait in line*

vereiterte Mandeln *tonsillitis*

ihr Körper bewegte sich auf starken Knochen immer anmutig,° nach einer unhörbaren Musik. Sie war empfindlich,° löschte das Licht, wenn wir uns liebten, aber sobald sie sich gegen andere verteidigen° mußte, war sie gelassen° und sagte kühne° Dinge mit rotem 5 Kopf. Während des Gesangstudiums hatte sie ihren Dialekt abgelegt, nur in der Küche, wo sie es mit der Zeit immer weiter brachte, warf sie mit starken Brocken um sich. Doch auch das Sanfteste konnte sie bloß auf bayrisch sagen. Die Leute, die Katharina 10 für nichts als ernsthaft hielten, hätten einmal dabei sein sollen, wenn sie mir den Wetterbericht aus der Zeitung rückwärts vorlas oder ein Schimpansenweibchen markierte,° dem ein Junges durchgebrannt° war. Im Fasching° zog sie als Tanzbär auf eine Fete. 15 Dieser Bär war jedoch nur eine schwache Kopie jenes unwiderstehlichen,° der hinter unserer Tür die Tatzen° hob und mich, wortlos vor Lachen und Zärtlichkeit,° auf die Knie warf.

Wenn ich in der Schule unterrichtete, sehnte ich 20 mich nach ihren harten Fingerkuppen,° ihren Augen und Zähnen, nach der ausdauernden Begierde° ihres Körpers. Und blickten wir entspannt auf den Vogel über uns, so glaubten wir, daß es für ihn kein Ziel gäbe, wie es auch keins für unsere Herzschläge zu 25 geben schien, die unser Blut bewegten. Ebenso schön war das einfache lautlose Nahesein, bei dem sich eins als des anderen Schatten empfand, das Gehen und Arbeiten Seite an Seite, die Gewißheit, daß die Welt sich teilen ließ. Ich galt etwas in Katharinas Augen, 30 und so wie sie war, erkannte ich sie an. Sie half mir beim Korrigieren der Hefte, sie erkundigte sich,° die fast schwarzen Augen auf mich geheftet, nach den Antworten meiner Lieblingsschüler und gab mir Ratschläge,° wie ich den Burschen° anpacken sollte, 35 der mir seine Eltern auf den Hals gehetzt hatte. Und ich stand um Konzertkarten an,° führte sie zu Philologenbällen aus, ich versorgte sie, als sie einmal schwach vom Fieber und mit dick vereiterten Mandeln° eine Woche lang nicht aus dem Bett konnte. 40

Nicht weniger wert als die glücklichen Augenblicke war das tägliche Aufstehen zu zweit, das Feuermachen und Frühstücken, die Freude über einen schlauen° Einkauf, die Überraschung mit einem Geschenk° oder einer Erleichterung für den anderen, 5 die Müdigkeit, die Nachbarschaft im Schlaf. Es verschaffte uns Genugtuung,° daß wir erwachsen waren und nicht länger auf etwas zu warten brauchten, das erst kommen sollte. Das Leben — wo war es, wenn nicht hier? 10

Am 16. April brachte ich Katharina in einem Taxi zur Klinik. Als ich mittags aus dem Unterricht heimgekehrt war, hatte sie schon das Fruchtwasser° verloren. Unser Chauffeur war nicht viel weniger bleich als ich, er fuhr bei Rot einfach durch, in den Kurven 15 jaulten° die Reifen,° die Polizei verfolgte° uns, aber der bleiche Junge behielt seine Sicherheit, und wir erreichten gerade noch den Gang im ersten Stockwerk, wo das Kreißzimmer° lag. Auf diesem Gang kam Tania Hals über Kopf zur Welt. 20

Zwei Stunden später wurde es mir hinter einer Scheibe gezeigt, das sonderbare Wesen mit seinem Altmännerkopf. Tania Hankes Augen waren geschlossen, sie hatte eine Spur von Haaren über jener Stelle, die noch so hochempfindlich war, und win- 25 zige,° feine, wohlausgebildete° Fingernägel. Katharina sagte mir, das erste für sie sei es gewesen, Finger und Zehen nachzuzählen, und sie habe erst richtig aufgeatmet, nachdem sie sich vergewissert° hätte, daß alles bei Tania an seinem Platz wäre, wie es sich 30 gehörte. Strahlend, mit Schatten unter den Augen lag sie hochgebettet in ihrem schneeweißen Bett und litt überhaupt nicht. Anderntags konnte sie vor Schmerzen kaum sprechen.

Kurz danach fuhr ich nach Riedhausen, mit einem 35 Telegramm von Wassermeier in der Tasche. Es goß in Strömen. Der Arzt und Jäger Wassermeier gratulierte mir und sagte dann, wobei er mit seinen kleinen scharfen Augen vor sich hinstarrte, daß Freund Wintersinger nach menschlichem Ermessen keine 40

schlau *advantageous*

s Geschenk *gift*

e Genugtuung *satisfaction*

s Fruchtwasser *amniotic fluid*

jaulen *screech*
r Reifen *tire*
verfolgen *pursue*

s Kreißzimmer *maternity ward*

winzig *tiny*
wohlausgebildet *well-formed*

sich vergewissern *assure*

155

Aussichten haben *have hopes*

r Schwiegervater *father-in-law*
s Erbarmen *pity*
senfgelb *mustard-color*
maßlos *immoderately*
aufgetrieben *swollen*

e Macht *power*

s Bewußtsein *consciousness*

ächzen *groan*

betäubend *drowsy*
e Strömung *flow (of air)*

hin und her pendeln *shuttle back and forth*
erfassen *understand*
e Leberzirrhose *liver cirrhosis*
e Wassersucht *dropsy*
bergab *downhill*
e Entziehungskur *treatment (for alcoholics)*
niedergeschlagen *depressed*
glitzernd *shining*
r Schweiß *perspiration*
aussichtslos *hopeless*
e Fledermaus *bat*

schlitzäugig *narrow-eyed*
e Pfote *paw*
gesträubt *bristle*
grausen *feel horror, shudder*
e Zucht *brood*
mißraten *fail*

überliefert *transmitted*

r Verwesungsdunst *smell of decay*

fauchen *hiss*
e Auseinandersetzung *battle*
s Raubtier *beast of prey*

Aussichten hätte.° Ich ging durch den Regen zum Krankenhaus, in der nassen Luft lag schwer der Geruch neuen Grüns, und ich fand meinen Schwiegervater,° zum Erbarmen° schwach, mit fast senfgelber° Haut und maßlos° aufgetriebenem° Bauch 5 auf seinen Tod wartend. Er schien mich nicht zu erkennen. Wenn er die Augen öffnete, erzählte ich ihm von Tania, aber in ihm war eine Macht,° die sich über sein Bewußtsein° geworfen hatte und es verdunkelte mit ihrem mächtigen katzenhaften 10 Rücken. Manchmal zuckte es in seinen Händen, er ächzte,° ich wischte ihm das Wasser aus dem Gesicht.

Der Regen hörte auf, eine betäubende° Strömung° aus Südwest zog ein tiefes Blau über den Himmel. Ich 15 telegrafierte eine beruhigende Lüge an Katharina, pendelte zwischen Villa und Krankenhaus hin und her,° versuchte zu erfassen,° was in dem mit Leberzirrhose° und Wassersucht° geschlagenen alten Mann vorging. Seit ich ihn kannte, war es bergab° mit ihm 20 gegangen; daran vermochte auch die Entziehungskur° nichts zu ändern. Ganz niedergeschlagen° kamen wir immer aus Riedhausen zurück, wo der Vater, glitzernd° von Schweiß ° seine aussichtslosen° Kämpfe gegen Ratten und Fledermäuse° führte, die 25 in allen Größen hinter ihm her waren, wo er von Mal zu Mal schrie, daß das Haus über uns einstürze, und sein Gesicht in den Händen vergrub. Manchmal schlich er herum: schlitzäugig,° auf weichen Pfoten,° mit gesträubtem° Haar; uns grauste.° Seine Zucht° 30 persischer Katzen war ihm mehr und mehr mißraten,° er hatte sie verkaufen müssen.

Der Tod meiner Eltern war mir mündlich überliefert° worden, und ich hatte noch nie einen Menschen langsam sterben sehen. Stundenlang saß ich bei 35 Katharinas Vater, seinen Verwesungsdunst° durch den Mund atmend, und verfolgte seinen Kampf. Er ächzte und fauchte.° Eine Auseinandersetzung° zwischen Raubtieren.° Aber hinter dieses Bild konnte die Kraft meiner Vorstellung nicht drin- 40 gen. Stumpf° beobachtete ich das Geheimnis des Endes — bis plötzlich Therese Wintersinger eintrat, die Tante mit den Geschichten von verwundeten Landsern° und liebenden Herzen. Gleich sprang sie mit den Pflegerinnen um° und verschaffte° ihrem 5 Bruder Erleichterungen,° auf die ich nie gekommen wäre. Ich lief über die Katzenköpfe[8] Riedhausens, am Strom lang, ich konnte nichts begreifen. Wozu das unbestreitbare Leiden? Ich dachte an Katharina, die Tania zur Welt gebracht hatte. 10 Ein dumpfer Stolz war in mir. Aber dann dachte ich daran, daß das Kind den Platz, von dem ein alter Mann verschwand, mit neuen Kräften verteidigen° mußte.

Es war jener leuchtend rot gestrichene Schwimm- 15 wagen der ehemaligen Wehrmacht,° über den Toni, der Bauingenieur, wie über seinen Augapfel wachte. Wir fuhren hinaus ans flache Ufer, Toni Brunner und ich, und einfach hinein ins Wasser mit diesem sagenhaften° Wagen und kreuzten über den Strom, 20 während die Schraube° am Heck° rotierte und der Ingenieur sich Mühe gab, mich auf andere Gedanken zu bringen. Indessen drehte sich Katharinas Vater mit seinem letzten unmenschlichen Laut zur Wand. Ganz Riedhausen stand um sein Grab und 25 drückte mir die Hand. Ich hatte meinen schwarzen Hochzeitsanzug an.

Den Sommer hindurch wurde Tania gewogen und gewickelt.° Sie schrie mit immer kräftigerer Stimme. Es war Herbst. War Winter. Ich kam mit Schnee auf 30 den Schultern durch die Tür. Es roch sanft und süß in allen Räumen. Tania hatte Katharinas Augen geerbt.° Der kleine weiche Körper reckte sich, die geballten° Hände stießen voller Gier° in die Welt. Ich beugte mich über mein Kind, das Blut pulste in zar- 35 ten° Adern° unter seiner Haut, es riß mich hin, ich mußte mit ihm sprechen, es schwieg, es lächelte unheimlich.

[8] Katzenköpfe *cobbled pavements*

Glosses (left margin):

stumpf *apathetic*

r Landser *private*
um·springen mit *deal with*
verschaffen *provide*
e Erleichterung *relief*

verteidigen *defend*

e Wehrmacht *military forces*

sagenhaft *fabulous*
e Schraube *propeller*
s Heck *stern*

wickeln *dress (babies)*

erben *inherit*
geballt *clenched*
e Gier *greed*

zart *delicate*
e Ader *vein*

ordnen *regulate*
unnachgiebig *relentlessly*
bestehen auf *insist on*

e Taube *pigeon*
hausen *dwell*
gurren *coo*

wacholdergrün *juniper-green*
unter·tauchen *disappear in*
e Höhle *cave*
e Reklame *advertisement*
r Kater *tomcat*

hocken *squat*

Katharina ordnete° unsere Zeit und bestand unnachgiebig° auf° dieser Ordnung. Sie selber hatte immer weniger Zeit. In jedes Zimmer hängte sie ein Thermometer, und wenn ich rauchte, lüftete sie streng. Ich rauchte, blickte auf die benachbarte 5 Ruine, wo ein Schwarm wilder Tauben° hauste.° Sie gurrten,° verfolgten sich, stießen sich ab in die Luft. Durch das Fenster auf der anderen Seite sah man eine drei Meter hohe Flasche Steinhäger. Grünes Glas, tief und grün, wacholdergrün.° Ein Wald zum Unter- 10 tauchen.° Steinjäger. Eine Höhle° ohne Ende. Langsam drehte ich mich von der Reklame° an der Brandmauer weg. Pelz, unser Kater,° fühlte sich vernachlässigt und rieb seine Flanke an meinem Bein. Ich hockte° mich zu ihm auf den mexikanischen 15 Teppich. Die Wanduhr von 1812 tickte, wir hatten neue Zeiger anbringen lassen. Die Zeit. Ich goß mir einen Steinhäger ein. Ich ging, mit dem Glas in der Hand, zu Tania hinüber. Sie schlief, und ich beugte mich über sie. Lautlos, unbegreiflich wuchs ihr feines 20 Haar. Ich wartete und wartete, bis sie sprechen würde.

entzückt *delighted*
r Dom *cathedral*
kupfern *of copper*

einlösen *redeem*
gleichmütig *indifferent*

r Eifer *zeal*

Ortega[9] erschien in München. Katharina kam eilig mit dicken Taschen durch die Tür und sah gleich nach dem Kind, das gebadet werden 25 mußte. Es war Frühling. Ich wärmte das Badetuch vor. Tania schlug entzückt° das Wasser mit den Händen. Auf den Domtürmen° wurden die Behelfshauben[10] abgerissen und kupferne° an ihre Stelle gesetzt. Mein Rock roch immer mehr nach Kreide, 30 hatte Tintenflecke am Ärmel. Wir saßen an dem schönen alten Tisch aus Riedhausen, Katharina und ich, und lösten unser Versprechen ein,° zusammenzubleiben. Tania blickte gleichmütig° in die Richtung, in der der Vogel flog. Lange, mit großem 35 Eifer° sprachen wir über ihre Zukunft. Wir waren jetzt dreißig.

[9] Ortega y Gasset *Spanish writer and philosopher, 1883–1955*
[10] Behelfshauben *temporary domes which replaced the ones in copper during and after World War II*

Questions on the Reading Selection

1. Warum wird Katharinas Reaktion mit der eines Hundes verglichen? **2.** Woher stammten die schönen Schränke der Wohnung? **3.** Was kauften die jungen Leute für ihre Küche? **4.** Wie amüsierten sie sich am Anfang ihrer Ehe? **5.** Warum mußte die junge Frau eines Tages von ihrem Mann im Bett versorgt werden? **6.** Beschreiben Sie die Autofahrt zur Klinik am Tage der Geburt! **7.** Was zählte Katharina bei ihrem Kind zuerst nach? **8.** Wie waren die Krankenhausbesuche, die der junge Mann bei seinem Schwiegervater machen mußte? **9.** Welche Ähnlichkeit bestand zwischen dem Schwiegervater und seinen Katzen? **10.** Werden andere Verwandte erwähnt, und was erfahren wir über sie? **11.** Wie versuchte der Freund den jungen Mann auf andere Gedanken zu bringen? **12.** Was wird mit Tania im ersten Sommer gemacht? **13.** Wie wirkt das Lächeln des Kindes auf den Vater? **14.** Wie sorgte die Mutter für die Gesundheit des Kindes? **15.** Was gab es auf der benachbarten Ruine zu sehen? **16.** Welches Versprechen lösen die jungen Eltern ein? Warum wird das jetzt gerade notwendig?

Topics

1. Vergleichen Sie den Verlauf der Jahreszeiten mit der Handlung im zweiten und drittletzten Abschnitt! **2.** In welchen Lebenssphären äußert sich das gemeinsame Interesse des jungen Paares am deutlichsten? **3.** Wie verändert sich das Verhalten der Frau zu ihrem Mann im Laufe ihrer Ehe? Warum? Was will der Autor wohl damit sagen? **4.** Wie zeigt Piontek, daß ein Zyklus zwischen Leben und Tod besteht? **5.** Welche anderen Hinweise gibt er uns auf den Ablauf der Zeit? (Denken Sie an die Überschrift, die Ereignisse aus dem öffentlichen Leben und an die scheinbare Statik mancher Dinge.) **6.** Welche Lebensanschauung kommt Ihrer Ansicht nach in der Zeitauffassung Pionteks zum Ausdruck?

19

Uwe Johnson

Osterwasser

Uwe Johnson wurde 1934 in Cammin in Pommern geboren. Er studierte Germanistik in der DDR und zog 1959 nach West-Berlin. Er reiste viel in Europa und Amerika.

Einige Werke: *Mutmaßungen über Jakob* (1959), *Das dritte Buch über Achim* (1961), *Zwei Ansichten* (1965), Romane; *Karsch und andere Prosa* (1964), Erzählungen.

Active Vocabulary

(die) **Ostern**   Easter
rutschen   to slide
schräg   oblique
der **Zweifel, –s, —**   doubt
kräftig   powerful, effective
aufmerksam   observant, attentive
vertreiben, ie, ie   to drive away, expel
rasch   quick
gelten (i), a, o   to be valid, effective; to mean

wecken   to wake up
saugen, o, o   to suck
braten (ä), ie, a   to fry
zwingen, a, u   to compel
das **Kleid, –(e)s, –er**   dress
die **Glocke**   bell
das **Zelt, –(e)s, –e**   tent
das **Hemd, –(e)s, –en**   shirt
quer   across
greifen, i, i   to grasp, grab
die **Kartoffel**   potato

Idioms

halten von (+ *Dat.*)   to consider, think of
gelten für (+ *Akk.*)   to stand for

sich gesagt sein lassen   to be told, take to heart

Grammar References

CONJUGATION
  - **3** Strong Verbs: Ablaut Classes, p. 194
  - **11(B,C)** Separable Prefixes, p. 213
  - **23** Conjugation of the Passive, p. 232

DECLENSION
  - **39(A,F,G)** Genitive Case, p. 253
  - **45** Prepositions with the Dative or the Accusative (Two-way Prepositions), p. 265
  - **46(A,B)** Prepositional Compounds, p. 267
  - **60** Demonstrative Pronoun, p. 293
  - **62(A,B)** Indefinite Pronoun, p. 295

SYNTAX
  - **78(A–C)** Word Order in Main Clauses, p. 317
  - **79** Word Order in Subordinate (Dependent) Clauses, p. 320
  - **85** Translation Aids: German to English, p. 328

Osterwasser[1]

dürr *thin*
vorbei·staken *walk by stiffly*

nähern *bring close*
besorgt *concerned*
r Sattel *saddle*
e Sommersprosse *freckle*
überstehen *survive*

erwachsen *grown up*

Im Frühjahr nach dem Krieg sah Cresspahls Tochter in dem mannshohen Spiegel neben der Küchentür eine dürre° langbeinige Gestalt vorbei-staken.° Da fiel ihr das Osterwasser ein.

Sie ging in den Spiegel hinein, bis sie den Rahmen 5 mit beiden Händen halten konnte, und näherte° ihren besorgten° Blick dem Sattel° Sommer-sprossen,° der auf ihrer Nase den Winter über-standen° hatte. Sie suchte mit dem einen Auge im andern zu lesen, ob man mit dreizehn Jahren zu 10 erwachsen° war für Osterwasser. Ihr Kopf rutschte schräg, bis sie mit langer Zungenspitze deren Bild

[1] Osterwasser *spring water assumed to have magic powers to give beauty and health if one gets it on Easter Sunday*

161

an·stoßen *touch*
behutsam *carefully*

r Sprung *jump*
r Zweifel *doubt*
r Feiertag *holiday (here: Easter Sunday)*
e Quelle *spring, source*
kein Sterbenswort *not a word*
e Wirkung *effect*

schwächlich *feeble*
r Grabenfluß *canal*

gehend *running*

neulich *recently*

baumeln *dangle*

mehr halten von *prefer*

e Ostsee *Baltic Sea*

r Flüchtling *refugee*

s Durchqueren *crossing*
ein Wort abgeben *say something*
r, e Vertriebene *refugee*
an·feinden *treat with hostility*

hinter dem Glas anstoßen° konnte so behutsam° wie die Katze, die ihr eben durch den Sinn schlich.

Mitten im Sprung° durchs Fenster kam ihr Zweifel.° Osterwasser mußte man holen am ersten Feiertag° vor Sonnenaufgang, aus einer Quelle,° und sprechen durfte man kein Sterbenswort,° sonst verlor es die Wirkung.° Die Wirkung versprach Schönheit für die Haut, die damit gewaschen war.

Eine Quelle bei Jerichow[2] wußte sie aber nicht. Die schwächlichen° Grabenflüsse° kamen alle tief aus Mecklenburg. Sie zog ein Bein hoch und überlegte mit den Zehen, ob auch gehendes° Wasser zu Ostern kräftig wurde. Zu ihrer Freundin Inge mochte sie deswegen nicht gehen, nachdem sie neulich° von Inges Großmutter ein Marmeladenbrot angenommen hatte und beide ihr beim Essen so aufmerksam zusahen. Wenn Gesine still saß wie jetzt auf dem Fensterbrett, und die Gedanken blieben stehen und hielten die baumelnden° Beine an, fühlte sie sich leer in der Mitte. Sie schluckte eben, als sie Schritte hinterm Haus kommen hörte. Sie sprang hinaus. Ihr Vater hielt mehr von° Türen.

Aber wer heutzutage in Cresspahls Haus durch die Türen ging, konnte nicht in Ruhe überlegen, ob vielleicht die Ostsee° auch eine Quelle war. Vor den Türen mußte heutzutage angeklopft werden, weil hinter ihnen die Flüchtlinge° kochten, wuschen, halbnackt waren, schliefen, und noch beim Durchqueren° der Küche mußte die Tochter des Hauses ein Wort abgeben,° damit die Vertriebenen° sich nicht angefeindet° fühlten. Sie mochte auch nicht angeredet werden oder fremde Hände auf dem Kopf, außer von Jakobs Mutter, die das Mädchen aber nicht anrührte. Die Tochter des Hauses lief aufwärts durch den toten Garten hinter den

[2] Jerichow *town in Mecklenburg, a state in East Germany*

r Trockenschuppen *dry-*
ing shed
e Ziegelei *brick works*
klettern *climb*
abgetragen *demolished*
r Holunder *elder*
r Jungwuchs *spring*
growth
s Altgras *last year's grass*
verfilzt *matted*
r Koppelzaun *pasture*
fence
kahl *bare*
s Bruch *bog, swamp*
in eins wischen *blend*
into one
r Schloßwald *forest*
belonging to the castle
r Graben *ditch*
ledern *made of leather*
e Kastentasche *carrying*
case
r Kacheltisch *tiled table*
um·wenden *turn*
packen auf *settle upon*
r Schemel *stool*
schaukeln *sway*
sich hinüber·stützen
lean (over) on one's
elbows
abgezogen *skinned*
ausgenommen *eviscer-*
ated
s Kaninchen *rabbit*
ungleichmäßig *uneven*
r Viehzucker *rock sugar*
abseits *sideways*

polken *pick, scrape*
s Schalenende *tip of the*
shell

verdienen *earn*

fließendes Wasser *run-*
ning water

Trockenschuppen° der Ziegelei° und kletterte° nach
oben auf die Stufen der halb abgetragenen° Mauer.
Über den Spitzen des Holunders° sah sie den blassen
Jungwuchs° der Wiesen mit Altgras° verfilzt.°
Hinter den Koppelzäunen° wischte die Luft das   5
kahle° Bruch° in eins.° Fingerschmal standen im
Westen die Schloßwälder,° durch die Gräben°
gingen mit dem Wasser von den Seen.

Am Sonnabend vor dem Fest war Jakob von den
Bauern zurückgekommen und packte in der Küche   10
aus der schwarzledernen° Kastentasche° langsam
auf den Kacheltisch.° Sie kam mit dem Holzkorb
herein, warf ihn an den Herd und wartete gebückt
halb umgewandten° Kopfes, weil er sechs Jahre
älter war und erwachsen. Er sagte na und du. Sie   15
packte ihre Beine auf° den Schemel° und schaukelte°
in den Knien, stützte sich zum Tisch hinüber.° Er
hatte ein abgezogenes,° ausgenommenes° Kanin-
chen° mitgebracht, einen Klumpen Butter, einen
ungleichmäßigen° Kristall roten Viehzuckers.° Eier.   20
Ein Ei rollte abseits° zu ihrer Tischecke, fing sich in
ihrer rasch aufgestellten Hand, die es zurückschickte.
Jakob drehte es mit dem Finger wieder in Bewegung zu ihr und sagte: Mit Zucker, kennst du das?
Gesine setzte das Ei auf die Spitze, ließ es stehen,   25
polkte° mit fünf Fingern am oberen Schalenende°
und fragte Jakob, wie sie zu Hause Osterwasser
geholt hätten.

Jakob saß krumm da. Er war zwei Stunden zu Fuß
gegangen. Er hatte Staub im Gesicht. Er war so alt,   30
daß er für seine Mutter das Essen verdienen° konnte
und für ein fremdes Mädchen noch ein Ei. Mit
Zucker hatte sie noch nie eins gegessen. Sie schloß
die Augen, legte den Kopf zurück und ließ sich das
Ei in den Hals laufen, während Jakob erzählte, daß   35
das Osterwasser in Pommern[3] aus einer Quelle oder
fließendem Wasser° geholt worden war. Man mußte
es trinken oder sich damit gewaschen haben, bevor der Osten heller war. Man durfte kein Wort

[3] Pommern *Pomerania, now part of Poland*

e Gesundheit *health*

gelten *be effective, stand for*
verschlafen *oversleep*
schwenken *shake*
schmutzfleckig *stained*
spaltoffene Augen *narrowed eyes*

blutstreifig *covered with blood*
zu·sehen *watch*
ab·geben *share with, give*

r Stundenschlag *hour-chime*
auf·fahren *jump up, be startled*
heftig *violent*

rütteln *shake*
s Fensterhakenauge *bolt of the windowhook*
r Zapfen *peg*
e Dachpfanne *pantile*
r Ziegeleischuppen *kiln shed*
herunter·klirren *clatter down*
weh·tun *hurt*
s Verstecken *hiding*

r Rand *rim*

verbieten *forbid*

grünsamten *of green velvet*

r Konfirmandenunterricht *confirmation class*
r Holzpantoffel *wooden clog*

die Haare hochgreifen *pile up one's hair*

verschossen *faded*

sprechen, und es hatte für Gesundheit° und Schönheit gegolten.° — Soll ich dich wecken? fragte er.

Sie hatte im vorigen Jahr verschlafen,° schwenkte° aber leicht den Kopf, der an dem schmutzfleckigen° Ei sog, und sah aus spaltoffenen Augen° zu ihm hin. 5
Er hatte den Blick gar nicht gewandt. — Sprich ja nicht: sagte er. Er sah etwas neben ihren Augen. Dann kam die Lehrerin aus Westpreußen in die Küche und fragte nach Cresspahl, während sie öfter zu dem blutstreifigen° Kaninchenkörper und zu den 10 Eiern hinblickte. Gesine mochte nicht zusehen,° wie er der Frau nichts abgab° und ging mit dem leeren Korb zurück zum Holzplatz.

In der schwarzen Nacht lag sie wach und zählte die Stundenschläge° aus ihres Vaters Zimmer. Vom 15 offenen Fenster kam es kalt. Einmal fuhr sie auf,° weil die Katze am Fußende des Bettes heftig° den Kopf gehoben hatte. Das einjährige Russenkind der Lehrerin weinte im Schlaf, und die Wände redeten unruhig. Nach Mitternacht fing der Wind an und 20 rüttelte° die Fensterhakenaugen° in den Zapfen.° Eine Dachpfanne° klirrte kurz an der Wand des Ziegeleischuppens° herunter.° In Pommern war Osterwasser auch für Gesundheit. Wenn der Hunger wehtat,° hörte er auf gesund zu sein. Hoffentlich 25 machte Jakobs Mutter die Eier nicht zum Verstecken,° sondern briet sie richtig in der Pfanne, die so heiß und fettig war, daß der Rand° die Schalen schnitt wie ein Messer. Als sie aufwachte, war es draußen grau. 30

Sie tat alles auf Zehenspitzen, weil Cresspahl ihr verboten° hatte, in einem Kleid aus dem Haus zu gehen. Sie nahm das grünsamtene,° mit dem ihre Tante Papenbrock vor vierzig Jahren zum Konfirmandenunterricht° gegangen war. Aus den Holz- 35 pantoffeln° stieg sie leise wieder aus. Vor dem Spiegel griff sie sich mit beiden Händen die Haare hoch° und versuchte, am Gesicht entlang sich in den Nacken zu blicken. Das ins Sandgraue verschossene° Kleid hing in breiten Falten zu einer 40

flappen *hang*
lumpig *sloppily*
verschattet *shadowy*
mager *skinny*
sich vor·kommen *feel*
s Gespenst *ghost, spook*

ab·spreizen *spread*

bauchig *rounded*
r Eimer *bucket*
e Karrenspur *rut*
r Steig *path*
trampeln *tread*
e Kuh *cow*

r Pfadrand *side of the path*
abgetreten *trampled down*
dickbetaut *heavy with dew*
e Standkante *rim at the bottom of a pail*

kriechen *creep*

weg·gleiten *glide away*

fahl *pale*

e Weide *pasture*

e Koppelschleete *fence board*

sich ertränken *drown oneself*

an·sagen *announce*

Glocke an ihr herunter, der Kragen flappte° lumpig,° und mit dem schwer verschatteten° Gesicht auf dem mageren° Hals kam sie sich fremd vor° wie ein Gespenst.° Schnell ließ sie das Haar fallen, behielt die Hände oben und gab sich mit beiden abge- 5 spreizten° Daumen das Zeichen: Nicht sprechen. Keine Angst.

Als sie unbemerkt zwischen Koppelzaun und Ziegelei auf den Feldweg gekommen war, fing sie an zu laufen mit dem bauchigen° Eimer° in der Hand. 10 Neben der Karrenspur° hatten die Kühe sich einen Steig° getrampelt°, der war so breit wie ihr Fuß lang, und sie konnte laufen wie die Kühe° ein Bein vor das andere schwingen und die Füße setzen. Die Pfadränder° waren noch nicht abgetreten,° das 15 dickbetaute° Gras wischte ihr die Beine naß bis unter die Knie.

Nicht lange, und ihr Arm wurde den Eimer müde, fiel und schlug ihr die scharfe Standkante° ans Bein. Sie hielt fast augenblicklich an und sah 20 sich um. Sie war kaum vorangekommen. Die Stadt ließ sich noch nicht in einem Blick umfassen, Cresspahls Haus stand deutlich, von der Villa dahinter kam Fensterlicht. Am Ziegeleischuppen bewegte sich etwas Langes, das lebte, kroch° auf den 25 Koppelweg vor, glitt weg.° Sehr langsam wandte sie den Kopf wieder nach vorn. Das fahle° Licht schien immer stärker, nahm den Wiesen, den Weiden,° den fernen Wäldern, dem Himmel, ihren Füßen im Gras, allem die Farbe. Osten war hinter ihr. 30

Die Sonne lief ihr nach, sie mußte schneller sein. Eine Zeit lang war es lustig, den Eimer im vollen Lauf von einem Arm zum andern zu schwingen. Nur über die Koppelschleete° kam sie langsam, und erst beim letzten hatte sie begriffen, daß der Eimer 35 zum Werfen war. Da war sie schon um das Bruch herum. Es gab einen Weg hindurch, aber im Bruch hatte sich eine alte Frau mit drei Kindern ertränkt,° als die russischen Truppen für den nächsten Tag angesagt° waren. Auch Neugeborene wurden dahin 40

anderthalb *one and a half*

e Kiefer *pine*
starr *motionless*
e Krone *crown*

r Zapfen *pine cone*
r Astbruch *broken branches*

r Henkel *handle*

klappern *rattle*

e Schneeschmelze *thaw*

e Mulde *groove*
wühlen *dig*

e Kreuzung *crossroad*

r Förster *forester*

steil *steeply*
an·steigen *climb*
e Wehr *weir*
überhängend *overhanging*

riechen *smell*

kantig *angular*
s Tarnzelt *camouflaged tent*
verstellen *hide*
s Unterholz *underbrush*
e Wache *guard*
r Hochstand *lookout*

im Blick halten *watch*

um·treten *trample down*

hohl *hollow*

gebracht. Kurz, sie hätte da jemanden treffen können, und sie durfte doch nicht sprechen.

Nach einer Stunde war sie anderthalb° Stunden von Jerichow entfernt und stand mit halbnassem Kleid, sandbespritzten Beinen vor dem Eingang zum 5 Schloßwald. Sie ging auf Zehenspitzen hinein. Die Kiefern° standen so starr.° Die Kronen° verdunkelten den stillen Raum zwischen den Stämmen. Der Fußweg lag voller Nadeln, rostgelb und grün, Zapfen,° dünnem Astbruch,° als sei da niemand 10 gegangen. Die Schritte donnerten in ihren Ohren. Sie nahm den Eimer unter einen Arm und hielt mit der anderen Hand den Henkel° fest, damit er nicht mehr klapperte.°

Die Schneeschmelzen° und Regen aller Jahre 15 hatten tiefe Mulden° in den Weg gewühlt,° er ging auf und ab, Gebüsch wuchs ihn zu an den Seiten, und der Stern schien ihr wieder dunkel wie die Nacht. Der Stern war eine Kreuzung° von drei Fahrwegen und zwei Fußwegen. Der Försterweg° 20 stieg so steil° an,° daß er auf den freien Himmel führte. Sie nahm den schrägen Steig zum Wehr,° überhängende° Äste schlugen zu, Büsche jagten sie. Später wußte sie nicht mehr, ob sie den Rauch eher gesehen oder eher gerochen° hatte. Er war so 25 plötzlich vor ihr, als sei sie in die Russen hineingelaufen. Hohe kantige° Tarnzelte° standen vor ihr, verstellt° durch blattloses Unterholz.° Atemlos steif setzte sie einen Fuß hinter den andern rückwärts. Die Wache° saß über ihr auf dem Hochstand.° Es 30 war ein Soldat allein. Er legte den Karabiner quer, damit er sich vorbeugen konnte über das Mädchen mit dem riesigen Eimer, das sich jetzt langsam in den Hüften wegdrehte, das Biwak im Blick hielt,° die nackten Füße mit den Zehen zuerst aufsetzte, 35 Astzeug umtrat,° endlich völlig umgewandt starrstand, Atem holte, lief. Der Soldat fingerte den Zigarettenstummel aus der hohlen° Hand, führte ihn zum Mund, sog so schwer als seufzte er. Jetzt hätte man unter ihm durchgehen können, ohne daß 40

verkniffen *squinted*

e Försterei *forester's lodge*
ein·bringen *cause*
e Hügelkuppe *hilltop*
e Buche *beech*
erwischen *catch*

r Abdruck *imprint*

s Rundholz *timber*

faulig *rotten*
schleudern *throw*
s Gesträuch *bushes*

weg·sacken *sink in*

morastig *swampy*

sich hoch·robben *pull oneself up*

s Schimpfwort *swear-word*

dicht *close*

e Bartstoppel *stubble*

zu·neigen *incline*

kreideweich *chalk-soft*

wirbeln *whirl*

e Ferse *heel*

spüren *feel*
versucht *tempted*

verzogen *distorted*

im Weg stehen *be in the way*
e Wegmündung *opening of the road*
r Anlauf *running start*
s Erlenholz *alders*
ab·prellen *cause to rebound*

die verkniffenen° Augen unter den verkniffenen Brauen sich gerührt hätten.

Das brachte ihr den Umweg über die Försterei° ein,° der bog fast ganz um die Hügelkuppe,° und im Tal des Gräfinnenwalds[4] zwischen den Buchen° 5 erwischte° sie einen Blaubeerensteig, der am dritten Graben aufhörte. Über die ersten beiden hatte sie springen können. Hier war noch der Abdruck° des Rundholzes° zu erkennen, das quergelegen hatte. Das Wasser roch faulig,° stand still. Sie schleuderte° 10 den Eimer in die lichteste Stelle des Gesträuchs° auf der anderen Seite, lief ein paar Schritte zurück und sprang. Ein Fuß sackte ihr sehr lange weg° in den morastigen° Grabenrand, und als sie sich hoch-gerobbt° hatte, wäre sie am liebsten so liegen 15 geblieben. Und sie hatte so viel Zeit verloren. Sie dachte ein Schimpfwort° so herzlich, daß sie einen Augenblick lang fürchtete gesprochen zu haben.

Sie saß eben halb und hatte einen Arm zum 20 Eimer hingestreckt, als sie den Mann sah. Seine große hängende Hand zuckte. Die schweren Soldatenhosen standen dicht° bei ihren Händen, an ihrer Schulter, über dem grasfleckigen Hemd sah sie harte Bartstoppeln° einzeln. Das Gesicht war sanft, 25 unbewegt, nicht einmal ihr zugeneigt.° Krumm gebogene Finger strichen Haar aus der Stirn, kreideweiche° Stimme sagte etwas.

Sie schüttelte nicht einmal den Kopf, wirbelte° auf den Rücken, stand, ging rückwärts, die Lippen 30 fest verschlossen. Als ihre Fersen° den Grabenrand spürten,° war sie versucht° hinter sich zu sehen. Der Mann hatte seinen Stand nicht gerührt, hielt sie mit den Augen fest, sein Mund hing verzogen.°

Er stand im Weg.° Die Wegmündung,° sechs 35 Schritt breiter Grasflecken, ließ ihr nicht Platz für einen Anlauf° nach drüben. Das Erlenholz° stand zu dicht und würde sie abprellen,° wenn sie ausbrach.

[4] r Gräfinnenwald *Countess wood, proper name indicating former ownership*

Sie trat einen halben Schritt seitwärts. Der Mann trat einen halben Schritt seitwärts.

Sie warf sich mit dem Rücken gegen seine Knie, als er ansetzte,° aber im Fallen griff er sie, zog sie über sich, legte sich behaglich° zurecht unter ihr und fing an, ihr an den Ohren entlang zu streichen, als spürte er ihre stoßenden° Knie nicht. — Mädchen: sagte er, — Mädchen, wie ein Überraschter, staunend.° Sie merkte Jakob schon auf der anderen Seite aus den Büschen treten, als sie den Kopf halb aus dem breithändigen Griff° zwängen° und zubeißen° konnte. Sie kam nicht frei. Der Sprung drückte Jakob neben ihnen in die Knie, er federte hoch,° stieß den Liegenden mit steifem Fuß gegen den Hals, riß sie hoch und warf sie mit einer Hand rücklings in die Erlen.

Vorgebeugt mit hängenden Armen sagte er etwas. Sie verstand nicht. Der andere lag, blickte starr, stemmte die Ellenbogen auf,° stieß im Aufsprung Jakob von den Füßen, bückte sich über ihn, bekam Jakobs Knie ans Kinn,° riß ihn im Fallen über sich, würgte° Jakobs Hals, stöhnte° unter ihrem Fußtritt, hatte losgelassen.° Jakob stand wieder. Der andere griff sich mühsam hoch an den dünnen Stämmen, richtete sich krumm auf. Diesmal schlug Jakob zuerst, gegen Kinn, Hals, Schläfe,° Augen, bis die torkelnden° Bewegungen des anderen zusammenfielen. Jakob zog ihm die Hände unter dem Körper hervor, band sie zusammen mit Peitschenriemen° aus der Hosentasche, riß den Eimer aus dem Gebüsch und hielt eben die Fingergabel° vor die Lippen, als Gesine den Mund aufmachen wollte.

Er ging voran. Nach ein paar Metern wandte er den Kopf und winkte sie vorwärts um die Wegbiegung.° Sie kamen an eine tote Feuerstelle, neben der eine Aktentasche° lag, ein Kochgeschirr,° offene Konservendosen,° Decken der Luftwaffe.° Jakob ging einmal um die schwarzgraue Asche herum, nahm eine Dose in die Hand, stellte sie zurück. Er

Glossary (margin):

an·setzen *start*
behaglich *comfortably*

stoßen *push*

staunen *be amazed*

r Griff *grasp*
zwängen *force*
zu·beißen *bite at*
hoch·federn *whip up*

auf·stemmen *push up*

s Kinn *chin*

würgen *throttle, choke*
stöhnen *groan*
los·lassen *let go*

e Schläfe *temple*
torkeln *reel, stagger*

r Peitschenriemen *whip strap*

e Fingergabel *two fingers*

e Wegbiegung *curve*

e Aktentasche *briefcase*
s Kochgeschirr *cooking utensils*
e Konservendose *tin can*
e Luftwaffe *air force*

168

e Maschinenpistole *auto-*
matic pistol
zerkerbt *carved up,*
notched
r Schaft *stock, handle*

r Trab *trot*
s Vorholz *grove*

e Schilfwiese *reed*
e Knickstufe *row of*
hedges
r Zaun *fence*
aus·bleichen *bleach, fade*

r Koppelpfahl *fencepost*

hocken *perch*

sich hangeln *move hang-*
ing by one's hands
s Steggeländer *railing of*
the plank bridge

keuchen *pant*

verwischen *blur*

mürrisch *sullen*

auf·lauern *lie in wait*
Fratzen schneiden *make*
faces

atmete schwer. Dann sah er die Maschinenpistole,° griff sie am zerkerbten° Schaft° hoch, schwenkte fragend das Gesicht. Gesine fing an zu gehen.

Als sie anfing zu weinen, nahm er sie an der Hand und zwang sie zum Laufen. Der gleichmäßige 5 Trab° brachte ihren Atem in Ordnung, im Vorholz° hat sie (glaubt sie) nicht mehr geweint. Dann kamen sie auf die Schilfwiese,° sahen über Knickstufen,° Zäune,° ausgebleichte° Wiesen die graue See und grau den großen Graben darauf zukriechen. Jakob 10 blieb stehen.

Vom Wehr aus sah sie ihn auf einem Koppelpfahl° hocken,° mit ausgestreckten Beinen, das Gesicht gekehrt gegen das Vorholz, hinter dem Jerichow war. Die Kälte des rostigen Eisenstegs brannte ihre 15 Sohlen. Über die Wiesen kam harter Wind herangefegt. Sie zog sich das Kleid über den Kopf und hangelte sich° am Steggeländer° in das schwarzklare Wasser bis an die Schultern. An einem Arm hängend wischte sie sich eine Handvoll Wasser ins 20 Gesicht, stemmte sich zitternd hoch mit den Beinen, kroch keuchend° zurück ins Kleid, dem rasch dunkelgrüne Flecken durchschlugen.[5] Als sie mit dem leeren Eimer an der Hand neben Jakob ankam, wurde das verwischte° Meerende haarbreit kantig, 25 scharf, hell. Als sie um das Vorholz herumgelaufen waren, zitterte der Bischofsmützenturm[6] schon im Tageslicht.

Sie waren vor dem Frühstück am Haus. Sie lag schon im Bett, als Cresspahl durch die Tür sagte, 30 wach, mürrisch:° Zieh dir ja Hosen an, du. Er ließ sie aber schlafen, bis Inge kam.

Inge kam, mit der sie vor Zeiten einmal befreundet gewesen war, und erzählte vom Kirchgang. Sie hatte auch Osterwasser holen wollen, aus dem Bruch, 35 aber schon vor dem Haus hatte ihr Heini Lang aufgelauert° und Fratzen geschnitten,° bis sie

---

[5] (auf) dem . . . durchschlugen *on which (wet) dark-green spots*
appeared
[6] r Bischofsmützenturm *miter tower*

gelacht hatte. Lachen bedeutet ja noch nichts, aber Reden bedeutet, und sie hatte Heini Lang ja angeschrien, den.

In der Woche nach Ostern wurde in die sowjetische Kommandantur gegenüber Cresspahls Haus 5 ein deutscher Soldat gefahren, den die Russen westlich vom Gräfinnenwald aufgegriffen° hatten. In der Stadt wurde erzählt, er sei aus der Gefangenschaft° gelaufen. Er war so kaputt vom Krieg, daß er sich nicht in sein Dorf traute° und Wochen 10 lang im Wald davor kampiert hatte. Der war durcheinander,° den haben sie weggebracht, hat wirr° geredet.

Den vergaß sie. Aber lange später noch trieb das Datum° von Ostern, ein geöffnetes Fenster, davor 15 rasch ins Frühjahr laufende Luft ihr Herz so schnell° wie das des Mädchens, das bei Cresspahl am Tisch saß, mit einer Hand im wassersträhnigen° Haar den Widerschein° des Blicks in Jakobs Gesicht las und sich gesagt sein ließ, daß Weinen gegen 20 Osterwasser nicht bedeutet,[7] damit du schön wirst, gut zu sehen.[8]

Es hatte Spiegeleier° gegeben mit Speck° und Bratkartoffeln.° Sie war so satt,° die Augen fielen ihr zu. 25

auf·greifen *catch, grab*

e Gefangenschaft *imprisonment*
sich trauen *dare to*

durcheinander *mixed-up*
wirr *confused*

s Datum *date*

s Herz schnell treiben *accelerate the heartbeat*
wassersträhnig *with wet strands*
r Widerschein *reflection*

s Spiegelei *fried egg*
r Speck *bacon*
e Bratkartoffel *homefried potato*
satt *full*

[7] nicht bedeutet *for:* nichts bedeutet   (*here meaning:*) *does not undo the effects*
[8] gut zu sehen *for:* gut anzusehen   *nice to look at*

Questions on the Reading Selection

1. Warum fällt Gesine das Osterwasser ein?   **2.** Wie sieht sie aus?   **3.** Welche Wirkung soll das Osterwasser haben?   **4.** Wann wird man für Osterwasser zu alt?
5. Woher holt man Osterwasser?   **6.** Wo wohnt Gesine?   **7.** Warum muß sie vor den Türen anklopfen?   **8.** Warum ist es schwer, mit den Vertriebenen zu leben?
9. Wer ist Jakob? Wie alt ist er?   **10.** Wo arbeitet Jakob?   **11.** Was hat er zu Ostern mitgebracht?   **12.** Was darf man beim Osterwasserholen nicht tun?   **13.** Warum geht Gesine zum Holzplatz zurück?   **14.** Warum gibt Jakob der Lehrerin nichts?
15. Warum hat Cresspahl seiner Tochter verboten, in einem Kleid aus dem Haus

zu gehen? **16.** Warum zieht Gesine am Ostermorgen ein Kleid an? **17.** Wo will sie Osterwasser holen? **18.** Welchen Weg nimmt sie? **19.** Was bewegt sich am Ziegeleischuppen, als sie hinschaut? **20.** Was macht sie mit dem Eimer? **21.** Warum geht sie nicht durch das Bruch? **22.** Wohin kommt sie nach einer Stunde? **23.** Wen trifft sie im Schloßwald? **24.** Was tut der russische Wachsoldat? **25.** Was tut Gesine? **26.** Welche Schwierigkeit hat sie im Gräfinnenwald mit dem Weg? **27.** Wen trifft sie am Graben? **28.** Was versucht sie zu tun? **29.** Was tut der Mann? **30.** Wie kommt sie frei? **31.** Was geschieht zwischen Jakob und dem Mann? **32.** Wie endet der Kampf? **33.** Wie hilft Jakob ihr dann? **34.** Was finden sie auf dem Weg? **35.** Was tut Jakob, als sie zu weinen anfängt? **36.** Was macht Gesine, als sie zur Ostsee kommt? **37.** Warum legt Gesine sich wieder ins Bett? **38.** Warum hat Inge kein Osterwasser bekommen? **39.** Was geschieht mit dem Mann, den sie getroffen haben? **40.** Wie erinnert sich Gesine später an dieses Erlebnis?

Topics

1. Besprechen Sie die Zeit, in der diese Erzählung spielt und die damaligen Umstände! **2.** Besprechen Sie das Verhältnis Gesines zu den anderen Personen in der Geschichte, besonders zu Jakob! **3.** Welche Rolle spielen Soldaten in der Geschichte? Wie werden sie vom Autor beschrieben? **4.** Besprechen Sie die tiefere Bedeutung des Erlebnisses für Gesine!

Reinhard Lettau

20 *Einladung zu Sommergewittern*

REINHARD LETTAU wurde 1929 in Erfurt geboren. Er studierte Philosophie, Germanistik und amerikanische Literatur. Er wurde Dozent am Smith College, lebte von 1965–1967 als freier Schriftsteller in Berlin und nahm dann einen Ruf an die Universität von Kalifornien in La Jolla an.

EINIGE WERKE: *Gedichte*, (1968); *Schwierigkeiten beim Häuserbauen* (1962), *Auftritt Manigs* (1963), Erzählungen.

Active Vocabulary

das **Gewitter, –s, —** thunderstorm
die **Witwe** widow
die **Wegstrecke** stretch of road
der **Beamte, –n, –n** civil servant
bedauern to feel sorry (for)
geistreich witty, clever
reizen to provoke

vielmehr on the contrary; rather
sich **ein·stellen** to set in, appear
heftig violent
ohnehin anyhow
der **Verdacht, –s** suspicion
unterdrücken to suppress

Idioms

das **Augenmerk auf etwas lenken** to direct one's attention to something
ihr Sinn ist drauf gerichtet her purpose is

in Atem halten to keep in suspense
zur Verfügung stehen to be available

Grammar References

DECLENSION
- **42** Prepositions with the Genitive, p. 262
- **65** Strong Adjective Declension, p. 299
- **66** Weak Adjective Declension, p. 300
- **67** Mixed Adjective Declension, p. 301
- **73(A–C)** Extended Adjective Constructions, p. 309

SYNTAX
- **84** Appositions, p. 327
- **85** Translation Aids: German to English, p. 328

Einladung zu Sommergewittern

brüten *brood*

r Guß *downpour*
anhaltend *lasting*

r Bote *messenger*

r Diener *servant*
r Daumen *thumb*
sich sträuben *resist*
wohlentworfen *well designed*
r Schriftsatz *composition*
verschwiegen *discreetly*
geprägt *embossed*
erlauben *grant*
sich rüsten *get ready*

anregend *stimulating*

benutzen *use*

gewunden *winding*

zusehends *noticeably*

Die Witwe Saatmantel, von deren Jugend nur die Legende weiß, lädt alljährlich zu Sommergewittern ein. Wenn vor den dicht verschlossenen Fenstern der Sommer Tag um Tag brütet,° ohne daß ein eiliger Guß° oder gar ein anhaltender° Landregen sich 5 gezeigt hat, darf man stündlich mit einer Einladung rechnen. Boten° bringen die kleinen Billetts ins Haus und keines Dieners° Daumen° wird sich sträuben,° den wohlentworfenen° Schriftsatz° der Einladungskarten verschwiegen° zu überprüfen: sie sind 10 geprägt.° Man erfährt, daß, wenn es der Himmel erlaube,° man für heute abend zu einem Sommergewitter eingeladen sei, und sogleich rüstet man sich° für den Weg.

Immer wieder ist es anregend,° zur Anfahrt die 15 kleine Straße über Rastatt zu benutzen.° Sei es die Nähe der Berge, sei es die Enge der noch ebenen, vielgewundenen° Wegstrecke, jedenfalls verkleinert sich die Landschaft hier zusehends,° rechts und links zieht sie sich zu immer schmalerer und 20

überschaubar *permitting a general view*
e Winzigkeit *minuteness*
sich entziehen *eliminate*
r Landsitz *countryseat*

e Gangart *pace*
verfallen in *change to*
r Kies *gravel*
schlurfend *shuffling*
s Gefährt *vehicle*
e Zufälligkeit *fortuitousness*
wahllos *indiscriminately*
r Zauder *hesitation*

anläßlich *on the occasion of*
s Naturereignis *natural phenomenon*
überladen *richly stacked*
flockig *fluffy*
ausgesucht *exquisite*

s Ziertuch *fancy handkerchief*
blähen *swell out*
s Segel *sail*
achtlos *carelessly*
entschwindend *disappearing*
verführerisch *seductive*

r Justizbeamte *officer of justice*

gestatten *permit*

e Kennerin *expert*
entrüstet *indignant*

überschaubarer° Winzigkeit° zusammen und entzieht sich° fast ganz: Die Welt wird zur Gasse, die durstig und geradenwegs in den Landsitz° der Witwe Saatmantel führt.

Die kleine Straße verlassend, durchfährt man ein 5 einzelnes Tor, und, während der Wagen in eine niedere, dunkle Gangart° verfällt,° hört man den feinen Kies° unter den schlurfenden° Rädern. Hinter dem Hause findet man die Gefährte° der anderen Gäste in der Zufälligkeit° ihrer Ankünfte 10 wahllos° durcheinander aufgestellt — der Zauder° der Platzwahl noch an den schräg verstellten Rädern erkennbar. Die Tafeln sind vor dem Hause errichtet; fast staunt man, sie anläßlich° des erwarteten Naturereignisses° so überladen° zu finden. Die 15 feinen Toiletten der Damen — weite flockige° Gewänder, an denen ausgesuchte° Corsagen verteilt sind, — die dunkle Kleidung der Männer, in deren Brusttaschen sich weiße Ziertücher° gebläht° wie Segel° davonzumachen scheinen, die achtlos° gehal- 20 tenen Gläser und schließlich die unter den Bäumen seltsam entschwindende,° verführerische° Musik lassen das nahe Gewitter vergessen.

Dennoch bleibt es, wenn einmal die Tafel eröffnet ist, nicht aus, daß in gewissen Tischreden des er- 25 warteten Gewitters gedacht wird. Solange man zurückdenken kann, ist jedesmal dieser Henri Plein, ein höherer Justizbeamter,° aufgestanden und hat seiner Hoffnung Ausdruck gegeben, es werde diesmal zu einem französischen Landgewitter kommen. Die 30 nahe Grenze, sagt er, gestatte° solche Wunschträume; jeder, dem französische Gewitter unbekannt seien, müsse hier bedauert werden, seien sie doch viel geistreicher als deutsche Gewitter. Solche Reden reizen zwar zum Widerspruch, aber es weiß nie- 35 mand, warum Frau Blesse, sonst eine kritische Kennerin,° immer wieder das Augenmerk der entrüsteten° Gäste auf Ganghofer[1]-Gewitter hin-

[1] Ganghofer *a second-rate writer (1855–1920). Many of his novels on Bavarian country life were made into films.*

e Mutmaßung *conjecture*
e Beschaffenheit *nature*

nicht wohlgesonnen sein
disapprove

s Grollen *rumble*
sich ankündigen
announce oneself
unvermittelt *unexpectedly*

kreischend *shrieking*
e Diele *hall*
betörend *fascinating*
durchnäßt *drenched*

krönen *crown*
kostspielig *expensive*

vernichten *destroy*

e Kapelle *band*

beschwerlich *troublesome*
würdelos *undignified*
hochdotiert *highly paid*

an·halten *urge*
verquollen *warped*

vernehmen *hear*
r Bruchteil *fraction*
erheitert *amused*

s Messingrohr *brass(tube)*
r Geigenstock *violin bow*
r Eiszapfen *icicle*

lenkt. Welcher Art auch immer die Mutmaßungen°
über die Beschaffenheit° des Gewitters sein mögen,
das man erwartet — stets wird man bemerken, daß
Frau Saatmantel ihnen nicht wohlgesonnen ist.°
Vielmehr ist der Sinn der Witwe darauf gerichtet, 5
das Nahen des Gewitters, selbst wenn es sich durch
tiefes Grollen° und erste, schwere Tropfen bereits
ankündigt,° vergessen zu machen. Freilich weiß die
Witwe, daß es sich nie wieder so unvermittelt°
einstellen wird wie vor Zeiten, als es anläßlich einer 10
bloß als solchen geplanten Sommergesellschaft eine
erregte, hier und dort kreischende° Menschenmenge in die schmale Diele° des Hauses trieb —
einen Herrn Wurf, einen Charmeur von betörendem°
Äußeren, wegen seiner völlig durchnäßten° Kleider 15
zum Bleiben zwingend. Der Gedanke, folgende
Sommerparties so zu legen, daß ein Gewitter sie
krönen° werde, lag auf der Hand — ein kostspie-
liger° Gedanke übrigens, denn stets werden viele
Möbel durch die nicht selten heftigen Regenfälle 20
vernichtet,° ganz deutlich kann man das von den
Fenstern aus beobachten.

In den ersten Jahren war es schwierig, Kapellen°
für die Gewitterparties zu finden, hatte es sich doch
in Musikerkreisen herumgesprochen, wie beschwer- 25
lich° und recht eigentlich würdelos° diese freilich
hochdotierten° Engagements seien, indem nämlich
die Herren oft im strömenden Regen weiterzuspielen
angehalten° wurden: zerstörte Instrumente, verquol-
lene° Violinen zum Beispiel, waren die Folge. 30
Würdelos war dies nach Meinung der Musiker, weil
man von den fest verschlossenen Fenstern des
schützenden Hauses her die Musik ohnehin nicht
vernehmen° konnte. Von dort wurden die musizie-
renden Herren nur für Bruchteile° von Sekunden den 35
erheiterten° Gästen im Schein eines Blitzes sichtbar.
Bläulich–grün standen sie da, eng aneinanderge-
drängt, mit großen Augen, die Messingrohre° oder
Geigenstöcke° reglos in den Himmel gehoben, eine
Gruppe, einem einzigen Eiszapfen° ähnlich oder 40

175

e Momentaufnahme
  snapshot
rinnend *dripping*
verzerrt *distorted*

Lob ernten *earn praise*

entsagen *renounce*
makellos *immaculate*
s Waldhorn *French horn*
verstümmeln *mutilate*

zu diesem Behuf *for this purpose*
mitführen *carry along*
s Scheininstrument *dummy instrument*
auf·weichen *soak*
e Fleischbrühe *broth*
entbehren *be without*
triefend *dripping*
auswringen *wring*
e Lache *puddle*
s Parterre *ground floor*
s Aufzucken *flash*

klirren *clink*

r Widerschein *reflection*

nachdrücklich *emphatically*

s Auswechseln *changing*

spanische Wand *folding screen*
r Kamin *fireplace*
prasselnd *crackling*

eigenartig *strange*
r Verdacht *suspicion*

vorgängig *anticipating*
e Vertrautheit *intimacy*

wie zu einer Momentaufnahme° bereitgestellt. Hinter den rinnenden° Fenstern erblickten sie die von brüllendem Gelächter wild verzerrten° Gesichter der Gäste. Viel Lob erntete° die Witwe, deren Sinn für das Dramatische hier sichtbar wurde, für diesen 5 Effekt, dessen man gleichwohl entsagen° mußte, als immer wieder Blitze das makellose° Metall der Waldhörner° schwarz verstümmelten.° Heute spielen die Herren, wenn der Regen einsetzt, auf zu diesem Behufe° mitgeführten° Scheininstrumenten.° Sind 10 diese aufgeweicht,° so bittet man sie ins Haus, wo sie eine kräftige Fleischbrühe° erwartet.

Das Innere des Hauses entbehrt,° wenn sich die Gesellschaft glücklich gerettet hat, nicht des Chaotischen. Triefende° Kleider werden ausgewrungen,° 15 große Wasserlachen° bilden sich in den Gesellschaftsräumen des Parterre,° und es kann nicht verschwiegen werden, daß es beim Aufzucken° eines Blitzes oder wenn ein großer Donner die Fenster klirren° läßt, zu vielen schreckhaften Umarmungen 20 kommt. Mancher Diener hat, während es draußen zusehends Nacht wird und ein fahler Widerschein° entfernter Blitze die Gesellschaft in Atem hält, die schwere Hand der Witwe auf seinem Arm gespürt, sehr nachdrücklich° sogar, und niemand kann sagen, 25 wie viele der Gäste über Nacht zu bleiben gezwungen sind. Da nicht immer trockene Kleider zum Auswechseln° in genügender Zahl zur Verfügung stehen, muß zu entlegenen Kostümen gegriffen werden: es kommt zu Maskierungen, einer Art 30 natürlichen Karnevals sozusagen. Hinter hastig erstellten spanischen Wänden° vernimmt man oft Gelächter — vom Kamin° her wirft ein prasselndes° Feuer Schatten über die Räume —, die Gewißheit plötzlicher Isolation von der Außenwelt verbreitet 35 eine eigenartige° Stimmung. Der Verdacht° läßt sich nicht unterdrücken, daß die Witwe Saatmantel in vorgängiger° Kenntnis der Vertrautheiten° und Sensationen, zu denen ein Naturereignis immer eine Gruppe von Menschen vereint — daß die Witwe, 40

e Vorhersicht *anticipation*
versöhnlich *conciliatory*
e Gestimmheit *mood*

eine lebenslustige, wenngleich etwas seltsame Dame, gerade in Vorhersicht° solcher allgemeinen, versöhnlichen° Gestimmtheit° zu Sommergewittern einlädt.

Questions on the Reading Selection

1. Wie muß das Wetter sein, damit man von der Witwe eine Einladung bekommt? **2.** Wie wird man eingeladen? **3.** Beschreiben Sie die Wegstrecke, die zum Landsitz der Witwe führt. **4.** Wo und wie beginnt die Partie? **5.** Wen bedauert der Justizbeamte, und wen reizt er durch die nationale Unterscheidung der Gewitter zum Widerspruch? **6.** Wohin laufen die Gäste, als das Gewitter beginnt? **7.** Warum wollen die Musiker nicht gern bei der Witwe spielen? **8.** Warum konnte man die Musik im Haus ohnehin nicht hören? **9.** Was bekommen die Musiker nach dem Konzert? **10.** Was machen die nassen Gäste im Haus? **11.** Wodurch kommt es zu einer Art Karneval? **12.** Welche Eigenschaften der Witwe werden besonders erwähnt?

Topics

1. Welche Gesellschaftskreise werden hier beschrieben und wie? **2.** Beschreiben Sie kurz die einzelnen Höhepunkte, die sich die Witwe von solchen Parties erhofft (Schock der Menge, absurdes Konzert, Maskerade, Intimität)! **3.** Welche Szenen sind besonders eindrucksvoll durch Karikatur, „Kafkaeskes", Groteskes? **4.** Erwägen Sie, ob diese Geschichte Gesellschaftskritik übt?

21 Max Frisch
Bargeschichten

MAX FRISCH wurde 1911 in Zürich geboren. Er studierte Germanistik und Architektur. Er reiste viel in Europa und Amerika. Jetzt lebt er als freier Schriftsteller in Zürich und im Tessin.

EINIGE WERKE: *Stiller* (1954), *Homo faber* (1957), *Mein Name sei Gantenbein* (1964), Romane; *Don Juan oder die Liebe zur Geometrie* (1953), *Herr Biedermann und die Brandstifter* (1956), *Biografie* (1968), Dramen.

Active Vocabulary

die **Feuerwehr** fire department
die **Gemeinde** community
das **Irrenhaus, –es, ⁼er** mental hospital
entsetzlich terrible
die **Einbildung** imagination
der **Pechvogel, –s, ⁼** unlucky person

das **Mitleid, –(e)s** pity
sagenhaft legendary
das **Los, –es, –e** prize, lottery ticket
die **Brieftasche** wallet, pocketbook
der **Verlust, –(e)s, –e** loss
betrügen, o, o to deceive

Idioms

der einzige Zug an ihm his only feature
wenn ich nicht irre if I am not mistaken
Das kann's geben. This can happen.

im großen wie im kleinen in large and small matters
das große Los gewinnen to hit the jackpot, win the first prize
versteht sich naturally

Grammar References

CONJUGATION 22 Formation of the Passive, p. 230

DECLENSION
- 40(D) Dative Case, p. 257
- 54 Indefinite Article and **ein**-Words, p. 285
- 69 Declension of Adjectival Nouns, p. 304
- 72 Special Comparison Meanings, p. 308

SYNTAX 80(A–C) Word Order within Clauses, p. 321

Bargeschichten

sich erfinden *invent for oneself*
halten für *consider to be*

betrunken *drunk*

verstummen *fall silent*

schlimm *bad*

im Gegenteil *on the contrary*

nebenbei *moreover*

r Hauptmann *captain*
verläßlich *reliable*

r Turner *gymnast*
friedlich *peaceful*
r Witwer *widower*
r Abstinent *total abstainer*
vermuten *suppose*
dereinst *some day*
ein·liefern *commit*

„Jeder Mensch erfindet sich° früher oder später eine Geschichte, die er für sein Leben hält",° sage ich, „oder eine ganze Reihe von Geschichten", sage ich, bin aber zu betrunken,° um meinen eignen Gedanken wirklich folgen zu können, und das 5 ärgert mich, sodaß ich verstumme.°

Ich warte auf jemand.

„Ich habe einen Mann gekannt", sage ich, um von etwas andrem zu reden, „einen Milchmann, der ein schlimmes° Ende nahm. Nämlich er kam ins 10 Irrenhaus, obschon er sich nicht für Napoleon oder Einstein hielt, im Gegenteil,° er hielt sich durchaus für einen Milchmann. Und er sah auch aus wie ein Milchmann. Nebenbei° sammelte er Briefmarken, aber das war der einzige fanatische Zug an ihm; er 15 war Hauptmann° bei der Feuerwehr, weil er so verläßlich° war. In jungen Jahren, glaube ich, war er Turner,° jedenfalls ein gesunder und friedlicher° Mann, Witwer,° Abstinent,° und niemand in unsrer Gemeinde hätte jemals vermutet,° daß dieser Mann 20 dereinst° ins Irrenhaus eingeliefert° werden müßte."

Ich rauche. „Er hieß Otto", sage ich, „der Otto."

Ich rauche. „Das Ich, das dieser gute Mann sich

unbestritten	*uncontested*
zumal	*especially since*
e Umwelt	*people around (him)*
s Opfer	*sacrifice*
fordern	*demand*
auf·hocken	*climb up*
s Reiheneigenheim	*home in a development*
zwar	*to be sure*
gelegen	*situated*
versehen	*provide*
e Scherbe	*here: a piece of earthenware*
gefährden	*endanger*
verschlossen	*hidden*
schmettern	*throw down violently*
senkrecht	*perpendicular*
s Aufsehen	*attention*
verursachen	*cause*
hemdärmlig	*in shirtsleeves*
s Beet	*flower bed*
begießen	*water*
öffentlich	*public*
verdrießen	*vex*
dermaßen	*to such an extent*
sämtlich	*all*
s Eigentum	*property*
gelten als	*be considered as*
angemessen	*appropriate*
zerquetschen	*crush*
r Aschenbecher	*ashtray*
r Zink	*zinc top of a bar*
verbrauchen	*use up*

erfunden hatte, blieb unbestritten° sein Leben lang, zumal° es ja von der Umwelt° keine Opfer° forderte,° im Gegenteil", sage ich, „er brachte Milch und Butter in jedes Haus. Einundzwanzig Jahre lang. Sogar sonntags. Wir Kinder, da er uns oft auf seinen 5 Dreiräderwagen aufhocken° ließ, liebten ihn." Ich rauche. Ich erzähle. „Es war ein Abend im Frühling, ein Sonnabend, als der Otto, seine Pfeife rauchend wie all die Jahre, auf dem Balkon seines Reiheneigenheims° stand, das zwar° an der Dorfstraße gelegen° 10 war, jedoch mit soviel Gärtlein versehen,° daß die Scherben° niemand gefährden° konnten. Nämlich aus Gründen, die ihm selbst verschlossen° blieben, nahm der Otto plötzlich einen Blumentopf, Geranium, wenn ich nicht irre, und schmetterte° densel- 15 ben ziemlich senkrecht° in das Gärtlein hinunter, was sofort nicht nur Scherben, sondern Aufsehen° verursachte.° Alle Nachbarn drehten sofort ihre Köpfe; sie standen auf ihren Balkonen, hemdärmlig° wie er, um den Sonnabend zu genießen, oder in ihren 20 Gärtlein, um die Beete° zu begießen,° und alle drehten sofort ihren Kopf. Dieses öffentliche° Aufsehen, scheint es, verdroß° unseren Milchmann dermaßen,° daß er sämtliche° Blumentöpfe, siebzehn an der Zahl, in das Gärtlein hinunter schmetterte, 25 das ja schließlich, wie die Blumentöpfe selbst, sein schlichtes Eigentum° war. Trotzdem holte man ihn. Seither galt der Otto als° verrückt. Und er war es wohl auch", sage ich, „man konnte nicht mehr reden mit ihm." Ich rauche, während mein Barmann 30 angemessen° lächelt, aber unsicher, was ich denn damit sagen wolle. „Nun ja", sage ich und zerquetsche° meine Zigarette im Aschenbecher° auf dem Zink,° „sein Ich hatte sich verbraucht,° das kann's geben und ein anderes fiel ihm nicht ein. 35 Es war entsetzlich."

Ich weiß nicht, ob er mich versteht.

„Ja", sage ich, „so war das."

Ich nehme die nächste Zigarette.

Ich warte auf jemand — 40

Mein Barmann gibt Feuer.

„Ich habe einen Mann gekannt", sage ich, einen andern, der nicht ins Irrenhaus kam", sage ich, „obschon er ganz und gar in seiner Einbildung lebte." Ich rauche. „Er bildete sich ein, ein Pech- 5 vogel zu sein, ein redlicher,° aber von keinem Glück begünstigter° Mann. Wir alle hatten Mitleid mit ihm. Kaum hatte er etwas erspart,° kam die Abwertung.° Und so ging's immer. Kein Ziegel° fiel vom Dach, wenn er nicht vorbeiging. Die Erfindung,° 10 ein Pechvogel zu sein, ist eine der beliebtesten, denn sie ist bequem.° Kein Monat verging° für diesen Mann, ohne daß er Grund hatte zu klagen,° keine Woche, kaum ein Tag. Wer ihn einigermaßen° kannte, hatte Angst zu fragen: Wie geht's? Dabei 15 klagte er nicht eigentlich, lächelte bloß über sein sagenhaftes Pech. Und in der Tat, es stieß ihm immer etwas zu,° was den andern erspart bleibt.° Einfach Pech, es war nicht zu leugnen,° im großen wie im kleinen. Dabei trug° er's tapfer",° sage ich 20 und rauche, — „bis das Wunder° geschah."° Ich rauche und warte, bis der Barmann, hauptsächlich° mit seinen Gläsern beschäftigt, sich beiläufig° nach der Art des Wunders erkundigt° hat. „Es war ein Schlag° für ihn", sage ich, „ein richtiger Schlag, als 25 dieser Mann das große Los gewann. Es stand in der Zeitung, und so konnte er's nicht leugnen. Als ich ihn auf der Straße traf, war er bleich,° fassungslos,° er zweifelte° nicht an seiner Erfindung, ein Pech- vogel zu sein, sondern an der Lotterie, ja, an der 30 Welt überhaupt.° Es war nicht zum Lachen, man mußte ihn geradezu° trösten.° Vergeblich.° Er konnte es nicht fassen,° daß er kein Pechvogel sei, wollte es nicht fassen und war so verwirrt,° daß er, als er von der Bank kam, tatsächlich seine Brieftasche 35 verlor. Und ich glaube, es war ihm lieber so", sage ich, „andernfalls hätte er sich ja ein anderes Ich erfinden müssen, der Gute, er könnte sich nicht mehr als Pechvogel sehen. Ein anderes Ich, das ist kostspieliger° als der Verlust einer vollen Brieftasche, 40

redlich *upright*
begünstigt *favored*
ersparen *save*
e Abwertung *devaluation*
r Ziegel *tile*
e Erfindung *invention*

bequem *convenient*
vergehen *pass*
klagen *complain*
einigermaßen *to a certain extent*

zustoßen *happen to*
erspart bleiben *be spared*
nicht zu leugnen *undeniable*
tragen *endure*
tapfer *brave*
s Wunder *miracle*
geschehen *happen*
hauptsächlich *mainly*
beiläufig *casually*
sich erkundigen *inquire*
r Schlag *blow*

bleich *pale*
fassungslos *beside himself*
zweifeln *doubt*

überhaupt *mainly*

geradezu *actually*
trösten *console*
vergeblich *in vain*
fassen *comprehend*
verwirrt *confused*

kostspielig *expensive*

auf·geben *give up*
s Vorkommnis *event*

passen *fit*

betrügen *deceive*

versteht sich, er müßte die ganze Geschichte seines Lebens aufgeben,° alle Vorkommnisse° noch einmal erleben und zwar anders, da sie nicht mehr zu seinem Ich passen° — "

Ich trinke.   5

„Kurz darauf betrog° ihn auch noch seine Frau", sage ich, „der Mann tat mir leid, er war wirklich ein Pechvogel."

Questions on the Reading Selection

1. Was machte der Milchmann in seiner Freizeit? **2.** Was erfahren wir noch über sein Privatleben? **3.** Worin bestand die Arbeit des Milchmannes? Seit wieviel Jahren? **4.** Beschreiben Sie die Abendstunden vor dem Unglück. **5.** Was machte Otto mit seinen Blumentöpfen? Wie reagierten die Nachbarn darauf? **6.** Wohin wurde Otto am Ende gebracht? **7.** Mit wem spricht der Erzähler und wie erklärt er die Tat Ottos? **8.** Woran sieht man, daß der andere Mann ein Pechvogel war? **9.** Hatte er nicht einmal auch sagenhaftes Glück? Inwiefern? **10.** Welchem dreifachen Verlust hatte er am Ende?

Topics

1. Wie erklärt der Erzähler das Scheitern der beiden Existenzen? **2.** Mit welchem der beiden Menschen haben Sie mehr Mitleid? Warum? **3.** Was will Max Frisch wohl mit den beiden Beispielen sagen?

22 Günter Grass
Gedichte

GÜNTER GRASS wurde 1927 in Danzig (*Gdańsk*) geboren. Er war im Zweiten Weltkrieg und in Gefangenschaft bis 1946. Von 1956 bis 1959 wohnte er in Paris. Er lebt jetzt als Bildhauer, Zeichner und freier Schriftsteller in Berlin.

EINIGE WERKE: *Die Vorzüge der Windhühner* (1956), *Gleisdreieck* (1960), *Ausgefragt* (1967), Lyrik; *Die Blechtrommel* (1959), *Katz und Maus* (1961), *Hundejahre* (1963), *Örtlich betäubt* (1969), Romane.

Prophetenkost

e Heuschrecke *locust*	
besetzen *occupy*	
e Zeitung *newspaper*	
ersticken *suffocate*	
r Kerker *jail, dungeon*	
frei·geben *set free*	
ungestraft *unpunished*	
reichlich *abundantly*	
sich nähren *feed*	
springend *leaping*	
r Belag *covering*	
auf·atmen *take a deep breath*	

Als Heuschrecken° unsere Stadt besetzten,°
keine Milch mehr ins Haus kam, die Zeitung°
    erstickte,°
öffnete man die Kerker,° gab die Propheten frei.°
Nun zogen sie durch die Straßen, 3800 Propheten.
Ungestraft° durften sie reden, sich reichlich° nähren°   5
von jenem springenden,° grauen Belag,° den wir die
    Plage nannten.
Wer hätte es anders erwartet. —

Bald kam uns wieder die Milch, die Zeitung atmete
    auf,°
Propheten füllten die Kerker.

Questions

1. Welche Rolle spielen Propheten in diesem Land? **2.** Was ist ihr Verhältnis zur Bevölkerung? **3.** Was für ein Urteil fällt der Dichter über beide?

Der Neubau

s Ausschachten *excava-*
tion

Beim Ausschachten°
im März,

stoßen auf *hit upon*
e Scherbe *fragment of*
pottery
s Fernsehen *television*
e Übergabe *handing over*

stießen wir auf° Scherben,°
die vom Museum abgeholt wurden.
Das Fernsehen° drehte die Übergabe.° 5

s Ausgießen *pouring (of*
cement)
s Fundament *foundation*
e Verschalung *casing*
verschütt gehen *get lost*
ermitteln *find out*
s Versagen *failure*

Beim Ausgießen° der Fundamente,°
im Mai,
trat ein Italiener zwischen die Verschalung°
und ging verschütt.°
Ermittelt° wurde menschliches Versagen.° 10

s Versetzen *putting in*
place
r Fertigteil *prefabricated*
part
r Henkelmann *lunch*
pail with handle
r Hohlraum *hollow space*
e Bauweise *method of*
building
s Isolierverfahren *insula-*
ting process

Beim Versetzen° der Fertigteile,°
im Juni und Juli,
vergaß jemand seinen Henkelmann°
in den Hohlräumen° der Außenwände.
Diese Bauweise° ist ein Isolierverfahren° der
Firma Schlempp. 15

e Leitung *wiring*

ähnlich *similar*

r Putz *spackle*

e Fernheizung *central*
(distant) heating

Beim Installieren der Leitungen,°
im späten September,
verschwanden Fotokopien und ähnliches°
Ostmaterial
hinter dem Putz.°
Die Fernheizung° wurde angeschlossen. 20

s Verlegen *installation*
r Fußboden *floor*
r Anstreicher *painter*
verlagern *shift, relocate*
r Bauleiter *builder,*
superintendent
versiegeln *seal*
s Parkett *parquet floor*

Beim Verlegen° der Fußböden,°
bevor im November die Anstreicher° kamen,
verlagerten° wir die Vergangenheit des Bauleiters°
Lübke
unter die Böden.
Später versiegelten° wir das Parkettt.° 25

Jetzt,
ab Dezember,

bewohnt *lived in*
klagen *complain*
r Mieter *tenant*
s Nebengeräusch *noise interference*
sich gewöhnen *get used to*

ist der Neubau bewohnt;°
doch klagen° die Mieter° über Nebengeräusche.°
Sie werden sich gewöhnen° müssen.   5

Questions

1. Erzählen Sie, was beim Bauen dieses Hauses alles passiert! **2.** Versuchen Sie
zu erklären, was der Dichter damit meint! **3.** Was ist das Urteil über den fertigen
Bau? **4.** Was soll er wohl bedeuten?

Ehe

zählen *count*

Wir haben Kinder, das zählt° bis zwei.

verschieden *different*

Meistens gehen wir in verschiedene° Filme.

s Auseinanderleben *estrangement*

Vom Auseinanderleben° sprechen die Freunde.
Doch meine und Deine Interessen

sich berühren *touch one another*
gleich *same*
e Stelle *spot*
r Manschettenknopf *cuff link*
e Dienstleistung *service*
r Spiegel *mirror*
e Glühbirne *light bulb*
aus·wechseln *change*
ab·holen *pick up*

berühren sich° immer noch   5
an immer den gleichen° Stellen.°
Nicht nur die Frage nach den Manschettenknöpfen.°
Auch Dienstleistungen:°
Halt mal den Spiegel°
Glühbirnen° auswechseln.°   10
Etwas abholen.°
Oder Gespräche, bis alles besprochen ist.

gleichzeitig *simultaneously*
r Empfang *receiving*
ab·schalten *turn off*
e Erschöpfung *exhaustion*

Zwei Sender, die manchmal gleichzeitig°
auf Empfang° gestellt sind.
Soll ich abschalten?°   15
Erschöpfung° lügt Harmonie.

185

wir sind uns schuldig *we owe to ourselves*	Was sind wir uns schuldig?° Das.
s Klo *toilet*	Ich mag das nicht: Deine Haare im Klo.°
r Spaß *fun*	Aber nach elf Jahren noch Spaß° an der Sache.°
e Sache *thing*	
s Fleisch *flesh*	Ein Fleisch° sein bei schwankenden° Preisen.
schwankend *fluctuating*	
sparsam *thrifty*	Wir denken sparsam° in Kleingeld.° 5
s Kleingeld *small change*	Im Dunkeln glaubst Du mir alles.
s Aufribbeln *undo (knitting)*	Aufribbeln° und Neustricken.°
neu·stricken *knit anew*	Gedehnte° Vorsicht.°
gedehnt *stretched*	Dankeschönsagen.
e Vorsicht *caution*	
sich zusammen·nehmen *pull oneself together*	Nimm Dich zusammen.° 10
r Rasen *lawn*	Dein Rasen° vor unserem Haus.
	Jetzt bist Du wieder ironisch.
	Lach doch darüber.
ab·hauen *take off*	Hau doch ab,° wenn Du kannst.
r Haß *hatred*	Unser Haß° ist witterungsbeständig.° 15
witterungsbeständig *weather-proof*	Doch manchmal, zerstreut,° sind wir zärtlich.°
zerstreut *distracted*	Die Zeugnisse° der Kinder
zärtlich *tender*	
s Zeugnis *report card*	müssen unterschrieben° werden.
unterschreiben *sign*	Wir setzen uns von der Steuer° ab.°
e Steuer *tax*	
sich ab·setzen *take exemption*	Erst übermorgen ist Schluß.° 20
r Schluß *the end*	Du. Ja Du. Rauch nicht so viel.

Questions

1. Mit welchen Mitteln (Bildern und Worten) wird diese Ehe beschrieben, und warum? **2.** Wird diese Ehe halten? **3.** Wie sieht wohl die Zukunft der Ehepartner aus?

Saturn

	In diesem großen Haus
	— von den Ratten,
r Abfluß *drainpipe*	die um den Abfluß° wissen,
	bis zu den Tauben,
	die nichts wissen — 5
ahnen *divine, suspect*	wohne ich und ahne° vieles.

Kam spät nach Hause,

r Schlüssel *key*
auf·schließen *open*
merken *notice*
s Suchen *search*

ein·kehren *enter*

Kam spät nach Hause,
schloß mit dem Schlüssel°
die Wohnung auf°
und merkte° beim Schlüsselsuchen,°
daß ich einen Schlüssel brauche,   5
um bei mir einkehren° zu können.

s Hühnchen *chicken*

Hatte wohl Hunger,
aß noch ein Hühnchen°
mit meinen Händen
und merkte beim Hühnchenessen,   10
daß ich ein kaltes und totes
Hühnchen aß.

sich bücken *bend down*
aus·ziehen *take off*

Bückte mich° dann,
zog beide Schuhe aus°
und merkte beim Schuhausziehen,   15
daß wir uns bücken müssen,
wenn wir die Schuhe
ausziehen wollen.

waagerecht *horizontal*

gewiß *certain*

aufhalten *hold open*

ab·klopfen *knock off*

Waagerecht° lag ich,
rauchte die Zigarette,   20
und war im Dunkeln gewiß,°
daß jemand die Hand aufhielt,°
als ich meiner Zigarette
die Asche abklopfte.°

Nachts kommt Saturn   25
und hält seine Hand auf.
Mit meiner Asche

putzen *clean*
r Zahn *tooth*
r Rachen *throat*
steigen *climb*

putzt° seine Zähne° Saturn.
In seinen Rachen°
werden wir steigen.°   30

Questions

1. Die selbstverständlichsten täglichen Tätigkeiten bekommen plötzlich eine neue unheimliche Bedeutung. Besprechen Sie welche und warum! **2.** Welche Aussichten werden für die Zukunft angedeutet?

Im Ei

Wir leben im Ei.
Die Innenseite der Schale°
haben wir mit unanständigen° Zeichnungen°
und den Vornamen° unserer Feinde bekritzelt.°
Wir werden gebrütet.°   5

Wer uns auch brütet,
unseren Bleistift brütet er mit.
Ausgeschlüpft° eines Tages,
werden wir uns sofort
ein Bildnis° des Brütenden machen.   10

Wir nehmen an,° daß wir gebrütet werden.
Wir stellen uns ein gutmütiges° Geflügel° vor°
und schreiben Schulaufsätze°
über Farbe und Rasse
der uns brütenden Henne.   15

Wann schlüpfen wir aus?
Unsere Propheten im Ei
streiten sich° für mittelmäßige° Bezahlung°
über die Dauer° der Brutzeit.
Sie nehmen einen Tag X an.   20

Aus Langeweile° und echtem° Bedürfnis°
haben wir Brutkästen° erfunden.°
Wir sorgen uns sehr um° unseren Nachwuchs° im Ei.
Gerne würden wir jener, die über uns wacht°
unser Patent empfehlen.°   25

Wir aber haben ein Dach überm Kopf.
Senile Küken,°
Embryos mit Sprachkenntnissen°
reden den ganzen Tag
und besprechen° noch ihre Träume.   30

Glossary (margin):

e Schale — shell
unanständig — indecent
e Zeichnung — drawing
r Vorname — first name
bekritzeln — scribble
brüten — (hatch) sit (on eggs)

aus·schlüpfen — hatch

s Bildnis — picture

an·nehmen — assume
gutmütig — goodhumored
s Geflügel — fowl
sich vor·stellen — imagine
r Schulaufsatz — school composition

sich streiten — quarrel
mittelmäßig — mediocre
e Bezahlung — salary
e Dauer — duration

e Langeweile — boredom
echt — genuine
s Bedürfnis — need
r Brutkasten — incubator
erfinden — invent
sich sorgen um — worry about
r Nachwuchs — offspring
wachen — watch
empfehlen — recommend

s Küken — chick

e Sprachkenntnis — knowledge of language

besprechen — discuss

Und wenn wir nun nicht gebrütet werden?
Wenn diese Schale niemals ein Loch bekommt?
Wenn unser Horizont nur der Horizont
unserer Kritzeleien ist und auch bleiben wird?
Wir hoffen, daß wir gebrütet werden.   5

Wenn wir auch nur noch vom Brüten reden,
bleibt doch zu befürchten,° daß jemand,
außerhalb unserer Schale, Hunger verspürt,°
uns in die Pfanne° haut° und mit Salz bestreut.° —
Was machen wir dann, ihr Brüder im Ei?   10

befürchten *fear*
verspüren *feel*
e Pfanne *pan*
hauen *beat*, (*here:*) *throw*
bestreuen *sprinkle*

Questions

1. Welche Metapher gebraucht der Dichter für seine Darstellung der menschlichen Existenz? **2.** Inwiefern paßt die Metapher zu den beschriebenen Tätigkeiten? **3.** Worin besteht die große Gefahr? **4.** Was sagt sie über die oben erwähnten Tätigkeiten aus?

PART II:
GRAMMAR REVIEW

CONJUGATION

1 Verb Tenses

German utilizes two simple tenses (present and past), four compound tenses which are formed with the addition of auxiliaries (future, present perfect, past perfect, future perfect). German and English tenses resemble each other.

Tenses are constructed from a) the three basic forms of the verb, called principal parts, b) a future auxiliary (**wird**: *will*), and/or c) a perfect auxiliary (**hat**: *has*; **hatte**: *had*).

Depending on the manner in which the three basic forms (principal parts) are derived, verbs are classified as weak (regular), strong (irregular), or hybrid (weak and strong at the same time).

PRESENT	es regnet	*it rains, it is raining, it does rain*[1]
PAST	es regnete	*it rained*
FUTURE	es wird regnen	*it will rain*
PRES. PERF.	es hat geregnet	*it has rained* (*it rained*)
PAST PERF.	es hatte geregnet	*it had rained*
FUT. PERF.	es wird geregnet haben	*it will have rained*

PRINCIPAL PARTS

INFINITIVE	PAST STEM	PAST PARTICIPLE	
regnen (weak)	regnet–	geregnet	*to rain*
trinken (strong)	trank–	getrunken	*to drink*
bringen (hybrid)	bracht–	gebracht	*to bring*

2 Weak Verbs

The past stem of weak verbs is formed by adding **–t** to the verb stem. To form the past tense, personal endings are added to the past stem: **–e, –est, –e, –en, –et, –en.**

---

[1] In addition to these basic tenses, English also uses the progressive (*it is raining*) and the emphatic (*it does rain*). German does not have these tenses.

Past participles generally add –**t** to the stem[1] and carry the **ge–** prefix. Verbs ending in –**ieren** and verbs which already have an inseparable prefix (*i.e.* verbs which are not stressed on the first syllable) omit the **ge–** prefix.

INFINITIVE	PAST	PAST PARTICIPLE	
packen	packte	gepackt	*to pack*
studieren	studierte	studiert	*to study*
besuchen	besuchte	besucht	*to visit*
atmen	atmete[1]	geatmet[1]	*to breathe*
arbeiten	arbeitete[1]	gearbeitet[1]	*to work*

3 Strong Verbs: Ablaut Classes

The past tense of strong verbs is formed by adding the personal endings –, –**st**, –, –**en**, –**t**, –**en**, to the changed verb stem.

Past participles are formed by adding the **ge–** prefix and the –**en** suffix to the changed verb stem. Verbs with inseparable prefixes omit the **ge–** prefix.

INFINITIVE	PAST	PAST PARTICIPLE	
singen	sang	gesungen	*to sing*
kommen	kam	gekommen	*to come*
verzeihen	verzieh	verziehen	*to pardon*

The vowel changes occurring in the second and third principal parts of strong verbs are not wholly predictable. Verbs are usually grouped into seven Ablaut Classes:

CLASS I: **ei — ie — ie; ei — i — i**

bleiben	blieb	ist geblieben	*to remain, stay*
gedeihen	gedieh	ist gediehen	*to thrive*
leihen	lieh	geliehen	*to lend*
meiden	mied	gemieden	*to avoid*
preisen	pries	gepriesen	*to praise*
reiben	rieb	gerieben	*to rub*
scheiden	schied	(ist) geschieden	*to separate, part; divorce*
scheinen	schien	geschienen	*to seem, shine*
schreiben	schrieb	geschrieben	*to write*

[1] Verbs whose stems end in –**d**, –**t**, or in consonant clusters like –**chn**, –**fn**, –**gn**, –**tm**, –**dm**, insert an –**e** before the past tense –**t** ending and the participle –**t** ending.

schreien	schrie	geschrie(e)n	*to cry*
schweigen	schwieg	geschwiegen	*to be silent*
speien	spie	gespie(e)n	*to spit*
steigen	stieg	ist gestiegen	*to climb*
treiben	trieb	getrieben	*to drive*
verzeihen	verzieh	verziehen	*to pardon*
weisen	wies	gewiesen	*to show*
beißen	biß	gebissen	*to bite*
bleichen	blich	geblichen	*to bleach*
gleichen	glich	geglichen	*to resemble*
gleiten	glitt	ist geglitten	*to glide*
greifen	griff	gegriffen	*to seize*
kneifen	kniff	gekniffen	*to pinch*
leiden	litt	gelitten	*to suffer*
pfeifen	pfiff	gepfiffen	*to whistle*
reißen	riß	(ist) gerissen	*to tear*
reiten	ritt	(ist) geritten[1]	*to ride*
schleichen	schlich	ist geschlichen	*to sneak*
schleifen	schliff	geschliffen	*to sharpen*
schmeißen	schmiß	geschmissen	*to throw*
schneiden	schnitt	geschnitten	*to cut*
schreiten	schritt	ist geschritten	*to stride*
streichen	strich	gestrichen	*to stroke, paint*
streiten	stritt	gestritten	*to fight, quarrel*
weichen	wich	ist gewichen	*to yield*

CLASS II : **ie — o — o; e — o — o; ü/ö/ä/au/a — o — o**

biegen	bog	gebogen	*to bend*
bieten	bot	geboten	*to offer*
fliegen	flog	ist geflogen	*to fly*
fliehen	floh	ist geflohen	*to flee*
frieren	fror	gefroren	*to be cold, freeze*
schieben	schob	geschoben	*to shove, push*
sieden	sott	gesotten	*to boil*
verbieten	verbot	verboten	*to forbid*
verlieren	verlor	verloren	*to lose*
wiegen	wog	gewogen	*to weigh*
ziehen	zog	(ist) gezogen	*to pull, move*
fließen	floß	ist geflossen	*to flow*
genießen	genoß	genossen	*to enjoy*

[1] These verbs may take either **haben** or **sein** as auxiliary verbs.

gießen	goß	gegossen	*to pour, water*
kriechen	kroch	ist gekrochen	*to creep, crawl*
riechen	roch	gerochen	*to smell*
schießen	schoß	geschossen	*to shoot*
schließen	schloß	geschlossen	*to close*
sprießen	sproß	ist gesprossen	*to sprout*
verdrießen	verdroß	verdrossen	*to vex*
beklemmen	beklomm	beklommen	*to depress, oppress* (*mental*)
dreschen	drosch	gedroschen	*to thrash*
fechten	focht	gefochten	*to fence, fight*
flechten	flocht	geflochten	*to braid*
heben	hob	gehoben	*to lift, raise*
quellen	quoll	ist gequollen	*to gush forth, swell*
scheren	schor	geschoren	*to shear*
schmelzen	schmolz	(ist) geschmolzen	*to melt*
schwellen	schwoll	ist geschwollen	*to swell*
weben	wob	gewoben	*to weave*
betrügen	betrog	betrogen	*to deceive*
erlöschen	erlosch	ist erloschen	*to be extinguished, expire* (intrans.)
gären	gor	(ist) gegoren	*to ferment*
lügen	log	gelogen	*to tell a lie*
schwören	schwor	geschworen	*to swear*
saufen	soff	gesoffen	*to drink* (*of animals*)
saugen	sog	gesogen	*to suck*
schallen	scholl (schallte)	geschollen (geschallt)	*to sound* (intrans.)

CLASS III: **i — a — u; i — a — o**

binden	band	gebunden	*to bind*
dringen	drang	ist gedrungen	*to penetrate, urge*
empfinden	empfand	empfunden	*to feel*
finden	fand	gefunden	*to find*
gelingen	gelang	ist gelungen	*to succeed*
klingen	klang	geklungen	*to sound*
ringen	rang	gerungen	*to struggle, wrestle*
schlingen	schlang	geschlungen	*to twine*
schwinden	schwand	ist geschwunden	*to dwindle*
schwingen	schwang	geschwungen	*to swing*

singen	sang	gesungen	*to sing*
sinken	sank	ist gesunken	*to sink*
springen	sprang	ist gesprungen	*to jump*
stinken	stank	gestunken	*to stink*
trinken	trank	getrunken	*to drink*
verschwinden	verschwand	ist verschwunden	*to disappear*
winden	wand	gewunden	*to wind*
wringen	wrang	gewrungen	*to wring*
zwingen	zwang	gezwungen	*to force*
beginnen	begann	begonnen	*to begin*
gewinnen	gewann	gewonnen	*to win*
rinnen	rann	ist geronnen	*to flow, trickle*
schwimmen	schwamm	ist geschwommen	*to swim*
sinnen	sann	gesonnen	*to meditate*
spinnen	spann	gesponnen	*to spin*

CLASS IV: **e/ä — a — o**

befehlen (ie)	befahl	befohlen	*to command*
bergen (i)	barg	geborgen	*to hide*
bersten (i)	barst	ist geborsten	*to burst*
brechen (i)	brach	gebrochen	*to break*
empfehlen (ie)	empfahl	empfohlen	*to recommend*
erschrecken (i)	erschrak	ist erschrocken	*to become frightened*
gebären	gebar	geboren	*to give birth*
gelten (i)	galt	gegolten	*to be worth*
helfen (i)	half	geholfen	*to help*
nehmen (i)	nahm	genommen	*to take*
schelten (i)	schalt	gescholten	*to scold*
sprechen (i)	sprach	gesprochen	*to speak*
stechen (i)	stach	gestochen	*to sting*
stehlen (ie)	stahl	gestohlen	*to steal*
sterben (i)	starb	ist gestorben	*to die*
treffen (i)	traf	getroffen	*to meet; hit*
verderben (i)	verdarb	verdorben	*to spoil*
werfen (i)	warf	geworfen	*to throw*

CLASS V: **e — a — e; i/ie — a — e**

essen (i)	aß	gegessen	*to eat*
fressen (i)	fraß	gefressen	*to eat (of animals)*
geben (i)	gab	gegeben	*to give*

genesen	genas	ist genesen	*to recover*
geschehen (ie)	geschah	ist geschehen	*to happen*
lesen (i)	las	gelesen	*to read*
messen (i)	maß	gemessen	*to measure*
sehen (ie)	sah	gesehen	*to see*
treten (i)	trat	(ist) getreten	*to step*
vergessen (i)	vergaß	vergessen	*to forget*
bitten	bat	gebeten	*to request*
liegen	lag	gelegen	*to lie*
sitzen	saß	gesessen	*to sit*

CLASS VI: **a — u — a**

fahren (ä)	fuhr	gefahren	*to drive*
graben (ä)	grub	gegraben	*to dig*
laden (ä)	lud	geladen	*to load*
schlagen (ä)	schlug	geschlagen	*to beat*
tragen (ä)	trug	getragen	*to carry*
wachsen (ä)	wuchs	gewachsen	*to grow*
waschen (ä)	wusch	gewaschen	*to wash*

CLASS VII: **a — ie — a; au/ei/u/o — ie — au/ei/u/o; a/ä — i — a**

blasen (ä)	blies	geblasen	*to blow*
braten (ä)	briet	gebraten	*to roast*
fallen (ä)	fiel	gefallen	*to fall*
halten (ä)	hielt	gehalten	*to hold*
lassen (ä)	ließ	gelassen	*to let, leave alone*
raten (ä)	riet	geraten	*to advise*
schlafen (ä)	schlief	geschlafen	*to sleep*
laufen	lief	gelaufen	*to run*
heißen	hieß	geheißen	*to be called*
rufen	rief	gerufen	*to call*
stoßen (ö)	stieß	gestoßen	*to push*
anfangen (ä)	fing an	angefangen	*to begin*
empfangen (ä)	empfing	empfangen	*to receive*
fangen (ä)	fing	gefangen	*to catch*
hängen	hing	gehangen	*to hang (intrans.)*

EXERCISES

I. (READING 6)   Study the verbs in Ablaut Classes IV and V. Then restate the following sentences by using the verbs in parentheses, first in the present, then in the past tense:

1. Er liest über wichtige Dinge.   (sprechen)
2. Er kennt die Gefahr nicht.   (sehen)
3. Am Tisch steht seine Frau.   (sitzen)
4. Die Distel brennt mich.   (stechen)
5. Er denkt, daß man nicht zurückgehen kann.   (vergessen)
6. Die Distel ist noch auf dem Tisch.   (liegen)
7. Er verlangt, daß sie die Flasche holt.   (befehlen)
8. Das Kind nimmt die Blume.   (abbrechen)
9. Nach einigen Tagen verderben die Blüten.   (absterben)
10. Sie stehlen eine Flasche Wein.   (umwerfen)
11. Im Hotel findet er seine Frau wieder.   (treffen)
12. Was passiert dann?   (geschehen)
13. Die Kellnerin hilft im Gasthaus.   (essen)

II. (READING 15)   Study the verbs in Ablaut Classes I, II, and III. Then restate the following sentences first in the past and then in the present perfect tense:

1. Draußen scheint gewöhnlich die Sonne.
2. Er bleibt auf dem Teppich sitzen.
3. Meine Vögel schreien nie.
4. Die Autorin schreibt sehr nüchtern.
5. Sie verschweigt ihr Erstaunen.
6. Der Vogel hebt die Flügel.
7. Das Geräusch erscheint ihr merkwürdig.
8. Zitternd steigt sie auf den Stuhl.
9. In der Dämmerung fliegt ein Vogel in ihr Zimmer.
10. Sie schiebt das Buch an den Rand des Tisches.
11. Sie zieht sich mit Geschicklichkeit an.
12. Sie beschließt, seine Spur zu finden.
13. Der Vogel kriecht den schmalen Gang entlang.
14. Es riecht wie Tannennadeln.
15. Seine riesige Gestalt verschwindet in der Dämmerung.
16. Erschreckt springt sie aus dem Bett.
17. Sie wundert sich, daß ihr die Zeichnungen nicht gelingen.
18. Sie befindet sich in einer merkwürdigen Stimmung.

III. (READING 19) Study the verbs in Ablaut Classes VI and VII. Then give the past stem and the past participle of the following infinitives:

fahren, graben, schlagen, tragen, wachsen, waschen, fallen, halten, lassen, laufen, schlafen, stoßen, hängen, braten.

4 Special Strong and Hybrid Verbs

Certain special strong verbs have to be learned separately because the vowel changes for the second and third principal parts do not follow the patterns of the preceding Ablaut Classes.

INFINITIVE	PAST STEM	PAST PARTICIPLE	
gehen	ging	ist gegangen	*to go*
haben (hast, hat)	hatte	gehabt	*to have*
kommen	kam	ist gekommen	*to come*
schinden	schund	geschunden	*to ill-treat*
sein (bist, ist)	war	ist gewesen	*to be*
(sind, seid, sind)			
stehen	stand	gestanden	*to stand*
tun	tat	getan	*to do*
werden (wirst, wird)	wurde	ist geworden	*to become*

There is a special group of weak verbs called hybrids because in addition to the regular weak **–te** and **–t** suffixes for the past and the past participle they also show vowel change in these forms.

INFINITIVE	PAST STEM	PAST PARTICIPLE	
brennen	brannte	gebrannt	*to burn*
bringen	brachte	gebracht	*to bring, take*
denken	dachte	gedacht	*to think*
kennen	kannte	gekannt	*to know, be acquainted*
nennen	nannte	gennant	*to name, call*
rennen	rannte	gerannt	*to run*
senden	sandte	gesandt	*to send*
wenden	wandte	gewandt	*to turn*
wissen (weißt, weiß)	wußte	gewußt	*to know*

EXERCISES

I. (READING 6)   Restate the following sentences first in the past and then in the past perfect tense:

1. Ich stehe (ihr steht) neben dem Sessel.
2. Du bist (ihr seid) am Ziel.
3. Wir kommen (es kommt) in Gefahr.
4. Er geht (sie gehen) ins Gasthaus.
5. Sie tut (du tust) das gern.

II. (READING 6)   Study the conjugation of hybrid verbs. Then restate the following sentences by using the verb in parentheses, first in the present, then in the past tense. Translate:

1. Der Mann geht von seiner Frau weg.   (sich wenden)
2. Sie sehen die Gefahr nicht.   (kennen)
3. Die Kellnerin gibt dem Mann die Flasche. (bringen)
4. Die Kinder kommen schnell.   (rennen)
5. Er glaubt, daß man nicht zurückgehen kann. (denken)
6. Die Frau denkt, daß etwas Wichtiges passiert ist. (wissen)
7. Sie schicken die Blumen an den falschen Ort. (senden)

III. (READING 16) Put into the past tense:

1. Ein Strohdach brennt leicht.
2. Sie kennt diesen Schriftsteller.
3. Sie kennt ihr Schicksal.
4. Sie bringt ihre Schmetterlinge und Muscheln mit.
5. Sie weiß, daß es ihre Schuld ist.

5 Present Tense

(For usage of the present tense *cf.* 9A.)

The personal endings **–e, –st, –t, –en, –t, –en,** are the same whether the verb is weak, strong, or hybrid. The auxiliary **sein** is an exception.

	Weak		Strong		Hybrid	Auxiliaries		
ich	sage	antworte[1]	trinke	heiße[2]	denke	bin	habe	werde
du	sagst	antwortest	trinkst	heißt	denkst	bist	hast	wirst[3]
er	sagt	antwortet	trinkt	heißt	denkt	ist	hat	wird
(sie, es)								
wir	sagen	antworten	trinken	heißen	denken	sind	haben	werden
ihr[4]	sagt	antwortet	trinkt	heißt	denkt	seid	habt	werdet
sie	sagen	antworten	trinken	heißen	denken	sind	haben	werden
(Sie)[4]								

EXERCISES

I. (Reading 4) Rephrase the following sentences using the second person, singular and plural (cf. note 1):

1. Rechnen Sie noch damit?
2. Finden Sie diese Gegend hübsch?
3. Unterscheiden Sie zwischen Ausländern und Einheimischen?
4. Ich öffne meine Tür nicht.
5. Sie antwortet ihm nicht.

---

[1] Verbs with stems ending in **–d** or **–t**, or consonant clusters like **–chn, –fn, –gn, –tm, –dm** (**rechnen, öffnen, regnen, atmen, widmen, antworten, finden**), take an **–e** in the second and third person singular and the second person plural to facilitate the pronunciation before the **–st** and **–t** endings.

[2] Verbs with stems ending in **–s, –ss, –ß, –z, –tz**, omit the **–s** of the second person singular **–st** ending (**du reist, du ißt, du heißt, du heizt, du sitzt**).

[3] Some strong verbs show a vowel change in the present tense in the second and third person singular, *e.g.*:

e > ie ich sehe, du siehst, er sieht
ich lese, du liest, er liest
e > i ich esse, du ißt, er ißt
ich gebe, du gibst, er gibt
a > ä ich fahre, du fährst, er fährt
ich falle, du fällst, er fällt
au > äu ich laufe, du läufst, er läuft
ich saufe, du säufst, er säuft

[4] The **du** and **ihr** (second person singular and plural) are used as familiar forms to address children, relatives, close friends, and pets. They are not capitalized except in letters. **Sie** (second person singular and plural) is the formal or polite form and is always capitalized.

II. (READING 4) Rephrase the following sentences using the second person singular (*cf.* note 2):

1. Reist er geschäftlich nach Italien?
2. Die alte Frau ißt nichts.
3. Sitzt die Alte immer im dunklen Zimmer?
4. Warum hassen sie die Ausländer?
5. Tanze ich gut?

III. (READING 4) Restate the following sentences in the present tense (*cf.* note 3):

1. Es gab keine Uhr im Zimmer.
2. Der Wein half gegen den Durst.
3. Er ist schnell aufgebrochen.
4. Der Offizier hieß Peter.
5. Hier gab es nichts zu holen.
6. Das nahm kein Ende.
7. Er hielt die Fahrt nicht durch.
8. Mein Sohn lief an der Mauer entlang.
9. In dieser Gegend sah man nichts als Staub.

IV. (READING 4) Change the following questions into the familiar forms, singular and plural (*cf.* note 4):

1. Versprechen Sie mir das?
2. Verfahren Sie sich in dieser Gegend oft?
3. Verlassen Sie diesen Ort heute?
4. Sprechen Sie gut Italienisch?
5. Tragen Sie immer schwarze Kleider?

6 Past Tense

(For usage of the past tense *cf.* 9B).

Strong verbs form their past from the second principal part; to which the personal endings are added: **–, –st, –, –en, –t, –en.**

Weak verbs form their past by adding **-t** to the present stem to make the second principal part; to this personal endings are added: **–e, –est, –e, –en, –et, –en.**

	Weak		Strong		Hybrid	Auxiliaries		
ich	sagte	antwortete[1]	trank	hieß[2]	dachte	war	hatte	wurde
du	sagtest	antwortetest	trankst	hießt	dachtest	warst	hattest	wurdest
er	sagte	antwortete	trank	hieß	dachte	war	hatte	wurde
(sie, es)								
wir	sagten	antworteten	tranken	hießen	dachten	waren	hatten	wurden
ihr	sagtet	antwortetet	trankt	hießt	dachtet	wart	hattet	wurdet
sie	sagten	antworteten	tranken	hießen	dachten	waren	hatten	wurden

EXERCISES

I. (Reading 3) Restate the following sentences in the past tense:

1. Der Gondoliere schweigt und rudert.
2. Die Brücke besteht aus einem einzigen Bogen.
3. Er weiß, daß sie kein Italienisch versteht.
4. Sie vergißt die Namen der Paläste.
5. Man verbietet ihm zu sagen, wie er heißt.
6. Mein Frau wünscht dir alles Gute.
7. Es wird dunkel, es regnet, und das Wetter ist kalt.
8. Sie unterhält sich mit dem Gondoliere und sieht ihn verliebt an.
9. Ihre Stimme beweist, daß sie sich an ihn erinnert.
10. Sie sieht den Gondoliere streng an, aber er singt vergnügt weiter.

II. (Reading 12) Restate the following sentences using the third person singular in the past tense:

1. Warum entschuldigst du dich nicht?
2. Du erfährst nichts.
3. Woher kommst du?
4. Du stürzt ins Zimmer.
5. Warum stehst du denn die ganze Zeit?
6. Brauchst du Geld?
7. Siehst du die Veränderung?
8. Wieviel Zeit hast du?
9. Bist du enttäuscht?
10. Zweifelst du daran?

---

[1] Certain verbs (*cf.* 5, note 1) insert –e before the –t ending that constitutes the second principal part.

[2] Strong verbs whose second principal part ends in –s or –ß omit the –s in the second person singular ending.

7 Future Tense and Future Perfect Tense

(For usage of the future tense *cf.* 9D.)

The future is formed by using the present tense of **werden** as auxiliary with the infinitive of the main verb.

FUTURE

ich werde sagen, trinken, sein, werden *I shall say, drink, be, become*
du wirst sagen, trinken, sein, werden
er wird sagen, trinken, sein, werden
  (sie, es)
wir werden sagen, trinken, sein, werden
ihr werdet sagen, trinken, sein, werden
sie werden sagen, trinken, sein, werden

(For usage of the future perfect tense *cf.* 9E.)

The future perfect is formed by using the present tense of **werden** as auxiliary with the perfect infinitive of the main verb. This tense is used mainly to express probability in the past.

FUTURE PERFECT

ich werde gesagt, getrunken haben; gewesen, geworden sein *I shall have said*
du wirst gesagt, getrunken haben; gewesen, geworden sein *(I probably said)*
er wird gesagt, getrunken haben; gewesen, geworden sein
  (sie, es)
wir werden gesagt, getrunken haben; gewesen, geworden sein
ihr werdet gesagt, getrunken haben; gewesen, geworden sein
sie werden gesagt, getrunken haben; gewesen, geworden sein

EXERCISES

I. (READING 1) Restate the following sentences using the future tense:

1. Nächstes Jahr kommen wir ohne Gepäck.
2. Bringt ihr die Koffer bis Mittag weg?
3. Wir kommen gegen acht Uhr an.
4. Fragst du ihn vor dem Unterricht?
5. Geht ihr zu Neujahr in die Kirche?
6. Holst du das Obst vor dem Mittagessen?
7. Der Wind dreht sich vor Abend.

8. Nächsten Juni sind sie zwei Jahre verheiratet.
9. Noch vor Mitternacht geht die Menge auseinander.
10. Bis morgen bringe ich den Wagen in den Hof zurück.

II. (READING 12) **Restate the following sentences using the future tense:**

1. Du entschuldigst dich nicht?
2. Aus der Entfernung klingen alle Töne verwirrt.
3. Du bist über meinen Vortrag enttäuscht.
4. Wartet ihr in der Diele?
5. Die Störung macht sie ungeduldig.
6. Sie sind über dein Schweigen enttäuscht.
7. Sie begreift die Bedeutung seiner Worte.
8. Er sieht die Veränderung in seinem Freund.
9. Hast du Zeit, mich im Gefängnis zu besuchen?
10. Ich mache mich damit vertraut.

8 Present Perfect Tense and Past Perfect Tense

(For usage of the present perfect tense, *cf.* 9C.)
The present perfect and the past perfect are formed with the present and past tenses of the auxiliary **haben** or **sein** with the past participle of the main verb. All transitive verbs[1] are conjugated with **haben**.

ich habe	gegessen	*I have eaten*	ich hatte	gegessen	*I had eaten*
du hast	gegessen		du hattest	gegessen	
er hat	gegessen		er hatte	gegessen	
(sie, es)			(sie, es)		
wir haben	gegessen		wir hatten	gegessen	
ihr habt	gegessen		ihr hattet	gegessen	
sie haben	gegessen		sie hatten	gegessen	

Most intransitive verbs also use **haben**; some intransitive verbs, however, are conjugated with **sein** in the perfect tenses. These are:

Verbs expressing motion:

ich bin (war) gefahren	*I have (had) driven*
ich bin (war) gegangen	*I have (had) gone*
ich bin (war) gereist	*I have (had) traveled*
ich bin (war) gefallen	*I have (had) fallen*

[1] A *transitive verb* has an object in the accusative case (without preposition).

Verbs expressing a change in condition:

er ist (war) gestorben	*he has (had) died*
er ist (war) geworden	*he has (had) become*
es ist (war) geschehen	*it has (had) happened*
es ist (war) passiert	*it has (had) happened*
es ist (war) vorgekommen	*it has (had) happened*
es ist (war) gelungen	*it has (had) succeeded*

sein and **bleiben** belong here, too:

er ist (war) gewesen	*he has (had) been*
er ist (war) geblieben	*he has (had) stayed*

Some verbs may logically be used transitively or intransitively, thus requiring **haben** in one, **sein** in the other instance.

Ich **habe** den Wagen gefahren.	*I drove the car.*
Ich **bin** mit dem Wagen gefahren.	*I drove by car.*
Er **hat** die Karre gezogen.	*He pulled the wagon.*
Er **ist** nach Berlin gezogen.	*He moved to Berlin.*

EXERCISES

I. (READING 1)   Give the infinitive of the following verbs:

verschnürt, gemustert, angepriesen, gefeilscht, geschimpft, gelobt, angefaßt, berochen, verschwunden, aufgehalten, gestohlen, gewonnen, gehangen, verheiratet, adoptiert, enthäutet, gerochen, gedreht, gerufen, geholt, geheult.

II. (READING 5)   Complete the following sentences with the present perfect tense of the verb in parentheses:

1. Der Lärm _____ .   (verstummen)
2. Der Mann _____ den Mantel.   (sich anziehen)
3. Die Mücke _____ nicht mehr.   (sich bewegen)
4. Das Wasser _____ ihm bis an die Brust.   (steigen)
5. Die beiden Kinder _____ das Flußbett hinauf.   (wandern)
6. Der kleine Bruder _____ in den Fluß.   (geraten)
7. Der Mann _____ in die falsche Richtung.   (schwimmen)
8. Er _____ die Augen mit dem Taschentuch.   (wischen)

9. Einer der Brüder ——————— krank.   (werden)
10. Er ——————— den Bauch.   (sich reiben)
11. Ein Dach ——————— den Fluß hinunter.   (treiben)

III. (READING 18) Restate the following sentences in the past perfect tense:

1. Wir zogen los.
2. Wir suchten einen Kühlschrank.
3. Meine Frau schüttelte sich wie ein Hund.
4. Sie schaffte ihr Examen nicht.
5. Wir waren im oberen Stockwerk.
6. Die junge Frau hat Fieber.
7. Ich sah den schönen Schrank.
8. Sie brachte den vollen Topf.
9. Das Kind zuckte mit der Zehe.
10. Wir ließen das Baby wiegen.

9 Tense Usage

There are some instances where the grammatical tense of the statement does not correspond to the real time referred to in the statement. Often the German usage of tense differs significantly from English.

A. Present Tense

A sentence with an adverb of time indicating futurity can have future meaning even when the present tense is used.

In zwei Jahren kommen wir zurück.	*We'll be back two years from now.*
Morgen abend bin ich bei dir.	*I'll be with you tomorrow night.*

With certain adverbs of time (**schon, schon immer, seit langem,** etc.), the present tense can be used to express continuity of an action which was begun in the past but reaches into the present. (English uses the present perfect, or progressive form; German, **Dauerform.**)

Seit zwei Jahren ist er krank.	*He has been ill for two years.*
Seit langem regnet es.	*It has been raining for a long time.*

EXERCISES

I. (READING 3) Translate and explain the future meaning of the italicized clauses:

1. Sie ist sicher, *daß es heute noch regnet.*
2. Hoffentlich *hört er bald auf* zu singen.
3. *Kommen wir um sechs Uhr* am Markusplatz *an?*
4. *Sind wir nicht bald* an der Brücke?

II. (READING 10) Restate in German:

1. They have known each other for two months.
2. He has been choosing the same collars for many years.
3. How long have you been coughing?
4. Since when have you been living in our town?
5. He has been looking for a horse.

B. Past Tense

The past tense is used to express a series of actions, repetition of action, or simultaneity (English: *used to, would*).

> Er kam immer in die Küche, las die Zeitung und trank Bier.   *He would come into the kitchen, read his paper and drink beer.*

The past tense is usually also used to narrate a connected past story or a report.

> Es war einmal ein Mann, der hatte so viele Kinder, daß er ihnen nicht genug zu essen geben konnte. Also ging er in die Welt, um Hilfe zu finden. Auf seinem Weg begegnete er einem alten Mann. Das war der liebe Gott . . .

C. Present Perfect Tense

The present perfect tense is used to express single, completed actions, especially when the context specifies the time in which they occurred. It is also used in the spoken language when written German would use a simple past.

> Gestern ist der Brief endlich gekommen.   *Yesterday the letter finally came.*
> Sie hat alle ihre Arbeit beendet.   *She has finished all her work.*

EXERCISE

(READING 2) Study the use of the present perfect as compared to the past tense. Then put the following sentences into the past or present perfect tense as required:

1. Die alte Frau singt und dreht sich langsam, schleudert dann die Holzpantinen an den Zaun, wo sie liegenbleiben.
2. Sie schiebt die Ärmel hinauf und schwenkt die Arme, und von den Ästen fallen dünne Schatten herab.
3. Heute bekomme ich einen Brief aus Amerika!
4. Was sagte deine Frau zu der Reise?
5. Der Brief kommt aus Amerika. Die alte Frau nimmt ihn, trägt ihn an den Herd, holt die Photographie vom Spiegel, setzt sich an den Tisch und schreibt ihren Namen auf die Rückseite.
6. „Solche schönen weißen Arme gefallen mir", so sagt der Mann, der aus Tauroggen kommt.

D. Future Tense

The future tense is used to express present probability with or without the adverbs **wohl, sicher, bestimmt, gewiß** (*probably, certainly, surely, most likely*).

Sie wird (wohl) zuhause studieren.	*She is probably studying at home.*
Er wird (wohl) krank sein.	*He is probably sick.*

EXERCISE

(READING 10) Use the future to express probability in the following sentences. Translate:

1. Auf seiner Reise besucht Jonathan wohl seine Freundinnen.
2. Sicher erhält er seine Photographien von ihnen zurück.
3. Lore ist bestimmt zuhause.
4. Sie hängt wohl noch an ihm.
5. Seine Reise ist gewiß mühsam.

E. Future Perfect Tense

The future perfect tense is used to express probability or supposition in the past, often reinforced by adverbs like **wohl, sicher, bestimmt, gewiß**.

Ihr werdet in der Stadt gewesen sein, als wir euch anriefen.

You were probably downtown when we called.

Ich werde gewiß die Prüfung bestanden haben.

I probably passed the exam.

EXERCISES

I. (READING 6) Use the future perfect to express past probability in the following sentences. Translate:

1. Das war wohl eine Lüge.
2. Sie sprachen wohl von wichtigen Dingen.
3. Du hast die Distel wohl weggeworfen?
4. Er hat sein Ziel gewiß nicht erreicht.
5. Der Sessel stand bestimmt am falschen Ort.

II. (READING 6) Translate the following sentences:

1. Er wird mit seinem Freund von dem Ort weggegangen sein.
2. Die Kellnerin wird ihnen die Flasche gebracht haben.
3. Die junge Frau wird die Gefahr nicht gesehen haben.
4. Sie wird damals nicht mehr bei ihm gewesen sein.
5. Ein anderer Gast wird die Blume weggeworfen haben.

10 The Imperative

As in English indicative commands, the subject pronoun is omitted in the two informal German imperatives. The third, the polite imperative, adds **Sie** after the verb form. German imperatives are followed by an exclamation mark.

du[1]	ihr[2]	Sie[3]
mach(e)!	macht!	machen Sie!
studier(e)!	studiert!	studieren Sie!
spiel(e)!	spielt!	spielen Sie!
geh(e)!	geht!	gehen Sie!
komm(e)!	kommt!	kommen Sie!
lauf(e)!	lauft!	laufen Sie!
werde!	werdet!	werden Sie!
bete!	betet!	beten Sie!
sieh![4]	seht!	sehen Sie!
gib![4]	gebt!	geben Sie!
nimm![4]	nehmt!	nehmen Sie!
hilf![4]	helft!	helfen Sie!
sei!	seid!	seien Sie!

EXERCISES

I. (READING 2) Give the two additional imperative forms:

1. Seid nicht traurig!
2. Dreht den Rahmen um!
3. Gebt mir den Spiegel!
4. Schwenkt die Arme!
5. Lesen Sie den Brief!
6. Fahren Sie in den Wald!
7. Hör mir zu!
8. Erzähl mir etwas!
9. Seht in den Spiegel!
10. Werden Sie bald gesund!
11. Öffnen Sie mir die Tür!
12. Bleiben Sie im Bett!
13. Komm in den Stall!
14. Nehmt das Bild!
15. Tragt das Holz an den Herd!
16. Holt die Streichhölzer!
17. Leg den Stoff auf den Tisch!

II. (READING 5) Give the appropriate imperative. Translate:

1. Ich möchte mit dem Mann sprechen. Bitte ─────────────

(ihn rufen — **Sie**-form.)

[1] The informal (familiar) **du**-imperative without pronoun is normally formed by the addition of an **–e** after the infinitive stem. This **–e** is usually dropped in daily spoken usage unless the verb stem ends in **–d, –t,** and awkward consonant combinations.

[2] The informal (familiar) **ihr**-imperative without pronoun is the usual **ihr** verb form.

[3] The formal (polite) imperative consists of the third person plural verb form plus the formal pronoun **Sie.**

[4] Strong verbs showing vowel change from **e** to **i** or **ie** in the second and third persons of the present tense, form their imperative by dropping the **–st** (or **–t** when verb stems end in a sibilant) suffix: **du gibst — gib! du hilfst — hilf! du liest — lies!**

2. Wenn du selbst keinen hast, _____
(meinen Rock nehmen.)

3. Ich kann das nicht allein. Bitte _____
(mir helfen — **ihr**-form.)

4. Wenn es dir kalt ist, _____
(deinen Pullover anziehen.)

5. Ich muß mir die Nase wischen, bitte _____
(mir das Taschentuch geben — **du**-form.)

6. Der Mann hört schlecht, bitte _____
(lauter sprechen — **Sie**-form.)

7. Die Gefahr ist groß! _____
(das Kind retten — **ihr**-form.)

8. Wenn Sie wollen, daß ich komme, _____
(die Hand bewegen.)

9. _____ wenn er weh tut. (sich den Bauch reiben — **du**-form)

I I Prefixes

German verbs are frequently refined in meaning by the addition of prefixes. There are inseparable, separable, and special prefixes.

A. Inseparable Prefixes

Inseparable prefixes are never accented. They do not leave the verb. They form the past participle without the normal **ge–** prefix.

be–	ge–
emp–	miß–
ent–	ver–
er–	zer–

INFINITIVE	PAST	PAST PARTICIPLE	
empfangen	empfing	empfangen	*to receive*
zerreißen	zerriß	zerrissen	*to tear apart*
erschrecken	erschreckte	erschreckt	*to frighten*

EXERCISE

(READING 9) Restate the following sentences in the present perfect tense:

1. Seine Verwandten verschwanden im Ausland.

2. Sie lernten einander in Berlin kennen.

3. Der Erzähler bestellt noch einen Campari.

4. Hermanns Schwester verlangte das.
5. Der Schmerz brachte ihn um.
6. Sie richtete ihr Leben wieder ganz ähnlich ein.
7. Ich erreichte ihn bei seinen Verwandten.
8. Sie beschäftigte sich nicht mit den Ereignissen.
9. Wir machten schwere Zeiten durch.
10. Zeigte die Schwester ihren Bruder wirklich an?

B. Separable Prefixes

Separable prefixes are always accented. Most prepositions, many adjectives, and also some adverbs and verbs may be used as separable prefixes (**heiligsprechen, näherrücken, liegenlassen**).

In main clauses (present and past tenses), the separable prefix stands in last position, separated from its verb. In compound tenses, it is attached to the participle or infinitive. In dependent clauses where the verb stands in last position, the separable prefix rejoins its verb.

ab–	empor–	los–	weiter–
an–	entgegen–	mit–	zu–
auf–	entzwei–	nach–	zurück–
aus–	fort–	nieder–	zusammen–
bei–	heim–	ob–	zuvor–
da(r)–	hin–[1]	vor–[1]	
ein–	her–[1]	weg–	

EXERCISE

I. (READING 3) Use the following cues to form sentences first in the present and then in the present perfect tense:

1. Ich/Sie/wiedererkennen//denn/ich/mich/an/Ihre/Stimme/erinnern/.
2. Die/Wolken/abziehen//und/es/aufhören/zu regnen.
3. Sie/aussteigen/an der Brücke//dann/einladen/er/sie/zum Tanzen.
4. Sie/zurückweisen/seinen Wunsch/nicht//und/mitkommen/.
5. Marlen/aussehen/schön//und/einfallen/dem Gondoliere/viele Lieder.

II. (READING 19) Johnson uses unusual compound verbs in his story. Use the following cues and the prefixes in parentheses to form sentences in the present tense. Translate:

1. Sie/ein/Bein/auf das Fensterbrett/–ziehen (hoch).
2. Die Gedanken/–bleiben/und die baumelnden Beine/–halten (stehen) (an).

[1] Other compounds with **hin–, her–,** and **vor–** belong in this category: **herunter–, hinunter–, voran–,** etc.

3. Sie/vor dem Spiegel/die Haare/sich –greifen (hoch).
4. Die Sonne/schnell/dem Mädchen/–laufen (nach).
5. Dichtes Gebüsch/den Weg/–wachsen (zu).
6. Das Mädchen/langsam/in den Hüften/sich –drehen (weg).
7. Der Mann/mit den Augen/sie/–halten (fest).
8. Die heftigen Bewegungen/endlich/–fallen (zusammen).
9. Der große Graben/auf die graue See/–kriechen (zu).
10. Die Russen/einen deutschen Soldaten/im Wald/–greifen (auf).

C. Two-Way Prefixes

Two-way prefixes are separable or inseparable according to meaning. In general, the separable prefix retains its literal meaning, the inseparable prefix is used figuratively.

Der Fährmann **setzt** uns **über**.	*The ferryboat man takes us across.*
Wir **übersetzen** den Text.	*We translate the text.*
Er **holte** sich seine Frau **wieder**.	*He got his wife back.*
Er **wiederholte** sich immerzu.	*He repeated himself all the time.*
Er **fuhr durch,** ohne anzuhalten.	*He drove through without stopping.*
Ein Schreck **durchfuhr** ihn.	*Fear went through him.*

EXERCISE

(READING 19) Give the appropriate past verb form of the infinitives in parentheses, paying attention to the position of the prefix. Translate:

1. Die Menschen _____ den Winter. (überleben)
2. Sie _____ die Frage. (überlegen)
3. Der Soldat _____ auf die russische Seite. (überlaufen)
4. Aufmerksam _____ sie das Kartoffelfeld. (durchqueren)
5. Die Soldaten _____ den Marsch. (durchhalten)
6. Vorsichtig _____ sie die heruntergefallenen Äste. (umgehen)
7. Der Eimer _____. (umfallen)

12 Meaning of Modal Verbs

Modal verbs refer to the mood in which a verbal action takes place. Because of their idiomatic usage, translations into English are not exact and meanings overlap in many cases.

PERMISSION
dürfen   *to be allowed to, may;* (negative): *may not, must not*
ABILITY
können   *can, to be able to;* (also): *to know how, to be master of*
INCLINATION
mögen   *to like to, to care to;* (also probability): *may*
COMPULSION
müssen   *to have to, must*
OBLIGATION
sollen   *to be obliged to, to be supposed to, to be to, ought to, shall;* (also): *to be said to*
DESIRE
wollen   *to want to, to wish;* (also): *to claim to, to be about to*

EXERCISES

I. (READING 7) Substitute the appropriate modal verb for the words in bold face. Change the syntax accordingly. Translate:

EXAMPLE: **Es ist mir** nicht **möglich,** das zu tun.
Ich kann das nicht tun.

Sie **hat den Wunsch,** in Frankreich zu wohnen.
Sie will in Frankreich wohnen.

1. Ich **bin** nicht **in der Lage,** über die Schwierigkeiten zu berichten.
2. **Mir gefällt** der Stern an der Mütze.
3. Schwierigkeiten **hat** keiner **gern.**
4. **Man sagt,** der Platz sei zerstört.
5. **Es ist erlaubt,** Mützen aus rotem Tuch zu tragen.
6. Vielleicht **ist** er nicht **imstande,** die Aufgabe zu schaffen.
7. Er **hat die Absicht,** sich mit mir zu unterhalten.
8. **Es ist nötig,** daß man nett zueinander ist.
9. **Man sagt,** einer sei Arzt in Berlin.
10. Er **war gezwungen,** die Schule zu verlassen.
11. Er **behauptet,** mein Freund zu sein.
12. Der ganzen Klasse **wurde erlaubt,** Birnbaum zu besuchen.
13. Der Autor **hat vor,** schnell zu zahlen und die Kneipe zu verlassen.
14. Einer der Jungen **plante,** in die Wirtschaftsschule zu gehen.

II. (READING 7) Which modal verbs are appropriate in the context? Choose as many modal verbs as you see fit and use them with the following sentences. Translate:

EXAMPLES: Die Schüler sammelten für die Armen.
Die Schüler mußten für die Armen sammeln.
Die Schüler sollten für die Armen sammeln.
Die Schüler wollten für die Armen sammeln.

1. Meine neue Mütze hat drei Sterne.
2. Die Jungen arbeiten für das Abitur.
3. Wir erzählen nichts von seinen alten Kollegen.
4. Ich gebe dem Direktor das Wort.
5. Die Armen zahlen nicht.
6. Birnbaum erzieht seine Schüler anders.
7. Er ging die Treppe hinauf, um seinen Lehrer zu besuchen.
8. Der neue Direktor öffnet das Tor selbst.

13 Conjugation of Modal Verbs

German modal verbs may be fully conjugated in all tenses, unlike their English counterparts, most of which have no tenses and must therefore be paraphrased.

müssen	*must*	können	*can*
mußte	*had to*	konnte	*could*
gemußt	*had to*	gekonnt	*been able to*

Modals are irregular in the present tense singular. In the past tense and in the past participle the umlaut (**dürfen, müssen, können, mögen**) disappears. Otherwise, modal verbs are conjugated like weak (regular) verbs.

PRESENT

ich darf	kann	mag	muß	soll	will
du darfst	kannst	magst	mußt	sollst	willst
er darf	kann	mag	muß	soll	will
(sie, es)					
wir dürfen	können	mögen	müssen	sollen	wollen
ihr dürft	könnt	mögt	müßt	sollt	wollt
sie dürfen	können	mögen	müssen	sollen	wollen

IMPERFECT

ich durfte	konnte	mochte	mußte	sollte	wollte

PAST PARTICIPLE

gedurft	gekonnt	gemocht	gemußt	gesollt	gewollt

217

EXERCISES

I. (READING 7) Restate the following sentences in the tenses indicated:

1. Ich kann diese Zahlen und Reihen nicht verstehen.   (*past*)
2. Unsere Lehrer mögen diese Feiern.   (*present perfect*)
3. Wir sollen ihm von unseren Schwierigkeiten erzählen. (*past*)
4. Ihr dürft auf Deutschland stolz sein.   (*future*)
5. Was wolltest du damals werden?   (*past perfect*)
6. Er muß waagerecht liegen.   (*future*)
7. Birnbaum durfte nicht mehr unterrichten.   (*present*)

II. (READING 6) Change the following sentences into the present perfect tense:

1. Er mochte Frauen nicht.
2. Durfte er das wirklich?
3. Er will das nicht.
4. Nein, das kann sie wirklich nicht.
5. Warum muß er das?

14   Use of Modal Verbs with Dependent Infinitive

Modal verbs usually occur with dependent infinitives which stand at the end of the sentence and omit the **zu.** In connection with a dependent infinitive, modal verbs do not use the regular past participle in the three perfect tenses but another, older participle which looks exactly like the infinitive. Such constructions are called double infinitive and always stand at the end of a sentence.

	MODALS ALONE	WITH DEPENDENT INFINITIVES
PRESENT	ich kann	ich kann sehen
PAST	ich konnte	ich konnte sehen
FUTURE	ich werde können	ich werde sehen können
PRESENT PERFECT	ich habe gekonnt	ich habe sehen können
PAST PERFECT	ich hatte gekonnt	ich hatte sehen können
FUTURE PERFECT	ich werde gekonnt haben	ich werde haben sehen können

Ich habe das neue Buch lesen dürfen; ich habe es aber nicht gemocht.
Er hat aus dem Bett aufstehen können; er hat es aber nicht gedurft.
Ich habe das freiwillig tun wollen; ich habe es nicht gemußt.

EXERCISE

(READING 6) Change the following sentences into the present perfect tense. Translate:

1. Er mag diese Blume.
2. Er mag das nie mit Frauen besprechen.
3. Durfte er immer soviel reden?
4. Durfte er das wirklich?
5. Er will eine Flasche Wein heimbringen.
6. Er will eine andere Flasche.
7. Die Kellnerin kann nicht bleiben.
8. Nein, das kann sie wirklich nicht.
9. Sollst du das wirklich tun?
10. Soll ich das nicht?

15 Use of Modal Verbs Alone

Modal verbs can stand alone when the verb is understood from context.

Ich will nachhause.	*I want to go home.*
Wir wollen mit.	*We want to go (come) along.*
Sie darf ins Theater.	*She is allowed to go to the theater.*
Du mußt sofort ins Bett.	*You have to go to bed immediately.*
Er soll fort.	*He is to be sent away.*
Wir können jetzt los.	*We can start now.*

Modals stand alone when they function as transitive verbs, *i.e.* take a direct object.

Sie mag diesen Mann schon lange.	*She has liked this man for a long time.*
Mögen Sie diesen Wein nicht?	*Don't you like this wine?*
Willst du dieses Buch?	*Do you want this book?*

219

EXERCISES

I. (READING 7) Translate the following sentences and observe which dependent infinitive was omitted in the German in each case:

1. Ehemals wollte ich zur Marine.
2. Wir müssen alle zuerst zum Arbeitsdienst.
3. Studienrat Birnbaum darf nicht mehr ins Gymnasium.
4. Sollen wir so spät noch zu ihm in die Wohnung?
5. Er konnte nicht mehr aus dem Gebiet weg.

II. (READING 7) Translate into German and observe the use of the modal verb:

1. He wanted the star for his hat.
2. We all liked Birnbaum.
3. We did not like difficulties.
4. Does he want my signature?

III. (READING 14) Translate the following sentences and observe the function of the modals:

1. Er mag seinen Sohn gern.
2. Der Vater will den Stock.
3. Der Fremde möchte das Bett und das Zimmer allein für sich.
4. Das Kind wollte die Schokolade sofort.

16 Special Use of **möchte**

Möchte (*would like to*) is a present tense (using the secondary subjunctive, or subjunctive II form of **mögen**), and is used to indicate politeness. There are no other tenses of this form.

Ich möchte gern Arzt werden.	*I would like to become a doctor.*
Möchtest du noch etwas Kaffee?	*Do you want some more coffee?*
Ich möchte das nicht.	*I don't want that.*

EXERCISES

I. (READING 12) Express in German, using **möchte**:

1. I would like to pick it up.
2. Would you like to see him occasionally?
3. My son would like to buy the stamps.
4. We would like to comprehend the meaning.
5. Would you (*pl. fam.*) like to imitate these sounds?

II. (READING 13) Change the following sentences into German questions, using **möchte**:

EXAMPLES: I want to eat. (*mein Sohn*)
Mein Sohn, möchtest du essen?

1. I would like to go into that building over there. (*gnädige Frau*)
2. I want to see your tongue. (*Herr Doktor*)
3. I would like to drink. (*Mein Herr, was . . .*)
4. We would like to play ball. (*ihr*)
5. I want to say my prayers now. (*du*)

17 Other Verbs with Double Infinitive

A number of other verbs occur in combination with dependent infinitives, without **zu: hören, sehen, helfen, lehren, lernen, heißen, lassen.** In the perfect tenses, the double infinitive is required with **lassen**; with the other six verbs the double infinitive is optional.

Er hat schon lange nichts von sich hören lassen.	*He hasn't been heard from for a long time.*
Haben Sie das Kind spielen sehen?	*Did you see the child play?*
Haben Sie ihm arbeiten helfen (geholfen)?	*Did you help him work?*

EXERCISES

I. (READING 12) Restate the sentences in the present perfect, using the double infinitive:

1. Der Vortrag muß einen heiteren Ton bekommen.
2. Die Szenen sollen etwas Interessantes zeigen.
3. Ich will nie einen Menschen enttäuschen.
4. Willst du Geld haben?
5. Ich will den Scheck aufheben.
6. Ihr könnt mich nie begreifen.
7. Ich muß ihn im Gefängnis besuchen.
8. Darf sie in der Diele warten?
9. Er muß sich damit vertraut machen.

II. (READING 18) Restate the following sentences in the present perfect, using the words in parentheses. Observe the resulting double infinitive and translate:

1. Der Arzt wiegt das Kind.   (lassen)
2. Die Katzen miauen.   (der Mann/hören)
3. Seine Frau leidet.   (er/sehen)
4. Das Kind spricht.   (die Eltern/lehren)
5. Die Mutter kocht einen Topf Suppe.   (ich/helfen)

18 Impersonal Constructions

When a verb refers to a vaguely defined agent or to no agent at all but only to the existence of some condition or action, it takes **es** as its impersonal subject. Such verbs occur only in the third person singular. Occasionally, **dies** or **das** (for demonstrative meaning), an indefinite pronoun (**nichts, etwas,** etc.) or a noun subject may occur in such constructions. The verbs most frequently used impersonally are: **gelingen, geschehen, passieren, vorkommen, sich fragen, sich gehören, sich ziemen.**

Es gelingt (mißlingt) mir.	*I succeed (do not succeed).*
Es geschieht.	*It happens.*
Es kann passieren.	*It can happen.*
Es kommt oft vor.	*It often happens.*
Es gehört sich, daß du aufstehst.	*It is fitting that you get up.*

Es ziemt sich, ,, Guten Tag'' zu sagen.	*It is proper to say " Good afternoon."*
Es fragt sich, ob ich kommen kann.	*The question is whether I can come.*
Es geht mir gut.	*I am well.*

Frequently such constructions refer to weather and time, to natural and acoustic phenomena:

es blitzt	*there is lightning*	es tagt	*day is breaking*
es donnert	*it thunders*	es dämmert	*it is twilight*
es hagelt	*it hails*	es brennt	*there is a fire*
es friert	*it is freezing*	es klingelt	*there is a ring*
es schneit	*it is snowing*	es klopft	*there is a knock*
es stürmt	*there is a storm*		
es taut	*it is thawing*		

Frequently impersonal constructions denote mental or physical states:[1]

es scheint mir, als ob	*it seems to me as if*
es ist mir, als ob	*I feel as if*
es fällt mir ein, daß	*it occurs to me that*
es tut mir leid	*I am sorry*
es wundert mich	*I am surprised*
es gefällt mir	*I like it*
es stört mich	*it disturbs me*
es schadet	*it is harmful*
es hungert mich[2]	*I am hungry*
es dürstet mich[2]	*I am thirsty*
es friert mich	*I am cold*
es ist (wird) mir kalt	*I am (getting) cold*
es ist (wird) mir klar	*it is (becoming) clear to me*

EXERCISES

I. (READING 9)   Express in German, using impersonal constructions:

   1. Hermann's sister will not succeed.
   2. The question is whether I can come to London.

[1] When these sentences anticipate a dependent clause to follow, the anticipatory **es** may be omitted and the sentence begun with the object pronoun (*cf.* 20).
[2] These constructions are somewhat archaic.

3. It can happen to us, too.
4. Hermann was not well.
5. It is proper that you visit your relatives.
6. It was quite light outside.
7. That's how it is.
8. It was almost half past eight.
9. It was so long ago.
10. We did not succeed.

II. (READING 7) Express the meaning of the boldfaced impersonal constructions in different ways, using the words in parentheses. Translate:

1. **Es schneit** auf Birnbaums Kopf.   (der Schnee . . .)
2. **Es ist voll** im Laden.   (der Laden . . .)
3, Auf dem Platz vor der Schule **ist es kalt.**   (der Platz . . .)
4. **Als es dämmerte,** gingen die Lichter in der Wirtschaftsschule an.
                                            (. . . Dämmerung)
5. Mit den Feiern in unserer Schule **war es aus.**   (die Feiern . . .)

III. (READING 16) Rephrase the following statements, using the impersonal constructions **es hatte geregnet, es tagte, es brennt, es war früh.** Translate:

1. Der Tag dauerte noch nicht lange.
2. In solchen Häusern entsteht oft Feuer.
3. Der Morgen kam.
4. Regen war auf das Grab gefallen.

IV. (READING 16) Express in German:

1. It seemed to her that the aisle was swaying.
2. I was surprised that no one observed her condition.
3. It disturbs me that the child is so very shy.
4. She felt hungry.
5. En route she became nauseated.

19 Es gibt, Es ist (sind)

The English *there is* is translated into German with two different **es**-constructions:

Es gibt, followed by an accusative, denotes general existence.

| Es gibt schöne und häßliche Menschen. | *There are beautiful and ugly people.* |
| Es gibt nichts Neues zu berichten. | *There is nothing new to report.* |

Es ist or **es sind,** followed by a predicative nominative, refer to specific states or quantities.

| Es ist heute kein Feuer im Ofen. | *There is no fire in the stove today.* |
| Es sind nur wenige Studenten hier. | *Only a few students are here.* |

EXERCISES

I. (READING 9)   Express in German:

1. There were no further arrests.
2. There were no other guests in the tavern.
3. There are many blind people in the world.
4. There was always illegal material in his bag.
5. In my group there were very few girls.

II. (READING 15) Express in German:

1. The bird does not exist.
2. There were several nice carpets in her room.
3. At night there were many sounds.
4. There are many different birds.
5. On her carpet there were some dull spots.

20 Stylistic Es

For stylistic reasons, **es** may be used to introduce any main clause with a noun subject. Such sentences then have two subjects (or a subject and a predicate nominative).

225

Es klappert die Mühle am rauschenden Bach ...
Es zogen zwei Burschen ...

Anticipatory **es** is used to look ahead to a dependent clause. For stylistic reasons, the initial **es** may, however, be omitted in such clauses. The sentence then has no subject and begins with a pronoun. When the main and dependent clauses are reversed, **es** is always omitted.

Es gefällt mir, daß Sie so gut Deutsch sprechen.	*I am pleased (by the fact) that you speak German so well.*
Mir gefällt, daß Sie so gut Deutsch sprechen.	*I am pleased (by the fact) that you speak German so well.*
Daß Sie so gut Deutsch sprechen, gefällt mir.	*I am pleased (by the fact) that you speak German so well.*
Es fragt sich, ob ich kommen kann.	*The question is whether I can come.*
Ob ich kommen kann, fragt sich.	*The question is whether I can come.*
Es scheint mir, daß diese Antwort falsch ist.	*It seems to me that this answer is incorrect.*
Mir scheint, daß diese Antwort falsch ist.	*It seems to me that this answer is incorrect.*

EXERCISE

(READING 9) Restate these sentences in German. Then restate the German sentences, omitting the anticipatory **es**:

EXAMPLE: I was pleased that he was attached to his sister.
Es gefiel mir, daß er an seiner Schwester hing.
Mir gefiel, daß er an seiner Schwester hing.
Daß er an seiner Schwester hing, gefiel mir.

1. It did not bother me that I didn't know his name.
2. It was my task to report about him.
3. I was sorry that I had to go to London.
4. It seems to me that he is in pain.
5. The question is whether she is very busy today.

21 Reflexive Verbs

A. Meaning

A transitive verb is called reflexive when its subject and object are the same. Most transitive verbs can be used reflexively. A few can be used only as reflexives; a list of the most common of these follows:

sich beeilen	*to hurry*
sich befassen mit	*to concern oneself with*
sich befinden	*to be situated*
sich begeben	*to proceed*
sich beklagen	*to complain*
sich benehmen	*to behave*
sich beziehen auf	*to refer to*
sich einfinden	*to arrive*
sich entsinnen (gen.)	*to recall*
sich ereignen	*to take place*
sich erbarmen (gen.)	*to take pity on*
sich erholen	*to recover*
sich erkälten	*to catch cold*
sich erkundigen	*to inquire*
sich freuen auf	*to look forward to*
sich freuen über	*to be happy about*
sich gewöhnen an	*to get used to*
sich interessieren für	*to be interested in*
sich kümmern um	*to take care of*
sich lohnen	*to pay, to be worthwhile*
sich umsehen	*to look around*
sich verspäten	*to be late*
sich weigern	*to refuse*
sich wundern über	*to be surprised*
sich einbilden	*to imagine* (only reflexive with dative)

Er benimmt sich schlecht.	*He conducts himself poorly.*
Ich freue mich über die Nachricht.	*I am happy about the news.*
Gott erbarmt sich meiner.	*God has mercy on me.*
Du bildest dir das nur ein.	*You are only imagining that.*

EXERCISES

I. (READING 4)   Consult the list of reflexive verbs on page 227 and use them to replace the boldfaced verbs in the following sentences:

EXAMPLE: **Die Gesundheit** der alten Frau **wurde** langsam **besser.**
Die alte Frau erholte sich langsam.

1. Er fährt schnell, um noch nach Tarent zu kommen.
2. Er wußte nicht, daß er schon in San Gelsomino **war.**
3. Nur was Gott will, wird **geschehen.**
4. Er **fragte** nach dem Weg zum Friedhof.
5. Er **war froh,** daß er im Kühlen sitzen konnte.
6. Sie **hatte Interesse** für seine Erzählung.
7. Er **kam** um viele Jahre **zu spät.**
8. Er **war erstaunt,** daß sie das fragte.
9. Die alte Frau **klagte** über den Tod ihres Mannes.

II. (READING 9)   In the following sentences, replace the reflexive construction by a transitive construction, using the objects in parentheses. Translate:

1. Wir überhasten uns.   (die Sache)
2. Er breitet sich auf dem Sofa aus.   (die Arme)
3. Sie beschäftigt sich zuhause.   (ihre Kinder)
4. Ich habe mich eingerichtet.   (die Wohnung)
5. Er muß sich konzentrieren.   (seine Tätigkeit)
6. Wir trafen uns im Park.   (unsere Verwandten)
7. Er beugt sich vor.   (den Kopf)
8. Er hat sich umgebracht.   (seine Feinde)

III. (READING 9)   Identify the following verbs as true reflexives or as transitive verbs used reflexively. Use them in sentences with the words in parentheses and translate them:

sich erkundigen nach   (seine Verwandten)
sich befinden   (das Ausland)
sich vornehmen   (eine kleine Arbeit)
sich überlegen   (die Sache)
sich kümmern um   (die Ereignisse)
sich streiten über   (Geld)

IV. (READING 15)   Rephrase the following statements by using the verbs transitively with the objects in parentheses. Translate both sentences:

1. Der Vogel bewegte sich nicht.   (die Flügel)
2. Sie legte sich auf ihr Bett.   (die Kette)

3. Anscheinend hast du dich verletzt.   (der Kopf)
4. Sie überlegt es sich schnell.   (der Plan)
5. Der riesige Vogel erschrickt sich.   (die Frau).

B.   Reflexive Verbs with Accusative

The direct object is identical with the subject. There is no special reflexive pronoun for the first and second persons. The regular accusative forms of the personal pronouns are used, singular and plural. For the third person, singular and plural, as well as for the formal **Sie,** the reflexive pronoun is **sich.**

ich freue mich	*I am glad*	wir freuen uns	*we are glad*
du freust dich	*you are glad*	ihr freut euch	*you are glad*
er freut sich	*he is glad*	sie freuen sich	*they are glad*
(sie, es)	(*she, it*)	Sie freuen sich	*you are glad*

EXERCISES

I. (READING 4) Restate the following sentences in the singular, adjusting the reflexive pronouns accordingly:

1. Nur die Einheimischen kennen sich in der Gegend aus.
2. Wir konnten uns nicht umsehen.
3. Ihr wehrtet euch bis zum Schluß.
4. Wir werden uns nicht ergeben.
5. Ihr habt euch nicht getäuscht.
6. Verfahrt euch in dieser Gegend nicht!
7. Wundert euch nicht darüber!
8. Wir gewöhnen uns schnell an den Staub.
9. Die Hühner rühren sich nicht.
10. Die Ausländer unterscheiden sich von den Italienern.

II. (READING 9) Insert the correct reflexive pronoun:

1. Du sollst _____ heute in einem Restaurant in Soho einfinden.
2. Hermanns Name befand _____ auf der Liste.
3. Habt ihr _____ um seine Verwandten gekümmert?
4. Ich kann _____ dieses Ereignisses nicht entsinnen.
5. Unsere Tätigkeit hat _____ nicht gelohnt.

C. Reflexive Verbs with Dative

The dative forms of the personal pronoun are used for the first and second person, singular and plural. For the third person, singular and plural, as well as the formal **Sie**, the reflexive pronoun is **sich**. The dative reflexive occurs:

A. When the indirect object is identical with the subject.

Ich kaufe mir ein Haus.	*I am buying a house (for myself).*
Gib dir eine Chance!	*Give yourself a chance.*

B. When a verb governing the dative is used reflexively. (*cf.* 45)

Gefällst du dir in diesem Hut?	*Do you like yourself in that hat?*
Ich kann mir nicht helfen.	*I can't help myself.*

C. When the accusative object occurs with the definite article instead of the possessive adjective and must be referred back to the subject for clarity (*cf.* 57).

Ich wasche mir die Haare.	*I am washing my hair.*
Zieh dir bitte den Mantel aus.	*Please take off your coat.*

EXERCISE

(READING 9) Restate the following sentences, using the subjects in parentheses. Adjust the reflexive pronouns accordingly:

1. Wir überlegen uns die Sache. (Hermanns Schwester)
2. Der Autor vertrieb sich die Zeit in London. (ich)
3. Nahm er sich die Sache vor? (du)
4. Er gefiel sich in seiner neuen Rolle. (wir)
5. Wir bestellen uns vor dem Essen einen Campari. (Sie)

22 Formation of the Passive

The German passive is formed with the auxiliary **werden** which appears in the required tense form in combination with the participle of the verb. The infinitive of **werden** plus the past participle is called the passive infinitive.

INFINITIVE
geschlagen werden *to be beaten*
geliebt werden *to be loved*

PRESENT TENSE
ich werde geschlagen *I am (being) beaten*
ich werde geliebt *I am (being) loved*

All transitive verbs, except the reflexives, can be used in the passive. When the verb requires a dative object, that dative must be preserved in the passive. The resulting passive sentence has no true subject but it may have **es** as stylistic subject.

geholfen werden *to be helped*

gefolgt werden *to be followed*

mir wird geholfen *I am (being) helped*
(es wird mir geholfen)

mir wird gefolgt *I am (being) followed*
(es wird mir gefolgt)

The object of the active sentence becomes the subject of the passive one. The subject of the active sentence becomes the agent with **von** (plus dative), **durch** (plus accusative), or **mit** (plus dative) in the passive sentence (*cf.* 24).

ACTIVE
Der Vater schlägt des Kind.
Feuer zerstörte unser Haus.
Nur dieser Schlüssel öffnet die Tür.

PASSIVE
Das Kind wird vom Vater geschlagen.
Unser Haus wurde durch Feuer zerstört.
Die Tür wird nur mit diesem Schlüssel geöffnet.

EXERCISES

I. (READING 14) Restate the following sentences in the passive voice:

1. Fremde bewohnen das Zimmer.
2. Angenehme Geräusche wecken das Kind.
3. Träume erwecken oft falsche Hoffnungen.
4. Alle teilen den Kuchen.
5. Der Wanderer band das Taschentuch an den Stock.

II. (READING 2) Restate the following sentences in the passive voice, using the perfect tense:

1. Man hat eine Geschichte erfunden.
2. Der Milchmann hat einen Blumentopf in den Garten geworfen.
3. Man brachte den Otto ins Irrenhaus.
4. Er brachte Milch und Butter in jedes Haus.
5. Seine Frau betrog ihn auch noch.

231

23 Conjugation of the Passive

PRESENT	er wird gelobt	*he is (being) praised*
PAST	er wurde gelobt	*he was (being) praised*
FUTURE	er wird gelobt werden	*he will be praised*
PRESENT PERFECT	er ist gelobt worden[1]	*he has been praised*
PAST PERFECT	er war gelobt worden	*he had been praised*
FUTURE PERFECT	er wird gelobt worden sein	*he will have been praised*

The passive infinitive mentioned in 22 can be used as a dependent infinitive in combination with modal verbs.

PRESENT	er will gelobt werden	*he wants to be praised*
PAST	er wollte gelobt werden	*he wanted to be praised*
FUTURE	er wird gelobt werden wollen	*he will want to be praised*
PRESENT PERFECT	er hat gelobt werden wollen	*he has wanted to be praised*
PAST PERFECT	er hatte gelobt werden wollen	*he had wanted to be praised*
FUTURE PERFECT	er wird haben gelobt werden wollen[2]	*he will have wanted to be praised*

EXERCISES

I. (READING 19) Restate the following sentences in the tenses indicated:

1. Gesine wird von Jakob geweckt. *(past)*
2. Jeden Morgen wird an die Türe geklopft. *(present perfect)*
3. Die Lehrerin wurde aus Westpreußen vertrieben. *(past perfect)*
4. Sie wird von dem Mann gelobt. *(past)*
5. Viele deutsche Soldaten wurden von den Russen aufgegriffen.

                                               (present perfect)

II. (READING 19) Change the subject from singular to plural and from plural to singular as appropriate. Adjust the passive auxiliaries accordingly:

1. Die Kartoffeln werden in der Pfanne gebraten.
2. Frische Eier wurden oft mit Zucker gegessen.

[1] Note that **werden**, the passive auxiliary, is conjugated with **sein** (*cf.* 4, 8), and that its participle of the past drops the customary **ge–** prefix in the passive formation.
[2] This tense would not be used but would be circumscribed as **Er wollte wohl gelobt werden.**

3. Diese Deutschen sind aus Westpreußen vertrieben worden.
4. Ein deutscher Soldat war im Wald gefunden worden.

III. (READING 19) In the following statements, insert the modal verb given in parentheses:

EXAMPLE: Gesine wird von Jakob geweckt. (sollen)
Gesine soll von Jakob geweckt werden.
1. Die Eier werden ausgesaugt.   (dürfen)
2. Kartoffeln wurden immer gebraten. (sollen)
3. Ein Kind wird nicht gezwungen.   (können)
4. Alle Zweifel wurden vertrieben.   (sollen)
5. Osterwasser wurde früh geholt.   (müssen)

IV. (READING 19) Now restate the preceding sentences in the present perfect tense:

EXAMPLE: Gesine soll von Jakob geweckt werden.
Gesine hat von Jakob geweckt werden sollen.

24   Use of the Passive

In the passive voice, agency is expressed with **von** (plus dative) when the agent is a person, with **durch** (and accusative), or **mit** (plus dative) when the agent is a thing (*cf.* 22).

Das Glas wurde von der Frau gefüllt.	*The glass was filled by the woman.*
Die Tür wird mit diesem Schlüssel geöffnet.	*The door is opened with this key.*
Er wurde durch Gift getötet.	*He was killed by poison.*

When an activity is to be stressed, the agent being unknown or inconsequential, the impersonal **es** may serve as a subject, or the sentence may stand without a subject.

Es wird gesagt . . .	*It is said . . .*
Es wurde viel über ihn geredet.	*He was much talked about.*
Hier wird nicht geraucht.	*No smoking here.*
Im Sommer wird hier viel getanzt.	*In summer they dance a lot here.*

EXERCISES

I. (READING 4) Rephrase the following statements in the passive voice, paying attention to the prepositions governing agency, when it is expressed:

1. Die Einheimischen begruben Piatgorsky.
2. Ein Wunder hat den Ausländer gerettet.
3. Bomben haben viele Orte in dieser Gegend zerstört.
4. Die Leute verurteilen ihn.
5. Früher konnte man den Weg leicht verfehlen.
6. Man bittet ihn um einen Gefallen.
7. Wenige Schüsse töteten den Mann.
8. Die alte Frau füllt sein Glas.

II. (READING 17) Rephrase the following sentences in the passive voice:

1. Man hat die Kanonen verborgen.
2. Die Soldaten jagten die Tiere.
3. Vorsichtig bedient der Fahrer die Bremse.
4. Der General hatte den Widder schon gesehen.
5. Das Gedröhn verjagte die Schafe.

25 Substitutes for the Passive

German usage shows a preference for the active voice. The passive is frequently circumscribed. The following patterns render thoughts which would be passive voice in English and are used as substitutes for the passive construction in German.

A. Man plus an active verb:

Man sagt, daß . . .   *It is said that . . .*
(*Passive*: Es wird gesagt, daß . . .)

B. Sein plus infinitive with **zu**:

Diese Worte sind gut zu   *These words are easily*
   verstehen.   *understood.*
(*Passive*: Diese Worte können
   gut verstanden werden.)

Eine schwere Aufgabe ist zu lösen.	*A difficult task must be done.*
(*Passive*: Eine schwere Aufgabe muß gelöst werden.)	

C. Reflexive **lassen** with infinitive:

Das läßt sich machen.	*That can be done.*
(*Passive*: Das kann gemacht werden.)	

D. Reflexive:

Die Tür öffnete sich.	*The door was opened.*
(*Passive*: Die Tür wurde geöffnet.)	
So etwas sagt sich leicht.	*Such statements are made easily.*
(*Passive*: So etwas wird leicht gesagt.)	

EXERCISES

I. (READING 4)   Rephrase the following statements, substituting the passive:

1. Das kann mir nicht abgeschlagen werden.
2. Ausländer werden oft nicht verstanden.
3. Sein Gepäck ist nicht untersucht worden.
4. Die Mauer wird selten gestrichen.
5. Diese Uhr wird nicht mehr gebraucht.

II. (READING 15) Rephrase the following statements, using **man** and the active voice:

1. Seine kleine Gestalt wurde kaum bemerkt.
2. Die goldene Kette konnte von weitem gesehen werden.
3. Dieses Geräusch wird nur in der Dämmerung gehört.
4. Seine Flügel dürfen nicht berührt werden.
5. Schwierige Fragen müssen vorher überlegt werden.
6. Seine Geschicklichkeit wird noch oft erwähnt werden.

26 The Apparent Passive

The passive voice is formed with **werden** and denotes an action going on. By contrast, **sein** appears with the past participle and denotes a state or condition. It is not to be confused with the passive.

Die Türen werden geschlossen.   *The doors are being closed.*
Die Türen sind geschlossen.   *The doors are closed.*

EXERCISES

I. (READING 4) Translate and analyze: are these passives?

1. Die Häuser sind nicht gestrichen.
2. Alle Türen waren verschlossen.
3. Dieser Offizier ist nicht vergessen worden.
4. Der Wein war schon eingeschenkt.
5. Er glaubte, daß die Gegend ganz verlassen war.

II. (READING 4) Restate in German:

1. The chickens were covered with dust.
2. The shutters were painted white.
3. The doors are being painted.
4. While he looked on, the door was opened.

27 Subjunctive Mood: Classification

There are two subjunctives in German: primary (Subjunctive I) used to express wishes, commands, and entreaties which one expects to have fulfilled, and to express indirect statements;[1] and secondary (Subjunctive II) used to express hypothetical or contrary-to-fact wishes and conditions.

---

[1] Primary subjunctive is used almost exclusively for the third person singular (because the other persons do not show any, or enough, distinction from the indicative, *cf.* 32B1), and is largely restricted to written German.

28 Subjunctive Conjugation

There are six tenses in the indicative (*cf.* 1). The subjunctive mood, however, has only four: present, past (always a compound tense; but no present or past perfect tense exists), future, and future perfect. The latter two are also called conditionals.

Subjunctive personal endings are the same for primary and secondary subjunctive, for all verbs and all tenses. They are attached to the required stem (*cf.* 29, 30).

SINGULAR:	ich	**–e**	PLURAL:	wir	**–en**
	du	**–est**		ihr	**–et**
	er (sie, es)	**–e**		sie	**–en**

Note that the first and third person singular of **sein** are exceptions: they have no personal ending.

EXERCISE

(READING 18) State the following verb forms as subjunctives, both primary and secondary:

EXAMPLE: Er schüttelt sich.
     Er schüttele sich; er schüttelte sich.

1. du bist
2. sie zuckt
3. er hat
4. sie wiegt
5. das hilft
6. du zerbrichst

29 Tenses of the Primary Subjunctive

A. The present tense is formed by adding subjunctive endings to the verb stem:

ich habe	sei	werde	reise	trinke	denke	dürfe
du habest	seist	werdest	reisest	trinkest	denkest	dürfest

237

er habe	sei	werde	reise	trinke	denke	dürfe
(sie, es)						
wir haben	seien	werden	reisen	trinken	denken	dürfen
ihr habet	seiet	werdet	reiset	trinket	denket	dürfet
sie haben	seien	werden	reisen	trinken	denken	dürfen

B. The past tense is formed by adding subjunctive endings to the stem of the auxiliary verb:

ich habe gehabt (getrunken, gedacht, gedurft)
du habest gehabt
er habe gehabt
  (sie, es)
wir haben gehabt
ihr habet gehabt
sie haben gehabt

ich sei gewesen (geworden, gereist)
du seist gewesen
er sei gewesen
  (sie, es)
wir seien gewesen
ihr seiet gewesen
sie seien gewesen

C. The future tense is formed by adding subjunctive endings to the auxiliary stem (**werden**):

ich werde	haben	sein	werden	reisen	trinken	denken	dürfen
du werdest	haben	sein	werden	reisen	trinken	denken	dürfen
er werde	haben	sein	werden	reisen	trinken	denken	dürfen
(sie, es)							
wir werden	haben	sein	werden	reisen	trinken	denken	dürfen
ihr werdet	haben	sein	werden	reisen	trinken	denken	dürfen
sie werden	haben	sein	werden	reisen	trinken	denken	dürfen

D. The future perfect is formed by adding subjunctive endings to the stem of **werden** which is used with the perfect infinitive of the verb:

ich werde gehabt haben
  (getrunken, gedacht, gedurft)
du werdest gehabt haben
er werde gehabt haben
  (sie, es)
wir werden gehabt haben
ihr werdet gehabt haben
sie werden gehabt haben

ich werde gewesen sein (geworden, gereist)
du werdest gewesen sein
er werde gewesen sein
  (sie, es)
wir werden gewesen sein
ihr werdet gewesen sein
sie werden gewesen sein

EXERCISES

I. (READING 17) Restate the following sentences in the past tense of the primary subjunctive:

1. Im Bericht stand, ein lautes Geräusch ertöne.
2. Im Bericht stand, der Soldat grabe sich ein.
3. Im Bericht stand, daß ihr die Schafe jaget.
4. Im Bericht stand, daß er vor den Tieren Angst habe.
5. Im Bericht stand, der General erhebe sich vorsichtig.

II. (READING 17) Restate in the future tense of the primary subjunctive:

1. Er berichtete, das Schaf sei weggelaufen.
2. Er berichtete, die Offiziere seien verrückt geworden.
3. Er berichtete, der General mache es sich nie leicht.
4. Er berichtete, du habest nichts gespürt.
5. Er berichtete, das Blut sei herausgequollen.

30 Tenses of the Secondary Subjunctive

A. The present tense is formed by adding subjunctive endings to the past stem (strong verbs take an umlaut wherever possible):

ich hätte	wäre	würde	reiste	tränke	dächte	dürfte
du hättest	wärest	würdest	reistest	tränkest	dächtest	dürftest
er hätte	wäre	würde	reiste	tränke	dächte	dürfte
(sie, es)						
wir hätten	wären	würden	reisten	tränken	dächten	dürften
ihr hättet	wäret	würdet	reistet	tränket	dächtet	dürftet
sie hätten	wären	würden	reisten	tränken	dächten	dürften

B. The past tense is formed by adding subjunctive endings to the past stem of the auxiliary verbs **haben** or **sein**:

ich hätte gehabt (getrunken, gedacht, gedurft)

ich wäre gewesen (geworden, gereist)

du hättest gehabt (getrunken, gedacht, gedurft)
er hätte gehabt (getrunken, gedacht, gedurft)
(sie, es)
wir hätten gehabt (getrunken, gedacht, gedurft)
ihr hättet gehabt (getrunken, gedacht, gedurft)
sie hätten gehabt (getrunken, gedacht, gedurft)

du wärest gewesen (geworden, gereist)
er wäre gewesen (geworden, gereist)
(sie, es)
wir wären gewesen (geworden, gereist)
ihr wäret gewesen (geworden, gereist)
sie wären gewesen (geworden, gereist)

C. The future tense is formed by adding subjunctive endings to the past stem of the auxiliary verb **werden**:

ich würde	haben	sein	werden	reisen	trinken	denken	dürfen
du würdest	haben	sein	werden	reisen	trinken	denken	dürfen
er würde	haben	sein	werden	reisen	trinken	denken	dürfen
(sie, es)							
wir würden	haben	sein	werden	reisen	trinken	denken	dürfen
ihr würdet	haben	sein	werden	reisen	trinken	denken	dürfen
sie würden	haben	sein	werden	reisen	trinken	denken	dürfen

D. The future perfect tense is formed by adding subjunctive endings to the past stem of **werden** which is used with the perfect infinitive of the verb:

ich würde gehabt (getrunken, gedacht, gedurft) haben
du würdest gehabt (getrunken, gedacht, gedurft) haben
er würde gehabt (getrunken, gedacht, gedurft) haben
(sie, es)
wir würden gehabt (getrunken, gedacht, gedurft) haben
ihr würdet gehabt (getrunken, gedacht, gedurft) haben
sie würden gehabt (getrunken, gedacht, gedurft) haben

ich würde gewesen (geworden, gereist) sein
du würdest gewesen (geworden, gereist) sein
er würde gewesen (geworden, gereist) sein
(sie, es)
wir würden gewesen (geworden, gereist) sein
ihr würdet gewesen (geworden, gereist) sein
sie würden gewesen (geworden, gereist) sein

EXERCISE

(READING 13) State the following sentences in the secondary subjunctive, using the same tense as in the indicative sentence. Translate. (For meaning of the resulting hypothetical statements, *cf.* 36):

EXAMPLE: Die Kinder haben feuchte Hände.   (wenn es heiß wäre)
Die Kinder hätten feuchte Hände, wenn es heiß wäre.

1. Die Gassen sind naß.   (wenn es eben regnete)
2. Sie werden in den Wollmänteln schwitzen.

                                  (wenn sie sie im Sommer trügen)

3. Der Junge hat eine klebrige Zunge.   (wenn er Bonbons äße)
4. Die Frauen kreischen laut.   (wenn sie Angst hätten)
5. Der Vater konnte keinen Fehler feststellen.

                                  (wenn er die Arbeit geprüft hätte)

6. Der Ball ist verschwunden.   (wenn er unter den Zaun gerollt wäre)
7. Alle waren stolz gewesen.   (wenn du gewonnen hättest)
8. Die Gebäude werden schön aussehen.   (wenn sie gestrichen wären)
9. Sein Besitz war groß.   (wenn er weniger Geld verbrauchte)

31 Primary Subjunctive for Hortatory and Optative

A. Hortatory

Er trete ein.[1]   *Let him enter.*
Gehen wir.   *Let's go.*
Sie möge mitkommen.[1]   *She may come along.*

B. Optative

Er lebe glücklich!   *May he live happily.*
Gott sei Dank!   *Thank God!*
Der Himmel gebe es!   *May the heavens grant it!*

---

[1] In modern German, only the **wir**-form is used; the third person is considered antiquated.

EXERCISES

I. (READING 7) Restate in German, using the primary subjunctive:

1. God be with you.
2. Long live the Prinz-Heinrich-Gymnasium.
3. Let's pay and go home.
4. Let's drink something.
5. Let's close the gate quickly.

II. (READING 5) Restate in German, using the primary subjunctive:

1. Let's go in that direction.
2. Let's go back.
3. Let's climb onto the roof.
4. Let's not tell a lie.

32 Primary Subjunctive for Indirect Statements

A. For indirect speech, primary subjunctive may be used to denote that the speaker is reporting someone else's words or opinions. (In daily spoken German, particularly in the south of Germany, secondary subjunctive is preferred.) Note that the tense in the subjunctive corresponds to the tense in the indicative, *e.g.* a present indicative direct statement is rendered in the present subjunctive indirect statement, and a direct statement in any of the three indicative past tenses (past, perfect, past perfect) must be rendered into the past subjunctive in the indirect statement.

DIRECT STATEMENT	INDIRECT STATEMENT
„Ich ziehe nach Florida."	Er sagte, daß er nach Florida ziehe.
„Ich habe kein Geld."	Sie behauptet, daß sie kein Geld habe.
	Sie behauptet, sie habe kein Geld.[1]
„Ich war krank."	Er sagt, daß er krank gewesen sei.
	Er sagt, er sei krank gewesen.[1]
„Du hast geweint."	Er sagt, daß ich (er)[2] geweint habe.

[1] If the conjunction **daß** is omitted, the subordinate clause takes normal word order.
[2] The appropriate person must be determined from context.

242

B. Exceptions to the use of primary subjunctive for indirect discourse occur frequently:

1. When primary subjunctive forms are identical with indicative forms (first person singular, first and third persons plural), secondary subjunctive should be used for indirect discourse (*cf.* 36C).

Sie sagten, „Wir fahren in die Schweiz."	Sie sagten, daß sie in die Schweiz führen (nicht fahren).
Er schrieb, „ Sie ziehen nach Florida."	Er schrieb, daß sie nach Florida zögen (nicht ziehen).

2. The indicative is frequently used when the verb in the introductory clause is in the present tense and no doubt is to be expressed by the reporter; when the introductory statement is in the first person; when the verb in the introductory clause endorses the truth of what follows (**wissen, kennen, sehen, beweisen, versichern;** with phrases like **Es ist klar, Es ist nicht zu leugnen, Das beweist**).

DIRECT STATEMENT	INDIRECT STATEMENT
Er schreibt, „Ich fahre nach Deutschland."	Er schreibt, daß er nach Deutschland fährt.
Ich wußte: „Er war hier."	Ich wußte, daß er hier war.
Ich weiß: „Er ist zuhause."	Ich weiß, daß er zuhause ist.
Er versicherte mir: „Ich kann Sie gut verstehen."	Er versicherte mir, daß er mich gut verstehen kann.

C. After verbs of asking, indirect questions are introduced either by the conjunction **ob** or by an interrogative that functions as a subordinating conjunction (**wann, wo, wie, warum, weshalb, worin, wovon,** etc.).

DIRECT QUESTION	INDIRECT QUESTION
„Ist Herr Klein zuhause?"	Er fragt, ob Herr Klein zuhause sei.
„Warst du krank?"	Er fragte, ob ich (er) krank gewesen sei.[1]
„Wann darf ich kommen?"	Er fragt, wann er kommen dürfe.

D. Indirect commands are expressed with the modal verb **sollen.** Subjunctive endings are added to its infinitive stem.

DIRECT COMMAND	INDIRECT COMMAND
Er schrie, „Sprich nicht!"	Er schrie, daß ich nicht sprechen solle.
Sie befahl, „Kommen Sie!"	Sie befahl, daß ich (er) kommen solle.[1]

[1] The appropriate person must be determined from context.

EXERCISES

I. (READING 10) Change the following statements into direct speech:

1. Er sagte, daß es ein netter Gedanke sei.
2. Er erklärte, daß er sein Pferd suche.
3. Er glaubte, daß der Schlüssel in das Schloß passe.
4. Er sagte, daß er nur mühsam schlucken könne.
5. Er erklärte, er werde ein sauberes Fach wählen.
6. Er fürchtete, sie habe den Sinn falsch verstanden.
7. Sie sagte, daß er an das Pult gehen solle.
8. Sie bat ihn, er solle nicht mehr husten.

II. (READING 10) Restate in German:

1. She said he did not have a clean collar.
2. She said that her memory had faded.
3. He wrote that he had found his horse.
4. He said he wanted to surprise her.
5. He thought she had lost the key.

III. (READING 16) Determine whether the indicative or the primary subjunctive (or the secondary subjunctive) is required in the following statements. Insert the appropriate form. Translate:

1. Sie wußte nicht, ob der Storch ein heiliger Vogel _____.
   (sein)
2. Sie konnte nicht glauben, daß sie keine Mutter mehr _____.
   (haben)
3. Am Morgen erzählte sie, was sie in der Nacht _____.
   (beobachten)
4. Man erzählt, daß ein Haus, bei dem ein Storch _____ Feuer fürchten _____.
   (umkommen, müssen)
5. Der Arzt sagte, der Zustand des Patienten _____ schlimm, aber man _____ ihm vertrauen.
   (sein, sollen)
6. Er _____ keine Schuld daran, meinte der Schriftsteller.
   (haben)
7. Wir hörten, daß kranke Tiere unterwegs oft _____.
   (umkommen)
8. Carolin weiß, daß ihr Freund sterben _____.
   (müssen)

33 Secondary Subjunctive for Contrary-to-Fact Conditions

Hypothetical, unreal, or contrary-to-fact conditions consist of a condition clause and a conclusion clause.

A. If the condition clause is in the present tense, the conclusion may be in the present or future tense.

Wenn ich Zeit hätte, (so) (dann) käme ich.	*If I had time I would come.*
Wenn ich Zeit hätte, (so) (dann) würde ich kommen.	*If I had time I would come.*
Wenn ich krank wäre, (so) (dann) bliebe ich zuhause.	*If I were ill I would stay at home.*
Wenn ich krank wäre, (so) (dann) würde ich zuhause bleiben.	*If I were ill I would stay at home.*

The position of the clauses may be reversed.

Ich käme, wenn ich Zeit hätte.	*I would come if I had time.*
Ich würde kommen, wenn ich Zeit hätte.	*I would come if I had time.*
Ich bliebe zuhause, wenn ich krank wäre.	*I would stay at home if I were ill.*
Ich würde zuhause bleiben, wenn ich krank wäre.	*I would stay at home if I were ill.*

The conjunction **wenn** may be omitted, and the condition expressed by inversion.

Hätte ich Zeit, (so) (dann) käme ich.	*If I had time I would come.*
Hätte ich Zeit, (so) (dann) würde ich kommen.	*If I had time I would come.*
Wäre ich krank, (so) (dann) bliebe ich zuhause.	*If I were ill I would stay at home.*
Wäre ich krank, (so) (dann) würde ich zuhause bleiben.	*If I were ill I would stay at home.*

B. If the condition clause is in the past tense, the conclusion clause may be in the past or future perfect tense.

Wenn ich Zeit gehabt hätte, (so) (dann) wäre ich gekommen.	*If I had had time I would have come.*
Wenn ich Zeit gehabt hätte, würde ich gekommen sein.	*If I had had time I would have come.*
Wenn ich krank gewesen wäre, (so) (dann) wäre ich zuhause geblieben.	*If I had been ill I would have stayed at home.*
Wenn ich krank gewesen wäre, (so) (dann) würde ich zuhause geblieben sein.	*If I had been ill I would have stayed at home.*

The position of the clauses may be reversed.

Ich wäre gekommen, wenn ich Zeit gehabt hätte.	*I would have come if I had had time.*
Ich würde gekommen sein, wenn ich Zeit gehabt hätte.	*I would have come if I had had time.*
Ich wäre zuhause geblieben, wenn ich krank gewesen wäre.	*I would have stayed at home if I had been ill.*
Ich würde zuhause geblieben sein, wenn ich krank gewesen wäre.	*I would have stayed at home if I had been ill.*

The conjunction **wenn** may be omitted, and the condition expressed by inversion.

Hätte ich Zeit gehabt, (so) (dann) wäre ich gekommen.	*Had I had time I would have come.*
Hätte ich Zeit gehabt, (so) (dann) würde ich gekommen sein.	*Had I had time I would have come.*
Wäre ich krank gewesen, (so) (dann) wäre ich zuhause geblieben.	*Had I been ill I would have stayed at home.*
Wäre ich krank gewesen, (so) (dann) würde ich zuhause geblieben sein.	*Had I been ill I would have stayed at home.*

EXERCISES

I. (READING 15) Restate the following real conditions as hypothetical (unreal) ones, in the present and past tenses:

EXAMPLE: Wenn sie den Vogel ansieht, wundert sie sich.
> **Wenn sie den Vogel ansähe, wunderte sie sich.**
> **Wenn sie den Vogel ansähe, würde sie sich wundern.**
> **Wenn sie den Vogel angesehen hätte, hätte sie sich gewundert.**
> **Wenn sie den Vogel angesehen hätte, würde sie sich gewundert haben.**

1. Wenn er in der Dämmerung kommt, zittert sie.
2. Wenn sie den Teppich berührt, kann sie seine Spuren fühlen.
3. Wenn die Zeichnung gut wird, wagt sie den Verkauf.
4. Keine gute Stimmung kommt auf, wenn wir nüchtern bleiben.
5. Wenn sich der Vogel nicht verletzt, fliegt er zum Fenster hinaus.
6. Wenn du das weißt, wird unser Gespräch interessant.

II. (READING 14) Restate the following conditions, omitting **wenn** and using **würden** in the conclusion clause:

1. Wenn der Fremde gewinkte hätte, hätte sich der Junge gefreut.
2. Wenn der Junge den Fremden nicht erblickt hätte, wäre er ohne Hoffnung geblieben.
3. Wenn der Mann gefährlich wäre, wiche ihm der Vater aus.
4. Wenn der Portier Geld bekäme, gäbe er dem Mann sofort ein Zimmer.
5. Wenn niemand dem Kind gewinkt hätte, wäre es unglücklich gewesen.

34 Secondary Subjunctive for Unreal Wishes

Hypothetical or unreal wishes cannot or are not expected to be fulfilled. Actually, they are the first part of a contrary-to-fact condition. They can stand in the present or in the past tense of the secondary subjunctive. They can employ or omit **wenn.**

Hätte ich nur Zeit!	*If only I had time.*
Wenn ich nur Zeit hätte!	*If only I had time.*
Hätte ich nur Zeit gehabt!	*If only I had had time.*
Wenn ich nur Zeit gehabt hätte!	*If only I had had time.*

Wäre ich nur nicht krank!	*If only I were not ill.*
Wenn ich nur nicht krank wäre!	*If only I were not ill.*
Wäre ich nur nicht krank gewesen!	*If only I had not been ill.*
Wenn ich nur nicht krank gewesen wäre!	*If only I had not been ill.*

EXERCISE

(READING 16) Rephrase the following statements as unreal wishes after **Ich wünschte,** employing the present or future tense of the secondary subjunctive as seems indicated by the requirements of good style:

EXAMPLE: Ich habe keine Schuld.
Ich wünschte, ich hätte keine Schuld.

1. Ich werde nicht ohnmächtig.
2. Wir können sein verzweifeltes Schicksal vergessen.
3. Wir wissen etwas über seinen wahren Zustand.
4. Der Gang zwischen den Sitzen ist breit.
5. Die junge Frau unterbricht ihn.
6. Ich kann dir vertrauen.
7. Ich weiß Bescheid.

35 Secondary Subjunctive after **als ob** and **als wenn**

Als ob and **als wenn** constructions refer to contrary-to-fact conditions; thus they employ the secondary subjunctive. **Als ob** and **als wenn** introduce dependent clauses. **Als** alone requires normal word order.

Sie sieht aus, als ob sie krank wäre.	*She looks as if she were sick.*
Sie sieht aus, als wäre sie krank.	*She looks as if she were sick.*
Sie sieht aus, als ob sie krank gewesen wäre.	*She looks as if she had been sick.*
Sie sieht aus, als wäre sie krank gewesen.	*She looks as if she had been sick.*
Sie tut, als ob sie verstünde.	*She pretends to understand.*
Sie tut, als verstünde sie.	*She pretends to understand.*

Sie tut, als ob sie verstanden hätte.	*She pretends to have understood.*
Sie tut, als hätte sie verstanden.	*She pretends to have understood.*

EXERCISE

(READING 11) Rephrase the following statements, introducing them with **Der Esel sah aus, als ob . . .:**

1. Er reibt sich an den Drähten.
2. Er kann schneller als die Eisenbahn laufen.
3. Er fängt an, müde zu werden.
4. Er hat es eilig.
5. Er senkt den Kopf vor der stechenden Sonne.

6. Er rieb sich an den Drähten.
7. Er konnte schneller als die Eisenbahn laufen.
8. Er fing an, müde zu werden.
9. Er hatte es eilig.
10. Er senkte den Kopf vor der stechenden Sonne.

36 Other Uses of the Secondary Subjunctive

A. To express courtesy, modesty, doubt, possibility, or potential.

Hätten Sie jetzt Zeit für mich?	*Would you have time for me now?*
Dürfte ich um Wasser bitten?	*May I ask for some water?*
Würden Sie mich anrufen?	*Would you call me?*
Und das sollte ich gesagt haben?	*And I should have said that?*
Ich wußte wohl, was zu tun wäre.	*I would know what is to be done.*
Das wäre nun getan.	*That's finished now.*

B. Informal usage, particularly in spoken German, often prefers the secondary subjunctive to the primary if a subjunctive is to be used at all. Often the secondary subjunctive is used to express a serious disbelief.

Er behauptete, daß er krank gewesen wäre.	*He said he had been sick.*

Er sagt, sein Vater hätte sehr
viel Geld.

He says his father is very rich.

C. When the primary subjunctive in indirect discourse is identical with
the indicative form, the secondary subjunctive should be used instead
(*cf.* 32B).

EXERCISES

I. (READING 11) Explain why the secondary subjunctive is used in each case and
translate:

1. Sie glaubte nicht, daß er aus dem Werk käme.
2. Weshalb sollte er sich die Mühe machen.
3. Dürfte ich um Nägel bitten?
4. Ich dachte, daß er es eilig haben könnte.
5. Er träumte, daß er einmal eine Mutter haben würde.

II. (READING 13) Restate in German, using the secondary subjunctive to express
courtesy, doubt, etc.:

1. Could you hold the suitcase for a moment?
2. Should all this be the property of the school?
3. May I look over your fence?
4. He thought that his mother would always love him.
5. We hoped he would act accordingly.

III. (READING 18) Restate the following sentences as indirect quotations after **Der
Lehrer sagte, . . . :**

EXAMPLE: Der Lehrer sagte, Ihr arbeitet zu viel.
Der Lehrer sagte, wir arbeiteten zu viel.

1. Wir sagen manches Dumme.
2. Wir schüttelten uns vor Lachen.
3. Wir hatten nur mit den Schultern gezuckt.
4. Ich stamme von schwäbischen Eltern.
5. Sie haben sich einen Platz gesucht.

37 Subjunctive in Modal and Passive Constructions

A. A modal verb with a dependent infinitive may be used in the subjunctive. Either the modal verb or (in the compound tenses) the auxiliary will have subjunctive endings. In the compound tenses a double infinitive construction is thus produced and the word order rules for double infinitives apply (*cf.* 14).

	Subj. i	Subj. ii	
PRESENT	er könne	könnte	sagen
PAST	er habe	hätte	sagen können
FUTURE	er werde	würde	sagen können
FUTURE PERFECT	er werde	würde	haben sagen können

B. When a passive construction is to be expressed subjunctively, **werden** or, in the compound tenses, the auxiliary verb will have subjunctive endings.

	Subj. i	Subj. ii	
PRESENT	er werde	würde	geschlagen
PAST	er sei	wäre	geschlagen worden
FUTURE	er werde	würde	geschlagen werden
FUTURE PERFECT	er werde	würde	geschlagen worden sein

DECLENSION

Cases

The case of a German noun determines its function in the sentence. Nouns show case by their endings or by the form of their modifiers. German has four cases: nominative, genitive, dative, accusative.

38 Nominative Case

A. The subject of the verb stands in the nominative case.

B. The predicate nominative is found after **wie** and **als** (accompanied by intransitive verbs) and after the following verbs: **sein, werden, bleiben, dünken, erscheinen.**

EXERCISES

I. (READING 8) Complete the following statements by inserting the appropriate nominative:

    1. Du kommst zu uns als _____.   (*a good friend*)

    2. Dies ist _____.   (*a dangerous situation*)

    3. Den Zug anzuhalten scheint uns kein _____.   (*a merry joke*)

    4. Die Bahnhöfe erscheinen _____ auf dem Körper der Stadt.
                                        (*wounds*)

    5. Der Blick ins Fenster bleibt _____.   (*a happy impression*)

II. (READING 13) Restate the following sentences, using the verbs in parentheses and the resulting predicate nominatives:

    EXAMPLE: Das nenne ich meinen stolzesten Besitz. (scheinen)
    Das scheint mein stolzester Besitz.

1. Das heiße ich einen guten Kameraden. (bleiben)
2. Wir machten einen lustigen Ausflug. (es war)
3. Wir haben einen treuen Vater. (er bleibt)
4. Sie haben wohl die beste Schule. (sie scheint)

III. (Reading 18) Give a complete answer, using the predicate nominative:

Example: Kann eine alte Wohnung schöner sein? (ein moderner Neubau)
Eine alte Wohnung kann schöner sein als ein moderner Neubau.

1. Waren die alten Katzen unheimlicher? (die jungen Katzen)
2. Wie schüttelte sich die junge Frau? (ein großer Hund)
3. Ist der Kranke bleicher? (der andere Mann)
4. Wie sieht der Schwiegervater aus? (eine seiner Katzen)
5. Ist der Wohnzimmerschrank teurer? (der neue Kühlschrank)

39 Genitive Case

A. Possessive

The genitive usually follows the thing possessed; occasionally, for stylistic reasons, the thing possessed — without its article — follows the genitive.

Das Kind meiner Mutter.　　Meiner Mutter Kind.
Das Haus meines Vaters.　　Meines Vaters Haus.
Die Hand Gottes.　　Gottes Hand.

Proper names ending in a sibilant indicate the genitive by the use of an apostrophe, the preposition **von** (with dative), or occasionally the definite article. Feminine proper names form the possessive like masculines and neuters, with **–s**.

Franz' Eltern.　　Die Eltern von (des) Franz.
Herkules' Tod.　　Der Tod von Herkules. Der Tod des Herkules.
Doris' Bücher.　　Die Bücher von (der) Doris.

Nouns that usually stand without article, and place names ending in **–s** or **–z**, usually occur with the preposition **von** (and dative) rather than the genitive.

Die Bürger von Calais.
Die Geographie von Italien.

EXERCISES

I. (READING 17) Restate the following sentences, using the genitive:

1. Man spürte das Beben _____.   (vom ganzen Boden)
2. Das Jagen _____ war verboten.   (von wilden Tieren)
3. Das Ende _____ war noch unbestimmt.
                                          (vom Manöver)
4. Der Charakter _____ bleibt uns oft verborgen.
                                          (von einem menschlichen Wesen)
5. Man hörte die Bremsen _____.   (von vielen Tanks)

II. (READING 19) Rephrase, putting the genitive before the thing possessed:

1. Das Hemd von Jakob.
2. Das Haus von Herrn Cresspahl.
3. Die Mutter Jakobs.
4. Das Zimmer des Vaters.
5. Die Hände Gottes.

B. The genitive is used after certain prepositions (*cf*. 42).

C. The genitive is used after certain verbs (*cf*. 55):

bedürfen	*have need of*	sich erinnern	*remember*
sich erbarmen	*have mercy upon*	gedenken	*think of*
sich bemächtigen	*take hold of*	gewahr werden	*become aware of*
sich entsinnen	*recollect*		

EXERCISE

(READING 9) Rephrase the following sentences by using one of the verbs from the above list with the genitive:

1. Wer denkt noch an seine alten Verwandten?
2. Man wird sich auf das Ereignis besinnen.
3. Hat jemand Mitleid mit den Blinden?
4. Die Blinden brauchen unsere Hilfe.
5. Er nahm mein Rad weg.

D. The genitive is used with certain adjectives. The most usual ones are:

bar	*void*	gewahr	*aware of*
bedürftig	*in need of*	habhaft	*in possession of*
begierig	*desirous of*	müde	*tired of*
beraubt	*deprived of*	schuldig	*guilty of*
bewußt	*conscious of*	sicher	*sure of*
bloß	*free of*	wert	*worthy of*
eingedenk	*mindful of*	würdig	*worthy of*
fähig	*capable of*		

EXERCISE

(READING 9) Rephrase the following sentences by using one of the adjectives from the above list with the genitive:

1. Die Freunde wissen von der Gefahr.
2. Sie hatte genug von ihrer Tätigkeit.
3. Unser Geld ist uns sicher.
4. Alle Blinden verdienen unsere Hilfe.
5. Hermann brauchte einen Freund.

E. The genitive is used for expressions of indefinite time.

eines Tages	*one day*
eines Nachts	*one night* (even though **die Nacht** is feminine)
morgens	*in the morning* (functions as adverb)
abends	*in the evening* (functions as adverb)
des Morgens	*of a morning*
des Abends	*of an evening*

EXERCISE

(READING 7) Express the boldfaced adverbial phrases with the genitive of indefinite time. Explain the difference in meaning, if any. Translate:

1. **Am Abend** mußten wir Mathematik studieren.
2. Wir wollten **in der Nacht** leise die Treppe hinaufgehen.

3. Das Tor wird **am Freitag** nicht geöffnet.
4. **Am Nachmittag** sammeln wir Unterschriften.
5. **An einem schönen Tag** schafften wir es.

F. The so-called "partitive genitive" is not a genitive in German, in contrast to English usage.

drei Stunden Unterricht   *Three hours of instruction*
eine Tasse Kaffee   *a cup of coffee*

EXERCISE

(READING 19) Translate into German:

1. A pound of butter
2. A dozen eggs
3. A basket of potatoes
4. A glass of milk

G. Genitive of Manner

Sie reisten immer dritter Klasse.   *They always traveled third class.*
Sie ging gesenkten Hauptes.   *She walked with her head bent.*

EXERCISE

(READING 19) Restate the following sentences, using a genitive of manner:

EXAMPLE: Mit müdem Gesicht blickte sie in den Spiegel.
Müden Gesichts blickte sie in den Spiegel.

1. Mit geneigtem Kopf ging sie zum Altar.
2. Sie wartete mit halb umgewandtem Kopf.
3. Mit raschem Blick erkannte sie die Gefahr.

40 Dative Case

A. The dative case is used to express the indirect object.

> Sie gibt ihrem Bruder ein Buch. *She gives a book to her brother.*

EXERCISES

I. (READING 3) Insert the missing indirect objects, using the words in parentheses:

1. Ich kann _____ das Singen nicht verbieten. (die Kinder, du)
2. Der Gondoliere wünschte _____ gute Reise. (das Ehepaar, ich)

II. (READING 12) Supply the appropriate personal pronoun in the dative:

1. Ich hab's _____ gesagt.   (*him*)
2. Wir haben _____ eine Marke mitgebracht. (*you, fam.*)
3. Ich sage _____ seinen Namen.   (*you, fam.*)
4. Was habt ihr _____ getan.   (*me*)
5. Ich bringe _____ alles.   (*her*)
6. Sie soll _____ etwas zu essen geben.   (*us*)
7. Laß _____ mein Geld.   (*me*)
8. Er wirft _____ ein Paket hinunter.   (*him*)
9. Versprecht _____ das!   (*me*)

B. The dative case expresses the sole object of certain verbs:

antworten	*to respond to*	gefallen	*to please*
begegnen	*to meet*	gelingen	*to succeed*
danken	*to thank*	helfen	*to help*
dienen	*to serve*	sich nähern	*to approach*
drohen	*to threaten*	schaden	*to harm*
folgen	*to follow*	verzeihen[1]	*to pardon*
gehören	*to belong to*	erlauben[1]	*to permit*
		glauben[1]	*to believe*

[1] These verbs can have the dative of person and/or accusative of thing.

Ich glaube es dir.   *I believe you.*
Ich erlaube dir das.   *I give you permission for that.*

EXERCISE

(READING 3) Insert the missing object, using the words in parentheses:

1. Der Name fiel _____ gerade bei der Brücke ein.

                                                   (er, der junge Mann)

2. Gefällt _____ Francescos Stimme nicht?   (du, die junge Frau)
3. Nichts war _____ entfallen.   (er, der Gondoliere, sie)
4. Warum mißfällt _____ alles, was er tut?   (ihr, das Mädchen)
5. Marlen antwortet _____ mit böser Stimme.

                                        (ihr Mann, die beiden Männer)

C. Certain prepositions require the dative. The two-way prepositions take the dative to express rest, or motion at (in) a place (*cf.* 45).

D. Some adjectives are preceded by the dative. Here are the ones frequently used with the dative:

ähnlich	*similar*	gehörig	*belonging to*
angenehm	*pleasant*	gleich	*same*
befreundet	*friend to*	gleichgültig	*indifferent*
bekannt	*known*	hold	*friendly*
benachbart	*contiguous*	parallel	*parallel*
bekömmlich	*beneficial*	schädlich	*harmful*
böse	*angry at*	treu	*loyal*
dankbar	*grateful*	unheimlich	*mysterious*
eigen	*peculiar*	zuwider	*contrary*
fremd	*unfamiliar*	zugetan	*fond of*

Das Glück war ihm niemals hold.   *Fortune never smiled on him.*
Die Straße läuft dem Fluß   *The street runs parallel to the*
  parallel.   *river.*

EXERCISE

(READING 21) Complete the following sentences by inserting the datives given in English in parentheses:

1. Die ganze Gemeinde war _____ dankbar.   (*the fire department*)
2. Alle Nachbarn waren _____ böse.   (*Pechvogel*)

3. Der Verlust seiner Brieftasche war _____ unangenehm. (*the young man*)
4. Deine Geschichten sind _____ vollkommen gleichgültig.

(*the milkman*)

5. Er blieb _____ treu. (*his wife*)

E. The dative of reference can be used in place of **für mich** to indicate to whom the statement applies.

      Mir ist dieser Tag viel zu kalt.   *Today is far too cold for me.*

EXERCISE

(READING 3) Restate in German by using a dative of reference instead of the prepositional phrase:

1. In her judgment he talked too much.
2. It's far too warm for me.
3. Noëlly is a good wife to the gondolier.
4. Marlen seems too strict with the two men.
5. To me the bill looks too high.

F. The ethic dative is an old form, sometimes difficult to translate. It is used occasionally, mostly in spoken German, to denote the person interested in an imperative statement.

      Werde mir nicht frech!   *Don't get impertinent with me.*
      Daß mir niemand das Haus   *I'll have nobody leave the house.*
        verläßt!
      Macht mir aber keinen Lärm!   *Don't make any noise.*

41 Accusative Case

A. The accusative case is used to express the direct object. Double accusative constructions occur 1) when a verb is followed by a direct object and an object predicate: **nennen, heißen, schelten, schimpfen**; 2) when a verb is followed by an accusative of person and an accusative of thing, both of which are direct objects: **bitten, fragen, kosten, lehren.**

259

Sie nannten ihn einen Revolutionär.	*They called him a revolutionary.*
Die Mutter schalt ihn ein dummes Kind.	*His mother called him a stupid child.*
Du darfst mich um alles in der Welt bitten.	*You may ask me anything in the world.*
Er fragte mich wenig.	*He didn't ask me very much.*
Diese Arbeit kostet mich viel Mühe.	*This task requires much trouble of me.*
Sie lehrte ihn viele Lieder.	*She taught him many songs.*

EXERCISES

I. (READING 3) Complete the following statements with double accusatives given in the nominative in parentheses:

1. Der Gondoliere lehrte _____.
   (sein Freund/ein neues Lied)
2. Marlen fragt _____. (ihr Mann/viele verschiedene Fragen)
3. Die Lieder kosten _____. (der Gondoliere/keine große Anstrengung)
4. Die Paläste interessieren _____.
   (der Mann/ein Dreck)
5. Die junge Frau nannte _____.
   (der Gondoliere/ein schlechter Sänger)

II. (READING 13) Complete the following sentences with the direct object given in the nominative in parentheses:

1. Das Kind spricht _____. (ein Gebet)
2. Es hatte _____ lieb. (sein Vater)
3. Er wird _____ oft besuchen. (der kleine Junge)
4. Hast du _____. (eine klebrige Zunge)
5. Beide sehen _____. (die Gebäude)
6. Ein Zaun umschließt _____. (der große Besitz)
7. Das Mädchen trägt _____. (ihr Wollmantel)
8. Der Junge wollte _____ zeigen. (die Zunge)
9. Er sah _____ an. (sein stolzer Vater)
10. Die Schüler versuchen _____ zu fangen. (der Ball)

B.   Certain prepositions require the accusative (*cf.* 44).
Two-way prepositions require the accusative to express motion toward a place (*cf.* 45).

C. Certain adjectives are preceded by an accusative. This construction is used instead of a genitive construction (*cf.* 39D).

gewohnt	*used to*	müde	*tired of*
los	*rid of*	zufrieden	*satisfied with*

Ich bin dieses Leben gewohnt.	*I am used to this life.*
Endlich bin ich diese Krankheit los.	*Finally I am rid of this disease.*
Der Alte ist die Arbeit müde.	*The old one is tired of work.*
Sei's zufrieden!	*Be satisfied with it.*

EXERCISE

(READING 3) Complete the following statements with the words in parentheses. Observe the case after the adjectives. Translate:

1. Der Gondoliere ist _____ gewohnt. (der kalte Wind)
2. Enrico war schon _____ gewohnt. (der böse Blick seiner Frau)
3. Marlen ist _____ müde. (die Stimme des Gondoliere; das Lied)
4. Das Mädchen wird _____ nicht los.

(der Gondoliere, ihre Erkältung)

D. The accusative is used to express definite time and duration.

Sie dachte die ganze Nacht an ihn.	*She thought of him all night.*
Jedes Frühjahr kommen die Blumen wieder.	*Every spring the flowers return.*
Er war einen Tag in München.	*He was in Munich for one day.*[1]

EXERCISES

I. (READING 7) Restate the boldfaced expressions of time as accusatives of definite time. Translate:

EXAMPLE: **Am Mittwoch** wurde eine große Feier gehalten.
Mittwoch wurde eine große Feier gehalten.

[1] *Cf.* this accusative with the genitive of indefinite time: Er war eines Tages in München. *One day he was in Munich.*

1. Er wird **zu Ostern** mit der Schule fertig.
2. Birnbaums Schwierigkeiten begannen **im Dezember 1941.**
3. **Im nächsten Jahr** studieren wir ein neues Gebiet der Mathematik.
4. **Um 12:45** geht mein Zug ab.
5. **Im letzten Winter** bekam ich eine Mütze aus rotem Tuch.
6. **In jener Nacht** schrie er im Traum.
7. Wir müssen **in dieser Woche** Bücher sammeln.
8. **An manchem Tag** sitzt sie dort und strickt.

II. (READING 16) Translate into German and explain your use of the appropriate
expression of time:

1. Every morning she observed the butterflies.
2. The tea filled her stomach for a while.
3. The entire summer she waited in vain for a sign.
4. The branch swayed back and forth the whole night.
5. Any moment now she will wake me.

42 Prepositions with the Genitive

anläßlich	*at the occasion of*	diesseits	*this side of*
(an)statt	*instead of*	jenseits	*the other side of*
anstelle	*instead of*	inmitten	*in the midst of*
außerhalb	*outside of*	mittels	*by means of*
innerhalb	*inside of*	trotz	*in spite of*
oberhalb	*above*	während	*during*
unterhalb	*below*	um ... willen[1]	*for the sake of*
infolge	*as a result of*	wegen[1]	*because of*

EXERCISES

I. (READING 11) Put the following word groups into the genitive case after an
appropriate preposition chosen from the list above. Translate:

EXAMPLE: sein Kommen
anläßlich seines Kommens
(on the occasion of his arrival)

[1] The prepositions **um ... willen** and **wegen** change the genitive of the personal
pronoun and form a compound with it: **meinet–, deinet–, seinet–, unsert–,
euret–, ihret–, Ihretwegen**; or **um meinet–, deinetwillen** etc.

die verlassenen Höfe, die vernagelten Fenster, das alte Elektrizitätswerk, diese Brücke, sein eiliges Verschwinden, die einzelnen Höfe, das große Büro, sein sanftes Grün, seine Ruhe, die fernen Berge, ihre Geburt.

II. (READING 17) Complete the following sentences with the genitive given in English in parentheses:

1. Die Offiziere gruben sich innerhalb _____ ein.   (*the safe area*)
2. Außerhalb _____ war die Natur ruhig.   (*their positions*)
3. Infolge _____ wurden die Schafe verrückt.   (*the manœuvre*)
4. Das Blut quoll innerhalb _____ heraus.   (*a few seconds*)
5. Trotz _____ verjagten die Soldaten die Schafe.   (*his order*)

III. (READING 20) Restate the following sentences, supplying the appropriate genitives given in the nominative in parentheses:

1. Um _____ willen fuhr man aufs Land.   (ein Naturereignis)
2. Während _____ blieben die Musiker im Garten.

(der heftige Regen)
3. Wegen _____ gingen die Gäste ins Haus.   (das schlechte Wetter)
4. Trotz _____ kamen viele Leute.   (die lange Wegstrecke)
5. Sie fanden sich inmitten _____.   (eine kreischende Menge)

43   Prepositions with the Dative

aus	*out of, from, of*	seit	*since*
außer	*except, besides*	von	*from, by*
bei	*at, near, at the home of*	zu	*to*
mit	*with*	gegenüber	*opposite*[1]
nach	*to(ward), after,*	entgegen	*towards*[1]
	according to[1]		

Contractions: bei dem: **beim,** von dem: **vom,** zu dem: **zum,** zu der: **zur**

EXERCISES

I. (READING 9) Answer the following questions, using the words in parentheses with appropriate prepositions and endings:

1. Wo trafen sich die beiden Freunde?
   (der Zoo, eine Bank, das kleine Restaurant)

[1] **Nach** meaning *according to,* **gegenüber,** and **entgegen** usually follow their noun or pronoun.

2. Woher kamen das Licht und die Geräusche?
   (die Luft, die Straße)
3. Wovon sprachen der Erzähler und Hermann?
   (die Kriegsvorbereitungen, die kommende Revolution)
4. Womit fuhr Hermann davon?
   (sein Rad, leere Tasche, meine sichtbare Mappe)
5. Wohin führten ihre Spaziergänge?
   (der große Platz, das nächtliche Berlin, der Fluß)

II. (READING 11) Complete the following sentences by inserting the appropriate prepositions. Translate:

1. Der grüne Esel kommt _____ Mittag.
2. Die Straße geht gerade _____ Nordwesten.
3. Wir haben _____ unserer Kindheit keinen Esel mehr gesehen.
4. _____ Nacht sind alle Katzen schwarz.
5. Der Esel wohnt der Eisenbahn _____.

III. (READING 11) Restate the following sentences with the prepositional objects given in parentheses. Adjust article endings accordingly:

1. Sie kommen eilig aus dem Wald.   (die Einfahrt, die fernen Berge)
2. Er klappert auf dem Weg.   (der Steg)
3. Sieht sie ihn im Hof?   (das Haus, die Nacht)
4. Die Erzählerin hat es von ihm gelernt. (ihr grüner Esel, ihr Freund)

IV. (READING 16) Translate into English, paying attention to the possibilities of rendering **bei**:

1. Beim Erwachen dachte sie an ihre Schuld.
2. Bei jedem Wetter waren die Störche unterwegs.
3. Sie wohnten in einem Haus bei Husum.
4. Bei diesen Worten wurde sie ganz verzweifelt.
5. Bei Nacht konnte sie häufig nicht schlafen.

44 Prepositions with the Accusative

bis	*until, to*	ohne	*without*
durch	*through, by*	um	*(a)round, at, about*
für	*for*	wider	*against*
gegen	*against, toward*	entlang[1]	*along*

Contractions: für das: **fürs,** durch das: **durchs,** um das: **ums**

[1] **entlang** follows its noun or pronoun.

EXERCISES

I. (READING 9) Restate the following sentences, using the prepositions given in parentheses. Adjust the article and noun endings accordingly. Translate:

1. Der Wirt spülte Gläser neben seinen Gästen. (für)
2. Hermann verschwand nach einiger Zeit. (für, auf)
3. Er neigte seinen Kopf zur Seite. (auf)
4. Die Musik kommt aus dem offenen Fenster. (durch)
5. Mein Buch soll von unserer Tätigkeit berichten. (über)

II. (READING 11) Restate the following sentences, using the prepositions given in parentheses:

1. Er geht über die Eisenbahnlinie. (entlang)
2. Die Sonne scheint in jedes einzelne Fenster. (auf, durch)
3. Der Esel schaut auf die Geleise. (unter, über)
4. Sie kann ohne ihn nichts tun. (für, gegen)
5. Er drückt auf die Türe. (gegen)

45 Prepositions with the Dative or the Accusative (Two-Way Prepositions)[1]

When used with the dative, these nine prepositions indicate position or movement *at*, or *in*, a place; when used with the accusative they indicate motion *toward* a place.

an	on (*vertical*), onto, at, to	über	over
auf	on (*horizontal*), onto	unter	under, among
hinter	behind	vor	before, in front of, ago
in	in, into	zwischen	between
neben	beside		

[1] When used figuratively, two-way prepositions usually take the accusative.

EXERCISES

I. (READING 9) Decide which case is required after the preposition. Then fill in the endings accordingly:

1. Wir setzten uns, jeder an sein _____ Tisch unter d_____ Fenster.
2. Zwischen d_____ beid_____ Fenster_____ hing ein Bild.
3. Er verschwand in d_____ Ausland.
4. Er neigte seinen Kopf auf d_____ link_____ Seite.
5. Es ist meine Aufgabe, über d_____ Leut_____ meiner Generation zu berichten.
6. Unter d_____ Bücher_____ befand sich eins von Heinrich Mann.
7. Die Ereignisse standen sichtbar vor mein_____ Augen.
8. Hermann hängt sehr an sein_____ Schwester.
9. Vor d_____ Erzähler stand der Blinde.
10. Er stellt sich neben d_____ verlegen_____ Kellner.

II. (READING 16) Fill in the appropriate prepositions and adjust the endings accordingly:

1. Sie wußte keine Antwort _____ sein_____ Frage.
2. Sie sah ihre Mutter schwankend _____ d_____ Haus zukommen.
3. Ihr Vater sprach verzweifelt _____ d_____ jung_____ Frau ein.
4. Sie wartete vergebens _____ ein_____ Zeichen.
5. Das Kind vertraute _____ sein_____ Schicksal.
6. Sie vernimmt leise Worte _____ d_____ Gang.
7. Ihre Hand lag _____ d_____ Seife.
8. Ihr Haus war _____ ein_____ Hügel.

III. (READING 19) Complete the following sentences by inserting the appropriate prepositions followed by the object given in the nominative in parentheses:

EXAMPLE: Der Soldat saß _____. (der Hochsitz)
          Der Soldat saß auf dem Hochsitz.

1. Sie sah ihre dürre Gestalt _____.   (das Hemd)
2. _____ Ostern mußte man Osterwasser holen.   (die Zeit)
3. Gesine rutschte _____.   (das Fensterbrett)
4. Sie fühlte sich leer _____.   (der Kopf)
5. _____ packte Jakob seine Sachen aus.   (der Tisch)
6. Sie durfte nicht _____ aus dem Haus gehen.   (ein warmes Kleid)
7. Das Kleid hing in _____ an ihr herunter.   (gerade Falten)
8. Der Weg führte schräg _____ vorbei.   (das Zelt)

9. Die Glocke hing hoch _____.   (sie)
10. Ihr Vater weckte sie _____.   (der Schlag der Glocke)
11. Sie wollte die Kartoffeln _____ braten.   (die Pfanne)
12. Sie las den Zweifel _____.   (sein Gesicht)
13. Jakob blickte aufmerksam _____.   (ihre Augen)

46 Prepositional Compounds

When a pronoun object of a preposition refers to a thing or an idea rather than a person or living being, **da(r)-** and **wo(r)-**compounds are used.

A. Wo(r)-compounds are used:

1. as interrogatives to introduce questions with a preposition;
2. as conjunctions to introduce indirect questions with a preposition;
3. as substitutes for relative pronouns in combination with a preposition; this substitution is optional.

> Wofür interessieren Sie sich?   *What are you interested in?*
> Ich weiß, wofür ich mich   *I know what I am interested in.*
> interessiere.
> Manche Bücher, wofür (für   *Some books in which I am*
> die) ich mich interessiere . . .   *interested . . .*

B. Da(r)-compounds are used:

1. to indicate a prepositional object when it refers to a thing or idea;
2. as an anticipatory connection to a subsequent clause or phrase, *i.e.* as a temporary object to a preposition whose logical object is a subordinate clause or an infinitive phrase.

> Ich freue mich darauf.   *I am looking forward to it.*
> Ich freue mich darauf, Sie zu   *I am looking forward to seeing*
> sehen.   *you.*
> Ich freue mich darauf, daß wir   *I am looking forward to (the*
> bald abfahren können.   *fact that we can depart soon)*
>   *our prompt departure.*

EXERCISES

I. (READING 11) Substitute the words in parentheses for the boldfaced words. Then adjust the pronoun or the prepositional compound in accordance with the new antecedent. Translate:

EXAMPLE: Er hört **die Eisenbahn pfeifen;** in der Nacht träumt er davon.
(die jungen Mädchen)
Er hört die jungen Mädchen; in der Nacht träumt er von ihnen.

1. Sie beobachtet **den Esel;** dann erzählt sie von ihm.
(die Eisenbahndrähte, die Mutter)

2. Das ist **ihre Befürchtung,** und sie träumt davon.
(ihr Esel, ein gefährlicher Blitz)

3. So ist **die Art der Leute;** die Autorin schreibt über sie.
(der Soldat, sein Kommen)

4. Dies ist **ihr einziger Freund;** sie will sich an ihm freuen.
(ihr einziger Gedanke; ihr erstes Kind)

5. Zuerst verschwindet **der Esel;** kurz nach ihm verschwinden viele Züge hinter der Brücke. (die Sonne; das Licht)

II. (READING 15) Insert the prepositions given in English in parentheses with pronouns or **da(r)** or **wo(r)**–compounds as appropriate:

1. Im Schreibtisch ist ein Fach, _____ gewöhnlich meine wichtigen Papiere liegen. (*in which*)

2. Sie öffnete das Fenster, _____ man ein großes Stück Himmel sehen konnte. (*through which*)

3. Die stumpfe Art, _____ viele Menschen ihre Tiere verletzen, erschreckte sie. (*with which*)

4. Der Vogel kroch an den Rand des Teppichs, _____ er sitzen blieb. (*upon which*)

5. Kein Name fiel mir ein, und _____ geriet ich in eine traurige Stimmung. (*about that*)

6. Sie war auf einen guten Gedanken gekommen, aber dann sprach sie doch nicht _____. (*about it*)

7. Sie dachte an ihre alten Kollegen, _____ sie diese Sachen bereits überlegt hatte. (*with whom*)

8. Sie wunderte sich über die Geschicklichkeit, _____ der Vogel den Teppich entlang kroch. (*with which*)

III. (READING 16) Translate into English:

1. Dabei kam nichts heraus.
2. Was mir dabei Angst machte . . .

3. Sie wußte nicht, womit er sich verletzt hatte.
4. Wovor zittere ich eigentlich?
5. Sie wußte, daß er daran dachte.

IV. (READING 19) Complete the following sentences with the cues given in English in parentheses:

1. Das Wasser galt als besonders gut für die Haut, _____ .
   (which was washed with it)
2. Sie nahm das Kleid _____ .
   (in which already her aunt had gone to church)
3. Sie sah Cresspahls Haus _____ .
   (and the villa behind it)
4. Gesine holte sich einen Teller Suppe _____ .
   (and ate from it)
5. Sie sahen die Dämmerung _____ .
   (and grey figures which disappeared in it)

47 Noun Gender

In German all nouns are capitalized. German has three noun genders: masculine, feminine, neuter. In compound nouns, the gender is determined by the last element. There are few rules governing the gender of a noun. Nouns should, therefore, be learned with their definite articles: **der** (masculine), **die** (feminine), **das** (neuter). All three genders have the same plural article: **die.**

A. Gender According to Meaning

MASCULINE

The days, divisions of the day, months seasons:	**der** Sonntag, **der** Abend, **der** Mai, **der** Herbst (exception: **die** Nacht)
Most rocks and precious stones:	**der** Kalk, **der** Felsen, **der** Stein
Weather and compass terms:	**der** Regen, **der** Horizont, **der** Westen
Male beings (nautral gender):	**der** Vater, **der** Bruder, **der** Hund, **der** Löwe
Professional and national designations usually refer to men (feminine indicated by **–in**):	**der** Kaiser, **der** Arzt, **der** Amerikaner, **der** Krankenpfleger
Most foreign rivers:	**der** Don, **der** Missouri

FEMININE

Female beings (natural gender): | die Tochter, **die** Dame, **die** Witwe, **die** Kuh, **die** Henne, (exceptions: **das** Weib, **das** Frauenzimmer, **das** Mädchen)

Most fruits, trees, flowers: | die Kirsche, **die** Tanne, **die** Rose (exception: **der** Apfel)

Most German rivers: | die Elbe, **die** Weser, **die** Donau, **die** Saale (exceptions: **der** Rhein, **der** Main, **der** Neckar, *i.e.* mostly one-syllable river names)

Figures: | die Zwölf, **die** Null
Names of ships: | die Bremen

NEUTERS

Young living beings: | das Kind, **das** Baby, **das** Lamm, **das** Kalb

Continents, countries, states, islands, cities (they do not use articles except with a modifier): | das alte Europa, **das** südliche Bayern, **das** Wien Metternichs, **das** unbekannte Grönland (exceptions: **die** Schweiz, **die** Normandie, **die** Türkei, **der** Balkan)

Metals, chemical elements: | das Silber, **das** Gold, **das** Blei (exception: **der** Stahl)

Colors: | das Blau des Himmels, **das** Grün der Blätter

Letters: | das ABC, **das** Alpha, **das** Omega
International terms: | das Taxi, **das** Hotel, **das** Auto, **das** Radio, **das** Telephon, **das** Mikrophon

B. Gender According to Form

MASCULINE

Agent nouns ending in **–er, –ler, –ner**: | der Schwimmer, **der** Sportler, **der** Klempner

Nouns denoting a profession ending in **–or, –eur, –ant, –ent**: | der Professor, **der** Friseur, **der** Fabrikant, **der** Dirigent

Nouns ending in **–ig, –ich, –ing, –ling**: | der König, **der** Kranich, **der** Hering, **der** Frühling

Nouns ending in **–ismus, –us**: | der Terrorismus, **der** Virus

FEMININE

Nouns ending in **–in**, as feminine counterparts to male professions, occupations, nationalities:

die Doktorin, **die** Fürstin, **die** Polin

Nouns ending in **–heit, –keit, –ei, –ung, –schaft, –ie, –ik, –ur, –ion:**

die Freiheit, **die** Neuigkeit, **die** Bücherei, **die** Zeitung, **die** Freundschaft, **die** Ironie, **die** Musik, **die** Natur, **die** Nation

Most nouns ending in unaccented **–e:**

die Suppe, **die** Liebe, **die** Garage

NEUTER

Diminutives ending in **–chen, –lein** (natural gender is overruled by grammatical gender):

das Männlein, **das** Mädchen

Most nouns ending in **–tum, –nis:**

das Königtum, **das** Gefängnis (exceptions: **der** Irrtum, **der** Reichtum, **die** Fäulnis)

Most collective nouns beginning with **Ge–:**

das Gericht, **das** Gebäude, **das** Gebirge, **das** Gelächter (exceptions: **die** Gewalt, **die** Gefahr, **die** Geschichte, **der** Gesang, **der** Gedanke)

Infinitives used as nouns: (*cf.* 48)

das Rauchen, **das** Denken

EXERCISES

I. (READING 1) Use the nouns from the story to form compound nouns. Supply the appropriate articles and translate the compounds:

Stück, Haus, Bürger, Zimmer, Pyramide, Obst, Gepäck, Gast, Balkon, Stand, Frucht, Kaffee, Mensch, Meister, Rösterei.

II. (READING 5) Following are most of the nouns occurring in the Handke text:

Fluß, Mann, Kopf, Arm, Ufer, Gesicht, Schritt, Meter, Bruder, Schatten, Brust, Bett, Geröll, Herbst, Glimmer, Pullover, Wasser, Beben, Ast, Schlamm, Kasten, Ozean, Felsen, Knie, Gefrieren, Handrücken, Hand, Auge, Bein, Teil, Horizont, Motor, Puppe, Haus, Kind, Grund, Wind, Stroh, Richtung, Dach, Kleid, Kreis, Schuh, Bewegung, Blut, Finsternis, Augenblick, Bauch, Kanne, Pfütze, Rinne, Rille, Meer, Tier, Flugzeug, Mitte, Hilfe, Straße, Wald, Baum, Krebs, Wurm, Fuß, Lache, Mücke, Ameise, Fläche, Wetterkreuz, Spitze, Truhe, Absatz, Schwein, Dorf, Stelle, Tiefe, Pflaster, Staunen, Taschentuch, Lärm.

1. Which of these nouns are masculine or neuter because of their meaning?
2. Can you identify any of them as feminines because of their form or their derivation?
3. Can you identify any of them as neuters because of their form or their derivation?
4. Which of the few two-syllable nouns are masculine, which are neuter?

III. (READING 10) Study the various noun suffixes. Then try to use some of them to make nouns out of the following verbs and adjectives. (Check the Schnurre text for correctness of your results.) Since the suffix determines also the gender, you can establish the appropriate definite article as well:

ausschließlich, zuneigen, zurückhalten, vorbereiten, dünkelhaft, falsch, wiederherstellen, waschen, wohnen, verzeihen, schicken, ereignen, gedacht.

IV. (READING 10) Determine the gender of the following nouns from their suffixes or prefixes (Check the Schnurre text for correctness.):

Pädagogin, Urheber, Fleischermeister, Freundin, Näherin, Mädchen, Kästchen, Gedächtnis, Märchen, Bildnis, Geschirr, Gedanke.

V. (READING 16) Reduce the following nouns to their original verb or adjectival form:

die Bewegung, die Erregung, die Unendlichkeit, die Schlaflosigkeit, die Entwicklung, die Warnung, die Notwendigkeit, die Haltung, die Erinnerung, die Unbefangenheit, die Landung, die Feinheit.

VI. (READING 16) Form nouns from the following verbs, not using suffixes. (Use the Claes text for assistance.) Add the appropriate articles:

beißen, stechen, abfliegen, springen, ankommen, aufbrechen, suchen, rauchen, mitleiden, stürzen, aufprallen.

VII. (READING 17) Form compound nouns of two or more elements, using the appropriate article (and paying attention to the connecting consonant given in parentheses). Translate your compound nouns:

die Ordonnanz	der Zug	die Heide	die Landschaft(s)
das Manöver	der Offizier(s)	das Blech	das Wölkchen
der Jeep	die Leitung(s)	die Angst	der Gesang(s)
das Militär	die Kette(n)	der Soldat(en)	das Gesicht(s)
Sanitäts–	die Delegation(s)	die Welt	der Krieg(s)

der Vogel	das Fahrzeug(s)	die Pistole(n)	die Tasche(n)
das Feld	der Schwarm	der Kranke(n)	die Leute
die Höhe(n)	der Weg	die Nachricht(en)	die Küche(n)
das Gulasch	das Land	das Leben(s)	das Glas
das Kabel	der Teller	die Kanone(n)	die Schar(en)
die Luft	der Verband(s)	der Panzer	die Waffe(n)

48 Noun Derivation

A. From Verb Forms

1. Nouns ending in **–er** (**–erin** for feminines) are derived from the infinitive stem and denote agency. They belong to the strong declension (**–erin** to the weak declension).

   der Denk**er, der** Rauch**er, der** Fahr**er, der** Führ**er**

2. Nouns derived from the present participle end in **–e** and can be masculine, feminine, or neuter. They follow the adjective declension.

   der (die) Sterbend**e, der (die)** Ertrinkend**e, der (die)** Studierend**e, der (die, das)** Störend**e, der (die, das)** Kommend**e, das** Entscheidende

3. Nouns derived from the past participle end in **–e** and can be masculine, feminine, or neuter. They follow the adjective declension.

   der (die) Gefallen**e, der (die)** Unterlegen**e, der (die)** Gefangen**e, der (die)** Erfroren**e, das** Gefroren**e, das** Gebacken**e, das** Gegeben**e, das** Gedruckt**e, der (die)** Gelehrte

4. Infinitives can occur as nouns. They are capitalized, always neuter, usually occur only in the singular (unless their meaning is extended as **das Leben — die Leben, das Leiden — die Leiden, das Versprechen — die Versprechen**). They follow the strong declension.

   das Sein, **das** Werden, **das** Tun, **das** Lachen, **das** Verstehen

5. One-syllable verbal nouns are derived from the infinitive stem or from the imperfect stem. They are masculine and follow the strong declension.

   der Gang, **der** Schritt, **der** Schnitt, **der** Klang, **der** Stand, **der** Sitz, **der** Lauf, **der** Schwung, **der** Bau (plural follows mixed declension here: **die Bauten**)

B. From Primary Adjectives

> **der (die, das)** Deutsche, Fremde, Alte, Gute, Schöne, Böse, Neue,
> Junge, Arme, Reiche, Tote, Dicke, Weise
> **das** Ganze
> **der (die, das)** Bessere, Schnellere
> **der (die, das)** Schönste, Beste

EXERCISES

I. (READING 1) Supply the definite articles for the following nouns. Are there some nouns in the group which are masculine because of their meaning? Can the gender of some of these nouns be predicted because of their prefix or suffix?

Geld, Gepäck, Sack, Stück, Dorf, Bürgermeisterei, Kirche, Gasthaus, Saal, Arbeit, Arbeitslose, Fliese, Kaffee, Stange, Lamm, Mensch, Menge, Kreis, Bohne, Zeug, Rösterei, Markt, Wirt, Gast, Bürger, Meister, Balkon, Obst, Stand, Pfanne, Pyramide, Frucht, Haut, Hof.

II. (READING 8) Form nouns from the following verbs, using the Kunert text for assistance:

EXAMPLE: leben
> **das Leben, der Lebende**

verderben, blicken, unterbrechen, bauen, fürchten, ahnen, zählen, entdecken, wiederkehren.

III. (READING 8) State the adjectives from which the following nouns are derived:

die Gleichartigkeit, die Höhe, die Röte, die Humanität, die Leere, die Geschwindigkeit, die Fläche, ein Fremder, die Heiterkeit, die Friedlichkeit.

IV. (READING 13) Form nouns from the boldfaced adjectives or verbs and supply the appropriate articles. Translate:

EXAMPLE: Ich sehe, daß dies **schön** ist.
> **Ich sehe das Schöne.**

1. Seine Zunge war **feucht.** Er fühlte etwas _____ auf der Zunge.

2. Viele Frauen **kreischten** auf der Straße. Auf der Straße war lautes _____ zu hören.

3. Vater und Sohn liefen, bis sie **schwitzten.** Das _____ ist gesund, sagt der Arzt.

49 Strong Noun Declension

Within the strong group, nouns are classified according to their plural formation.

A. Plural forms –, or ⸚

Most two- or more syllable masculines and neuters ending in **–er,**[1] **–en, –el.** Two feminines. Neuters as **–chen** and **–lein** diminutives.

der Bruder, ⸚	die Mutter, ⸚	das Mädchen, —
der Amerikaner, —	die Tochter, ⸚	das Fräulein, —
der Mantel, ⸚		das Fenster, —
der Wagen, —		das Leben, —
der Morgen, —		das Viertel, —

	SINGULAR		
NOMINATIVE	der Vater	die Mutter	das Leben
GENITIVE	des Vaters	der Mutter	des Lebens
DATIVE	dem Vater	der Mutter	dem Leben
ACCUSATIVE	den Vater	die Mutter	das Leben

	PLURAL		
NOMINATIVE	die Väter,	Mütter,	Leben
GENITIVE	der Väter,	Mütter,	Leben
DATIVE	den Vätern,	Müttern,	Leben
ACCUSATIVE	die Väter,	Mütter,	Leben

B. Plural forms **–e,** or ⸚**e**

Most one-syllable masculines and neuters. A few feminines with stem vowel **a** or **u.**

der Sohne, ⸚e	die Nacht, ⸚e	das Schiff, –e
der Freund, –e	die Gans, ⸚	das Jahr, –e
der Tag, –e	die Hand, ⸚	das Stück, –e
der Abend, –e	die Wand, ⸚	das Tier, –e
der Bleistift, –e	die Stadt, ⸚	das Papier, –e
	die Luft, ⸚e	
	die Brust, ⸚	
	die Nuß, ⸚sse	
	die Kunst, ⸚e	
	die Wurst, ⸚e	

[1] EXCEPTIONS: der Vetter, der Bauer

	SINGULAR		
NOMINATIVE	der Baum	die Nacht	das Jahr
GENITIVE	des Baumes	der Nacht	des Jahres
DATIVE	dem Baum(e)	der Nacht	dem Jahr(e)
ACCUSATIVE	den Baum	die Nacht	das Jahr

	PLURAL		
NOMINATIVE	die Bäume,	Nächte,	Jahre
GENITIVE	der Bäume,	Nächte,	Jahre
DATIVE	den Bäumen,	Nächten,	Jahren
ACCUSATIVE	die Bäume,	Nächte,	Jahre

C. Plural forms **–er**[1] and **¨er**

A few masculines, no feminines, many one-syllable neuters.

der Mann, ¨er   das Kind, –er
der Wald, ¨er   das Buch, ¨er
                        das Haus, ¨er
                        das Land, ¨er
                        das Dach, ¨er

	SINGULAR		PLURAL	
NOMINATIVE	der Wald	das Bild	die Wälder,	Bilder
GENITIVE	des Waldes	des Bildes	der Wälder,	Bilder
DATIVE	dem Wald(e)	dem Bild(e)	den Wäldern,	Bildern
ACCUSATIVE	den Wald	das Bild	die Wälder,	Bilder

EXERCISE

(READING 5) Referring to the list of nouns from the Handke text (*cf.* 47),

1. Find the two feminine nouns which follow the strong declension. Decline them in the singular and plural. Which other feminine nouns are declined this way?
2. The majority of the one-syllable nouns in the story are either masculines or neuter, and form their plurals either with ¨er, or –e. Determine the gender of these nouns and give their plural form.

[1] –er plurals exist only where the stem vowel cannot have an umlaut.

50 Weak Noun Declension

Most nouns in this group are feminine, such as **die Frau, die Kirche.** There are a few masculines in this group which denote male beings or activities associated with men:

animals:	der Löwe
personal titles:	der Prinz, der Graf, der Fürst
occupations:	der Hirte, der Bote, der Bauer
nationalities:	der Franzose, der Chinese
male beings:	der Junge, der Knabe, der Bube, der Gatte, der Neffe, der Vorfahre, der Ahn, der Mensch, der Kamerad, der Geselle, der Genosse
foreign nouns accented on the last syllable:	der Planet, der Pianist, der Kommandant, der Adressat, der Dirigent
adjectival nouns:	das Gute

	SINGULAR			PLURAL
NOMINATIVE	der Junge	die Frau	das Gute	die Jungen, Frauen, Guten
GENITIVE	des Jungen	der Frau	des Guten	der Jungen, Frauen, Guten
DATIVE	dem Jungen	der Frau	dem Guten	den Jungen, Frauen, Guten
ACCUSATIVE	den Jungen	die Frau	das Gute	die Jungen, Frauen, Guten

EXERCISE

(READING 1) Look for the feminine nouns in the list of 48, Exercise (I), and form their plurals.

51 Mixed and Irregular Noun Declension

A. Mixed declension nouns are strong in the singular, weak in the plural.

der Bauer, –n[1]	das Bett, –en
der Nachbar, –n[1]	das Auge, –n

[1] Some mixed declension nouns are also used with weak declension endings, *i.e.* they lack the genitive **–s** and add the weak **–(e)n** in the genitive, dative, and accusative singular.

der Professor, –en
der Schmerz, –en
der Staat, –en
der Vetter, –n
der Doktor, –en
der Motor, –en

das Hemd, –en
das Ohr, –en
das Ende, –n

	SINGULAR		PLURAL
NOMINATIVE	der Staat	das Auge	die Staaten, Augen
GENITIVE	des Staates	des Auges	der Staaten, Augen
DATIVE	dem Staat(e)	dem Auge	den Staaten, Augen
ACCUSATIVE	den Staat	das Auge	die Staaten, Augen

B. Irregular declension nouns add **–(e)ns** for the genitive singular, **–(e)n** in all other cases.

der Buchstabe, –n
der Glaube, –n
der Gedanke, –n
der Wille, –n
der Friede, –n
der Funke, –n
der Name, –n
der Same, –n

das Herz, –en

	SINGULAR		PLURAL
NOMINATIVE	der Gedanke	das Herz	die Gedanken, Herzen
GENITIVE	des Gedankens	des Herzens	der Gedanken, Herzen
DATIVE	dem Gedanken	dem Herzen	den Gedanken, Herzen
ACCUSATIVE	den Gedanken	das Herz	die Gedanken, Herzen

C. Foreign words follow the strong declension in the singular but form their plural with **–s**. There are only a few of them.

der Park, –s   die Kamera, –s   das Auto, –s
der Leutnant, –s   das Sofa, –s
der Chef, –s   das Kino, –s
der Klub, –s   das Büro, –s
                                        das Café, –s
                                        das Hotel, –s
                                        das Radio, –s
                                        das Restaurant. –s

	SINGULAR			PLURAL
NOMINATIVE	der Chef	die Kamera	das Kino	die Chefs, Kameras, Kinos
GENITIVE	des Chefs	der Kamera	des Kinos	der Chefs, Kameras, Kinos
DATIVE	dem Chef	der Kamera	dem Kino	den Chefs, Kameras, Kinos
ACCUSATIVE	den Chef	die Kamera	das Kino	die Chefs, Kameras, Kinos

EXERCISES

I. (READING 5)   Referring to the nouns in the Handke text (*cf.* 47), find the masculine and neuter nouns belonging to the weak or mixed declension. Give their plurals:

II. (READING 10)   Determine the gender of the following nouns. Give genitive singular and plural forms:

Gedanke, Herz, Name, Foto, Hotel, Karussell.

III. (READING 10)   Fill in the appropriate form of the noun given in English in parentheses:

1. Er hatte einen merkwürdigen _____ .   (*thought*)
2. Sie liebte ihn von _____ .   (*heart*)
3. Er rief sie mit _____ .   (*name*)
4. Jonathan wohnte nur in sauberen _____ .   (*hotels*)
5. Die alten _____ zeigten ihn auf verschiedenen _____ .

(*photos, merry-go-rounds*)

52 Special Declension Problems

A.   Some nouns occur only in the singular:

das Gold, das Silber, das Blei
die Polizei, die Feuerwehr
der Ärger, der Zorn, die Wut
die Milch, die Butter
das Vieh, das Wild
die Mathematik, die Geschichte
die Politik, die Thematik

B. Some nouns occur only in the plural:

> die Eltern
> die Ferien
> die Geschwister
> die Leute
> die Kosten

C. Some originally foreign nouns have special plurals:

> der Rhythmus, die Rhythmen
> der Hymnus, die Hymnen
> der Virus, die Viren
> das Drama, die Dramen
> das Epos, die Epen
> das Verb, die Verben
> das Museum, die Museen
> das Zentrum, die Zentren
> das Studium, die Studien

D. Some nouns ending in **–mann** form their plural with **–leute,** others do not:

der Edelmann, die Edelleute	der Ehemann, die Ehemänner
der Hauptmann, die Hauptleute	der Hampelmann, die Hampel-männer
der Kaufmann, die Kaufleute	
der Landsmann, die Landsleute	der Staatsmann, die Staats-männer
der Seemann, die Seeleute	
der Bergmann, die Bergleute	der Schneemann, die Schnee-männer

E. Some nouns have two genders and correspondingly form different plurals:

der Band, –es, ̈e	*volume*	das Band, –es, ̈er	*ribbon*
der Erbe, –n, –n	*heir*	das Erbe, –s	*inheritance*
der Gehalt, –(e)s, –e	*content*	das Gehalt, –(e)s, ̈er	*salary*
der Heide, –n, –n	*heathen*	die Heide, –, –n	*heath, heather*

der Hut, –(e)s, ⁀e	*hat*	die Hut	*guard*
der Kunde, –n, –n	*customer*	die Kunde, –, –n; (–kunde)	*news; (–ology)*
der Leiter, –s, –	*leader*	die Leiter, –, –n	*ladder*
der See, –s, –n	*lake*	die See, –, –n	*sea*
der Tau, –s	*dew*	das Tau, –(s), –e	*rope*
der Tor, –en, –en	*fool*	das Tor, –(e)s, –e	*gate*

EXERCISES

I. (READING 5)   Referring to the nouns in the Handke text (*cf.* 47), find the neuters which normally appear in the singular only.

II. (READING 16)   Among the following nouns, find the nouns which appear as plurals only, the nouns which appear as singulars only. Give their gender:

Milch, Eltern, Schicksal, Schuld, Ostern, Leute, Zustand, Mitleid, Zorn, Ferien.

53   Definite Article and **der**-Words

The definite article and the so-called **der**-words:

dieser	welcher
jener	jeder (singular only)
mancher	alle (plural mostly)
solcher	

follow the same declension.

	m	*f*	*n*	*pl*
NOMINATIVE	der	die	das	die
GENITIVE	des	der	des	der
DATIVE	dem	der	dem	den
ACCUSATIVE	den	die	das	die

A.   Meaning

Dieser means *this* or *this one*. When used as a complement for the verb **sein,** the neuter **dieses** drops its ending and becomes **dies,** which remains undeclined and refers to masculine, feminine and neuter predicates equally.

Jener meaning *that one* is used mostly poetically. In everyday speech, **der da** is used instead. **Dieser und jener** is used to mean *the latter and the former*.

Mancher and **manch ein** both mean *many a*. In the latter combination, **manch** remains undeclined.

Solcher, solch ein and **ein solcher** mean *such* and *such a*. **Solch ein** and **ein solcher** appear more frequently. In **solch ein, solch** remains undeclined. In **ein solcher** both members are declined; the second one is declined like a preceded adjective.

Welcher means *which*; it is not synonymous with **welch ein** which means *what a*.

Jeder and **ein jeder** mean *everyone* or *each*. In the latter combination, both members are declined; the second one is declined like a preceded adjective. The plural for **jeder** is **alle.**

B.   Usage of the Definite Article

1. before abstract nouns:

Die Zeit vergeht.	*Time passes.*
Das Leben ist schwer.	*Life is hard.*

2. before modified proper names:

Der junge Goethe.	*Young Goethe*
Das moderne Italien.	*Modern Italy*

3. with price indications or measurements:

Vier Mark das Stück.	*Four marks a piece.*
Dreimal die Woche.	*Three times a week.*

4. with adverbial phrases of time, manner, place, particularly with prepositions.

Im (in dem) Frühling.	*In spring.*
Am (an dem) Sonntag.	*On Sunday.*
Vor der Schule.	*Before school.*
In der Schule.	*In school.*
Mit dem Flugzeug.	*By plane.*

5. before some country names:

Zum (zu dem) Beispiel.	*For example.*
Zur (zu der) Kirche.	*To church.*
In der Türkei.	*In Turkey.*
Im (in dem) Elsaß.	*In Alsace.*

6. with parts of body or clothing instead of the possessive adjective:

Er wäscht sich die Hände.	*He washes his hands.*
Er wechselt das Hemd.	*He changes his shirt.*

7. before possessive pronouns:

Der meinige.	*Mine.*
Der ihre.	*Hers.*

The definite article is omitted:

1. before certain time expressions:

Zu Beginn.	*In the beginning.*
Anfang Januar.	*At the beginning of January.*

2. with idomatic expressions:

Ich habe Lust.	*I feel like it.*

EXERCISES

I. (READING 5) Complete the following sentences by giving the proper German form of the English words in parentheses. Explain your use of the definite article or of the possessive adjective in each case. Translate:

1. Der Mann steht im Geröll und hält _____ gesenkt.
(*his head*)

2. Er steht bis zu _____ im Wasser.
(*his chest*)

3. Vielleicht sind _____ geschlossen.
(*his eyes*)

4. Nimm mich an _____ und hilf mir.
(*my hand*)

5. Hast du dir _____ gebrochen?

(*your leg*)

6. _____ hängen an ihm herunter.

(*His arms*)

7. Er verschränkt _____ unter _____ und schiebt _____ unter

_____.

(*his arms, his chest, his hands, his jacket*)

8. Zieh _____ an! (*my pullover*)

9. Dieses Kind rettete _____. (*his little brother*)

10. Der Andere wischt sich das Blut von _____.

(*his lips*)

II. (READING 7)   Translate the following sentences. Comment on the use or omission
of the definite article:

1. Der alte Birnbaum war unser bester Studienrat.
2. Unsere neuen Mützen kosten 20 Mark das Stück.
3. Anfang Januar beginnen wir unser Studium.
4. Er hatte Lust, einen zweiten Cognac zu trinken.
5. Damals gingen wir gern in die Schule.
6. Das Leben ist voll von Schwierigkeiten.
7. Nach dem Krieg gingen manche von uns in die Türkei.
8. Im Frühling wird das Tor wieder geöffnet.
9. Zweimal die Woche hatten wir eine Feier.

III. (READING 16) Translate the following sentences and observe how the use of the
definite article differs in English and German:

1. In (with) time they all learned.
2. Young Amadeus was very shy.
3. They came early in April.
4. September was cool this year.
5. She went by plane.
6. He had heard it in church.
7. She put her hand on her stomach.
8. The other birds flew with their parents.
9. At the end of July.
10. At the beginning of September.
11. At Easter time.
12. Out of despair.
13. Before departure.

54   The Indefinite Article and **ein**-Words

The so-called **ein**-words:

kein[1]	unser
mein	euer
dein	ihr
sein	Ihr

follow the same declension as the indefinite article. **Ein,** of course, exists only in the singular.

	m	*f*	*n*	*pl*
NOMINATIVE	mein	meine	mein	meine
GENITIVE	meines	meiner	meines	meiner
DATIVE	meinem	meiner	meinem	meinen
ACCUSATIVE	meinen	meine	mein	meine

The indefinite article is omitted:

1. before unmodified nouns indicating nationality or profession:

Ich bin Deutscher.	*I am a German.*
Er ist Zahnarzt.	*He is a dentist.*

2. in certain idiomatic expressions:

Ich habe Eile.	*I am in a hurry.*
Er hat Fieber.	*He has a fever.*

EXERCISES

I. (READING 16) Insert or omit the indefinite article as appropriate:

1. Mein Vater war _____ Schriftsteller.
2. Das Mädchen ist _____ Engländerin.
3. Er war immer _____ guter Arzt.
4. Sie sah wie _____ gute Stewardeß aus.
5. Sie wollte auch _____ Ärztin werden.

---

[1] **Kein** is the negative of **ein** and means *no* or *not a.* However, **nicht ein** means *not one but more than one* and is used occasionally for emphasis (*cf.* 81C).

II. (READING 21) Restate in German, paying attention to the use or absence of the indefinite article:

1. He had always been an unlucky person.
2. He had been a milkman his entire life.
3. My barman gives me a light.
4. His imagination tells him that he is a general.
5. He was a German but his wife was an American.

55 Personal Pronoun

NOMINATIVE	ich	du	er	sie	es	wir	ihr	sie	Sie
GENITIVE[1]	meiner	deiner	seiner	ihrer	seiner	unser	euer	ihrer	Ihrer
DATIVE	mir	dir	ihm	ihr	ihm	uns	euch	ihnen	Ihnen
ACCUSATIVE	mich	dich	ihn	sie	es	uns	euch	sie	Sie

In combination with prepositions (**bei, mit, von,** etc.) personal pronouns referring to inanimate antecedents are replaced by **da(r)–** and **wo(r)–** compounds (*cf.* 46).

Ich habe einen Bleistift und schreibe damit.	*I have a pencil and am writing with it.*
Ich habe einen Bleistift, womit ich jetzt schreibe.	*I have a pencil with which I am writing at present.*

The third person **es** appears very frequently as a contraction with other parts of speech.

Ich habe dir's gesagt.	*I've told you.*
Wie geht's dir denn?	*How are you?*
Gab sie's ihm sofort?	*Did she give it to him at once?*

EXERCISES

I. (READING 5) Insert the appropriate form of the personal pronoun:

1. Die Haare des Mannes sind naß; sie hängen an _____ herunter.
2. Wir sehen den Mann nicht genau, denn wir sind zu weit von _____ weg.

---

[1] The genitive of the personal pronoun is quite rare. It is still required, however, after certain verbs (*cf.* 38C) and after the preposition **statt** (*cf.* 42).

3. Vielleicht wird der Fluß _____ mit sich reißen.
4. Der Mann hört _____ nicht, deshalb rufe ich _____.
5. Mein Bruder will, daß ich _____ helfe.
6. Ich frage meinen Bruder: „Ist etwas los mit _____?"
7. „Kannst _____ nicht ohne Hilfe gehen?"
8. Wird der Mann _____ hören, wenn wir _____ rufen?
9. Ein Kind steht auf; _____ sagt, daß _____ friert.
10. Mein Bruder sagt, daß _____ auch friert.
11. Das Wasser ist wieder ruhig: keine Bewegung ist _____ an zu erkennen.
12. „Schreien die Kinder?" „Ja, _____ schreien."
13. „Sprich lauter, sonst kann _____ nicht hören."
14. Die Kinder treiben im Wasser; _____ sind zu weit weg, man kann _____ nicht helfen.
15. Das Wasser steigt, wir haben Angst _____ vor.

II. (READING 12) Restate the following sentences without the contractions:[1]

1. War's nicht so gemeint?
2. Sag's mir doch!
3. Ich brauch's nur gelegentlich.
4. Hast du's so eilig?
5. Hast du's schon erfahren?
6. Wirf's ja nicht gegen die Scheibe!
7. Ich werf's schnell zum Fenster raus.
8. So etwas gibt's im Gefängnis nicht.
9. Er fragt's aus Neugier.

III. (READING 15) Restate the following sentences by substituting the boldfaced parts by personal pronouns. Translate:

1. Das Ehepaar war mit **der Autorin** befreundet.
2. Das Geräusch erschreckte **den Vogel.**
3. Der Vogel setzte sich auf **den Teppich.**
4. Sie sah **seine schmale Gestalt** in der Dämmerung.
5. Der Besucher war **ihren Freunden** nicht bekannt.
6. Sie machten **dem Mann** eine Tasse Tee.

---

[1] In order to come as close as possible to colloquial spoken German, Böll omits the apostrophes in his radio play.

56 Possessive Pronoun

Similar to the possessive adjective,[1] the possessive pronoun appears always declined. Unlike the possessive adjective, however, the possessive pronoun takes the place of a noun.

	m	*f*	*n*	*pl*
NOMINATIVE	meiner	meine	meines	meine
GENITIVE	_____	meiner	_____	meiner
DATIVE	meinem	meiner	meinem	meinen
ACCUSATIVE	meinen	meine	meines	meine

		sing	*pl*
NOMINATIVE	der (die, das)	meine or meinige[2]	die meinen
GENITIVE	des (der, des)	meinen or meinigen	der meinen
DATIVE	dem (der, dem)	meinen or meinigen	den meinen
ACCUSATIVE	den (die, das)	meinen or meinigen	die meinen
		(meine or meinige)	

EXERCISES

I. (READING 9) Insert the appropriate possessive pronoun given in English in parentheses (Note that three synonymous forms exist.):

EXAMPLE: Unsere Verwandten wurden umgebracht; _____ aber nicht.
(*yours, pl. fam.*)
. . .; **eure aber nicht.**
. . .; **die euren aber nicht.**
. . .; **die eurigen aber nicht.**

1. Meine Stimme klang laut; _____ aber nicht.   (*yours, fam.*)
2. Viele Namen wurden genannt; _____ war nicht dabei. (*his*)
3. Jeder hatte eine Mappe; _____ war leer.   (*mine*)
4. Unsere Taschen waren voll; in _____ befand sich nichts.
     (*his*)
5. Sein Gesicht war noch sichtbar; _____ war ganz verschwunden.
     (*hers*)

---

[1] or **ein**-words (*cf*. 58): **mein, dein, sein, unser,** etc., which always stand with a noun.
[2] In combination with the definite article, the possessive pronoun follows the weak adjective declension. This combination appears in the written language mostly.

6. Du denkst nur an den eigenen Schmerz, nicht an _____.

(*ours*)

7. Viele Bücher werden gedruckt, nur _____ nicht. (*his*)

8. Meine Tätigkeit blieb sich immer ähnlich; _____ wechselte oft.

(*yours, pl. fam.*)

9. Sie zögerte mit ihren Vorbereitungen; deshalb rechne ich auf _____.

(*yours, formal*)

II. (READING 14) **Restate in German. Pay special attention to the possessive pronoun:**

1. The father had a large shadow, but that of his son was little.
2. She is ashamed of her position, not of yours.
3. The boy's hopes were great; mine were very small.
4. The stranger slept in the bed next to his.
5. His dog looked just as dangerous as hers.
6. The stranger's cane was longer than mine.

57 Reflexive and Reciprocal Pronoun

Reflexive pronouns are used when the subject and the pronoun object of a verb are the same. In German, the personal pronouns function as reflexives in the first and second persons. In the third person **sich** serves both cases (dative and accusative), singular and plural.

NOMINATIVE	ich	du	er, sie, es	wir	ihr	sie, Sie
DATIVE	mir	dir	sich	uns	euch	sich
ACCUSATIVE	mich	dich	sich	uns	euch	sich

(For a list of the most frequent reflexive verbs, *cf.* 21A, B, C.)

To indicate a reciprocal, rather than a reflexive, action (English *each other* or *one another*), the German has only one reciprocal pronoun: **einander.** Modern German, however, often does not make the distinction between the reflexive **sich** and the reciprocal **einander,** but uses **sich selbst** to distinguish reflexive from reciprocal action.

Sie zogen **sich** die Mäntel aus.	*They took their coats off.*
Sie zogen **einander** die Mäntel aus.	*They took each others' (one anothers') coats off.*
Sie zogen **sich selbst** die Mäntel aus.	*They took their own coats off.*

Die Mädchen reden viel über **sich selbst.**	*The girls talk much about themselves.*
Die Mädchen reden viel über **einander.**	*The girls talk much about each other (one another).*

EXERCISES

I. (READING 5) Complete the following sentences by inserting the appropriate form of the reflexive or reciprocal pronoun:

1. Der Mann dreht _____ nicht nach uns um.
2. Die Mücken bewegen _____ nicht mehr.
3. „Rette _____ auf den Felsen!"
4. Wir legen _____ hin.
5. Das Kind reibt _____ den Bauch.
6. Jeder hilft _____ selbst.
7. Diese Kinder ziehen _____ die Schuhe an.
8. Diese Kinder wollen _____ retten.
9. Das Wasser bewegt _____.

II. (READING 12) Render the following sentences in German. Watch for the distinction between **sich (selbst)** and **einander:**

1. They say good-bye to each other.
2. They see themselves in the mirror.
3. They see each other on the street.
4. The poor must help themselves.
5. All should help one another.
6. Children like to talk to one another, but also to themselves.
7. People understand themselves better than one another.
8. Couples excuse themselves, but not always each other.

58 Relative Pronoun

The relative pronoun agrees with its antecedent in gender and number. Its case can be determined by its function in the clause. The relative pronoun cannot be omitted in German as it often is in English. In combination with prepositions requiring the dative or accusative, relative pronouns referring to inanimate antecedents may be replaced by **wo(r)–** compounds (*cf.* 46).

NOMINATIVE	der,	welcher[1]	die,	welche	das,	welches	die,	welche
GENITIVE	dessen	_____	deren	_____	dessen	_____	deren	_____
DATIVE	dem,	welchem	der,	welcher	dem,	welchem	denen,	welchen
ACCUSATIVE	den,	welchen	die,	welche	das,	welches	die,	welche

EXERCISES

I. (READING 8) Complete the following sentences by inserting the appropriate relative pronoun. Translate:

EXAMPLE: Wir warteten auf die Züge, _____ Fahrpläne wir kannten.
(*whose*)
Wir warteten auf die Züge, deren Fahrpläne wir kannten.

1. Wir fürchteten die bösen Blicke _____ man uns gab. (*which*)
2. Ich entdeckte eine lustige Gruppe _____ großen Spaß hatte. (*who*)
3. Es sind die D-Züge, mit _____ ich am liebsten fahre. (*which*)
4. Ich entdeckte meinen Freund, _____ auf mich gewartet hatte. (*who*)
5. Wir gehen zum Bahnhofsrestaurant, in _____ man immer etwas zu essen bekommt. (*which*)

II. (READING 9) Insert the appropriate relative pronoun:

1. Der Wirt spülte die Gläser, aus _____ wir trinken sollten.
2. Ich traf die Verwandten, unter _____ sich auch meine Kusine befand.
3. Er verlangte Informationen über meinen Freund, _____ ich ihm nicht geben konnte.
4. Es war sein Geld, über _____ sich die anderen stritten.

III. (READING 9) Combine the two sentences by making the second one a relative clause:

1. Wir richteten einen Auslandsdienst ein. Ich leitete ihn.
2. Wir warteten auf sein Schreiben. Wir wollten daraus etwas über seine Tätigkeit ersehen.
3. Wir waren junge Leute. Wir nahmen unsere Zeit ernst.

[1] In modern German, **welcher, welche,** etc. are used infrequently. Note that this pronoun has no genitive form.

4. Sie stritten über die politischen Ereignisse. Sie beschäftigten sie alle.
5. Er erzählte von Städten. Ihre Namen klangen mir ähnlich.

IV. (READING 9) Change the boldfaced antecedent to the one given in parentheses. Then adjust the relative pronoun accordingly:

1. War **das Wort,** mit dem ich ihn anredete, sein wirklicher Name?

(der Name)

2. **Der Mann,** der uns zusammengebracht hatte, verschwand sofort.

(das Mädchen)

3. Ich war wieder in **der Stadt,** in der mich niemand kannte.

(einem Land)

V. (READING 9) Express the boldfaced attributes by using a relative clause:

EXAMPLE: Ein **tauber** Mann hört die Musik nicht.
Ein Mann, der taub ist, hört die Musik nicht.

1. Ich sah einen **blinden** Mann.
2. Er schrieb ein Buch über seinen **toten** Freund.
3. Wir hofften, den **verschwundenen** Freund wiederzufinden.
4. Der **taube** Junge konnte uns nicht hören.

59 Indefinite Relative Pronoun

A. **Was** is used to refer back to:
1. the whole preceding clause
2. an indefinite pronoun (**viel, wenig, etwas, nichts, alles**)
3. neuter adjectival nouns and numerals (**ein Gutes, das Beste, das Erste**)

Das Liebste, was ich habe, . . .	*The most precious possession (which) I have . . .*
Die Sonne scheint warm, was uns große Freude macht.	*There is warm sunshine which pleases us greatly.*
Ich glaube alles, was du mir sagst.	*I believe everything (which) you tell me.*

B. **Wer** and **was** without antecedents introduce clauses and mean *whoever* and *whatever.*

Wer nicht hören will, muß fühlen.	*Who will not listen must feel (the consequences).*
Was ich nicht weiß, macht mich nicht heiß.	*What I don't know doesn't bother me.*

EXERCISES

I. (READING 15) Complete the following sentences by inserting the appropriate relative pronoun. Explain your choice. Translate:

1. Noch nie war ein Vogel hier herumgeflogen, _____ dieser (Vogel) aber mit großer Geschicklichkeit tat.

2. Meine Finger taten nämlich alles, _____ ich wollte.

3. Ich tat viel, _____ ich mir nicht genau überlegt hatte.

4. Seine Flügel berührten die Wände, _____ eine dunkle Spur zurückließ.

5. Ich wollte meine Frage anbringen, _____ ich dann aber nicht wagte.

II. (READING 16) Restate the following boldfaced sentences by substituting the words in parentheses for the boldfaced ones. Then change the relative pronouns accordingly:

1. Ich hatte Angst vor **dem,** was auf mich zukam.   (das Schicksal)

2. **Die Arbeit,** die mein Vater tat, war vergebens.   (alles)

3. Ich dachte an **viel Schönes,** was mir vertraut war.   (unser Haus)

4. Sie wollte **eine Schuld** rächen, die noch nicht bekannt war.   (alles)

5. Er war in einem **seltsamen Zustand,** dessen Anzeichen ich beobachtete.   (eine große Gefahr)

6. Sie vernahm **Verschiedenes,** was sie seltsam fand.   (verzweifelte Worte)

7. Mit dem Löffel nahm sie **etwas** ein, was ihrem kranken Magen half.   (Medizin)

60   Demonstrative Pronoun

Identical in form to the relative pronouns, except for the genitive plural where demonstratives have two forms: the normal form **deren,** and **derer** which is used (for persons) as antecedent of a relative clause that follows.

Dort geht ein Mädchen. **Die** ist meine Freundin.	*There goes a girl. She is my friend.*

Ich schreibe an meine Eltern.
Denen geht es nicht gut.
Ich kenne meine Nachbarin
gut. **Deren** Kinder kenne ich
aber nicht.
Derer, die vor uns kamen,
entsinnen wir uns selten.

*I'm writing to my parents. They
are not in good health.
I know my neighbor well. But I
don't know her children.*

*We seldom remember those who
came before us.*

EXERCISES

I. (READING 8) Complete the following sentences by inserting the appropriate demonstrative pronoun. Translate:

EXAMPLE: Wir fahren auf dem Strom; von _____ aus ist die Stadt nicht sichtbar.

Wir fahren auf dem Strom; von dem aus ist die Stadt nicht sichtbar.

1. Der Kanal ist rot von Blut; _____ hat sich mit dem Wasser vermischt.
2. Das Blut lief aus ihrer Wunde; _____ bemerkten alle.
3. Wir schauen in Höfe von Fabriken. In _____ wird nichts produziert.
4. Auf dem Bahnhof versammelt sich eine Gruppe lustiger Mädchen. _____ entdeckte ich eben.

II. (READING 19) Fill in the demonstrative pronouns. Translate:

1. Einen Soldaten hatten sie aufgegriffen; _____ war durcheinander, _____ hat wirr geredet.
2. _____ haben sie weggebracht.
3. _____ konnte niemand mehr helfen.
4. _____ hat sie bald vergessen.
5. Der Gedanke trieb ihr Herz, wie _____ des Mädchens.
6. Heini hatte sie zum Lachen gezwungen; _____ hatte sie angeschrieen.

61 Interrogative Pronoun

Wer is used for living beings, **was** for objects. With prepositions, **was** must be replaced by a **wo(r)–** compound (*cf.* 46).

	masc. and *fem.*		*neut.*
NOMINATIVE	wer	(*who*)	was (*what*)[1]
GENITIVE	wessen	(*whose*)	—
DATIVE	wem	(*whom, to whom*)	—
ACCUSATIVE	wen	(*whom*)	was (*what*)

EXERCISE

(READING 15) Complete the following sentences by inserting the appropriate interrogative pronoun or adjective. Translate:

1. _____ wundert sich über so etwas?

2. Ich versuchte zu erkennen, _____ Gestalt er hatte.

3. Ich wußte nicht, _____ Vogel es war.

4. In dieser Stimmung überlegte sie, _____ sie tun könnte.

5. Es war ein Name aus einem Märchenbuch, _____ in sie kürzlich gelesen hatte.

6. Sie überlegte, mit _____ sie ihn vergleichen könnte.

7. Sie fragte sich, _____ seine Flügel verletzt hatte.

8. Wir wollten sehen, _____ sie tun würde.

9. Sie rief sich ins Gedächtnis, _____ ihr das erzählt hatte.

10. Sie fragte, _____ Worte mich so erschreckt hatten.

62 Indefinite Pronoun

A. Referring to Persons

SINGULAR		PLURAL	
man[2]	(*one, you, they, people*)	—	
jemand[3]	(*someone*)	—	
niemand[3]	(*no-one, none*)	—	
einer[4]	(*someone*)	—	
keiner[4]	(*no-one, none*)	keine	(*none*)
jeder[4]	(*each, everyone*)	alle	(*all*)

[1] When *what* is used with a noun, it is no longer a pronoun but an interrogative or exclamatory adjective. *What house* (*i.e. which house*) is **welches Haus** in German; *what kind of house* is **was für ein Haus** or **welch ein Haus.**

[2] **Man** appears only in the nominative form. **Einem** and **einen** are used as its dative and accusative. Unlike English usage, consistent use of this indefinite pronoun is required throughout a German sentence.

[3] **Jemand** and its negative counterpart **niemand** may be used undeclined or may take **der**-word endings in the dative and accusative (*cf.* 53).

[4] **Einer, keiner,** and **jeder** take **der**-word endings (*cf.* 53).

B. Referring to Quantities

SINGULAR[1]		PLURAL[2]
alles	(*everything*)	alle
weniges	(*little*)	wenige
manches	(*some*)	manche
einiges	(*some*)	einige
vieles	(*much*)	viele
nichts[3]	(*nothing*)	—
wenig[3]	(*a little*)	—
etwas[3]	(*something*)	—
viel[3]	(*much*)	—

EXERCISES

I. (READING 7) Supply the correct form of the indefinite pronoun, given in English in parentheses. Translate:

1. Auf dem Platz reden _____ über die Wirtschaft.
(*someone, no-one, many a man*)

2. Sieh mal _____ an! (*someone*)

3. _____ nach dem _____ geht die Treppe hinauf.
(*one after the other*)

4. Der Studienrat fragt, was _____ so macht.
(*each*)

5. Weiß _____ von Ihnen, was aus ihm geworden ist?
(*one, each*)

6. Meine Frage wurde von _____ beantwortet.
(*many a person, someone, everyone, no-one*)

7. Von den Schülern kenne ich _____.
(*many a one, someone, everyone, no-one*)

8. Während der Feier hörten wir _____ schreien.
(*someone, everyone, many a person, no-one*)

---

[1] In the singular these pronouns refer to things, even when they occur in the masculine or feminine (**aller Kaffee, alle Butter**).

[2] In the plural these pronouns normally refer to persons and to things only if these things have just been mentioned: **Alle sind heute krank.** *All* (*people*) *are sick today*; but: **Diese Übungen sind nicht gut; alle haben Fehler.**

[3] These four pronouns are singular and never declined.

9. _____ von uns war die Reihen- und Zahlentheorie klar.
   (*each, one, no-one, no-one*)
10. _____ muß Birnbaum alle Türen öffnen.
   (*one, everyone*)

II. (READING 12) Supply the appropriate indefinite pronoun, paying attention to personal endings where necessary:

1. Vater spricht mit _____ in der Diele.
2. Er will _____ mehr sehen.
3. Wie _____ innen aussieht, weiß man selten.
4. Da ist _____ an der Türe und will mit dir sprechen.
5. Man kann doch nicht _____ helfen.

III. (READING 19) Supply the missing indefinite pronouns; vary if you can. Translate:

1. Osterwasser mußte _____ allein holen.
2. _____ mußte es trinken, und die Leute durften _____ nicht dabei sehen.
3. _____ durfte das _____ sagen.
4. Sie können _____ nicht zum Reden zwingen.
5. Sie hätte _____ dort treffen können.
6. Der Weg sah aus, als sei _____ da gegangen.
7. Jakob folgte _____ quer durch den Wald.
8. Gesine wollte _____ aus dem Zelt vertreiben.
9. Die Glocke weckte _____ aus dem Schlaf.

63 Classification of Adjectives

Adjectives are called primary when they are not derived and appear without suffixes, as stem forms: **rot, dünn, schnell, stark.**

They are called secondary when they are formed from other parts of speech by the addition of a suffix. The most common suffixes are:

–end (indicating that they are originally present participles): **das singende Kind**
–(e)t, –en (indicating that they are originally past participles): **die verkaufte Braut, der zerbrochene Krug**

–bar: wunderbar	**–lich:** kindlich
–ern: silbern	**–los:** kinderlos
–haft: ehrenhaft	**–reich:** kinderreich
–ig: mächtig	**–sam:** wundersam
–isch: kindisch	**–voll:** wundervoll

EXERCISES

I. (READING 10) Supply the adjectival suffixes. Translate the resulting adjectives:

merkwürd–, mög–, selt–, vollständ–, wirk–, plötz–, näm–, end–, ries–, angeb–, säuber–, allmäh–, atem–, fleck–, vergeb–, töd–, müh–, hilf–, sinn–.

II. (READING 17) Explain in which way the following adjectives are primary or secondary adjectives. Translate them:

das schöne Wetter; offensichtliche Fehler; alle geplanten Übungen; viele wandernde Vögel; die vorsichtigen Schafe; der verrückte General; der ständige Lärm; das menschliche Wesen.

64 Adjective Usage

German adjectives function in three ways:

A. They can modify a verb, in which case they remain undeclined and are no longer called adjectives but adverbs (*cf.* 74).

B. They can be used as predicates with **sein, werden** and some other verbs. In this function they remain undeclined and are called predicate adjectives.

Der Tag wurde warm.	*The day became warm.*
Sie sah gut aus.	*She looked pretty.*
Er fühlte sich schlecht.	*He felt sick.*
Das Essen ist verbrannt.	*The meal is burned.*

C. They are used to modify nouns, in which case they are called descriptive adjectives and are declined.

EXERCISE

(READING 14) Complete the following sentences with the adverbs, predicate and descriptive adjectives given in English in parentheses:

1. In seinem Zimmer schlief ein _____ Fremder.   (*dangerous*)
2. Er sprach mit einer _____ Stimme.   (*low*)

3. „Bitte lassen Sie das Zimmer _____.“   (*dark*)
4. „Seien Sie bitte _____.“   (*careful*)
5. Er ging _____, um nicht über den Koffer zu fallen.   (*carefully*)
6. Er war _____ in der Stadt.   (*on business*)
7. Nach einer Weile sagte er _____ seinen Namen.   (*hesitatingly*)
8. Er sprach mit _____ Stimme.   (*hesitating*)
9. Mein Junge ist _____.   (*healthy*)
10. Der kleine Kerl winkt _____.   (*desperately*)
11. Eine _____ Wärme floß durch seinen Körper.   (*pleasant*)
12. Sein _____ Junge öffnete ihm die Tür; alles war ja so angenehm.

             (*happy*)

65   Strong Adjective Declension

When an adjective stands before a noun without an article, **der**–word, or **ein**–word, *i.e.* unpreceded, it takes endings to indicate number, gender, and case of the noun. With the exception of the genitive masculine and neuter, these endings are identical with **der**–word endings; they are called strong endings. In a series of unpreceded adjectives before a noun, each adjective will show the same strong ending.

	MASCULINE	FEMININE	NEUTER	PLURAL
NOMINATIVE	alter Wein	frische Butter	kaltes Wasser	liebe Menschen
GENITIVE	alt**en** Weines	frischer Butter	kalt**en** Wassers	lieber Menschen
DATIVE	altem Wein	frischer Butter	kaltem Wasser	lieben Menschen
ACCUSATIVE	alten Wein	frische Butter	kaltes Wasser	liebe Menschen

EXERCISES

I. (READING 8)   Remove the articles from the following sentences and adjust the adjective endings accordingly:

EXAMPLE: Der Blick der fröhlichen Menschen.
        Der Blick fröhlicher Menschen.

1. Der Schock der gefürchteten Wunden.
2. Ich sah die wiederkehrenden Züge.

3. Mit einem fröhlichen Blick.

4. Die beiden fahrenden Züge.

5. Ich sah, das helle Licht kam aus dem Fenster.

6. Die schnellen Räder entdeckte ich.

7. Auf den sauberen Bahnhöfen.

8. Er lag da mit seinen gefährlichen Wunden.

9. Die Situation dieser fröhlichen Menschen.

II. (READING 20) Insert the appropriate adjective ending:

1. Der Wagen fährt in langsam_____ Tempo.

2. An den Kleidern tragen die Frauen reizend_____ Corsagen.

3. Das Gewitter kündigt sich durch stark_____ Donnern an.

4. Die Musiker stehen mit nass_____ Haaren da.

5. Kleider gab es in groß_____ Zahl.

66 Weak Adjective Declension

When an adjective is preceded by an article, **der**–word or **ein**–word,[1] it shows weak endings because all information about case, gender and number is given by the article. In a series of preceded adjectives, each one will show the same weak ending. Compound adjectives like **derselbe, derjenige** are considered preceded and thus follow the same declension.

	MASCULINE	FEMININE	NEUTER
NOMINATIVE	der alte Wein	die gute Butter	das kalte Wasser
GENITIVE	des alten Weines	der guten Butter	des kalten Wassers
DATIVE	dem alten Wein	der guten Butter	dem kalten Wasser
ACCUSATIVE	den alten Wein	die gute Butter	das kalte Wasser

	PLURAL
NOMINATIVE	die lieben Menschen
GENITIVE	der lieben Menschen
DATIVE	den lieben Menschen
ACCUSATIVE	die lieben Menschen

[1] With the exception discussed in 67.

EXERCISES

I. (READING 8)   Add strong or weak adjective endings as required:

1. Er sitzt im falsch_____ Zug.
2. Die fahrend_____ Wagen.
3. Auf dem Grund des tief_____ Stromes.
4. In Höhe des zweit_____ Stockwerks.
5. Die unerwartet_____ Blicke.
6. Das Licht der sinkend_____ Sonne.
7. Dieser immer wiederkehrend_____ Lärm.
8. Eine gefährlich_____ Wunde.
9. Mancher stark_____ Körper.

II. (READING 20) Insert the appropriate adjective endings:

1. Sie saß hinter verschlossen_____ Fenstern.
2. Diener brachten die klein_____ Billets ins Haus.
3. Die Enge der lang_____ Wegstrecke.
4. Es kommt zu einem heftig_____ Landgewitter.
5. Bei dem ohnehin gut_____ Essen.
6. Die Musiker spielen im strömend_____ Regen.
7. Ich unterdrücke einen bös_____ Verdacht.

67 Mixed Adjective Declension

Adjectives preceded by **ein**–words show weak endings, except when **ein**–word endings are missing: in the masculine nominative and the neuter nominative and accusative. In these three instances adjectives after **ein** show strong endings.

	MASCULINE		NEUTER	
NOMINATIVE	ein	alter Wein	ein	kaltes Wasser
GENITIVE	eines	alten Weines	eines	kalten Wassers
DATIVE	einem	alten Wein	einem	kalten Wasser
ACCUSATIVE	einen	alten Wein	ein	kaltes Wasser

EXERCISES

I. (READING 8) Replace the boldfaced **der**–words with **ein**–words and adjust the adjective endings accordingly:

1. **Diese** drohende Lage.
2. **Jener** angenehme Eindruck.
3. **Jedes** weitere Zimmer.
4. **Mancher** lustige Blick.
5. **Welches** alte Foto?
6. **Das** einzige Mal.
7. **Der** andere Eindruck.
8. **Das** vierte Rad.
9. **Dieser** tiefe Strom.

II. (READING 8) Insert the adjective given in English in parentheses with its appropriate ending:

1. Der _____ Eindruck. Ihr _____ Eindruck.   (*bad, bad*)
2. Mit _____ Bewegung. Mit einer _____ Bewegung. (*rhythmic, rhythmic*)
3. Ein _____ Wort im Mund. Welches _____ Wort? (*merry, merry*)
4. Mehrere _____ Bahnhöfe. Alle diese _____ Bahnhöfe. (*familiar, familiar*)
5. In unserer _____ Lage. In sehr _____ Lage. (*dangerous, dangerous*)

III. (READING 20) Insert the appropriate adjective ending:

1. Man durchfährt ihr einzig_____ Tor.
2. Herr Plein ist ein höher_____ Beamter.
3. Im Haus erwartet uns ein kräftig_____ Essen.
4. Eine geistreich_____ Unterhaltung belebt uns.
5. Nehmen wir unseren schnell_____ Wagen; euer langsam_____ gefällt mir nicht so gut.

68 Declension of Numerical Adjectives

Numerical, limiting, or quantitative adjectives do not attribute a quality, but only a quantity to the nouns they modify. Of this group, some words are true adjectives, some are **der**–words, a third group remains undeclined.

A. The following numerical adjectives are used descriptively. They function as regular adjectives, showing strong or weak endings depending on whether they are unpreceded or preceded; additional adjectives following them show the same endings as the numerical adjective. They occur only rarely in the singular.

SINGULAR			PLURAL	
MASC.	FEM.	NEUT.		
einiger	einige	einiges	einige	*some*[1]
etlicher	etlicher	etliches	etliche	*some*[1]
—	—	—	mehrere	*some*[1]
weniger	wenige	weniges	wenige	*little; few*
vieler	viele	vieles	viele	*much; many*
—	—	—	beide	*both*[2]
anderer	andere	anderes	andere	*other*[2]

B. **Der**–words with numerical meaning

SINGULAR			PLURAL	
MASC.	FEM.	NEUT.		
aller	alle	alles	alle	*all*
mancher	manche	manches	manche	*many a; many*

C. Undeclined numerical adjectives are often followed by neuter singular nouns with strong endings. They are usually capitalized (*cf.* 69). But nouns of any gender can be preceded by a numerical undeclined adjective.

etwas	*some, something*	Etwas Schönes.	*Something beautiful.*
		Etwas Geld.	*Some money.*
nichts	*nothing*	Nichts Neues.	*Nothing new.*
viel	*much*	Viel Geld.	*Much money.*
wenig	*little*	Wenig Reis.	*Little rice.*
genug	*enough*	Genug Papier.	*Enough paper.*

[1] These always appear unpreceded.
[2] These appear occasionally unpreceded, but usually preceded by the definite or indefinite article.

303

EXERCISES

I. (READING 10) Insert the various numerical adjectives given in English in parentheses. Adjust the adjective endings accordingly. Translate the resulting sentences:

1. In _____ kurz_____ Tagen fährt er mit dem Zug zurück.
(a few, many, several)

2. _____ rot_____ Blut weicht ihr aus den Wangen.
(all, some, little)

3. Er wählte _____ sauber_____ Kragen aus.
(some, a few, few, several, many, all, both)

4. Ihm geschah _____ Merkwürdig_____.
(something, nothing, enough, everything)

5. Mit diesen Gedanken besuchte er _____ früher_____ Freundinnen.
(all, several, some, many, enough)

II. (READING 18) Complete the sentences by adding the correct adjective endings:

1. Alle hungrig_____ Katzen fressen viel.
2. Im Topf ist alle frisch_____ Butter, die wir haben.
3. Abends auf der Couch lesen sie manches interessant_____ Buch.
4. Unser alter Vater hatte manche unheimlich_____ Vorstellungen.
5. Er hatte bereits allen schwarz_____ Kaffee ausgetrunken.
6. Manchem jung_____ Paar gehört nur eine kleine Wohnung.

69 Declension of Adjectival Nouns

Any adjective can be used as a noun. It is then capitalized, shows gender, but retains the adjective declension, *i.e.* weak or strong endings depending upon whether it appears with or without an article, **der**– or **ein**–word.

When referring to people, such adjectival nouns are masculine or feminine. When referring to things, abstract or concrete, they are neuters, and they have no plural. Adjectival nouns in the plural always refer to people.

der Alte	ein Alter	*the, an old man*	die Alten
der Geistliche	ein Geistlicher	*the, a clergyman*	die Geistlichen
die Deutsche	eine Deutsche	*the, a German woman*	die Deutschen

die Verwandte	eine Verwandte	*the, a female relative*	die Verwandten
das Neue	ein Neues	*the, a new thing*	—
das Äußerste	ein Äußerstes	*the, an extreme*	—

EXERCISES

I. (READING 16) Consulting the Claes text, make nouns of the following adjectives. Determine their genders:

hell, erwachsen, heiß, schön, weiß, schwarz, innerst, weit, alt, jung, tief, fern.

II. (READING 21) Complete the following sentences by using the cues given in English in parentheses:

1. _____ an der ganzen Geschichte war, ... (*the beautiful part*)
2. _____ an der Bar kann seinen eigenen Gedanken nicht folgen.
   (*the drunk*)
3. Der Milchmann tat _____. (*his best*)
4. Zuletzt wußten wir alle, daß er _____ war. (*a mad one*)
5. _____ müssen im Irrenhaus leben. (*mad people*)
6. _____ war, daß er sich für Napoleon hielt. (*the crazy thing*)
7. _____ lächelt über sein Pech. (*a courageous one*)

III. (READING 16) Give the German equivalents:

1. something hot
2. nothing strange
3. the swaying (woman)
4. the most beautiful (thing)
5. my innermost (being)
6. little (that is) familiar
7. in the red depth
8. enough (that is) new
9. much (that is) strange
10. many grown-ups

IV. (READING 16) Complete the sentences by adding the correct adjective and noun endings:

1. England lag in weit_____ Fern_____.
2. Sie beobachtete die rot_____ Tief_____ unten.
3. Sie war im Innerst_____ verzweifelt.
4. Die Erwachsen_____ im Flugzeug vernahmen viel Neu_____.
5. Sie fühlte etwas Heiß_____ im Magen.

6. Das tief_____ Schwarz des Himmels wurde langsam zu ein_____ stumpf_____ Grau.

7. In ihrer neu_____ Schule würde sie wenig Vertraut_____ finden.

8. Sie hatte nichts Verzweifelt_____ an sich.

70 Adjective Comparison

German adjectives have positive, comparative and superlative forms. Descriptive adjectives, in addition to showing comparative and superlative forms, must be declined to show gender, case, and number. In the superlative, descriptive adjectives appear always with the definite article regardless whether the noun they refer to is present or not. By contrast, predicate adjectives (adjectives not referring to a noun) have no declension endings and their superlative is formed with **am.**

POSITIVE		COMPARATIVE	SUPERLATIVE	
			(descriptive adj.	predicate adj. and adverb)
schwarz	*black*	schwärzer[1]	der schwärzeste[2]	am schwärzesten[2]
reizend	*charming*	reizender	die reizendste	am reizendsten
langsam	*slow*	langsamer	das langsamste	am langsamsten
bekannt	*known*	bekannter	der bekannteste[2]	am bekanntesten[2]
edel	*noble*	edler[2]	die edelste[2]	am edelsten
teuer	*expensive*	teurer[3]	das teuerste	am teuersten

IRREGULAR COMPARISON				
POSITIVE		COMPARATIVE	SUPERLATIVE	
			(descriptive adj.	predicate adj. and adverb)
groß	*big*	größer	der größte	am größten
hoch	*high*	höher	die höchste	am höchsten
nah	*close*	näher	das nächste	am nächsten
gut	*good*	besser	der beste	am besten
viel	*much*	mehr	die meiste	am meisten
wenig	*little*	weniger	das wenigste	am wenigsten
		minder	das mindeste	am mindesten

[1] Adjectives of one syllable often show Umlaut of **a, o, u** in the comparative and superlative.

[2] After **–d** and **–t,** and after sibilants (**–s, –ß, –sch, –tz, –z**) the superlative shows an inserted **–e.**

[3] Adjectives ending in **–el** and **–er** often drop the **–e** in the comparative.

EXERCISES

I. (READING 3) Restate in German:

1. A beautiful bridge; a more beautiful building; the most beautiful building in Venice.
2. The lagoon is not deep; it is deeper than the canal; here the lagoon is deepest.
3. Francesco had a brilliant voice; they have more brilliant tenors in the studios; we heard the most brilliant voice in Venice.
4. Francesco was happier than Enrico because his wife was not as strict as Marlen.
5. Marlen was angry; she became angrier while he sang; she said the angriest words.

II. (READING 3) Complete the sentences with the superlative of the descriptive or predicate adjective given in English in parentheses:

1. Die Markusbrücke sieht _____ aus.   *(oldest)*
2. Diese Rechnung ist _____ von allen.   *(the highest)*
3. Die Wolken waren _____, die sie je gesehen hatte.   *(the darkest)*
4. In diesem Moment war Marlens Stimme _____.   *(most strict)*
5. Steigen Sie nicht dort aus, wo der Dreck _____ ist.   *(worst)*

71   Other Comparison Forms

The positive is used with comparison **so . . . wie**.
The comparative is used with **als**, and **je . . . desto**.
The comparative preceded by **immer** often means *more and more*, often it is translated by repeating the English comparative adjective form.

Mein Vater ist so streng wie meine Mutter.	*My father is as strict as my mother.*
Mein Vater ist strenger als meine Mutter.	*My father is stricter than my mother.*
Je älter er wird, desto strenger wird er.	*The older he gets the stricter he becomes.*
In seinem Alter wird er immer strenger.	*In his old age he is becoming stricter and stricter.*

EXERCISES

I. (READING 14) Translate into German, paying attention to the adjective comparison forms:

1. The stranger was as scared as I.
2. The room looked much darker than he had thought.
3. His little boy became sadder and sadder.
4. The longer he talked to the stranger the better he felt.
5. The more he waved the more the child laughed.

II. (READING 14) Answer the questions in the negative, using comparison forms as appropriate:

1. Ist ein Doppelzimmer genau so angenehm wie ein Einzelzimmer?
2. Werden die Schatten am Abend kürzer?
3. Schämt sich der Fremde genau so sehr wie Schwamm?
4. Ist der Junge am nächsten Morgen so traurig wie am Tag vorher?
5. Wird die Hoffnung des Vaters stärker?

72 Special Comparison Meanings

The so-called absolute comparative is often used to express *comparatively* or *fairly*, *i.e.* when no direct comparison is made but the implication of a comparatively higher degree is desired.

eine ältere Dame	*an elderly (comparatively old) lady*
ein längerer Brief	*a lengthy (comparatively long) letter*
die neueren Sprachen	*modern (comparatively modern) languages*
in neuerer Zeit	*in more recent times*

EXERCISE

(READING 21) Complete the following statements, using the absolute comparatives given in English in parentheses:

1. Ich saß in einer Bar und hatte schon _____ getrunken.

(*a fairly large amount of Whiskey*)

2. Sie hatten den Otto schon _____ gekannt.

(*comparatively long*)

3. Der Pechvogel verließ die Bank mit _____ in der Brieftasche.
(*a fairly large sum of money*)
4. Mein Barmann war schon _____ Mann. (*an elderly*)
5. _____ diente der Otto seiner Gemeinde bei der Feuerwehr.
(*in more recent times*)

73 Extended Adjective Constructions

Also called extended attribute constructions, these are adjectival or participial phrases which precede the noun. They consist of an article (sometimes omitted) which is separated from its noun by any number of adverbs which function to modify a descriptive (attributive) adjective or participle. The best way to translate such constructions is with a relative clause.

A. Extended Adjective

Sie betrachtete ihre **müden** Hände.	*She regarded her tired hands.*
Sie betrachtete ihre **von der Arbeit müden** Hände.	*She regarded her hands which were tired from working.*
Sie betrachtete ihre **von der Arbeit im Garten müden** Hände.	*She regarded her hands which were tired from working in the garden.*

B. Extended Present Participle

Wir sahen die **schreibenden** Schüler.	*We saw the writing students.*
Wir sahen die **fleißig schreibenden** Schüler.	*We saw the eagerly writing students.*
Wir sahen die **im Klassenzimmer fleißig schreibenden** Schüler.	*We saw the students writing eagerly in the classroom.*
Wir sahen die **heute im Klassenzimmer fleißig schreibenden** Schüler.	*We saw the students who were writing eagerly in their classroom today.*

When the present participle is preceded by **zu,** the resultant phrase is a substitute for the passive infinitive.

Die zu schreibende Aufgabe.	*The exercise to be written.*
Ein deutlich zu hörender Schrei.	*A scream clearly to be heard.*

C. Extended Past Participle

Sie suchte ihre **verschollene** Mutter.	*She was looking for her lost mother.*
Sie suchte ihre **lang verschollene** Mutter.	*She was looking for her long lost mother.*
Sie suchte ihre **im Kriege lang verschollene** Mutter.	*She was looking for her mother who had long been lost in the war.*

D. Of course, the extended adjective may be followed by a further adjective or participle which also modifies the noun.

Wir sprachen mit dem **langsam rauchenden alten** Manne.	*We talked with the old man who was smoking slowly.*
Wir bemerkten einen **uns streng ansehenden ergrauten** Mann.	*We noticed a greying man who was looking at us severely.*
Das **große, vor zehn Jahren gebaute** Haus ist mir zu alt.	*The big house which was built ten years ago is too old for me.*

EXERCISES

I. (READING 16) Change the following sentences into subjects with extended attributes. Then use the resulting subjects in new statements formed with the words in parentheses. Translate:

EXAMPLE: Die Frau **überlegte mit Zittern.**   (Beruhigung suchen)
     Die mit Zittern überlegende Frau suchte Beruhigung.

1. Das Auge war **ihr zugewandt.**   (die Frau erschrecken)
2. Ein Ehepaar ist **mir befreundet.**   (wohnen am Rande der Stadt)
3. Die Seelen **entfliehen dem Körper in Gestalt von Vögeln.**
                  (manchmal zurückkommen)
4. Die Wäschekommode ist **klein und mit allerlei Dingen vollgeräumt.**
                  (für den Vogel zu schmal sein)
5. Der Vogel ist **groß und fliegt im Zimmer hin und her.**
                  (sich verletzen)

II. (READING 17) Rephrase the following extended adjective constructions as relative clauses, then translate them into English:

EXAMPLE: eine sich langsam den Hügel hinabbewegende Wagenkolonne.
eine Wagenkolonne, die sich langsam den Hügel hinabbewegte.

1. bei einer großen, **mit Bäumen bestandenen** Stellung.
2. der **mit Heide bewachsene** Hügel.
3. die **zwischen den Panzern herumjagenden** Schafe.
4. die Motoren der **sich schnell nähernden** Panzer.
5. die **sich vorsichtig hier und dort erhebenden** Vögel.
6. die **langsam von Süden kommenden** Schafe.
7. die **sich in der Nähe eingrabenden** Soldaten.
8. die **vom Lärm offensichtlich verrückten** Tiere.
9. eine **über die Stellungen hinweglaufende** Welle von Schafen.
10. das Schreien der **ständig gegeneinander gejagten** Tiere.

III. (READING 20) Change the following relative clauses into extended adjective constructions:

EXAMPLE: Die Beamten, die sich einstellen, kommen in dunklen Autos.
Die sich einstellenden Beamten kommen in dunklen Autos.

1. Es regnete an die Fenster, die dicht verschlossen waren.
2. Unsere Wegstrecke, die vielgewunden war, führte über Rastatt.
3. Mit dem Daumen, der den Brief hielt, überprüfte sie die Schrift.
4. Die Musiker, die von der Witwe gut bezahlt wurden, bedauern wir nicht.
5. Hinter spanischen Wänden, die von den Dienern schnell gebracht wurden, hörte man Gelächter.

SYNTAX

74 Adverb Formation

Adverbs modify a noun or an adjective. They may have suffixes, but they never have case endings. Many parts of speech can be used as adverbs.

A. Most adjectives without case endings may be readily used as adverbs. A few add the suffix **–e: lange, stille;**
    –lich may be an adverbial (as well as an adjectival) suffix: **freilich, folglich, sicherlich, nämlich;**
    –lings and **–wärts** are always adverbial endings: **aufwärts, abwärts, seitwärts, rückwärts, rittlings, blindlings.**

B. Nouns and other parts of speech can be used as adverbs. Many nouns add the genitive **–s** and appear in lower case. Prepositional phrases with the dative or accusative also function as adverbs.

    1. original genitives:

        abends, allerdings, anfangs, damals, deswegen (–halb), deinetwegen (meinet– etc., um –willen), erstens, einigermaßen, glücklicherweise, keineswegs, jemals, meistens, mindestens, jederzeit, möglicherweise, morgens, nachmittags, nachts, niemals, sommers, tags, teils, rechterdings, übrigens, winters, bestenfalls, wenigstens;

    2. original datives:

        bei weitem, im allgemeinen (besonderen, großen und ganzen, wesentlichen), dementsprechend, heutzutage, unter anderem, von neuem (oben, etc., selber, selbst, allein), zum besten (ersten, einen, anderen), zuweilen;

    3. original accusatives:

        auf englisch, aufs beste (schönste, etc.), einmal, insbesondere, insgesamt, ohne weiteres.

C. Participles are used as adverbs. When extended, they form participial phrases and are set off by commas, but still function as adverbs.

1. present participle:

Lachend schaute sie ihn an.   *She looked at him with a smile.*
Nur mit den Augen lächelnd,   *Smiling only with her eyes she*
     schaute sie ihn an.   *looked at him.*

2. past participle:

Ermüdet schlief sie ein.   *Being tired, she fell asleep.*
Vom vielen Arbeiten ermüdet,   *Tired from working a great deal,*
     schlief sie ein.   *she fell asleep.*

EXERCISE

(READING 8) Determine the derivation of the boldfaced adverbs. Then restate the sentences circumscribing the adverb:

EXAMPLE: Wir betrachten **lächelnd** unsere Kinder.
     Wir lächeln, während wir unsere Kinder betrachten.

1. **Anfangs** rüttelte ihn der alte Wagen immer wach.
2. Wir gehen **unbemerkt** durch die Stadt.
3. Wir können **jederzeit** mit dem Zug fahren.
4. Die Inschriften kehren **manchmal nachts** wieder.
5. **Zitternd** sieht er die Brandmauer näherkommen.

75 Adverb Classification

There are four main classes of adverbs in German; and the position of an adverb in the sentence is determined by the class to which it belongs. Variations in position occur for reasons of style or emphasis.

A. Interrogatives introduce questions, both direct and indirect ones. In the latter case, they function as subordinate conjunctions (*cf.* 79).

wann, wie, wo, woher, wohin, weshalb, warum, wieso

B. Adverbs of time precede those of manner and of place. They often precede objects.

> bald, dann, eben, erst, gerade, gestern, häufig, heute, einmal, immer, jetzt, kaum, morgen, nie, niemals, nimmer, noch, nur, sofort, oft, schon, täglich, selten, sonst.

C. Adverbs of manner follow those of time and precede those of place. Usually they follow objects.

> anders, bestimmt, blindlings, fast, ganz, genug, gern, gewiß, jählings, leider, möglicherweise, eigentlich, schlechterdings, sehr, sicher, teilweise, wohl, zusammen

> (Emphatics: allerdings, also, bloß, doch, freilich, ja, keineswegs, natürlich, nicht, nämlich, schon, sogar, überhaupt, zwar)

D. Adverbs of place stand last.

> da, dabei (dagegen, dahinter, etc.), dort, draußen, drinnen, droben, hier, hierzulande, hinten, herum, innen, links, nirgends, oben, rechts, überall, umher, unten, vorn

EXERCISES

I. (READING 3)   Make questions of the following cues, using interrogatives:

1. Marlen und Enrico/auf ihre Hochzeitsreise/fahren.
2. Du/springen/in die Lagune.
3. Sie/ohne Ring/allein/wiederkommen.
4. Die junge Frau/aussehen/während/der Gondoliere/singen.
5. Die beiden Passagiere/aus der Gondel/aussteigen.

II. (READING 3)   Now form sentences from the above cues and insert adverbs of time, manner, and place from the above list in their correct position:

III. (READING 11)   The adverbs in parentheses are taken from the Aichinger text. Restate the sentences below, employing as many of these adverbs as make sense in each case. Observe the appropriate word order. Translate:

1. Ich sah einen Esel spazierengehen.
> (täglich, damals, gerade, vielleicht, jenseits der Brücke)

2. Die Sonne sticht in die verlassenen Höfe.
   (immer, meistens, genau, grell, ohnehin, seitwärts)
3. Der Esel weicht den Lauten aus.
   (manchmal, abends, höflich, auf der anderen Seite, regelmäßig)
4. Es gab wenige Esel, die gut aussahen.
   (früher, nur, hier, sicher, unzweifelhaft, wohl)
5. Die Autorin schreibt die Geschichte nieder.
   (zweimal, eilig, sogar, zögernd, niemals, dann)

76 Comparison of Adverbs

Only adverbs derived from adjectives can be compared: schön, schnell, etc.
Some comparison forms are irregular.

POSITIVE	COMPARATIVE	SUPERLATIVE
rasch	rascher	am raschesten
bald	eher	am ehesten
gern	lieber	am liebsten
gut	besser	am besten
viel	mehr	am meisten
wenig	weniger, minder	am wenigsten, mindesten
wohl	besser	am besten

EXERCISES

I. (READING 3) Render the following statements in German, paying attention to adverb comparison:

1. She did not like to converse. She preferred to look at bridges. Most of all she liked to listen to his voice.
2. I like this weather. I prefer clouds. Most of all I like rain.
3. She does not speak Italian well. Her husband spoke it better than she. The girl spoke it best of all.
4. She later came back alone.
5. He talks about the ideas which occurred to him formerly.

II. (READING 18) Answer the questions with comparatives:

EXAMPLE: Die Medizin tut mir wohl, aber der Wein?
   Der Wein tut mir besser.

1. Die junge Frau ißt wenig, und ihr Mann?
2. Der alte Schrank kostete viel, aber der Kühlschrank?
3. Ich ging rasch in das obere Stockwerk, aber mein Bruder?
4. Meine Knochen heilen bald, und deine?
5. Wir hatten unsere Freunde gern, aber unsere Familie?

III. (READING 18) Answer the questions with superlatives:

1. Ich beschrieb die Vorstellung gut, aber mein Schüler?
2. Das Kind hat schwer gelitten, und seine Mutter?
3. Sie gebraucht diesen kleinen Topf viel, aber den großen dort?
4. Das erste Stockwerk ist hoch, und das fünfte?
5. Die größeren Kinder müssen bald ins Bett, und die kleinen?

77 Special Comparison Meanings

The so-called absolute superlative mostly involves an adverb that modifies an adjective. It is lacking the usual **am** which occurs with adverb superlatives normally, it also lacks the **–en** ending. It is used when no direct comparison is intended but when a very high quantity or quality is to be indicated. The superlative form often carries the prefix **zu–**.

Die Reise war höchst anstrengend.	*The trip was most strenuous.*
Der Tag soll möglichst schön werden.	*The day should be as nice as possible.*
Bitte sei zumindest freundlich.	*Please be kind at least.*

Another group of adverbs adds an **–s** to the superlative form but also omits the **am**. They are used when no direct comparison but an indication of high degree is intended.

Ich kann höchstens einen Tag bleiben.	*I can stay one day at most.*
Meistens essen wir um acht Uhr.	*Most of the time we eat at eight o'clock.*
Sie will mindestens drei Kinder.	*She wants at least three children.*
Sei wenigstens nett zu ihm.	*At least be nice to him.*
Spätestens um zehn gehen wir zu Bett.	*We go to bed at ten at the latest.*

EXERCISES

I. (READING 17) Form absolute superlatives of the adverbs in parentheses. Translate the statements:

1. Er ging _____ nicht so weit.   (lang)
2. Der General sollte sich _____ erheben.   (gefällig)
3. Aus der Gulaschkanone bekommen alle _____ viel zu essen. (möglich)
4. Die Krankenautos fahren _____ vorsichtig.   (hoch)
5. Wir haben das _____ gespürt.   (–tief)

II. (READING 17) Express in German:

1. At most three human beings became insane.
2. He chased away at least twenty sheep.
3. At least they should entrench themselves.
4. He was cautious most of the time.
5. Tonight at the latest we shall have reached our positions.

78 Word Order in Main Clauses

A. In declarative statements the inflected verb stands in second place. No part of the sentence can stand between verb and pronoun subject. Noun subjects, however, are often separated from the verb by other parts of the sentence. Either the subject (normal word order) or other parts of speech (inverted word order) can stand in first place.

SUBJECT:
> **Sie** spielen jeden Morgen miteinander draußen Tennis.

ADVERB:
> **Jeden Morgen** spielen sie miteinander draußen Tennis.
> **Miteinander** spielen sie jeden Morgen draußen Tennis.
> **Draußen** spielen sie jeden Morgen miteinander Tennis.

OBJECT:
> **Tennis** spielen sie jeden Morgen miteinander draußen.

DEPENDENT CLAUSE:
> **Weil sie sich üben wollen,** spielen sie jeden Morgen miteinander draußen Tennis.

INFINITIVE CLAUSE:
> **Um sich zu üben,** spielen sie jeden Morgen miteinander draußen Tennis.

Uninflected verbal parts stand in last place of declarative sentences: infinitives, past participles, separable prefixes, infinitive clauses (separated by comma).

B. The verb stands in first place in questions without interrogatives, in imperatives, and in wishes.

Spielen sie jeden Morgen Tennis?	*Do they play tennis every morning?*
Spiel Tennis mit mir!	*Play tennis with me.*
Spielen wir jetzt Tennis!	*Let's play tennis now.*

C. Two main clauses can be joined by a semicolon or by a coordinating conjunction. The latter does not affect word order, *i.e.* the verb remains in second place.

aber	*but*	entweder . . . oder	*either . . . or*
allein	*but, only*	weder . . . noch*[1]*	*neither . . . nor*
denn	*for*	sowohl . . . als auch*[1]*	*as well . . . as*
oder	*or*	nicht nur . . . sondern	*not only . . . but*
sondern	*but, on the contrary*	auch*[1]*	*also*
und	*and*		

EXERCISES

I. (READING 15) Use **aber** or **sondern** as appropriate to connect the two statements:

1. Ich erwachte nicht von selbst. Ich erwachte von einem ungewöhnlichen Geräusch.

2. Es war wie ein Schlagen von Flügeln. Wer denkt an so etwas.

3. Er verletzte sich nicht. Er machte jedesmal eine Wendung.

4. Ich hoffte, daß er wieder hinausflöge. Er wagte es nicht.

[1] These three conjunctions take up space in the sentence in that they stand in first position instead of the subject and are followed by the verb, whereas all other coordinating conjunctions do not take up space, *i.e.* are simply inserted without affecting the position of the subject.

5. Erschrocken wollte sie hinauslaufen. In diesem Augenblick beruhigte sich der Vogel.
6. Ich wollte ihn mit anderen Vögeln vergleichen. Er hatte weder einen langen Schwanz noch eine ähnliche Gestalt.
7. Wir kannten Vögel nicht aus der Natur. Wir hatten sie als Bilder in unserem Kinderzimmer gesehen.
8. Meine Finger bewegten sich nicht wie gewöhnlich. Sie taten, was ich nicht wollte.
9. Ich redete lange. Der Vogel saß noch auf dem gleichen Fleck.
10. Ich sagte die Worte nicht laut. Eine Beruhigung war das nicht.

II. (READING 19) Connect the following sentences with the appropriate conjunction. Translate:

1. Man mußte es vor Sonnenaufgang trinken. Nur dann galt es als kräftig.
2. Sie saugte die Eier nicht aus. Sie briet sie in der Pfanne.
3. Es gab einen Weg durchs Bruch. Sie könnte dort jemanden treffen.
4. Sie warf sich gegen seine Knie. Im Fallen griff er sie.
5. Sie hatte kein Osterwasser geholt. Heini hatte sie zum Lachen gezwungen.
6. Eigentlich hatte sie Zweifel. Sie ging vor Ostern an die See.

III. (READING 2) Form complete sentences from the given cues. Make all necessary adjustments:

1. Frau/alt/sich drehen/unter/Apfelbaum.
2. Blusenärmel/schnell/heraufschieben/sie.
3. Arme/bloß sein/jetzt.
4. Haus/weiß/Garten/haben.
5. Chaussee/heranbiegen/dann/in/Wald/gehen.
6. Sohn/Frau/fahren/wollen/nicht.
7. Mutter/kommen/können/nicht/nach Amerika.
8. Alt/Frau/Photographie/nehmen.
9. Mutter/Bild/legen/auf/Herd.
10. Feuer/machen/Milch/kochen/sie.

IV. (READING 12) Restate the sentences, beginning with the subordinate clauses:

1. Er grüßt mich immer, wenn ich in das Gefängnis komme.
2. Sie sind meistens enttäuscht, wenn er seinen Namen sagt.
3. Du mußt ihn entschuldigen, falls er verwirrt erscheint.
4. Er wird ungeduldig, sooft ich ihn nachahme.
5. Ich erfuhr, daß meine Freunde in der Diele warteten.
6. Es ist wichtig, daß man in solchen Momenten heiter bleibt.
7. Niemand weiß, wie enttäuscht er ist.
8. Er kommt zu uns, solange wir noch Geld haben.
9. Er begreift alles, während ich fast nichts verstehen kann.
10. Er lächelte, ehe er seinen Vortrag begann.

79 Word Order in Subordinate (Dependent) Clauses

Subordinate clauses are always connected with a main clause; they cannot stand alone. Normally, the subject stands immediately after the subordinating conjunction. The verb stands in last place (transposed word order); the only exception occurs with double infinitives which are *preceded* by the inflected verb. In transposed word order the uninflected verbal parts — past participles, infinitives — immediately precede the inflected verb. Separable prefixes are joined with their verbs in last position.

EXCEPTIONS:

In **wenn**–clauses (condition clauses) and with **als ob** or **als wenn,** the **wenn** may be omitted, causing the verb to stand in second place.

Subordinate clauses are linked to main clauses by way of subordinate conjunctions. In addition, any relative pronoun or **wo(r)**–compound, as well as any interrogative can function as subordinate conjunction.

als	*when*	obgleich	*although*
als ob	*as if*	obwohl	*although*
bevor	*before*	seit(dem)	*since*
bis	*until, till*	so daß	*so that*
da	*since, as*	sobald	*as soon as*
damit	*so that (in order to)*	solange	*as long as*
daß	*that*	sooft	*whenever*
ehe	*before*	sowie	*as soon as*
falls	*in case*	während	*while, whereas*
indem	*while*	weil	*because, since*
nachdem	*after*	wenn	*when, if, whenever*
ob	*whether, if*		

EXERCISES

I. (READING 15) Combine the following statements by using **wenn** or **als** as required. Translate:

1. Ich zitterte. Ich hörte die wilde Stimme des Vogels.
2. Es ist nicht wahr. Ich sage, daß ich Angst habe.
3. Die Feuerwehr holt Tiere aus den Bäumen. Sie wagen sich dorthin.

4. Sie zeigt große Geschicklichkeit. Sie gibt sich Mühe.
5. Sie läßt keinen Fremden dort sitzen. Sie kann es vermeiden.

II. (READING 19) Connect the following sentences with one of the subordinating conjunctions. Watch the word order in the resulting subordinate clauses. Translate:

1. Sie erzählt. Sie mußte lange Hemden tragen.
2. Sie stand auf. Sie hörte Schritte hinter dem Haus.
3. Man mußte anklopfen. Dort schliefen die Vertriebenen.
4. Er galt als kräftig. Er konnte Geld für seine Mutter verdienen.
5. Sie sagte nichts. Sie griff nach den Eiern.
6. Sie sah ihn an. Sie saugte das Ei aus.
7. Die Glocke weckte sie. Es wurde draußen hell.
8. Sie hielt den Eimer fest. Er klapperte nicht.
9. Er hatte Zweifel. Er sollte sie wecken.
10. Sie zog das Kleid an. Die Lehrerin war gegangen.
11. Sie wollte hören. Man sollte die Kartoffeln braten.
12. Er zwang sie zum Laufen. Sie wollte nicht.

III. (READING 15) Combine the following statements first with **denn,** then with **weil** or als:

1. Das Telefon klingelte nicht mehr. Es war zu spät.
2. Sie wunderte sich über seine Geschicklichkeit. Er war noch so jung.
3. Sie wollte ruhig überlegen. Sie erwartete davon Beruhigung.
4. Der Vogel mußte langsam kriechen. Er hatte sich verletzt.
5. Sie begann zu zittern. Die Geräusche erschreckten sie.

80 Word Order within Clauses

A. Objects

The direct noun object follows the indirect object.
The direct pronoun object precedes the indirect object.

Er kaufte **seiner Frau einen Ring.**	*He bought his wife a ring.*
Er kaufte **ihr einen Ring.**	*He bought her a ring.*
Er kaufte **ihn seiner Frau.**	*He bought it for his wife.*
Er kaufte **ihn ihr.**	*He bought it for her.*

B. Pronouns

In a row, pronouns follow each other according to their cases, *viz.* nominative (subject), accusative (direct object), dative (indirect object). In general, pronouns precede nouns; but a noun subject may precede pronoun objects.

Ich gebe **es ihr.**	*I give it to her.*
Sie nahmen **sie ihm.**	*They took her from him.*
Die Mutter erzählt **ihr eine Geschichte.**	*The mother tells her a story.*
Jeden Tag sieht **ihn das Mädchen.**	*Every day the girl sees him.*
Jeden Tag sieht **das Mädchen ihn.**	*Every day the girl sees him.*

C. Adverbs

Adverbs and adverbial expressions follow each other in the order of time, manner, place (*TMP*) (*cf.* 75). When two adverbs of the same category occur together, the order is short before long.

Ich will morgen zu Fuß aufs Land gehen.	*Tomorrow I'll walk to the country.*
Er geht nun schnell nach Hause zurück.	*He is quickly returning home now.*
Ich bleibe gern hier im Zimmer.	*I don't mind staying here in this room.*
Wir erwarten die Gäste spät am Abend.	*We are expecting our guests late in the evening.*

EXERCISES

I. (READING 21) Answer the questions, using pronouns instead of nouns:

1. Gefällt Otto das Irrenhaus?
2. Dient die Feuerwehr der Gemeinde?
3. Wird der Pechvogel von seiner Frau betrogen?
4. Erklärt Otto seinen Nachbarn den entsetzlichen Verlust?
5. Glauben die Leute seinen Einbildungen?
6. Hat Ihnen dieser Herr von dem Milchmann erzählt?
7. Zeigt Otto den Kindern die Brieftasche?

II. (READING 21) Complete the sentences, using the adverbs in parentheses in their proper sequence:

1. Man schickte ihn _____.

   (in das Irrenhaus, gestern, spät abends)
2. Die Leute sprechen über ihn _____.

   (nicht gern, seit dem Tag)
3. Er hat seine Brieftasche verloren _____.

   (leider, auf dem Weg, vor zwei Tagen)
4. Er brachte die Milch _____.

   (ins Haus, jeden Morgen, pünktlich)
5. Seine Frau blieb _____.

   (aus Mitleid, in seinem Haus, zehn Jahre lang)

81 Position of **nicht**

A. When **nicht** (or **nie, niemals, nimmer**) negates the verbal action, it stands at the end of the clause in simple tenses; in penultimate position before: infinitives, participles, separable prefixes, adjectives, adverbs, predicate adjectives, predicate nominatives. It precedes, however, expressions of definite time.

> Ich kenne diesen Studenten **nicht.**
> Ich kann das Buch **nicht** verstehen.
> Wir kommen morgen **nicht** zurück.
> Sie hat ihre Freunde **nicht** gesehen.
> Meine Eltern sind **nicht** alt.
> Die meisten meiner Freunde wohnen **nicht** hier.
> Diese Studentin versteht mich **nicht** gut.
> Ich finde dieses Bild **nicht** schön.
> Ich glaube, dieser Mann ist **nicht** Amerikaner.

B. When **nicht** (or **nie, niemals, nimmer**) negates a particular word or phrase in the sentence, it stands immediately before this word or phrase, but never directly before the inflected verb.

> Er ist heute **nicht** zur Kirche gegangen.
> Ich wohne **nicht** in Berlin, sondern in einem Vorort.
> Er bevorzugt **nicht** seinen Sohn, sondern seine Tochter.
> Ich will Deutsch **nicht** sprechen, sondern lesen.

Sie spricht **nicht** schnell, sondern langsam.
Ich fürchte, er wird **nicht** heute ankommen.
Er gab das Buch **nicht** mir, sondern meinem Freund.
Er will **nicht** mit mir sprechen.

C. **Nicht ein** occurs only when **ein** is emphasized or appears in a question, otherwise **kein** is used (*cf.* 54).

Ich sah **nicht einen** Mann, sondern drei oder vier hereinkommen.
Ich trinke auch **nicht ein** Glas Wein mehr.

EXERCISE

(READING 18) Answer the questions in the negative:

1. Hatte sie ihr Examen geschafft?
2. Studierte er auch an der Musikhochschule?
3. Weinte die junge Frau oft?
4. Taten ihr die Knochen weh?
5. Mußte ihr Vater sehr leiden?
6. Gefiel den beiden die Vorstellung?
7. Kauften sie den Kühlschrank?
8. Stammte der alte Schrank aus Süddeutschland?
9. Wohnten sie im fünften Stockwerk?
10. Ist Ihnen diese Geschichte unheimlich?
11. Arbeitete Katharina als Lehrerin?
12. War das Kind vom Fieber schwach?
13. Fuhren sie mit dem Boot einfach ins Wasser hinein?
14. Badete sie das Kind jeden Tag?
15. Bleiben die beiden zusammen?

82 Infinitive Constructions

A. When an infinitive with **zu** is modified, it is separated by a comma from its introductory statement and is called an infinitive phrase.

Er hofft zu bleiben.
Er hofft, bei uns zu bleiben.
Er hofft, lange bei uns zu bleiben.

B. An infinitive phrase may be introduced by **um** *in order to*.

> Wir liefen schnell, um ihn noch zu sehen.
> Nur um dich zu sehen, habe ich so lange gewartet.

C. When an infinitive phrase is introduced by **anstatt** *instead* or **ohne** *without*, it is translated with the English *–ing* form (gerund) (*cf.* 86B).[1]

> Er blieb zu Hause, anstatt (anstelle, statt) aufs Land zu fahren.
> Ohne auf Wiedersehen zu sagen, fuhren wir ab.

EXERCISES

I. (READING 10) Form sentences with the introductory phrases given below, using the infinitives given in English in parentheses:

1. Ich fürchte mich _____.
   (to love) (to love a man)
2. Ich habe Scheu _____.
   (to speak) (to say something) (to state the reason)
3. Ich zögere _____. *(to do it) (to buy a horse)*
4. Sie fürchtete sich _____.
   (to cough) (not to cough)
5. Sie ging, ohne _____.
   (to speak) (to recognize him)
6. Sie verließ ihn, ohne _____.
   (to kiss him) (to take the key)
7. Er blieb bei ihr, anstatt _____.
   (to drive away) (to look for another girl friend)
8. Sie blieb zuhause, anstatt _____.
   (to go out) (to go to the station)
9. Er machte eine Reise, um _____.
   (to forget) (to forget his work)
10. Er fuhr ab, um _____.
    (to be alone) (to find rest)

[1] If **anstatt (anstelle, statt)** and **ohne** are followed by a **daß,** they are no longer infinitive phrases but independent clauses which must have their own subject.

Er blieb zu Hause, anstatt daß er aufs Land fuhr.
Ohne daß wir auf Wiedersehen sagten, fuhren wir ab.

II. (READING 12) Form sentences, beginning each sentence with the infinitive clause given in English in parentheses:

1. Es verwirrt mich _____.   (*to have so many people around me*)
2. Es fällt mir schwer _____.   (*not to laugh now*)
3. Es ist schlimm _____.   (*to see you this way*)
4. Ich komme nicht _____.   (*to beg you for money*)
5. Es wäre schlimm _____.   (*to be disappointed this time*)

III. (READING 12) Restate in German:

1. without being confused.
2. instead of asking for money.
3. in order to grasp his lecture.
4. instead of disappointing him.
5. without becoming impatient.

83 Parallel Constructions

When a sentence has more than one inflected verb depending on the same subject, each such verb stands in the same position with regard to the members of its phrase as does the first. Individual phrases are separated by conjunctions or commas but not both.

Der Kranke muß warm gebettet, genau beobachtet und mit allen Notwendigkeiten gut versorgt werden.
> *The patient must be bedded warmly, observed carefully, and be given everything he needs.*

Wir hoffen, daß du hier bleibst, eine angenehme Position findest, oder dich ausruhst und unsere Stadt kennenlernst.
> *We hope you will stay here, find a pleasant job or that you will take a rest and get to know our city.*

EXERCISE

(READING 13) Restate the following sentences in German with special attention to the parallel constructions:

1. The boy must go to school, study every morning, play only in the afternoon, and above all eat regularly.

2. We saw that the alleys were damp, the buildings appeared wet and the ground looked soggy.

84 Appositions

An apposition is a modifying phrase usually following the noun it modifies and enclosed by commas. It is in the same case as its antecedent.

NOMINATIVE Das ist mein Freund, ein Sänger.   *This is my friend, a singer.*

GENITIVE Die Stimme meines Freundes, eines Sängers, ist gut.   *The voice of my friend, a singer, is good.*

DATIVE Die Stimme gehört meinem Freund, einem Sänger.   *The voice belongs to my friend, a singer.*

ACCUSATIVE Ich treffe meinen Freund, einen Sänger.   *I am meeting my friend, a singer.*

EXERCISES

I. (READING 17) Complete the following statements, using the appropriate case for the appositions, then translate them:

1. Das Auto des Offiziers _____ folgte den Jeeps.
(ein General)
2. Die beste Stellung gehört dem höchsten Offizier, _____.
(ein General)
3. Die ganze Natur erhebt sich gegen ihren größten Feind, _____.
(der Mensch)
4. Die Soldaten jagten das wilde Schaf, _____.
(ein Widder)
5. Der General dachte an seine Familie, _____.
(sein Sohn und seine Frau)
6. Der Sanitäter dankte seinem Kameraden, _____.
(ein guter Junge)

II. (READING 20) Restate the following sentences by incorporating the first statement as an apposition into the second:

EXAMPLE: Sie ist eine elegante Frau. Die Witwe öffnete ihren Gästen die Tür.
Die Witwe, eine elegante Frau, öffnete ihren Gästen die Tür.

1. Herr Plein ist ein höherer Justizbeamter. Wir haben Herrn Plein heute kennengelernt.

2. Herr Wurf war ein bekannter Charmeur. Seine nassen Kleider haben Herrn Wurf zum Bleiben gezwungen.
3. Der Beamte ist ein geistreicher Mann. Die Witwe bedauerte die heftigen Worte des Beamten.
4. Die Wegstrecke war eine lange und schmale Straße. Die Wegstrecke führte durch einen dunklen Wald.
5. Ihre Gäste waren ein hoher Beamter, ein berühmter Musiker und ein reizendes junges Mädchen. Ein schwerer Verdacht lag auf ihren Gästen.

85 Translation Aids: German to English

1. als (and any word)	*as, then*
als (introducing dependent clause)	*when*
als (and subjunctive verb)	*as if*
nicht als	(*nothing*) *but*
alles andere als	*anything but*
Sie ist jünger als ich.	*She is younger than I.*
Ich kenne ihn als Schüler.	*I know him as a student.*
Als er ankam, . . .	*When he arrived . . .*
Er sieht aus, als hörte er nichts.	*He looks as if he heard nothing.*
Ich höre nichts als Lärm.	*I hear nothing but noise.*
Sie ist alles andere als schön.	*She is anything but beautiful.*
2. da (normal word order)	*there, here, then*
da (introducing dependent clause)	*since, when*
Da stand er plötzlich.	*Suddenly he was standing there.*
Mein Vater ist da.	*My father is here.*
Da ich noch Zeit habe, . . .	*Since I have time still . . .*
3. doch (affirmative after negative statement)	*yes*
doch (emphatic)	*surely, after all, anyway, indeed*
doch (at beginning of main clause)	*however*
doch (in question)	*emphatic confirmation*
doch (with imperative)	*emphatic urge*
Heute kommst du wohl nicht? Doch, ich komme.	*You aren't coming today? Yes, I will.*

Er ist doch zu uns gekommen.	*He came to us after all.*
Er wollte kommen, doch er konnte nicht.	*He wanted to come, however, he could not.*
Du kommst doch heute?	*You are coming today, aren't you?*
Komm doch zu uns.	*Do come to see us.*

4. einmal (emphatic), mal — *no English equivalent*
   nicht einmal — *not even*
   auf einmal — *suddenly*
   noch einmal — *once more*
   schon einmal — *already*
   schon einmal? — *ever*

Überlegen Sie einmal!	*Do contemplate (consider) that.*
Er hat nicht einmal mit mir gesprochen.	*He did not even speak to me.*
Auf einmal fing es an zu regnen.	*Suddenly it began to rain.*
Wiederholen Sie das Wort noch einmal!	*Repeat the word once more.*
Ich habe das schon einmal gesagt.	*I have already said that.*
Sind Sie schon einmal geflogen?	*Have you ever taken a plane trip?*

5. halten — *to keep*
   halten für — *to consider, to take for*
   halten von — *to think of*

Er hält lange meine Hand.	*He is keeping my hand for a long time.*
Was hältst du von ihm?	*What do you think of him?*
Wofür halten Sie mich?	*What do you take me for?*

6. ja (unstressed) — emphatic
   ja (stressed) — command

Ich habe es ja gewußt.	*I knew it.*
Steh ja nicht auf.	*Don't get up under any circumstances.*

7. lassen — *to let*
   lassen — *to leave*
   lassen — *to allow*
   lassen — *to cause to*
   sich lassen (with inanimate subject) — *can be*

sich lassen (with person as subj.)	*has*
Ich ließ ihr das Vergnügen.	*I let her have her enjoyment.*
Er konnte sie nicht lassen.	*He couldn't leave her.*
Vater läßt mich das nicht tun.	*Father won't allow me to do that.*
Der General läßt die Soldaten marschieren.	*The General causes the soldiers to march.*
Das läßt sich leicht machen.	*That can be done easily.*
Mein Mann läßt sich rasieren.	*My husband has himself shaved.*

8. noch — *still, yet*
noch — *just, only, but . . . ago*
noch ein — *another*
noch nicht — *not yet*
noch nichts — *nothing (not anything) as yet*
noch nie — *never (yet)*

Er ist noch krank.	*He is still sick.*
Noch gestern warst du so krank.	*You were so sick just (only) yesterday.*
Gib mir noch ein Glas Milch!	*Give me another glass of milk.*
Tun Sie das bitte noch einmal!	*Do that once more, please.*
Er ist noch nicht angekommen.	*He hasn't arrived yet.*
Mein Vater wußte noch nichts.	*My father didn't know anything as yet.*
Ich war noch nie in Amerika.	*I've never been in America.*

9. schon — *already*
schon (with present tense and time adverb) — present perfect progressive.
schon (emphatic) — *no doubt, as a matter of fact, surely*

Ich weiß das alles schon.	*I know that already.*
Wir sind schon lange hier.	*we have been here for a long time.*
Du wirst mich schon verstehen.	*You will certainly understand me.*

10. wie (question) — *how*
wie (exclamation) — *how*
wie (comparison) — *as, like*

Wie lange bleibt er hier?	*How long will he stay?*
Wie glücklich war er gestern!	*How happy he was yesterday!*
Du bist so alt wie ich.	*You are as old as I.*
Sie lachte wie verrückt.	*She laughed like crazy.*

11. werden	*to become, be*
werden (auxiliary for future)	*shall, will*
werden (auxiliary for passive)	*to be* (and participle past)
Mein Sohn will Arzt werden.	*My son wants to be a doctor.*
Wir werden in die Schweiz fahren.	*We shall drive to Switzerland.*
Wir werden oft angerufen.	*We are being called* (*by phone*) *often.*

EXERCISES

I. (READING 7)   Restate in English with attention to the boldfaced emphatics:

1. Wie heißt **denn** das **noch** auf lateinisch?
2. Für einen Studenten ist der **doch** ein bißchen zu alt.
3. Ich möchte **einmal** wissen, wo Martin steckt.
4. Ich habe **ja** niemals mehr Zeit.
5. Was wollt ihr **denn** eigentlich werden?
6. Da weiß man **doch,** was man hat.
7. Aber wer denkt **schon** an so etwas?
8. Ich sollte **doch noch** einen Cognac trinken.
9. Der Nordhoff hat **doch** 1917 das Abitur gemacht.

II. (READING 8)   Translate into English and observe the various ways in which **da** is translated:

1. Die Zeit, da ich nichts ahnte . . .
2. Immer, da er schweigend durch die Stadt zog . . .
3. Da war er noch fröhlich.
4. Da versammeln sie sich.
5. Da fürchtete er seine Lage nicht.

III. (READING 11)   Translate into English and compare the English translations of German **wie**:

1. Der Esel entsteht, wie Blitze entstehen.
2. Er verschwindet wie sie.
3. Das ist so unzweifelhaft wie die Gebirge selbst.
4. Ich schaue zu, wie er den Kopf senkt.
5. Wie kommt er?
6. Ich weiß nicht, wie Blitze entstehen.

7. Er sieht aus wie ein Esel.
8. Wie sein Kommen ist auch sein Verschwinden.
9. Die Drähte pfeifen so laut wie die Eisenbahnen.
10. Wie nenne ich ihn?

IV. (READING 12) Restate in English with attention to the boldfaced emphatics:

1. Wo hast du es **denn** erfahren?
2. Du hast es ihm **doch** gesagt?
3. Das zu hören, ist **schon** schlimm.
4. Du weißt **doch** alles.
5. Manches ist **doch** verwirrend.
6. Erzählt mir **ja** nichts Dummes.
7. Du bist es **ja** selbst gewesen.
8. Sag mir's **doch** schnell.
9. Überleg es dir **doch** noch!
10. Was soll ich **denn** tun?

V. (READING 20) Express in English and observe the translation of **lassen:**

1. Die Wegstrecke läßt sich nicht mehr befahren.
2. Die Musiker lassen ihre Instrumente zurück.
3. Laß es regnen!
4. Sie läßt ihre Hand auf seinem Arm.
5. Er läßt sich gern einladen.
6. Diese Gedanken lassen sich nicht unterdrücken.
7. Sie läßt sich nicht reizen.
8. Die Witwe läßt die Musiker weiterspielen.
9. So etwas läßt sich nur bedauern.
10. Sie läßt ihr Auto holen.

VI. (READING 20) Express in English and explain the function of **werden:**

1. Viele Beamte werden sich einstellen.
2. Die armen Musiker werden immer bedauert.
3. Die Welt wird zur engen Wegstrecke.
4. Es wird nicht darüber gelacht.
5. Die Gäste wurden im Schein des Blitzes sichtbar.
6. Die Instrumente wurden durch den Regen vernichtet.
7. Seine Worte werden heftig gewesen sein.
8. Das wird sich kaum machen lassen.
9. Das wird wohl nicht das erste Gewitter des Jahres sein.

86 Translation Aids: English to German

I. The English *–ing*-form can be translated into German in different ways:

A. as an adverb or adjective:

They came singing down the street.	*Singend kamen sie die Straße entlang.*
A leaking faucet.	*Ein laufender Wasserhahn.*

B. with an infinitive without **zu** after certain verbs: **bleiben, finden, fühlen, gehen, helfen, hören, lassen, lernen, sehen.**

with an infinitive plus **zu** after **anstatt** and **ohne**:

Without hearing us.	*Ohne uns zu hören.*
Instead of doing his work.	*Anstatt seine Arbeit zu tun.*

with an infinitive with **zu** in most instances:

He began talking.	*Er begann zu sprechen.*
He stopped smoking.	*Er hörte auf zu rauchen.*

C. as a verbal noun:

He helped me working.	*Er half mir beim Arbeiten.*
I am tired of waiting.	*Ich bin des Wartens müde.*
I am looking forward to our meeting.	*Ich freue mich auf unser Treffen.*

D. with **indem**:

Looking at her he smiled.	*Indem er sie ansah, lächelte er.*
He showed himself a true friend by helping us.	*Er zeigte sich als wahrer Freund, indem er uns half.*

E. with **nachdem** or **da**:

After finishing my work . . .	*Nachdem ich meine Arbeit beendet hatte . . .*
Not being at home, she . . .	*Da sie nicht zuhause war, . . .*

F.   with **wie** after the verbs **hören** and **sehen:**

I heard him turning on the light.   *Ich hörte, wie er das Licht*
                                         anmachte.
I saw her leaving the house.   *Ich sah sie, wie sie das Haus*
                                         verließ.

G.   with a past participle after **kommen:**

The children came running.   *Die Kinder kamen gerannt.*

H.   with a **da(r)**–compound followed by a **daß**–clause or by an infinitive
     clause:

One recognizes him by his   *Man erkennt ihn daran, daß er*
   laughing.   *lacht.*
I am waiting for him to return.   *Ich warte darauf, daß er*
                                         zurückkommt.
I am looking forward to seeing   *Ich freue mich darauf, ihn*
   him again.   *wiederzusehen.*
I am afraid of meeting him.   *Ich fürchte mich davor, ihn zu*
                                         treffen.

II. A number of frequently used words are translated differently in various
     contexts. The following translation aids may be useful for general refer-
     ence.

1. again   *wieder*
    again   *noch einmal*
    again and again   *immer wieder*

    The flowers are here again.   *Die Blumen sind wieder da.*
    Don't do that again.   *Tu das nicht wieder!*
    Do that again.   *Tu das noch einmal!*

2. to ask   *fragen* (with direct object)
    to ask, inquire   *fragen nach, sich erkundigen*
                                            nach.
    to ask for   *bitten um*
    to ask, demand   *verlangen*
    to ask, invite   *einladen*

Don't ask me anything.	*Frage mich nichts!*
I have to ask about that.	*Ich muß danach fragen.*
	Ich muß mich danach erkundigen.
She always asks for money.	*Immer bittet sie um Geld.*
He is asking too much.	*Er verlangt zuviel.*
They asked me to their house.	*Sie haben mich zu sich eingeladen.*

3. to change, alter — *ändern*
   to change, become different — *sich verändern*
   to change, substitute — *wechseln*
   to change one's clothes — *sich umziehen*
   to change trains — *umsteigen*

The plane changed directions.	*Das Flugzeug änderte die Richtung.*
Nothing has changed here.	*Hier hat sich nichts verändert.*
Would you like to change cars?	*Möchten Sie Ihr Auto wechseln (umtauschen)?*
We must change before dinner.	*Vor dem Essen müssen wir uns umziehen.*
I had to change trains three times.	*Ich mußte dreimal umsteigen.*

4. to get, become — *werden*
   to get, receive — *bekommen, erhalten*
   to get, obtain — *verschaffen, besorgen*
   to get, fetch — *holen*

The weather is getting hot.	*Das Wetter wird heiß.*
Did you get your letter?	*Hast du deinen Brief bekommen?*
Can you get me a house?	*Können Sie mir ein Haus besorgen (verschaffen)?*
Go and get your mother.	*Lauf und hole deine Mutter!*

5. hard — *hart*
   hard, difficult — *schwierig*
   hard, strenuous — *schwer*
   hard, vigorously — *stark*
   All these hard stones. — *Alle diese harten Steine.*
   This is a hard exam. — *Das ist eine schwierige Prüfung.*

Housework was too hard for her.	*Die Hausarbeit war ihr zu schwer.*
It was raining hard.	*Es regnete stark.*

6. idea, thought   *die Idee*
   idea, notion   *die Ahnung*
   idea, conception   *der Begriff*

He had intelligent ideas.	*Er hatte kluge Ideen.*
I had no idea.	*Ich hatte keine Ahnung.*
The idea of goodness.	*Der Begriff der Güte.*

7. to imagine, to picture to oneself   *sich vorstellen*
   to imagine, have an idea   *vermuten*
   to imagine, have wrong ideas   *sich einbilden*

Imagine that you were rich.	*Stell dir vor, du wärest reich.*
I imagine that she must be rich.	*Ich vermute, daß sie reich sein muß.*
He imagines that he is rich.	*Er bildet sich ein, reich zu sein.*

8. to know (followed by a clause)   *wissen*
   to know, have knowledge of   *wissen*
   to know, be acquainted with   *kennen*
   to know how   *können*

I know he has arrived.	*Ich weiß, daß er angekommen ist.*
I don't know much.	*Ich weiß nicht viel.*
Do you know her?	*Kennst du sie?*
Do you know German?	*Kannst du Deutsch?*

9. to learn, acquire ability   *lernen*
   to learn, find out   *hören, erfahren*

I just learned to cook.	*Ich habe gerade Kochen gelernt.*
Have you learned the news yet?	*Hast du die Neuigkeit schon erfahren?*

10. to leave (transitive)   *lassen*
   to leave, go away from   *verlassen*
   to leave behind   *hinterlassen*
   to leave, depart   *gehen, abfahren*
   He left you much work.   *Er hat dir viel Arbeit gelassen.*

He left town yesterday.	*Gestern verließ er die Stadt.*
His aunt left him some money.	*Seine Tante hinterließ ihm etwas Geld.*
We'll leave at eight o'clock.	*Wir fahren um acht Uhr ab.*

11. to live, be alive, spend one's life   *leben*
to live, dwell   *wohnen*

My father lived all his life in France; at the moment he lives in Paris.	*Mein Vater lebte sein ganzes Leben in Frankreich; im Moment wohnt er in Paris.*

12. to meet (by appointment)   *treffen, sich treffen*
to meet, run into   *begegnen*
to meet, make the acquaintance of   *kennenlernen*

We always met in the evening.	*Wir trafen uns immer am Abend.*
I have to meet a client.	*Ich muß einen Kunden treffen.*
She met an old friend.	*Sie begegnete einem alten Freund.*
When did she meet him?	*Wann hat sie ihn kennengelernt?*

13. number, digit   *die Zahl*
number, quantity   *die Anzahl*
number in a series   *die Nummer*
a great number   *sehr viele*
a number of times   *einige Male*

Can you read these figures?	*Können Sie diese Zahlen lesen?*
A number of people are waiting.	*Eine Anzahl von Leuten wartet.*
What is the first number in this series?	*Was ist die erste Nummer dieser Reihe?*
A great number of them.	*Sehr viele von ihnen.*
I called you a number of times.	*Ich habe Sie einige Male angerufen.*

14. to pass, to hand   *reichen*
to pass, as time   *vergehen*
to pass by   *vorbeigehen*
to pass successfully   *bestehen*

Pass the sugar.	*Reichen Sie mir den Zucker.*
The days passed slowly.	*Die Tage vergingen langsam.*
He passed by her.	*Er ging an ihr vorbei.*
Did you pass your exam?	*Hast du deine Prüfung bestanden?*

15. to put, lay   *legen*
to put (vertically)   *stellen*
to put, set   *setzen*
to put, stick into   *stecken*

Put the books on the table.	*Leg die Bücher auf den Tisch.*
Put the picture against the wall.	*Stell das Bild an die Wand.*
Put the doll on this chair.	*Setz die Puppe auf den Stuhl.*
Put the stick into the hole.	*Steck den Stock in das Loch.*

16. to take, select   *nehmen*
to take something somewhere   *bringen*
to take somebody somewhere   *begleiten*
to take time   *dauern*

I'll take the red car.	*Ich nehme den roten Wagen.*
Take this glass into the kitchen.	*Bring das Glas in die Küche.*
Her friend took her home.	*Ihr Freund begleitete sie nach Hause.*
This will take a long time.	*Das wird lange dauern.*

17. to tell (a story)   *erzählen*
to tell, say   *sagen*

Tell me another story.	*Erzähl mir noch eine Geschichte.*
I've told you all I know.	*Ich habe dir alles gesagt, was ich weiß.*

EXERCISES

I. (READING 4) Restate in German; explain the different meanings of **know**:

1. At least I know Italian.
2. Did you know Piatgorsky?
3. I hardly knew those people.
4. The old woman didn't know German.
5. I didn't know what to say.

II. (READING 4) Complete the following sentences by choosing the appropriate translation of the English words in parentheses:

1. Der Ausländer _____ eine lange Geschichte. *(tells)*
2. Die Frau _____ ihm, er solle hereinkommen. *(tells)*
3. Die Alte _____ nichts von ihrem Haß. *(tells)*
4. Sie _____ die Flasche auf den Tisch. *(puts)*
5. Er _____ die Hände auf die Knie. *(puts)*
6. Von dem alten Soldaten _____ sie viel über den Krieg. *(learned)*
7. In ihrer Kindheit hatte sie nicht viel in der Schule _____. *(learned)*

VOCABULARY

Plural endings, genitive singular endings of masculine and neuter nouns, and principal parts of strong verbs and hybrids are given. Separable verbs are indicated by a dot (·) between the prefix and the stem.

A

ab·bauen remove
ab·bilden illustrate
die **Abbildung** picture
ab·blasen, ie, a call off
ab·blättern peel
ab·brechen, a, o stop
ab·brennen, a, a burn off, burn down
ab·brocken pluck
ab·decken clear the table
der **Abdruck, –(e)s, –e** imprint
das **Abenteuer, –s, –** adventure
der **Abfalleimer, –s, –** garbage pail
sich **ab·finden, a, u mit** put up with
ab·flauen slacken
der **Abfluß, –sses, ⁻sse** drainpipe
ab·geben, a, e share with, give;
 ein Wort — say something
abgegriffen (*p.p. of* **ab·greifen** & *adj.*)
 faded, beat up
abgehackt (*p.p. of* **ab·hacken** & *adj.*)
 chopped off, clipped
ab·gehen, i, a leave school
abgerissen (*p.p. of* **ab·reißen** & *adj.*)
 disconnected; torn
abgespreizt spread

abgetragen (*p.p. of* **ab·tragen** & *adj.*)
 demolished
abgetreten (*p.p. of* **ab·treten** & *adj.*)
 trampled down
abgezogen (*p.p. of* **ab·ziehen** & *adj.*)
 skinned
der **Abgrund, –(e)s, ⁻e** abyss
ab·haken cross off
der **Abhang, –(e)s, ⁻e** slope
ab·hängen, i, a hang up; depend on
ab·hauen (*coll.*) take off
sich **ab·heben, o, o** contrast
ab·holen call for, pick up
der **Abiturjahrgang, –(e)s, ⁻e**
 graduation class in German high
 schools
ab·klopfen knock off
ab·lassen, ie, a refrain from
ab·lehnen refuse
sich **ab·lösen** become detached; take
 turns
der **Abort, –(e)s, –e** toilet
ab·prellen rebound
ab·räumen clear (away)
die **Abrechnung** revenge; account
die **Abreise** departure
ab·reißen, i, i tear off

341

ab·rutschen slide off
ab·schalten turn off
ab·schätzen appraise
die **Abscheu** disgust
der **Abschied, –(e)s, –e** departure;
  farewell
ab·schlagen, u, a refuse
der **Abschnitt, –(e)s, –e** paragraph
absehbar within sight; **in –er Zeit**
  in the foreseeable future
abseits sideways
sich **ab·setzen** disengage
die **Absicht** intention
der **Abstand, –(e)s, ⁼e** distance
ab·stellen turn off
ab·stieben, o, o disperse; rise up
der **Abstinent, –en, –en** total
  abstainer
ab·stoßen, ie, o repel
ab·streuen sweep with fire
abwechselnd alternately
die **Abwertung** devaluation
abwesend absentminded
die **Abwesenheit** absence
ab·wischen wipe off
achten respect; deem; — **auf** pay
  attention to
achtlos careless
ächzen groan
der **Acker, –s, ⁼** field
die **Ader** vein
ahnen suspect, divine, surmise
ähnlich similar; **sich — sehen**
  resemble each other; die **–keit**
  resemblance
die **Ahnung** presentiment; **eine —**
  haben to have an idea
die **Aktentasche** briefcase
albern silly
die **Allee** avenue
allein: von allein by itself, by oneself
allerhand quite a bit
allerlei all sorts of
die **Allgemeingültigkeit** general
  validity
allmählich gradual

das **Alter, –s, –** old age, age; **der**
  –sgenosse, –n, –n contemporary
das **Altgras, –(e)s, ⁼er** last year's
  grass
die **Ameise** ant
sich **an·bahnen** begin; prepare a way
  (for)
der **Anblick, –(e)s, –e** sight, view
anbrandend surging against
das **Andenken, –s, –** souvenir
ändern change
anderntags the next day
anderthalb one and a half
an·deuten point out, hint at
die **Andeutung** hint
der **Anfang, –(e)s, ⁼e** beginning; **von**
  — an from the beginning; **–en, i, a**
  begin, do
an·fassen touch
an·feinden treat with hostility
der **Anflug, –(e)s, ⁼e** trace, smattering
angeblich allegedly
an·gehen, i, a be of concern
der **Angehörige, –n, –n** relative
die **Angelegenheit** matter
angemessen appropriate
angenehm pleasant
angesagt (*p.p. of* **an·sagen** & *adj.*)
  announced
angestrengt (*p.p. of* **an·strengen** &
  adj.) concentratedly
angetrunken (*p.p. of* **an·trinken** &
  adj.) tipsy
der **Angriff, –(e)s, –e** attack
die **Angst, –, ⁼e** fear; **in — geraten**
  get scared
an·halten, i, a stop; urge; **–d**
  lasting
die **Anhöhe** hill
an·kommen, a, o arrive; **darauf —**
  it depends
an·kündigen announce; **sich —**
  announce oneself
die **Ankunft, –, ⁼e** arrival
an·langen arrive
der **Anlaß, –sses, ⁼sse** reason;
  — geben zu give rise to

an·lassen, ie, a start
anläßlich on the occasion of
der Anlauf, –(e)s, ⁻e running start
an·legen plant, lay out
das Anmeldeformular, –(e)s, –e
  registration form
die Anmerkung note
anmutig graceful; charming
an·nehmen, a, o assume; accept
anno (*lat.*) in the year
an·ordnen order, command; arrange
anprallend (*pres. part. of* an·prallen)
  crashing against
an·preisen, ie, ie advertise, recommend strongly
das Anrecht, –(e)s, –e claim
an·reden address
anregend stimulating
die Anregung stimulus
die Anrichte sideboard
an·rücken advance
an·rufen, ie, u telephone
an·rühren touch
an·schwellen, o, o increase; swell
an·setzen start
an·sprechen, a, o address
der Anspruch, –(e)s, ⁻e claim; —
  haben auf to be entitled to
an·stehen, a, a wait in line
an·steigen, ie, ie climb, mount
an·stellen undertake, do
an·stoßen, ie, o touch
der Anstreicher, –s, – (house–)
  painter
anstrengend strenuous
die Anstrengung effort
an·treten, a, e start
an·tun, a, a do to; inflict
anwesend present
das Anzeichen, –s, – sign, indication
an·zeigen denounce, notify
der „Anzeiger," –s, – "Observer" (newspaper)
an·ziehen, o, o put on; sich — get
  dressed; angezogen pulled up
der Anzug, –(e)s, ⁻e suit (of clothes)
an·zünden light a fire

die Äone eon
der Arbeitslose, –n, –n unemployed
der Ärger, s anger; –lich angry
der Ärmel, –s, – sleeve
die Armlehne armrest
der Arzt, –es, ⁻e doctor
der Aschenbecher, –s, – ashtray
der Ast, –es, ⁻ branch; der –bruch,
  –(e)s, ⁻e broken branches
das Atelier, –s, –s studio
der Atem, –s, – breath; den —
  anhalten hold one's breath; –los
  breathless
auf und davon up and away
auf·atmen take a deep breath
sich auf·bäumen rear (of a horse)
aufbrandend surging
auf·brechen, a, o depart, start;
  break open
der Aufbruch, –(e)s, ⁻e departure;
  change
sich auf·erlegen force oneself
auf·fallen, ie, a notice
auf·geben, a, e give up, abandon
aufgebockt (*p.p. of* auf·bocken &
  adj.) elevated
aufgebracht (*p.p. of* auf·bringen &
  adj.) enraged
aufgegriffen (*p.p. of* auf·greifen &
  adj.) caught, grabbed
auf·gehen, i, a set off; rise (of the
  sun, dough)
aufgeregt (*p.p. of* auf·regen & *adj.*)
  excited
aufgesprungen (*p.p. of* auf·springen
  & *adj.*) burst open, chipped
aufgestützt (*p.p. of* auf·stützen & *adj.*)
  propped up
aufgetrieben (*p.p. of* auf·treiben)
  swollen
aufgeworfen (*p.p. of* auf·werfen)
  heaped up
auf·haben wear
auf·halten, ie, a delay; hold open
auf·heben, o, o pick up; keep
auf·heulen screech
auf·hocken climb up

343

auf·hören stop
auf·lassen, ie, a leave open
auf·lauern lie in wait
aufmerksam attentive, considerate;
— **werden** notice
auf·nehmen, a, o receive
sich **auf·plustern** ruffle one's feathers
der **Aufprall, –(e)s, ⸚e** bump
aufrecht upright
sich **auf·regen** get excited
die **Aufregung** excitement
auf·reißen, i, i tear open
auf·ribbeln undo (knitting)
sich **auf·richten** raise oneself
aufrichtig sincerely
der **Aufriß, –sses, –sse** sketch
auf·rühren stir up
auf·saugen absorb
auf·schließen, o, o open
auf·schnallen strap on
das **Aufsehen, –s** attention, sensation
auf·sperren unlock
auf·stemmen push open
auf·stützen prop up
auf·suchen visit
auf·tauchen appear suddenly
auf·treten, a, e appear
auf·weichen soak
auf·weisen, ie, ie display
auf·werfen, a, o erect
auf·zucken flash
das **Auge, –s, –n** eye, **der –nblick,**
–(e)s, –e moment; **das –nmerk,**
–(e)s, –e attention; **in –nschein**
nehmen observe; **der –nwinkel,**
–s, – corner of the eye
die **Aula, –, Aulen** auditorium
die **Ausbeute** yield; gain
aus·bleiben, ie, ie stay away, not
take place
sich **aus·breiten** spread
der **Ausbruch, –(e)s, ⸚e** escape
aus·dehnen expand, extend
auseinander apart; **die –setzung**
discussion, argument, battle; **das**
–leben, s drifting apart
aus·fallen turn out, come out *or* off

der **Ausflug, –(e)s, ⸚e** excursion
ausführlich explicit
die **Ausgabe** edition
ausgebleicht pale
ausgedörrt parched
ausgefahren worn out
ausgenommen (*p.p. of* **aus·nehmen**
& *adj.*) eviscerated; excepted
ausgerechnet of all things
ausgeschlossen sein be out of the
question
ausgeschossen faded
ausgesucht (*p.p. of* **aus·suchen** &
adj.) choice, exquisite
das **Ausgießen, –s** pouring (of cement)
aus·harren persevere
aus·heben, o, o dig
ausholend sweeping
sich **auskennen, a, a** know one's
way around
aus·laden, u, a unload
die **Auslage** display
das **Ausland, –(e)s** abroad; **der ⸚er,**
–s, – foreigner
aus·leeren empty
aus·löschen blot out, be
extinguished
die **Ausnahme** exception
die **Ausnützung** ·utilization
aus·reden talk out of
aus·schachten dig out
aus·schauen look, have an appearance
aus·schließen, o, o exclude
ausschließlich exclusively; **die –keit**
exclusiveness
aus·schlüpfen hatch
aus·sehen, a, e look, appear; **das**
—, –s looks, appearance
außerhalb outside
sich **äußern** express one's opinion
äußerst extremely; **das –e, –n** the
extreme
die **Äußerung** remark
die **Aussicht** prospect, expectation,
chance; **–en haben** have hope;
–slos hopeless; **der –swagen, –s, –**
sightseeing bus

aus·spannen spread
aus·steigen, ie, ie disembark, get out
die **Ausstellung** exhibition
aus·streichen, i, i cross out
aus·tauschen exchange
aus·üben practice
aus·wechseln change; **das —, –s**
changing
aus·weichen, i, i avoid, dodge, step
aside
aus-wringen wring
sich **aus·zahlen** pay off
aus·zeichnen distinguish
aus·ziehen, o, o take off (clothes)

B

der **Bach, –(e)s, ⁻e** brook
die **Bahn** path, railway; **der
–bedienstete, –n, –n** railroad
employee; **der –damm, –(e)s, ⁻e**
railway embankment; **der –hof,
–(e)s, ⁻e** station; **die –schwelle**
railroad tie; **der –steig, –(e)s, –e**
platform
die **Bahre** stretcher
bang timid, afraid, anxious
der **Bannkreis, –(e)s, –e** boundary
der **Bart, –(e)s, ⁻e** beard; **die
–stoppel** stubble
der **Bauch, –(e)s, ⁻e** stomach, belly;
⁻ig rounded
der **Bauleiter, –s, –** superintendent,
builder
baumeln swing; **–d** dangling
die **Baumkrone** treetop
die **Bauweise** method of building
beabsichtigen intend
beachten pay attention
der **Beamte, –n, –n** civil servant
die **Bebauung** construction
beben tremble, shake; **das —, –s, —**
tremor
das **Becken, –s, –** sink
bedächtig deliberately
bedauern feel sorry for; **–d** with
regret

bedecken cover
bedenken, a, a consider, think of;
das —, –s, – doubt, hesitation,
scruple
die **Bedenklichkeit** reservation
bedeuten signify, mean
die **Bedeutung** significance
die **Bedingung** condition
bedrohen menace
das **Bedürfnis, –ses, –se** need
die **Beerdigung** funeral
das **Beet, –(e)s, –e** (flower) bed
befallen, ie, a come over
befangen ill at ease
befehlshaberisch authoritatively
sich **befinden, a, u** be, find oneself
befremdet with a strange feeling
befürchten fear, to be feared
die **Befürchtung** fear
begabt talented
die **Begegnung** meeting
die **Begierde** desire
begierig greedy
begießen, o, o water
begleiten accompany
die **Begleitung** accompaniment
sich **begnügen** content oneself
begraben, u, a bury
begreifen, i, i comprehend, grasp
begrenzt bordered; limited
der **Begriff, –(e)s, –e** idea, concept;
im — sein be about (to)
begründen give reasons
begünstigt favored
begütigend soothing
behaglich comfortable
behalten, ie, a keep; remember
die **Behandlung** treatment
behauen hew; trim
behaupten maintain
die **Behelfshaube** temporary dome
der **Behuf, –(e)s, –e** purpose
behutsam carefully
bei·bringen, a, a teach
bei·drehen converge
der **Beifall, –(e)s** applause
der **Beifuß,** wormwood

beiläufig casual
beisammen together
das **Beisein, –s** presence
beißen, i, i bite
beizen stain
das **Bekanntsein, –s** acquaintance-
ship
bekennen, a, a confess
beklommen anxiously; **die –heit**
anxiety
bekritzeln scribble on
der **Belag, –(e)s, –e** deposit
die **Belagerung** siege
belanglos inconsequential
belügen deceive (by lying)
bemalt (*p.p. of* **bemalen** & *adj.*)
painted
bemerken notice; remark
sich **bemühen** try hard
bemüht sein struggling
das **Benehmen, –s** behavior
benetzen wet
benetzt (*p.p. of* **benetzen** & *adj.*)
wet
der **Bengel, –s, –** little rascal
benommen confused, numbed
benötigen need
benutzen use
beobachten observe
bequem convenient; **die –lichkeit**
convenience
die **Beratung** counsel
das **Berechnen, –s** calculation
bereits already
bereit·stehen, a, a be waiting
bergab downhill
berichten report
beriechen, o, o sniff at
das **Bersten, –s** bursting
berücksichtigen consider
der **Beruf, –(e)s, –e** occupation; **die
–sausbildung** professional training
beruhigen calm; **–d** reassuring
die **Beruhigung** comfort, reassurance
berühmt famous
berühren touch
die **Besatzung** crew

die **Beschädigung** damage
beschaffen sein be like; **die –heit**
nature, quality
sich **beschäftigen** occupy oneself,
keep busy
beschäftigt (*p.p. of* **beschäftigen** &
adj.) occupied
beschämt abashed
der **Bescheid, –(e)s, –e** information;
— **wissen** know
beschlagen covered with moisture
beschließen, o, o decide
sich **beschränken** limit oneself
beschreiben, ie, ie describe
die **Beschreibung** description
beschützen protect
beschwerlich troublesome, difficult
besessen obsessed
besetzen occupy
besetzt (*p.p. of* **besetzen** & *adj.*)
full
sich **besinnen, a, o** recall, reflect
der **Besitz, –(e)s, –e** possession; **–en**
own
sich **besorgen** procure
besorgt concerned
bespannen cover
besprechen, a, o discuss
bespritzen splash, sprinkle
besser tun be better off
bestanden planted
beständig constantly
bestehen, a, a exist; — **auf** insist;
— **aus** consist of
bestellen order; **schlecht bestellt
sein (mit)** be in poor condition
bestimmt certain; — **sein** be
destined
bestreiten, i, i lead, undertake
bestreuen sprinkle
betäuben make numb; **–d** drowsy
betäubt stupefied
beten, a, e um ask for
betörend fascinating
der **Betracht** respect; **in — kommen**
be taken into consideration; **–en**
look at, observe; **–lich** considerable

beträntt (*poet.*) stained
betreffen, a, o concern
betreiben, ie, ie manage, run
betreten, a, e enter
betroffen (*p.p. of* **betreffen** *& adj.*)
startled, perplexed
betrügen, o, o deceive
betrunken drunk
der **Bettpfosten, –s, –** bed post
sich **beugen** bend; — — **aus** lean
out
beunruhigen disquiet, trouble; **sich**
— be alarmed, worry
die **Bevölkerung** population
bewachen guard
bewahren protect, preserve
sich **bewähren** prove oneself
bewährt (*p.p. of* **bewähren** *& adj.*)
tested
bewegen move
die **Bewegung** movement
beweisen, ie, ie prove
die **Beweiskette** sequence of proofs;
concatenation
bewohnt (*p.p. of* **bewohnen** *& adj.*)
lived in
bewölkt cloudy
bewundern admire
die **Bewußtlosigkeit** unconsciousness
das **Bewußtsein, –s** consciousness
die **Bezahlung** pay, salary
bezähmen control
bezeichnen characterize
bezeigen show
die **Beziehung** relationship
bezweifeln doubt
biegen turn, bend
bieten, o, o offer
das **Bildnis, –ses, –se** picture,
image; likeness
billig cheap
der **Biß, –sses, –sse** bite
die **Bitte** request
das **Biwak, –s, –s** bivouac
blähen swell up
das **Blatt, –(e)s, ̈er** leaf; **–los** leaf-
less

die **Blaubeere** blueberry; **der –nsteig**
path bordered with blueberries
das **Blech, –(e)s, –e** tin
bleich pale
blendend splendid; blinding
der **Blick, –(e)s, –e** glance; **im —
halten** watch
der **Blitz, –es, –e** lightning
blödsinnig idiotic
das **Blöken** bleating
bloß bare; only
blühen bloom
die **Blumenrabatte** flowerbed
das **Blut, –(e)s** blood; **–streifig**
streaked with blood; **–überströmt**
covered with blood
die **Blüte** blossom
die **Bö** gust
der **Bogen, –s, –** arch, curve
die **Bohle** board
die **Bohne** bean
böse angry; evil
der **Bote, –n, –n** messenger
die **Brandmauer** fire-proof wall
braten, ie, a fry, roast, bake
die **Braue** brow, eyebrow
brav good
die **Bremse** brake
brennen, a, a, auf dying to (do
something)
die **Brieftasche** wallet, pocketbook
der **Brocken, –s, –** bit, fragment
der, das **Bruch, –(e)s, ̈e** swamp, bog
der **Bruchteil, –s, –e** fraction
die **Brücke** bridge
die **Brust, –, ̈e** chest, breast
die **Brüstung** banister
brüten brood; hatch
der **Brutkasten, –s, ̈en** incubator
die **Buche** beech tree
das **Bücherregal, –s, –e** bookshelf
sich **bücken** bend down
der **Bundesdeutsche, –n, –n** West
German citizen
der **Bürger, –s, –** citizen; **–lich**
middle-class; **die –meisterei** town
hall

347

der **Bursche, –n, –n** chap
der **Bussard, –s, –e** buzzard
die **Buße** penitence

C

die **Chaussee** highway

D

das **Dach, –(e)s, ̈er** roof; **der –first,
–es, –e** ridge (of roof); **die
–pfanne** pantile
dafür for it; **nichts — können** not
to be at fault
dahin·dämmern daze along
damalig then, of that time
die **Dämmerung** twilight, dusk
daran (dran) sein be one's turn
die **Darstellung** description; presentation
darüber over; on that point; in the
meanwhile
die **Dauer** duration; **–n** last; **–nd**
constantly, all the time
der **Daumen, –s, –** thumb
daunenweich downy
davon·kommen, a, o get away
dazu also
die **Decke** ceiling; cover; **das
–ngemälde, –s, –** painted ceiling
dediziert dedicated
denken, a, a think; **nicht daran —**
have no intention
der **Denkzettel, –s, –** reminder
dereinst at some future time
dermaßen to such an extent
derweil meanwhile, while
deutlich distinct, clear
dicht close; **–belaubt** thick with
foliage
dickbetaut heavy with dew
die **Diele** hall
dienen assist, be of service
der **Diener, –s, –** servant
die **Dienstleistung** service

die **Dienstvilla, –, –villen** director's
villa
diesbezüglich referring to this
die **Differentialrechnung** differential calculus
der **Direktor, –s, –en** (school)
principal, director
dirigieren direct, guide
die **Distel** thistle
der **Dom, –(e)s, –e** cathedral
die **Dornenranke** thorn tendril
der **Draht, –(e)s, ̈e** wire; **der –zaun,
–(e)s, ̈e** wire fence
das **Drängeln, –s** pushing
drängen press; **sich —** push close
der **Dreck, –(e)s** dirt; **einen —
interessieren** not give a hoot
drehen turn
dreifach triple
dreigeschossig three–storied
dringen, a, u, hinter penetrate;
–d urgent
dringlich pressing
drittletzt last but two, antepenultimate
drohen menace; **–d** menacing
dröhnen rumble; **–d** resounding
die **Drohung** menace
der **Druck, –(e)s, –e** print; **–en**
print; **–erei** printing press
drücken press
sich **ducken** bend down
dumpf damp; dull; stifling
die **Dünkelhaftigkeit** arrogance
dunstflimmernd shimmering air
durchaus absolutely
durch·bohren pierce
durch·brennen, a, a escape
durchdringend penetrating
durcheinander mixed up
durch·halten, ie, a hold out, endure
der **Durchlaß, –sses, ̈sse** passage
durch·laufen, ie, au go through,
pass through
durch·machen endure
durchnäßt drenched
durchqueren cross; **das —, –s**
crossing

durchziehen, o, o pervade, run through, interlace

dürr thin, arid

das Düsengeheul screaming of jets

düster sinister, gloomy

E

eben just

die Ebene plain

echt genuine

der Edelstein, –(e)s, –e precious stone

ehemalig former

ehemals formerly

eher rather, sooner

ehren honor; das –mal, –s, ˮer monument; –rührig dishonorable

der Ehrgeiz, –es ambition

das Ei, –(e)s, –er egg

der Eifer, –s zeal; –süchtig jealous

eigen own; –artig peculiar, strange; die –schaft feature; –tlich actually; das –tum, –s, ˮer property; die –tumswohnung cooperative apartment

die Eile hurry; –n hurry, hasten; –nd hasty

eilig hurried

der Eimer, –s, – pail, bucket

ein·beziehen, o, o draw into, incorporate

sich einbilden imagine

die Einbildung imagination

der Einblick, –(e)s, –e view, insight

ein·bringen, a, a cause; bring in

der Eindringling, –(e)s, –e intruder

der Eindruck, –(e)s, ˮe impression; –svoll impressive

eines um das andere one after the other

der Einfall, –(e)s, ˮe idea; –en, ie, a occur (to one's mind)

ein·färben color

sich ein·finden arrive

einförmig uniform

ein·fügen insert; sich — adapt

ein·führen introduce to

der Eingang, –(e)s, ˮe entrance

eingekerbt notched

das Eingeweide, –s, – intestines

der Einheimische, –n, –n native

die Einheit unit; –lich uniformly

einigermaßen to a certain extent

die Einkaufstasche shopping bag

ein·kehren turn in, enter

ein·keilen wedge in

ein·laden, u, a invite

ein·liefern commit

ein·lösen redeem

einmal once; auf — all at once

ein·ordnen categorize

ein·reden persuade

ein·richten arrange; furnish

einsam lonely

ein·schenken pour

der Einschlag, –(e)s, ˮe shell crater; –en knock in

ein·sehen, a, e realize

ein·setzen begin

die Einsicht insight; — nehmen examine

ein·stecken take along

sich ein·stellen set in, appear

ein·stürzen collapse

ein·treten, a, e set in

ein·weisen, ie, ie assign

der Einwurf, –(e)s, ˮe interjection

einzeln single

einzig only, unique

das Eis, –es ice; die –konditorei ice cream parlor; der –zapfen, –s, – icicle

das Eisen, –s, – iron; die –bahn railroad

der Ekel, –s aversion

das Elend, –(e)s misfortune

der Ellenbogen, –s, – elbow

die Elster magpie

der Empfang, –(e)s, ˮe reception; receipt; –en, ie, a receive

empfehlen, a, o recommend

empfinden, a, u feel

empfindlich sensitive

emporgerichtet (*p.p of*
empor·richten *& adj.*) raised
upward

endgültig finally

eng narrow

entbehren be without

entdecken discover

der **Entdeckertrieb, –(e)s, –e** drive,
bent for discovery

entfallen, ie, a slip out

entfernt removed, distant

die **Entfernung** distance

entgegen·bringen, a, a offer

enthäutet (*p.p. of* **enthäuten** *& adj.*)
skinned

entheben, o, o relieve of

sich **entkleiden** undress

entkommen, a, o escape

entlassen, ie, a dismiss

das **Entlegene, –n** distant event

entrüstet indignant

entsagen renounce

entscheiden, ie, ie decide

entschuldigen excuse

entschwinden, a, u disappear

entsetzlich terrible

entsetzt horrified

sich **entsinnen, a, o** remember

entsprechend appropriate

entstehen, a, a develop; originate

enttäuschen disappoint

entwachsen, u, a grow out of

die **Entwarnung** "all clear" signal

entwerfen, a, o project, outline

sich **entwickeln** develop

die **Entwicklung** development

sich **entziehen, o, o** eliminate

die **Entziehungskur** treatment for
alcoholics

entzückt delighted

das **Erbarmen, –s** pity

erbeben tremble

erben inherit

erbittert exasperated

erblicken see, catch sight of

sich **erbrechen, a, o** vomit

die **Erbse** pea

erdulden endure

das **Ereignis, –ses, –se** event

erfahren, u, a find out, learn;
experience

die **Erfahrung** experience

erfassen understand

erfinden, a, u invent; **sich —**
invent for oneself

die **Erfindung** invention

ergänzen supplement, complete

ergeben, a, e yield to; **sich —**
occur, happen; surrender

das **Ergebnis, –ses, –se** result,
yield; **–los** without success, in vain

ergehen, i, a happen (to a person)

sich **ergießen, o, o** gush forth

ergreifen, i, i take, seize; stir

erhaben lofty

erhalten, ie, a receive

sich **erheben, o, o** rise, raise

erheitert amused

sich **erhoffen** hope for

erhöhen heighten

sich **erinnern** remember

die **Erinnerung** memory

erkennen, a, a recognize

die **Erklärung** explanation

sich **erkundigen** inquire

erlassen, ie, a issue

erlauben grant, permit; **sich —**
take the liberty

erläutern explain

die **Erle** alder

erleben spend, experience

erleichtert relieved

die **Erleichterung** relief

erleuchten light up, illuminate

erlöschen become effaced; be
extinguished, go out

erlösen redeem

ermitteln find out

ermorden murder

erregt excited

die **Erregung** excitement, emotion

erreichen reach

errichten erect, set up

erröten blush

sich **ersäufen** drown oneself

das **Erscheinen, –s** appearance

erschießen, o, o shoot

erschöpfen exhaust

die **Erschöpfung** exhaustion

erschrecken, a, o frighten, scare

erspähen discover

sich **ersparen** save

erspart bleiben, ie, ie be spared

das **Erstaunen, –s** surprise

erstaunt astonished

ersticken suffocate, stifle

ertragen, u, a put up with, endure

erträglich bearable

sich **ertränken** drown oneself

erwachen awaken

erwachsen grown up; **der –e, –n, –n**
grownup

erwähnen mention; **–swert** worth
mentioning

die **Erwartung** expectation

erwerben, a, o gain

erwidern reply, return

erwischen catch

erziehen, o, o raise, educate

der **Esel, –s, –** donkey

eventuell (evtl.) possibly

die **Existenz** existence

F

das **Fach, –(e)s, ˝er** shelf, drawer

fade insipid

fahl pale

die **Fahne** flag

fahren·lassen, ie, a give up

der **Fahrgast, –(e)s, ˝e** passenger

der **Fahrschein, –(e)s, –e** ticket

der **Fall, –(e)s, ˝e** case

fällig due

die **Falschheit** insincerity

die **Falte** fold; **–n** fold

die **Farbe** color

die **Färbung** coloring

der **Fasching, –s, –e** carnival

die **Fassade** facade

fassen grasp; **Fuß —** get a foothold

fassungslos without composure,
beside oneself

fauchen hiss

faulig rotten

die **Faust, –, ˝e** fist

federnd elastic

fegen, heran·– sweep

fehlen miss; **das fehlt ihm noch**
that's all he needs

der **Fehler –s, –** mistake; **in —
verfallen** make mistakes

die **Feier** ceremony; **–lich** solemn;
–n celebrate; **der –tag, –(e)s, –e**
holiday

die **Feigheit** cowardice

feilschen haggle

die **Feldkabelleitung** field cable

das **Fell, –(e)s, –e** fur

der **Felsblock, –(e)s, ˝e** rock

das **Fenster, –s, –** window; **das
–brett, –(e)s, –er** window sill; **das
–hakenauge, –s, –en** bolt of the
window, hook; **der –laden, –s, ˝n**
shutter

fern distant; **das –glas, –(e)s, ˝er**
field glass; **die –heizung** central
heating; **das –rohr, –(e)s, –e**
telescope; **das –sehen, –s** television

die **Ferse** heel

fertig ready; **die –keit** skill; **der
–teil –(e)s, –e** prefabricated part

das **Fest, –(e)s, –e** holiday

fest firm; **–stellen** notice; **–stehen,
a, a** be certain; **es steht für mich
—** I was determined

fettig greasy

der **Fetzen, –s, –** shred

feucht humid

das **Feuer, –s, –** fire; **die –stelle**
fireplace; **die –wehr** fire department

das **Fieber, –s, –** fever; **–n** run a
fever

die **Fingergabel** two fingers signaling
a V

351

die **Fingerkuppe** finger tip
fingern, (her–) aus (*dial.*) dig out
finster dark, gloomy; **die –nis**
  darkness
der **First, –(e)s, –e** ridge
flach shallow; **die ⁼e** surface
flappen (*dial.*) hang
die **Flasche** bottle
flattern flutter
flaumbedeckt covered with fluffy
  down
flechten, o, o twist together
der **Fleck, –(e)s, –e** spot; **–ig**
  spotted, stained
die **Fledermaus, –, ⁼e** bat
das **Fleisch, –es´** flesh; meat **die**
  –brühe broth; **der –ermeister, –s,**
  – butcher
die **Fliese** tile
fließen, o, o flow; **–des Wasser**
  running water
flockig fluffy
die **Flucht** escape; **–artig** in full
  flight; **⁼ig** fleeting; **der ⁼ling, –(e)s,**
  –e refugee
der **Flug, –(e)s, ⁼e** flight; **das**
  –blatt, –(e)s, ⁼er flyer; **der ⁼el,**
  –s, – wing; grand piano; **das –feld,**
  –(e)s, –er airfield; **die –probe**
  test flight; **–tüchtig** capable of flying;
  das –zeug, –(e)s, –e airplane
flüstern whisper
fordern demand
forschen inquire, do research
der **Förster, –s, –** forester; **die –ei**
  forestry
fort·locken lure away
fortwährend continually
die **Fratze** grimace; **–n schneiden**
  make faces
frei free; **–geben, a, e** set free,
  release; **die –heit** freedom; **–lich**
  to be sure, certainly; **–willig** voluntary; **die –zeit** leisure time
der **Fremde, –n, –n** stranger
der **Friede, –ns, –n** peace
der **Friedhof, –(e)s, ⁼e** cemetery

friedlich peaceful
frieren, o, o feel cold
die **Frist** lapse of time
fröhlich merry, happy
die **Frucht** fruit; **das –wasser**
  amniotic fluid (in which the embryo
  is immersed)
das **Fundament, –(e)s, –e** foundation
die **Furcht** fear; **–bar** terrible; **⁼en**
  be afraid; **⁼erlich** terrible
der **Fuß, –(e)s, ⁼e** foot; **der –boden**
  floor; **die –stapfe** footprint
füttern feed

G

der **Gang, –(e)s, ⁼e** aisle; **die –art**
  pace; **in vollem —** in full swing
die **Gardine** curtain
die **Gasanstalt** gas works
die **Gasse** alley
der **Gast, –(e)s, ⁼e** guest
die **Gattung** species, gender, breed
geballt (*p.p. of* **ballen** & *adj.*)
  clenched
die **Gebärde** gesture
das **Gebäude, –s, –** building
das **Gebet, –(e)s, –e** prayer
das **Gebiet, –(e)s, –e** area, field
das **Gebirge, –s, –e** mountains
das **Gebiß, –sses, –sse** set of teeth
geborene née
die **Geborgenheit** security
gebrauchen use
gebückt (*p.p. of* **bücken** & *adj.*) bent
die **Geburt** birth; **der –stag, –(e)s,**
  –e birthday
das **Gedächtnis, –ses, –se** memory;
  ins — rufen call to mind
der **Gedanke, –ns, –n** thought, idea;
  auf den –n kommen hit upon the
  idea; **sich –n machen** think,
  worry about
gedehnt stretched
das **Gedröhn, –s** rumbling
geeignet appropriate

die **Gefahr** danger, **¨den** endanger; **¨lich** dangerous

das **Gefährt**, **–(e)s**, **–e** vehicle

der **Gefallen**, **–s**, **–** favor; **einen — tun** do a favor

die **Gefälligkeit** courtesy

die **Gefangenschaft** captivity

das **Gefängnis**, **–ses**, **–se** jail

das **Gefäß**, **–es**, **–e** receptacle

das **Gefecht**, **–(e)s**, **–e** battle; **der –slärm**, **–(e)s** noise of battle; **der –sstand**, **–(e)s**, **¨e** command, post; **die –sübung** manoeuvre

das **Gefieder**, **–s**, **–** feather, plumage

das **Geflügel**, **–s** fowl

das **Gefrieren**, **–s** freezing

das **Gefühl**, **–s**, **–e** feeling, emotion

gegen against; **–seitig** mutually; **der –stand**, **–(e)s**, **¨e** subject; **das –teil –(e)s**, **–e** opposite; **im –teil** on the contrary

die **Gegend** area

der **Gegensatz**, **–(e)s**, **¨e** contrast

gegolten (*p.p. of* **gelten**) was effective, valid

gegoren (*p.p. of* **gären**) fermented

das **Gehaste**, **–ns** hurrying

geheim secret; **–nisvoll** mysterious

gehen, **i**, **a** go; **–d** going, running; **das geht nicht** it is not possible; **es geht nach mir** it is up to me; **in sich —** search oneself; **vor sich —** take place

geheuer (*only neg. as*): **nicht geheuer** uncanny

das **Gehirn**, **–(e)s**, **–e** brain

das **Gehöft**, **–(e)s**, **–e** farm

gehorchen obey

gehören belong to; **sich —** be right, proper, appropriate

der **Gehörnansatz**, **–(e)s**, **¨e** root of horns

die **Geige** violin; **der –nstock**, **–(e)s**, **¨e** violin bow; **der –nstrich**, **–(e)s**, **–e** bowing, scraping on the fiddle

geistreich witty

gekränkt (*p.p. of* **kränken** & *adj.*) hurt

gekrümmt (*p.p. of* **krümmen** & *adj.*) bent

das **Gelächter**, **–s**, **–** laughter

das **Geländer**, **–s**, **–** banister

der **Geländewagen**, **–s**, **–** jeep

gelangen reach

gelassen composed

gelbumrändert yellow-bordered

gelegen situated; **die –heit** occasion, opportunity; **–tlich** occasional

das **Geleise**, **–s**, **–** track, rail

geleiten conduct

gelingen, **a**, **u** succeed

gellend piercing

gelten, **a**, **o** be valid, effective, mean, be considered (as)

gemein mean, common; **–sam** common; **die –de, die –schaft** community

das **Gemurmel**, **–s** murmur

gemütlich cozy

genau nehmen, **a**, **o** be exact

genießen, **o**, **o** enjoy

sich **genötigt sehen**, **a**, **e** feel obliged

die **Genugtuung** satisfaction

das **Gepäck**, **–(e)s** luggage

geprägt (*p.p. of* **prägen** & *adj.*) embossed

gerade just, straight, exactly; **–aus** straight ahead; **–zu** actually

geraten, **ie**, **a in** get into

geraum considerable, long

das **Geräusch**, **–(e)s**, **–e** sound

gerecht just

gereizt (*p.p. of* **reizen** & *adj.*) irritated

das **Geröll**, **–(e)s**, **–e** rubble

der **Geruch**, **–(e)s**, **¨e** smell

gerührt (*p.p. of* **rühren** & *adj.*) touched

das **Gerümpel**, **–s** trash

das **Geschäft**, **–(e)s**, **–e** business, store; **–lich** on business

geschehen, a, e happen, take place
das Geschenk, –(e)s, –e gift
die Geschicklichkeit dexterity
geschickt skillful, dexterous
das Geschirr, –(e)s, –e dishes
das Geschlecht, –(e)s, –er sex
geschmückt (p.p. of schmücken &
  adj.) decorated
das Geschrei, –(e)s cries, screaming
die Geschwindigkeit speed
geschwollen (p.p. of schwellen)
  swollen
das Geschwür, –es, –er tumor
die Gesellschaft society
gesenkt inclined
das Gesetz, –(e)s, –e law
das Gespenst, –es, –e ghost, spook
das Gespräch, –(e)s, –e conversation;
  ins — kommen enter into conversation
gestaffelt (p.p. of staffeln) staggered
die Gestalt shape; figure; character;
  personage
das Gestänge, –s, – railing
gestatten permit
gestehen, a, a confess
die Gestimmtheit mood
gesträubt (p.p. of sträuben) bristle
das Gesträuch, –(e)s, –e bushes
die Gesundheit health
getönt (p.p. of tönen & adj.) colored
das Getrappel, –s trampling
das Getümmel, –s tumult
gewahr werden become aware
gewähren notice; — lassen, ie, a
  let someone have his own way
das Gewicht, –(e)s, –e weight
das Gewimmel, –s crowd, throng
gewiß certain
das Gewitter, –s, – thunderstorm
sich gewöhnen an get used to
gewöhnlich normal, ordinary
gewohnt usual
gewunden winding
gezackt jagged
sich geziemen be fitting, suitable
das Gezwitscher, –s twittering

die Gier greed
die Gießkanne watering can
das Gift, –(e)s, –e poison
das Geklapper, –s clatter
das Genick, –(e)s, –e neck
der Geschmack, –(e)s, ⸚e taste
die Gewalt power; höhere — force
  majeure
gießen, o, o pour
der Ginster, –s, – broom (plant)
der Gipsengel, –s, – angel made of
  plaster
der Glanz, –(e)s ⸚en luster; shine
glatt even, smooth; –reiben, ie, ie
  groom; –streichen, i, i smooth
  out
gleich same; die –artigkeit similarity; das –gewicht, –(e)s, –e
  balance; –gültig indifferent, all the
  same, no matter what; –mäßig
  even; –mütig indifferent, with
  equanimity; –viel anyhow;
  –zeitig simultaneous
der Gleiskörper, –s, – railroad track
das Gleitkettenrasseln, –s clatter of
  tank tracks
der Glimmer, –s, – glimmer, mica
glitzern gleam, sparkle; –d shining
die Glocke bell; das –nspiel, –(e)s,
  –e carillon; der –nturm, –(e)s, ⸚e
  bell tower
glotzen gape
das Glück, –(e)s fortune
die Glühbirne light bulb
die Goldammer finch; der
  –schwarm, –(e)s, ⸚e flock of
  finches
die Gondel gondola
der Gondoliere, –, –ir gondolier
Gott bewahre Heaven forbid
das Grab, –(e)s, ⸚er grave
der Graben, –s, ⸚ ditch, canal; der
  –fluß, –sses, ⸚sse canal; der
  –rand, –(e)s, ⸚er edge of the ditch
gräßlich horrible
grausam cruel
grausen feel horror, shudder

greifbar clearly
greifen, i, i grasp, grab
grell glaring, shrill, sharp
die **Grenze** border
der **Griff, –(e)s, –e** grasp
die **Grille** cricket
grinsen grin
das **Grollen, –s** rumble
der **Groschen, –s, –** coin (formerly
ten-penny piece)
die **Grube** hole
die **Gruft** grave
die **Grünanlage** landscaping
der **Grund, –(e)s, ̈e** basis; reason;
im –e basically; **der –riß, –es,
–sse** outline
grünsamten of green velvet
grüßen greet, say goodbye
die **Gulaschkanone** field kitchen (*lit.*
stew-gun)
gültig valid
gurren coo
der **Gurt, –(es)s, –e** belt
der **Guß, –sses, ̈sse** downpour
gutmütig goodhumored

H

habhaft werden gain possession
der **Hafen, –s, ̈** harbor
die **Haft** imprisonment; **–en bleiben**
stick
hager haggard
halten, ie, a keep, hold; **— für**
consider, take to be; **mehr — von**
prefer, think more highly of
die **Haltung** posture
die **Hand, –, ̈e** hand; **die
–bewegung** gesture; **die –fläche**
palm; **das –tuch, –(e)s, ̈er** towel
handeln act
die **Handelsschule** commercial
school
die **Handlung** action, plot
hangeln hanging by one's hands
(gymnastics)
hängen, ie, a, an be attached to
hantieren move about, handle things

hartnäckig insistent, stubborn
der **Haß, –sses** hatred; **̈lich** ugly
die **Hast** haste, hurry; **–end** hasty;
–ig hastily
hauen beat (here *dial.*); throw
sich **häufen** accumulate
häufig frequent
das **Haupt, –(e)s, ̈er** head, chief;
das –gebäude, –(e)s, – main
building; **der –mann, –(e)s, –leute**
captain; **das –nahrungsmittel,–s,–**
main nourishment; **–sächlich**
mainly
hausen dwell (*coll.*)
die **Haut, –, ̈e** skin
heben, o, o lift
hechen (*dial.* also: **hecheln, hecken**)
pant
das **Heck, –(e)s, –e** after-deck, stern
heftig violent, vigorous
die **Heide** heath
heilig holy
heillos hopeless
die **Heimat** home
heiraten marry
heiter serene, gay
das **Hemd, –(e)s, –en** shirt;
–ärmlig in shirtsleeves
der **Henkel, –s, –** handle
herauf·weisen, ie, ie point upward
heraus out (of); **–bekommen, a, o**
find out; **–kramen** pull out, find;
–reißen, i, i pull out; **–rutschen**
slip out; **sich –stellen** turn out
der **Herd, –(e)s, –e** stove
herrlich magnificent
herüber·schieben, o, o pushed over
sich **herum·sprechen, a, o** become
known
herunter·klirren clatter down
hervor·heben, o, o emphasize
das, **Herz, –ens, –en** heart;
–erfrischend heartwarming; **das
–klopfen, –s, –** palpitation of the
heart; **–lich** heartily
hetzen rush
der **Heuboden, –s, –** hayloft

heulen cry, weep

die **Heuschrecke** locust

heutzutage nowadays

der **Hieb**, –(e)s, –e blow, beating

der **Himmel**, –s, – sky

hin und her to and fro

hinauf·schieben, o, o push up

hinauf·schrauben spiral upward

im Hinblick auf with, in regard to

hinein·pflügen plow into

hingegeben (*p.p. of* **hin·geben** *&*
adj.) devotedly

hin·gelangen get there

hingezogen attracted

hinkend (*pres. part. of* **hinken**) limping

die **Hinsicht** reference; **in jeder —**
in every respect

hin·streichen, i, i glide along

die **Hintergehung** deception

hinterher·hetzen rush behind

die **Hinterstube** back room

sich **hinüber·stützen** lean over (on
elbows)

der **Hinweis**, –(e)s, –e indication,
allusion

hin·wenden turn to

hinzu·fügen add

die **Hitze** heat

der **Hitzschlag**, –(e)s, ⸚e heat stroke

hoch high; **— dotiert** highly
endowed; **–federn** whip upward;
die Haare –greifen, i, i pile up
one's hair; **–quillen, o, o** well up;
sich –robben pull oneself up; **der
–stand**, –(e)s, ⸚e lookout;
–torkeln soar, reel upward

die **Hochzeit** wedding; **der –sanzug**
wedding suit; **die –sglocke** wedding
bell; **die –sreise** honeymoon trip

hocken crouch, squat

der **Hof**, –(e)s, ⸚e courtyard

die **Hoffnung** hope

der **Höhenzug**, –(e)s, ⸚e ridge of
mountains

der **Höhepunkt**, –(e)s, –e climax

hohl hollow; **die ⸚e** cave; **der
–raum**, –(e)s, ⸚e hollow space

höhnisch scornful

holen fetch

der **Holunder**, –s, – elder

das **Holz**, –es, ⸚er wood; **das
–hacken**, –s wood chopping; **der
–korb**, –es, ⸚e wooden basket; **die
–pantine, der –pantoffel**, –s, –n
wooden clog

der **Honig**, –s honey

horchen listen

der **Hörer**, –s, – receiver

die **Hose** pants, slacks

hübsch pretty

der **Huf**, –(e)s, –e hoof; **das –eisen**,
–s, – horseshoe; **der –eisentisch**,
–(e)s, –e horseshoe-shaped table

die **Hüfte** hip

der **Hügel**, –s, – hill; **die –kuppe**
hill top

das **Huhn**, –(e)s, ⸚er chicken

husten cough

I

immer always; **–fort** continually;
–hin nevertheless

imstande sein be capable

die **Inbrunst** ardor, fervor

indessen meanwhile

indianerfarben "Indian-colored,"
i.e., as colorful as an American
Indian's skin and feathers

inne·halten stop

innerhalb within

die **Inschrift** inscription

insgesamt all together

das **Internat**, –(e)s, –e boarding
school

inwiefern in what way, to what
extent

irgendwie somehow

irr(e) puzzled, confused; **–reden**
speak confusedly; **sich –en** be
mistaken; **das –enhaus**, –es, ⸚er
mental hospital; **der –tum**, –s, ⸚er
error

das **Isolierverfahren, –s, –** insulating process

J

jagen chase
jäh suddenly
das **Jahr, –(e)s, –e** year; **vor — und Tag** years ago
jaulen screech
die **Jugend** youth
der **Jungwuchs, –es, ⸚e** spring growth
der **Justizangestellte, –n, –n** employee in a tribunal; **der –beamte, –n, –n** officer of justice

K

der **Kacheltisch, –(e)s, –e** tiled table
der **Käfig, –s, –e** cage
kahl bare; **der –schlag, –(e)s, ⸚e** clearing
der **Kalk, –(e)s, –e** plaster
kalt cold; **die –blütigkeit** composure; **–machen** (*coll.*) kill
der **Kamin, –(e)s, –e** fireplace
der **Kamm, –(e)s, ⸚e; ⸚en** comb
die **Kammer** small room
der **Kampf, –(e)s, ⸚e** fight
das **Kaninchen, –s, –** rabbit
der **Kanonenschlag, –(e)s, ⸚e** petard
kantig angular
die **Kapelle** band, orchestra
kapieren (*coll.*) understand
die **Karrenspur** rut
die **Kartoffel** potato
das **Karussell, –s, –s** merry-go-round
der **Kasten, –s, ⸚en** box; **die –tasche** carrying case
der **Kater, –s, –** tomcat
kauern squat
der **Kauz, –(e)s, ⸚e** owl
der **Kavalier, –s, –e** gentleman, cavalier

die **Kehle** throat
kehrt·machen turn around
der **Keller, –s, –** cellar
die **Kellnerin** waitress
kennen·lernen get to know
die **Kennerin, –, –nen** feminine expert
der **Kerker, –s, –** jail, dungeon
der **Kerzenleuchter, –s, –** chandelier
die **Kette** chain; necklace
keuchen pant
kichern chuckle
die **Kiefer** pine
der **Kies, –es, –e** gravel
das **Kinn, –(e)s, –e** chin
die **Kirche** church
der **Kirchgang, –(e)s, ⸚e** going to church
die **Kladde** registration book
die **Klage** complaint
der **Klang, –(e)s, ⸚e** sound, inflection
klappern rattle, clatter
der **Klappstuhl, –(e)s, ⸚e** folding chair
klatschen clap; crush down
das **Klavier, –(e)s, –e** piano
kleben stick
klebrig sticky
das **Kleid, –(e)s, –er** dress; **die –ung** clothing
klein small; **das –geld** small change; **die –igkeit** trifle
klettenverklebt with balls of burrs
klettern climb
klicken click
klingen, a, u sound
das **Klingelzeichen, –s, –** bell sound
die **Klinik** hospital
die **Klinke** door handle
der **Klinkerziegel, –s, –** glazed brick
klirren clink, clatter
das **Klo, –s, –s** (*for* das **Klosett, –s, –s**) toilet, (W.C.)
klobig rough
klopfen knock
der **Kloß, –es, ⸚e** lump
die **Kluft, –, ⸚e** abyss, gap
der **Klumpen, –s, –** lump

der **Knabe, –n, –n** boy
der **Knall, –(e)s, –e** explosion
knarren squeak; **–d** rasping
die **Kneipe** tavern, pub; **die
–nwirtin, –, –nen** female tavern-
keeper
der **Knick, –(e)s, –e** quickset; **–en**
bend; **die –stufe** row of hedges
der **Knochen, –s, –** bone
das **Knopfloch, –(e)s, ̈er** buttonhole
der **Knoten, –s, –** knot
das **Kochgeschirr, –(e)s, –e** cooking
utensil
der **Koffer, –s, –** suitcase
komisch strange
kommen: zu sich kommen come to
der **kommissarische Leiter, –s, –**
acting head
der **Konfirmandenunterricht, –(e)s,
–e** confirmation class
die **Konservendose** tin can
der **Kontoauszug, –(e)s, ̈e** bank
statement
kopfscheu alarmed
die **Koppel** enclosure; **die –schleeten**
(*dial.*) fence board; **der –zaun,
–(e)s, ̈e** pasture fence
der **Korb, –(e)s, ̈e** basket
der **Körper, –(s), –** body
kosten taste
kostspielig expensive
krachen crash
das **Krächzen** creaking
die **Kraft, –, ̈e** power strength; **̈ig**
powerful, effective
der **Kragen, –s, –** collar
die **Krähe** crow, rook
sich **krallen** claw oneself, scratch
der **Krämer, –s, –** grocer
krank sick; **̈en** offend; **der
–enwagen, –s, –** ambulance
das **Kraut, –(e)s, ̈er** herb
die **Kravatte** tie
der **Krebs, –es, –e** crab
kreideweich chalk-soft
der **Kreis, –es, –e; –en** circle
kreischen shriek

das **Kreißzimmer, –s, –** labour room
das **Kreuz, –(e)s, –e; –en** cross; **die
–ung** crossroads
kriechen, o, o creep, crawl
kriegen obtain
die **Krone; ̈en** crown, top
die **Krücke** crutch
krumm bent; **–gezogen** twisted
das **Kücken** (*for* Küken, –s, –) chick
die **Kuh, –, ̈e** cow
kühl cool; **der –schrank, –(e)s, ̈e**
refrigerator
kühn bold
der **Kulissenwechsel, –s, –** change
of scenery
kümmerlich miserable
sich **kümmern um** take notice of,
mind, worry
künden von recall
die **Kunststoffwand, –, ̈e** plastic
partition
kupfern copper
die **Kuppel** cupola
kurzerhand abruptly
die **Kusselkiefernschonung** plantation of small pines
die **Küste** shore

L

die **Lache** puddle
lächeln smile
lächerlich ridiculous
der **Laden, –s, ̈** shop; shutter; **der
–tisch, –(e)s, –e** counter
lädieren damage
die **Ladung** load
die **Lage** situation; **in der — sein**
be in a position to
das **Lager, –s, –** camp, layer
lahm lame
das **Lamm, –(e)s, ̈er** lamb
der **Landser, –s, –** private
der **Landsitz, –(e)s, –e** country seat
die **Landzunge** peninsula
die **Langeweile** boredom

langgezogen (*p.p. of* lang·ziehen
& *adj.*) drawn out
längst since long
der Langweiler, –s, – dull fellow
langweilig boring
der Lärm, –(e)s noise
die Larve mask
lässig idly
das Laub, –(e)s foliage
lauern watch
der Lauf, –(e)s, ⸚e course; im –e in
the course of
die Laune mood
lauschen eavesdrop
der Lausejunge, –n, –n little scamp
der Laut, –(e)s, –e sound; –hals
heartily, loudly
läuten ring
lauter nothing but, pure
das Leben, –s, – life; der
–sabschnitt, –(e)s, –e period, stage
of life; die –einstellung view of
life; die –sgeister (*pl.*) spirits; der
–smut, –(e)s joy of life; die
–sunlust disgust with life
die Leberzirrhose liver cirrhosis
lebhaft vivacious
ledern made of leather
lediglich merely
leergefegt (*p.p. of* leer·fegen & *adj.*)
swept clean
der Lehm, –(e)s, –e loam, clay
lehnen: sich — gegen lean against
die Lehre lesson, moral; teaching
rule
der Leib, –(e)s, –er body
der Leichnam, –(e)s, –e corpse
leicht light; easy; es sich —
machen try to get away easily
leid tun, a, a: das tut mir leid I
am sorry
leiden, i, i suffer; die –schaft
passion; –schaftlich passionate
leider unfortunately
leihen, ie, ie lend
sich leisten afford
leiten lead

die Leiter ladder
die Leitung circuit, connection;
command; der –sdraht, –(e)s, ⸚e
wire
die Lerche lark; das –ngedudel, –s
twitter of larks
die Leserzuschrift letter to the editor
leuchten shine
leugnen deny; nicht zu — undeniable
der Lichtschalter, –s, – light switch
liegen an etwas being caused by
something
listig cunning
der Liter, –s, – litre (1¾ pints)
das Lob, –(e)s, –e; –en praise; —
ernten earn praise
das Loch, –(e)s, ⸚er hole
locken lure
locker·lassen give in
der Lockruf, –(e)s, –e mating call
der Löffel, –s, – spoon
sich lohnen be worthwhile
das Los, –es, –e prize, lottery ticket
lösen unfasten; sich — aus detach
oneself from
los·lassen, ie, a let go
der Löwenzahn, –(e)s dandelion
das Luch, –(e)s, –e marsh
die Lücke gap, space
die Luft, –, ⸚e air; nach — ringen
gasp for air; der –schutzkeller, –s, –
air raid shelter; der –sprung,
–(e)s, ⸚e leap; die –waffe air-
force
die Lüge lie
die Lust, –, ⸚e pleasure; — haben
feel like it; –ig merry; sich lustig
machen (über) make fun (of)

M

machen make; mach's gut good
luck; das macht nichts it doesn't
matter
die Macht, –, ⸚e power; –ig mighty

der **Magen, –s,** ⁓ stomach
mager skinny
makellos immaculate
malen paint
die **Mandel** tonsil; **vereiterte –n**
tonsillitis
das, der **Mannequin, –s, –s** model
der **Manschettenknopf, –(e)s,** ⁓**e**
cufflinks
der **Mantelkragen, –s, –** coat collar
das **Märchen, –s, –** fairy tale; **–haft**
like a fairy tale, fictitious
die **Marke (Brief–)** stamp
die **Marketenderware** articles sold
to soldiers
markierén simulate
die **Masche** mesh
die **Maschinenpistole** submachine
gun
maßlos immoderate
der **Matrose, –n, –n** sailor
mattglasig matted
die **Mauer** wall
der **Maulwurf, –(e)s,** ⁓**e** mole
meinen think, be of the opinion
melden report
die **Menge** crowd; great deal
merken notice
merkwürdig peculiar, strange;
–erweise strange to say
das **Messing, –s** brass; **das –rohr,**
–(e)s, –e brass tube; **die –stange**
brass rod
der **Mieter, –s, –** tenant
das **Milieu, –s, –s** environment, local
color
die **Mine** mine
mißachten disregard, disdain
das **Mißgeschick, –(e)s, –e** mishap
mißraten, ie, a fail
mit·führen carry along
mitgenommen (*p.p. of* **mit·nehmen**
& adj.) tired out
das **Mitleid, –(e)s** compassion, pity;
in –enschaft gezogen involved
mit·reißen, i, i carry along
mit·teilen report, tell

das **Mittel, –s, –** means, device;
–mäßig mediocre
möbliert (*p.p. of* **möblieren** *& adj.*)
furnished
die **Möglichkeit** possibility
die **Momentaufnahme** snapshot
das **Moos, –es, –e** moss
morastig swampy
der **Mörder, –s, –** murderer; **–isch**
murderous
die **Morgenröte** dawn
die **Motorsäge** motor saw
die **Mücke** mosquito
Mucken haben (*coll.*) act up
die **Mühe** effort, trouble, pains; **sich**
— geben take pains, make an effort
mühsam with effort
die **Mulde** groove
munter animated
die **Münze** coin
murmeln murmur
mürrisch sullen
die **Muschel** shell; receiver
der **Mut, –(e)s** courage; **die**
–maßung conjecture
die **Mütze** hat, cap

N

nach·ahmen imitate
nachdenklich thoughtful
nachdrücklich emphatically
nach·eifern strive after, emulate
nach·erzählen tell again, repeat
die **Nachforschung** research
nach·füllen refill
nachhaltig persistently
nach·lassen, ie, a abate; **es läßt**
nach it fades
nach·lauschen listen
die **Nachrichtenleute** (*pl.*) men in
charge of communications
die **Nacht, –,** ⁓**e** night; **der –falter,**
–s, – night moth; **der –portier,**
–s, –s night clerk
nachträglich subsequently
der **Nachwuchs, –es** offspring

der **Nacken, –s, –** the nape of the neck
die **Nadel** needle
der **Nagel, –s, ⸚** nail
die **Nähe** proximity
die **Näherin, –, –nen** seamstress
näher·liegen, a, e be obvious
nähern bring close; **sich —** come close, approach
nahezu nearly
sich **nähren** feed
die **Nahrung** nourishment
nämlich be sure; that is to say
der **Napfkuchen, –s, –** large cake
naß wet
das **Naturereignis, –ses, –se** natural phenomenon
der **Nebel, –s, –** mist, fog
neben next to, near; **–an** close by; **–bei** moreover; **das –geräusch, –(e)s, –e** sound interference
sich **neigen** incline, bend over
nennen, a, a mention
das **Nest, –(e)s, –er** hamlet; nest
nett nice
das **Netz, –(e)s, –e** net; **die –haut** retina
der **Neubau, –(e)s, –e** building under construction
die **Neugier** curiosity; **–ig** curious
neulich recently
neu·stricken knit anew
die **Nichtigkeit** nothingness
nichtsahnend unsuspecting
nicken nod
nieder down; **–geschlagen** depressed; **–stürzen** crash down
die **Notiz** notice, note; **das –heft, –(e)s, –e** notebook
die **Notwendigkeit** necessity
der **Nu** instant; **im —** in an instant
nüchtern sober

O

das **Obst, –(e)s** fruit
der, das **Ocker, –s, –** ochre

offen open; **–bar** evident; **–sichtlich** obvious
öffentlich public
öffnen open
ohnehin anyhow
ohnmächtig unconscious; **— werden** faint
das **Öl, –(e)s, –e** oil; **die –schicht** oilskin; **–verschmiert** greasy
das **Opfer, –s, –** sacrifice; victim
das **Orchestrion, –s, –ien** jukebox
ordentlich neat
ordnen regulate
die **Ordonnanz** orderly
der **Ort, –(e)s, –e** place
die **Ostern** (*pl.*) Easter
die **Ostsee** Baltic Sea

P

packen grasp
die **Panne** breakdown
der **Panzer, –s, –** tank; **der –verband, –(e)s, –e** tank unit
der **Papierfetzen, –s, –** scrap of paper
die **Pappel** poplar
das **Parkett, –(e)s, –e** parquet floor
das **Parterre, –s, –s** main floor
passen suit; **zueinander —** suit each other
passieren happen
pathetisch solemn
der **Patron, –s, –e** fellow
das **Pech, –(e)s, –e** pitch; bad luck; **–farben** pitch black; **der –vogel, –s, ⸚** unlucky person
peinigen harass
die **Peinlichkeit** embarrassment
der **Peitschenriemen, –s, –** whip strap
pendeln (hin und her) shuttle (back and forth)
pensioniert retired
das **Pensum, –s, –sen** curriculum
der **Pfadrand, –(e)s, ⸚er** border of the path

der **Pfahl, –(e)s, ⁓e** pile
die **Pfanne** pan
die **Pfeife** pipe; **–n, i, i** whistle
der **Pfeiler, –s, –** pier; pillar
das **Pferd, –(e)s, -e** horse
die **Pflanze; –n** plant
das **Pflaster, –s, –** pavement
die **Pflaume** plum
pfeilgerade arrow-straight
die **Pfote** paw
die **Pfütze** puddle
der **Pickel, –s, –** pimple
der **Piepton, –(e)s, ⁓e** piping sound
der **Pilz, –es, –e** mushroom
der **Platz, –es, ⁓e** spot; **die
 –anweiserin** usherette
platzen burst
die **Polizei** police
polken pick
poltern rumble
prahlerisch boasting
prasselnd crackling
preisen, ie, ie praise
preis·geben, a, e expose
die **Preßluft, –, ⁓e** compressed air
prüfen examine
die **Puderdose** powder case
das **Pult, –(e)s, -e** desk
der **Pulverdampf, –(e)s, ⁓e** powder-
 smoke
die **Puppe** doll
der **Putz, –(e)s, -e** sparkle; **–en** clean

Q

das **Quadrat, –(e)s, -e; –isch** square
die **Qual** torture
der **Qualmschleier, –s, –** veil of
 dense smoke
die **Quelle** spring, source; **–n, o, o**
 gush; **–nd** full
quer across, cross

R

der **Rabe, –n, –n** raven, crow; **die
 –nfeder** raven's feather;
 –nfederschwarz pitch black

die **Rache** revenge; **⁓n** avenge; **sich
 ⁓n** take revenge
das **Rad, –(e)s, ⁓er** wheel, bicycle
ragen rise above, tower
die **Rahe** yard
der **Rahmen, –s, –** frame; **die
 –handlung** story within a story
der **Rand, –(e)s, ⁓er** edge, rim, border,
 brim; **am –e** on the outskirts
rangältest senior
rangieren shunt
rasch quickly
rascheln rustle
der **Rasen, –s, –** lawn
die **Rast** rest
der **Raster, –s, –** screen
der **Rat, –(e)s** advice; **–en, ie, a**
 give advice; **das –haus, –es, ⁓er**
 town (city) hall; **der –schlag, –(e)s,
 ⁓e** advice
der **Raub, –(e)s** robbery; **die
 ⁓erspiele** cops and robbers; **der
 –würger, –s, –** butcherbird, shrike
der **Rauch, –(e)s** smoke
rauh harsh
der **Raum, –(e)s, ⁓e** space
rauschen hum
sich **räuspern** clear one's throat
raus·strecken stick out
reagieren react
die **Rechenschaft** account; **zur —
 ziehen** call to account
rechnen (auf) count (upon)
die **Rechnung** bill
recht right; **(sich) –fertigen**
 justify (oneself); **— haben** be right;
 –mäßig rightfully; **–zeitig** in
 good time
sich **recken** stick out, extend
die **Rede** speech, talk; **die — ist von**
 there is talk about; **–n** talk, speak
redlich honest
das **Regal, –(e)s, -e** shelf
die **Regel** rule; **–mäßig** regularly
regen move
reglos motionless
regnen rain

reiben, ie, ie rub
reichen reach; **wenn es reicht** if there is enough (time)
reichlich abundantly
reif mature
der Reifen, –s, – tire, hoop
die Reifestufe stage of maturation
die Reihe series, row; **sich –n** join; **das –neigenheim, –(e)s, –e** home in a development; **–n und Zahlentheorien** theory of sets
reihum all round
reinigen clean
reißen, i, i tear
reizen provoke; **–d** charming
reizvoll attractive
die Reklame advertisement
das Resultat, –(e)s, –e result
das Rethdach, –(e)s, ⸚er (*dial. from* **das Reet** *or* **Ried** reed) thatched roof made of reeds
sich retten save oneself
richten auf direct toward, against, turn to
die Richtung direction
riechen, o, o smell
rieseln run, drizzle
riesig gigantic, giant
die Rille small channel, rill
die Rinne sill, small channel
rinnend dripping
das Rinnsal, –(e)s, –e brooklet
der Rittersporn, –(e)s, –e larkspur
rittlings astride
die Ritze crack
röcheln rattle (in the throat)
der Rock, –(e)s, ⸚e jacket; skirt
die Rösterei coffee roasting store
rotfleckig red-cheeked
ruckeln jerk along
das Rückenkissen, –s, – back rest
rücklings backwards
die Rückseite reverse side
die Rücksicht regard, consideration; **— nehmen, a, o** be considerate
rückwärts backward
das Rudel, –s, – group

rudern row
rufen, ie, u call
der Ruhm, –(e)s fame; ⸚en praise
sich rühren move, stir
der Rumpf, –(e)s, ⸚e hold; trunk, body
das Rundholz, –(e)s, ⸚er round timbers
sich rüsten get ready
die Rüster elm
rutschen slide
rütteln shake

S

der Saal, –(e)s, Säle (dance) hall
die Sache thing
sachlich objective
der Sack, –(e)s, ⸚e bag
die Sage legend; **–nhaft** legendary; fabulous
sammeln collect
sämtlich all
sanft gentle
das Sanitätsfahrzeug, –(e)s, –e field ambulance
satt full
der Sattel, –s, – saddle
satt·sehen, a, e see enough
der Satz, –(e)s, ⸚e leap; set; sentence
sauber clean
sauer; ⸚lich sour
saugen, o, o suck
der Schädel, –s, – skull; **der –umfang, –(e)s, ⸚e** size (of the skull)
schaden damage; **das schadet nichts** that does not matter
das Schaf, –(e)s, –e sheep
das Schaff, –(e)s, –e (*dial.*) cupboard
schaffen master, accomplish; transport
der Schaffner, –s, – conductor
der Schaft, –(e)s, ⸚e handle, stock
der Schakal, –s, –e jackal
der Schal, –(e)s, –e scarf

die **Schale** shell; **das –nende** tip
of the shell

sich **schämen** be ashamed

die **Schar** flock

schartig jagged

der **Schatten, –s, –** shadow; **–haft**
shadowy

die **Schattierung** shading, nuance

die **Schaufel** shovel

schaukeln swing, sway, rock

der **Schaukelstuhl, –(e)s, ∸** rocking
chair

schaurig gruesome

das **Schauspiel, –(e)s, –e** spectacle

die **Scheibe** pane (of glass)

der **Schein, –(e)s, –e** appearance;
–bar apparently, seeming; **–en, ie,
ie** seem; **das –instrument, –(e)s
–e** dummy instrument; **der
–werfer, –s, –** floodlight

scheitern fail

der **Schenkel, –s, –** thigh

schenken give

scheppern juggle

die **Scherbe** a piece of something
broken (earthenware, glass, etc.),
shard

scherzhaft joking

scheu shy; **die –(e)** timidity; **—
haben** be afraid; **–en** fear

das **Schicksal, –(e)s, –e** destiny, fate

schieben, o, o push

schief oblique

die **Schiene** rail

das **Schild, –(e)s, –er** sign

schildern describe

die **Schildkröte** turtle

das **Schilf, –(e)s, –e** reed; **die
–wiese** meadow with reeds

schimmern shine

schimpfen scold

das **Schimpfwort, –(e)s, ∸er** insult,
cuss word

die **Schlacht** battle

die **Schläfe** temple

schlaff limp

der **Schlag, –(e)s, ∸e** blow; **–en**

beat; **–fertig** quick-witted; **die
–zeile** headline

der **Schlamm, –(e)s, ∸e** mud

die **Schlamperei** sloppiness

schlau sly, subtle

schlecht bestellt bad situation

schleichen, i, i sneak, crawl

schleudern hurl, throw hard; stroll

schließlich finally

schlimm bad, sad

die **Schlinge** noose

der **Schlitz, –(e)s, –e** slot; **–äugig**
narrow-eyed

das **Schloß, –sses, ∸sser** castle; lock

schlucken swallow

der **Schlummer, –s** slumber

schlüpfen slip

schlürfen drink noisily; **–d** shuffling

der **Schluß, –sses, ∸sse** end

der **Schlüssel, –s, –** key

das **Schlüssige, –n** finality

schmal narrow; **die –seite** narrow
side

schmecken taste

der **Schmerz, –es, –en** pain; **–en**
hurt

der **Schmetterling, –s, –e** butterfly

schmettern throw down violently,
smash

schmieren smear

schmutzfleckig stained

schmutzig dirty

der **Schnabel, –s, ∸** beak

die **Schnake** gnat

schnappen snap

schnarren raffle

das **Schneckengehörn, –(e)s, –e**
curved horn

der **Schnee, –s** snow; **–verklebt**
snow covered; **die –schmelze**
thaw; **der –wirbel, –s, –** whirl of
snow

die **Schnepfe** woodcock

das **Schnitzelversteck, –(e)s, –e**
hide and seek

der **Schornstein, –(e)s, –e** chimney

der **Schoß, –es, ∸e** lap

schräg sloping, diagonal, oblique

der **Schrank, –(e)s, ⸚e** cupboard, closet

die **Schranke** barrier; crossing gate

die **Schraube** propeller

der **Schrebergarten, –s, ⸚** allotment

der **Schreck, –(e)s, –e** fright; **–en** frighten; **–lich** awful

die **Schreibmaschine** typewriter

schreien, ie, ie cry, scream

die **Schrift** publication, writing; **der –satz, –(e)s, ⸚e** composition; **der –steller, –s, –** writer

schrill shrill

der **Schritt, –(e)s, –e** step

schroff brusque

schrullig whimsical

die **Schublade** drawer

schüchtern timid, bashful

der **Schuhabsatz, –(e)s, ⸚e** heel

der **Schulaufsatz, –es, ⸚e** school composition

die **Schuld** fault, guilt; **–en** owe; **–ig** guilty; **die –knechtschaft** enslavement through debt

das **Schulheim, –(e)s, –e** hostel attached to a school

der **Schulranzen, –s, –** schoolbag

schüren stoke

die **Schürze** apron

sich **schütteln** shake oneself

schützen protect

die **Schutzhaft** protective custody

schwächlich feeble

der **Schwamm, –(e)s, ⸚e** fungus

schwanken sway

der **Schwanz, –(e)s, ⸚e** tail; **die –feder** tail feather

der **Schwarm, –(e)s, ⸚e** flock

schwätzen chat

schweben float in the air

das **Schweigen, –s** silence; **—, ie, ie** be silent; **–d** silent

schweigsam taciturn

das **Schwein, –(e)s, –e** pig

der **Schweiß, –es** sweat, perspiration

schwellen, o, o swell

schwemmen carry off

schwenken shake, wave

schwer difficult; **–fallen, ie, a** be difficult; **–fällig** unwieldy; **–hörig** hard of hearing; **–mütig** sad

der **Schwiegervater, –s, ⸚er** father-in-law

die **Schwierigkeit** difficulty

schwindeln tell a lie

schwinden, a, u fade, disappear

die **Schwinge** wing

schwirren whir(r)

schwitzen sweat

die **Seele** soul

das **Segel, –s, –** sail

sich **sehnen** nach long for

die **Sehnsucht, –, ⸚e** longing

seicht shallow

die **Seide** silk

die **Seife** soap

seinerzeit then, at that time

seither since

seitwärts sideways, aside

der **Sekretär, –s, –e** writing desk; secretary

der **Selbstmord, –(e)s, –e** suicide; **der ⸚er** person committing suicide

selbstverständlich obviously

selten rarely

das **Selterswasser, –s, ⸚** soda water

seltsam strange

senfgelb mustard colored

senken lower

senkrecht perpendicular

der **Sessel, –s, –** armchair

der **Setzer, –s, –** compositor

seufzen sigh

die **Sicherheit** safety

die **Sicht** visibility; **–bar** visible

sickern trickle

der **Sinn, –(e)s, –e** sense, mind; **in den — kommen a, o** remember; **von –en kommen** be out of one's mind; **die –eslust** sensuality; **–los** senseless; **–voll** reasonable, significant, justified

sogar even

365

die **Sogwelle** suction
die **Sommersprosse** freckle
sonderbar peculiar
der **Sonnenaufgang, –(e)s, ⸚e** sunrise
sonst otherwise, else
sich **sorgen** worry; — **für** take
care of; **sich — um** worry about
die **Sorgfalt** care
soweit sein the time has come
sowieso anyhow
das **Spalier, –s, –e** espalier
spaltoffen narrowly open
die **Spange** clasp
spannen stretch
spärlich sparse
der **Sparren, –s, –** rafter
sparsam thrifty
der **Spaß, –es, ⸚e** fun; **–haft** jokingly
spät late; **zu — dran sein, zu —
kommen** be late
der **Spatzenkopf, –(e)s, ⸚e** sparrow
head
der **Spaziergang, –(e)s, ⸚e** walk
der **Speck, –(e)s, –e** bacon
die **Sperre** turnstile
sperren lock
die **Sperrzone** interdicted zone
der **Spiegel, –s, –** mirror; **das –ei,
–(e)s, –er** fried egg
spielen play, act
das **Spielzeug, –(e)s, –e** toy
der **Spieß, –es, –e** spear
spitz pointed; **der –bogen, –s, –**
gothic arch; **–bübisch** cunning;
die –e tip, point; **der –el, –s, –**
informer
spöttisch mocking
die **Sprachkenntnis, –, –se** knowledge
of a language
die **Sprechanlage** intercom
die **Sprechbeschwerde** laryngitis
spreizen spread
springen jump, leap
der **Spritverbrauch, –(e)s** gasoline
consumption
der **Sprung, –(e)s, ⸚e** jump, leap
spülen rinse

die **Spur** trace
spüren feel
stachlig prickly
stählern of steel
der **Stall, –(e)s, ⸚e** stable
der **Stamm, –(e)s, ⸚e** stem
stammeln stammer
stammen originate
stampfen pound
der **Stand, –(e)s, ⸚e** stand, position;
die –kante rim at the bottom of a
pail; **der –punkt, –(e)s, –e** point
of view
ständig constantly
die **Stange** pole, rod
starr motionless; **die –e** rigidity;
–en stare
der **Staub, –(e)s** dust; **–ig** dusty
staunen be surprised; **–d** amazed
stechen, a, o sting, burn
der **Steckbrief, –(e)s, –e** arrest
warrant
stecken put, stick; hide out
das **Steckenpferd, –(e)s, –e** hobby
die **Steckuhr** time clock
der **Steg, –(e)s, –e** overpass; **das
–geländer, –s, –** railing (of the
plank bridge)
stehen, a, a stand; **vor Augen —**
have something in mind; **zu etwas
—** be disposed toward something
stehen·bleiben, ie, ie stop
stehlen, a, o steal
steif stiff
der **Steig, –(e)s, –e** path; **–en, ie, ie**
climb, rise
steil steep
der **Steinbruch, –(e)s, ⸚e** quarry
die **Stelle** spot
sich **stellen** take one's stand
die **Stellung** position; **— beziehen,
o, o** take up position
der **Stern, –(e)s, –e** star
stets always
das **Steuer, –s, –** steering wheel;
die — tax; **die –feder**
steering feather; **–n** steer

der **Stich,** –(e)s, –e sting, prick, cut;
  die –probe spot check
die **Stiefelspitze** point of a shoe or
  boot
der **Stieglitz,** –(e)s, –e goldfinch
das **Stilmittel,** –s, – stylistic device
die **Stimme** voice
die **Stimmung** atmosphere, mood
die **Stirn** forehead
der **Stock,** –(e)s, ⸚e cane, stick;
  floor; **–dunkel** pitch black; **–en**
  stop, hesitate; **das –werk,** –(e)s, –e
  floor, story
der **Stoff,** –(e)s, –e fabric
stöhnen groan
stolpern stumble
stolz proud
stopfen fill, stuff (into); mend
der **Storch,** –(e)s, ⸚e stork; **das**
  –enbein, –(e)s, –e stork leg
stören disturb
die **Störung** disturbance
stoßen, ie, o hit, push, kick; **— auf**
  hit upon; **einen Ton aus–** utter a
  sound
stottern stutter; move jerkily (of a car)
strahlen glow; **–d** brilliant
strähnig wispy
der **Strand,** –(e)s, ⸚e beach
sich **sträuben** resist
die **Strecke** distance, track, road; **auf**
  freier — on the open track
streicheln stroke
streichen, i, i stroke, smooth; paint
das **Streichholz,** –(e)s, ⸚er match
der **Streifen,** –s, – stripe
streiten, i, i quarrel
streng strict
stricken knit
das **Stroh,** –(e)s straw; **der**
  –blumenstrauß, –es, ⸚e bouquet
  of straw flowers
der **Strom,** –(e)s, ⸚e river; **die ⸚ung**
  flow (of air)
struppig shaggy
die **Stube** living-room
stumm silent, mute

der **Stumpen,** –s, – small cigar
stumpf mat, dull; apethetic
die **Stunde** lesson; hour; **der**
  –nschlag, –(e)s, ⸚e hour-chime
der **Sturm,** –(e)s, ⸚e storm; **–isch**
  stormy
stürzen rush, fall, crash
suchen search
summen hum

T

das **Tablett,** –(e)s, –e tray
die **Tafel** board
tagtäglich day after day
der **Tagtraum,** –(e)s, ⸚e daydream
das **Tal,** –(e)s, ⸚er valley
tapeziert papered
tapfer brave
tarnen disguise, camouflage
das **Tarnzelt,** –(e)s, –e camouflaged
  tent
die **Tasche** pocket; **das –ntuch,**
  –(e)s, ⸚er handkerchief
tasten grope; **— nach** fumble for
die **Tat** deed; **die ⸚igkeit** activity;
  die –sache fact; **–sächlich**
  indeed
die **Tatze** paw
taub deaf
die **Taube** dove, pigeon
tauchen aus emerge
taumeln stagger
sich **täuschen** be mistaken, err
die **Teebüchse** tea caddy
der **Teich,** –(e)s, –e pond
teilen share
teil·haben an have a share in
teils partly
der **Teller,** –s, – plate
der **Teppich,** –s, –e carpet; **das**
  –klopfen, –s beating of rugs
die **Theke** counter
die **Theorbe** lute
der **Tierliebhaber,** –s, – animal
  lover

tilgen eradicate

der **Tod, –(e)s, –e** death; **¨lich** deadly

toll terrific, smashing

der **Ton, –(e)s, ¨e** sound, intonation, voice

der **Topas, –es, –e** topaz

der **Topf, –(e)s, ¨e** pot

das **Tor, –(e)s, –e** gate, portal

der **Torf, –(e)s** peat

torkelnd reeling, staggering

der **Trab, –(e)s** trot

träge lazy

tragen u, a, bear

trampeln tread

die **Träne** tear

tränken give to drink

die **Trappe** bustard

sich **trauen** dare to

die **Trauer** sadness

der **Traum, –(e)s, ¨e; ¨en** dream; der **¨er, –s, –** dreamer; **–haft** dreamlike

traurig sad

treffen, a, o meet

treiben, ie, ie do; float

trennen separate

die **Treppe** stairs; das **–nhaus, –es, ¨er** staircase hall; die **–nstufe** step

der **Tresen, –, –** (*dial.*) counter

treten, a, e step

triefend dripping

trocken dry; die **–heit** dryness; der **–schuppen** drying shed

trocken dry

der **Trommelwirbel, –s, –** roll of the drum

der **Trost** comfort, consolation; **¨en** console

trübe dreary, dim

die **Truhe** trunk

trunken wild, joyous

das **Tuch, –(e)s, ¨er** fabric

tun, a, a do

der **Turm, –(e)s, ¨e** tower; sich **¨en** form towers, pile up; die **–luke** loophole

der **Turner, –s, –** gymnast

die **Turnhalle** gymnasium

U

übel bad; die **–keit** nausea

üben exercise, practice

überall everywhere

überaltert overaged

überbrücken bridge

die **Übergabe** transfer; surrender

sich **übergeben** vomit

überhängen, i, a overhang

sich **überhasten** hurry

überhaupt altogether, in general, on the whole

überladen richly stacked

überlassen, ie, a give to, leave to

überleben survive

sich **überlegen** think over, consider, reflect on; **–t** deliberate; **— sein** be superior; die **–heit** superiority

überliefert transmitted

überqueren cross

überraschen surprise; **–d** surprising, unexpected

überreden persuade

überschaubar permitting a general view

überschreiben, –ie, –ie sign over

die **Überschwemmung** flood

überschwenglich exalted

übersehen, a, e overlook

überstehen, a, a survive

übertreiben, ie, ie exaggerate

überwinden, a, u overcome, master

überwuchern overgrow

überwunden (*p.p. of* **überwinden** & *adj.*) overcome

üblich usual, customary

übrig left over; **–bleiben, ie, ie** survive; **–ens** by the way

das **Ufer, –s, –** bank, shore

die **Ulme** elm

umarmen embrace

um·bringen, a, a kill

sich **um·drehen** turn, turn around
umfangen, i, a put around
umgeben, a, e surround
die **Umgebung** surroundings
um·gehen, i, a deal with
umher·rasen run around frenzied
um·kehren turn back
um·kippen tip over
um·kommen, a, o perish
umkreisen circle around
um·rennen, a, a run over
der **Umriß, –sses, –sse** outline, contour
umschließen, o, o surround
umschlingen, a, u embrace
um·springen, a, u mit deal with
der **Umstand, –(e)s, ⸚e** circumstance; **⸚lich** painstakingly, clumsily
um·treten, a, e crush under the feet
der **Umweg, –(e)s, –e** detour
die **Umwelt** environment, people around one
umwogen surge around
die **Unannehmlichkeit** difficulty
unanständig indecent
unauffällig inconspicuous
unaufhörlich incessant
unbedeutend insignificant
unbedingt absolutely
die **Unbefangenheit** ease, calm
unbeholfen awkward
unbekümmert unconcerned
unbeschädigt undamaged
unbestritten uncontested
unbeweglich immobile
unbewußt instinctive
undeutlich vague
undurchlässig impenetrable
der **Uneingeweihte, –n, –n** uninitiated
unenträtselt undeciphered, unguessed
unerbittlich merciless
unerreichbar out of reach
unfähig incapable
unfehlbar infallible
unförmig unwieldy
unfrisiert unkempt

ungeduldig impatient
ungefähr approximately
das **Ungehaltensein, –s** anger, indignation
ungeheuer gigantic
das **Ungemach, –(e)s, –e** misfortune
ungereift not mature yet
ungeschehen undone
ungeschickt awkward
ungestraft unpunished
ungewöhnlich unusual
ungleichmäßig uneven
das **Unglück, –(e)s, –e** accident, misfortune
unheimlich uncanny, mysterious, uneasy
unhöflich impolite
unirdisch unearthly
unmerklich unnoticeable
unmittelbar immediate
unnachgiebig relentless
unnütz useless
die **Unruhe** restlessness
unschlüssig undecided
unschuldig innocent
der **Unsinn, –(e)s** nonsense; **–ig** senseless
die **Unsterblichkeit** immortality
das **Untätigseinmüssen, –s** forced idleness
unterbrechen, a, o interrupt
die **Unterbrechung** interruption
unterdrücken suppress
der **Untergang, –(e)s, ⸚e** destruction, downfall
unter·gehen, i, a perish
unter·haken take someone's arm
das **Unterholz, –(e)s, ⸚er** underbrush
unternehmen, a, o undertake, do
die **Unternehmung** enterprise
der **Unteroffizier, –(e)s, –e** non-commissioned officer
der **Unterricht, –(e)s, –e** teaching; **–en** teach
sich **unterscheiden, ie, ie** differ from, distinguish
die **Unterscheidung** distinction

unterschreiben, ie, ie sign
die **Unterschrift** signature
unterstellen suppose
unterstützen support
untersuchen examine, investigate
die **Untersuchung** investigation
unter·tauchen disappear in
unterwegs en route, on the road
untrennbar inseparable
unübersichtlich obscure
unüberwindlich invincible
unverändert unchanged
unvermeidlich inevitable
unvermittelt unexpected, sudden
abrupt
unversehens unexpectedly, sudden,
unverständlich incomprehensible
unvertraut unfamiliar
unvorsichtig careless
unwiderstehlich irresistible
unwillkürlich involuntary
unziemlich improper
unzufrieden dissatisfied
unzweifelhaft unquestionable, clear
das **Urbild, –(e)s, –er** prototype
der **Urheber, –s, –** originator
der **Urlaub, –(e)s, –e** vacation, leave
der **Ursprung, –(e)s, –e** origin
das **Urteil, –(e)s, –e** judgment; **ein —
fällen** pass a judgment

V

verächtlich scornful
sich **verändern** change
die **Veränderung** change
veranlassen cause
veranstalten organize
verantwortlich responsible
verantwortungslos irresponsible
sich **verbeißen, i, i** suppress
verbergen, a, o hide
sich **verbeugen** bow
verbieten, o, o prohibit, forbid
verbinden, a, u connect
die **Verbindung** connection; **in —
bringen, a, a** relate to

verblassen fade
verblüfft bewildered
verbrauchen wear out; consume
verbringen, a, a spend
der **Verdacht, –es** suspicion
verderben, a, o ruin, spoil, rot
verdienen earn
verdrehen turn, roll
verdrießen, o, o vex
verdunkeln darken
verdunsten evaporate
verehren give, present; honor
der **Verein, –(e)s, –e** club; **sich
–igen** unite; **–bart** agreed upon
vereinsamt lonely
sich **verfahren, u, a** be lost
verfallen, ie, a break down, become
dilapidated; change to
der **Verfasser, –s, –** author
verfehlen miss
verfilzt (*p.p. of* **verfilzen** & *adj.*)
matted
verfleckt spotty
verfliegen, o, o evaporate, vanish
verflossen (*p.p. of* **verfließen** & *adj.*)
subsided, past
verflucht (*p.p. of* **verfluchen** & *adj.*)
damned
verfolgen follow up, pursue
verführerisch seductive
die **Vergangenheit** past
vergänglich fleeting
der **Vergaser, –s, –** carburetor
vergehen, i, a fade, pass
sich **vergewissern** assure oneself
der **Vergleich, –(e)s, –e** comparison;
–en, i, i compare
das **Vergnügen, –s, –** pleasure, joy;
es macht mir — it gives me
pleasure
verhaften imprison
die **Verhaftung** arrest
das **Verhalten, –s** behavior
das **Verhältnis, –ses, –se** relationship; proportion
verhängnisvoll fatal
verhauen (*coll.*) fail

verheiratet married
verheißungsvoll promising
verhindert (*p.p. of* **verhindern** *&*
 adj.) unable
sich **verirren** go astray, happen into;
 verirrt lost
verjagen chase
verkniffen squinted
verkommen ruined, degenerate
verkürzen shorten
verlagern relocate
verlanden dry up
verlangen demand
verlangsamen slow down
verlassen, ie, a desert
verläßlich reliable
der **Verlauf, –(e)s, ⸚e** process, course
verlegen embarrassed
das **Verlegen, –s** installing, installation
verleihen, ie, ie bestow
sich **verletzen** get hurt, hurt oneself
verliebt (*p.p. of* **verlieben** *& adj.*)
 amorously
verlieren, o, o lose
verlogen hypocritical
verlöschen fade
der **Verlust, –(e)s, –e** loss, bereave-
 ment
vermeiden, ie, ie avoid
vermischen mingle
vermögen, o, o be able to do
vermuten imagine, assume, suppose
vernageln nail shut
vernehmen, a, o hear; **–bar**
 audible
vernichten destroy
vernünftig reasonable, sensible
sich **(einander) verpassen** miss each
 other
verputzt (*p.p. of* **verputzen** *& adj.*)
 plastered
verquollen (*p.p. of* **verquellen** *&*
 adj.) warped
verraten, ie, a disclose
verrinnen, a, o pass
verrosten rust

verrückt crazy, insane
das **Versagen, –s** failure
versammeln gather
verschaffen provide
die **Verschalung** casing
verschattet shadowy
verschieden different; **die –heit**
 difference; **–tlich** different,
 repeated
sich **verschlafen, ie, a** oversleep
verschleiert (*p.p. of* **verschleiern** *&*
 adj.) veiled
verschließen, o, o close, lock, hide
verschlimmern make worse,
 aggravate
verschmelzen, o, o blend, melt
verschneit snowcovered, snowed
 under
verschnüren tie up
verschollen lost
verschossen faded
verschrammt scratched up
verschränken cross, fold (arms)
verschütt gehen, i, a (*dial.*) get lost,
 perish
verschweigen, ie, ie keep secret,
 conceal
verschwiegen sein be discreet
verschwinden, a, u disappear
versehen, a, e mit provide with
versenken stick into, sink
das **Versetzen** putting into place
die **Versetzung** promotion
versiegeln seal (up)
versöhnlich conciliatory
versorgen take care of
sich **verspäten** be late
versprechen, a, o promise
verspüren feel
verständlich understandable
verstauen stow away
das **Versteck, –(e)s, –e** hiding; **sich**
 –en hide
sich **verstehen auf, a, a** understand,
 be an expert at something
verstellt (*p.p. of* **verstellen** *& adj.*)
 hidden, disguised

371

verstimmen fall silent

verstört (*p.p. of* **verstören** *& adj.*) troubled, upset

verstümmeln mutilate

der **Versuch**, –(e)s, –e attempt; –en try; taste; tempt

vertauschen exchange

sich **verteidigen** defend oneself

vertrauen trust

vertraut (*p.p. of* **vertrauen** *& adj.*) familiar; –heit intimacy

vertreiben, ie, ie drive away, expel; **sich die Zeit** — to kill time

der **Vertriebene**, –n, –n refugee

verunstaltet (*p.p. of* **verunstalten** *& adj.*) distorted, deformed

verursachen cause

verurteilen convict

verwandeln transform

der **Verwandte**, –n, –n relative

verwechseln mix up

verwehen blow away

der **Verwesungsdunst**, –(e)s, ⸚e smell of decay

verwirklichen realize, come true

verwirren, i, i (o, *p.p. as adj. only*) confuse

verwirrt disheveled; confused

die **Verwirrung** confusion

verwischen efface, soften

verwischt blurred

die **Verwunderung** surprise

sich **verzählen** count wrong

sich **verzehren** yearn for

verzeihen, ie, ie excuse

verzerren distort

verzichten auf do without, renounce

sich **verziehen**, o, o move away; twist, distort

verzweifelt desperate

der **Viehzucker** rock sugar

vielmehr rather, on the contrary

vielsagend significant

der **Vogel**, –s, ⸚ bird; –kundlich ornithological

vollgeräumt (*p.p. of* **voll·räumen** *& adj.*) stacked full

vollgestopft (*p.p. of* **voll·stopfen** *& adj.*) filled up

die **Vollmacht**, –, –en power of attorney

vollständig completely

voraus·sehen, a, e anticipate

vorbeihuschen slip past

vorbeistaken walk by stiffly

vor·bereiten prepare

die **Vorbereitung** preparation

sich **vor·beugen** bend forward

das **Vorbild**, –(e)s, –er model, example

vorerst for the time being

der **Vorfall**, –(e)s, ⸚e event

vor·finden, a, u to find

vorgängig anticipating, preparatory, previous

vor·haben plan

vor·halten, ie, a reproach

vorhanden sein be, exist

der **Vorhang**, –(e)s, ⸚e curtain

die **Vorhersicht** anticipation

vorhin a while ago

das **Vorholz**, –es, ⸚er grove

vor·kommen (*dat.*) seem, appear; happen

das **Vorkommnis**, –ses, –se event, occurrence

der **Vorname**, –ns, –n given name

sich **vor·nehmen**, a, o take up; intend

vornehmlich mainly

die **Vorschrift** instruction, rule

die **Vorsicht** precaution, caution

vorsichtig cautious, carefully

vor·singen, a, u sing to

die **Vorstadt**, –, ⸚e suburb

sich **vor·stellen** introduce oneself; imagine

die **Vorstellung** imagination, idea

der **Vortrag**, –(e)s, ⸚e lecture

vor·weisen, ie, ie show

vorwiegend mostly

der **Vorwurf**, –(e)s, ⸚e reproach; –svoll reproachful

vorzüglich excellent

W

waag(e)recht horizontal
die **Wache; –n** guard, watch
wacholdergrün juniper green
wach·rütteln shake awake
die **Waffe** weapon
die **Waffel** wafer
wagen dare
die **Wahl** choice; **–en** choose; **–los**
indiscriminate, arbitrary
wahnsinnig maddening
wahrhaft; –ig truthful, true
wahrscheinlich probable
das **Wahrzeichen, –s, –** landmark
der **Wald, –(e)s, ⁼er** forest; **das**
–horn, –(e)s, ⁼er French horn
die **Wand, –, ⁼e** wall; **die**
spanische — folding screen
die **Wange** cheek
wanken sway
die **Wäsche** laundry; **die –kommode**
linen chest; **das –mädchen, –s, –**
laundress; **die –rei** laundry
wasssersträhnig with wet strands
die **Wassersucht** dropsy
wechseln change, exchange
wecken waken
wedeln wave
der **Weg, –(e)s, –e** road, way; **aus**
dem — gehen, i, a avoid; **den**
— nehmen, a, o go; **im — stehen,**
a, a be in one's way; **die –biegung**
curve; **die –mündung** opening of
the road; **die –strecke** stretch
of road; **der –weiser, –s, –** road
sign
weg away; **–gleiten, i, i** glide away;
–sacken slip away; **–werfend**
disparaging, disdainful
die **Wehr** weapon, defense; **sich zur**
— setzen resist; **sich –en** defend
oneself; **die –macht** armed forces
weh·tun, a, a hurt
weichen, i, i recede
die **Weide** pasture; **das –ngeflecht,**
–(e)s, –e wickerwork

die **Weile** the while; **nach einer —**
after a while
die **Weise** manner, way
weit long, far; **— und breit** far and
wide; **die –schweifigkeit**
verbosity
welk withered
die **Welle** wave
die **Welt** world; **zur — bringen**
give birth
sich **wenden** turn
wenn schon this is all there (is) was
to it
das **Werk, –(e)s, –e** work
wertvoll valuable
das **Wesen, –s, –** being, creature
der **Wettbewerb, –(e)s, –e** competition
das **Wetter, –s, –** weather; **die**
–veränderung change in the
weather; **das –kreuz, –(e)s, –e**
weathervane
wetzend grinding
wichtig important
wickeln dress, wrap, roll
der **Widder, –s, –** ram
wider against; **der –schein, –(e)s, –e**
reflection; **der –spruch, –(e)s, ⁼e**
contradiction; **der –stand, –(e)s, ⁼e**
resistance; **–willig** reluctant
widrig disgusting
der **Wiedehopf, –(e)s, –e** hoopoe,
tufted bird
wieder· again; **die –aufnahme**
resumption; **die –gabe** rendering;
die –herstellung reconstruction;
–kehren return
wiegen, o, o weigh
die **Wiese** meadow
wieso why, how is it
die **Wildtaube** wild dove
wimmeln be crowded
der **Wind, –(e)s, –e** wind; **das –licht,**
–(e)s, –er storm lantern; **die**
–mühle windmill
winken beckon, wave
winzig tiny; **–keit** minuteness

der **Wipfel, –s, –** treetop
der **Wirbel, –s, –** swirl; **–n** whirl
wirken take effect, appear
die **Wirkung** effect
wirr confused
der **Wirt, –(e)s, –e** innkeeper; **die
–schaft** economy; inn; **die
–schaftsschule** school of economics
or commerce; **das –shaus, –es, ⸗er**
inn
wischen wipe; **in eins —** blend
into one
wispern whisper
wissen, u, u know; **nicht aus noch
ein —** not know which way to turn
witterungsbeständig weather-proof
die **Witwe** widow; **der –r, –s, –**
widower
der **Witz, –es, –e** joke; **die –elei;
–eln** joke; **–ig** witty, funny
wogend surging
wohl well; **–ausgebildet** well
formed; **–entworfen** well designed;
der –fahrtsbeamte, –n, –n social
worker; **–gesinnt** well disposed;
–habend well-to-do
die **Wolke** cloud
die **Wolle** wool
das **Wort, –(e)s, –e, ⸗er** word; **in –e
kleiden** verbalize
die **Wucht** force
wühlen dig
die **Wunde** wound
das **Wunder, –s, –** miracle; **sich –n**
be surprised
wünschen wish
würdelos undignified
würdigen respect
würgen throttle, choke
die **Wurzel** root
die **Wut** rage; **⸗end** furious

Z

zäh tenacious
zählen count

die **Zahl** number; **–en** pay
der **Zahn, –(e)s, ⸗e** tooth; **die
–bürste** toothbrush; **die –lücke**
gap between teeth; **die –pasta**
toothpaste
die **Zangenbewegung** pincer movement
der **Zapfen, –s, –** pinecone, peg
zart delicate, **⸗lich** tender; **die
⸗lichkeit** affection
die **Zauderei, –, –en** hesitation,
delay; **zaudern** hesitate
der **Zaun, –(e)s, ⸗e; das –gitter, –s, –**
fence
die **Zehe** toe
das **Zeichen, –s, –** sign
zeichnen draw
die **Zeichnung** drawing
der **Zeigefinger, –s, –** index finger
der **Zeiger, –s, –** hand (of clocks, etc.)
die **Zeit** time; **der –bruchteil, –(e)s,
–e** moment; **die –schrift** journal;
die –spanne span of time; **der
–sprung, –(e)s, ⸗e** discontinuity
of time; **die –ung** newspaper
das **Zelt, –(e)s, –e** tent
zerbrechen, a, o break; **sich den
Kopf —** rack one's brains
zerkerbt carved up, notched
zerknüllen crumple
zerquält tortured
zerquetschen grind out
zerren tear
zerschlagen, u, a shattered
zerspringen, a, u burst
zerstampfen trample
zerstören destroy
die **Zerstörungslust** destructiveness
zerstreut distracted, absent-minded
der **Zettel, –s, –** slip of paper
das **Zeug, –(e)s, –** stuff, clothes; **das
–nis, –ses, –se** report card
der **Ziegel, –s, –** brick; **die –ei**
brick works; **der –eischuppen**
kiln, shed
ziehen, o, o pull; **–d** pulling,
gnawing (pain)

das **Ziel**, –(e)s, –e goal; **–los** aimless
ziemlich rather
das **Ziertuch**, –(e)s, ⸚er fancy
  handkerchief
der **Zink**, –(e)s, –e zinc top of a bar
zinnoberrot vermillion
zirpen chirp
zitieren quote
zittern tremble
zögern hesitate
die **Zone** zone; here zone of Russian
  occupation, now DDR
der **Zorn**, –(e)s rage, anger; **–ig**
  angry, furious
zottig shaggy
zu zweit two by two
zu·beißen, i, i bite at
zu·bringen, a, a spend
die **Zucht** raising
zucken shrug; move convulsively
der **Zucker**, –s, – sugar; **die –dose**
  sugar bowl
zu·decken cover, hide
der **Zufall**, –(e)s, ⸚e coincidence;
  ⸚**ig** by chance; **die ⸚igkeit**
  occurrence
sich **zu·fressen, a, e auf** edge
  forward
zufrieden content
zu·fügen inflict
der **Zug**, –(e)s, ⸚e feature, train, pull,
  stroke; **zum –e kommen** achieve
  one's turn
zu·geben, a, e admit
zugeneigt inclined
zugenommen (*p.p. of* **zu·nehmen, a,**
  o) increased
zugleich simultaneously
sich **zu·kehren** turn to
zu·kommen, a, o approach

die **Zukunft**; ⸚**ig** future
zumal especially since
zumindest at least
zumute sein feel
zunächst first
die **Zuneigung** affection
die **Zunge** tongue
zupfen pull
zu·reden urge
zurück· back; **–drängen** push back;
  –fluten flow back; **die –haltung**
  reserve; **–reichen** hand back;
  –lassen, ie, a leave behind;
  –weichen, i, i recede; **–ziehen,**
  o, o withdraw
zusammen· together; **–gebissen**
  clenched; **der –hang**, –(e)s, ⸚e
  context, relationship; **–hangen, i, a**
  be connected (with); **–kneifen, i, i**
  squint; **–krampfen** tighten up;
  sich **–nehmen, a, o** make an
  effort, pull oneself together; **–raffen**
  collect quickly; **–schrumpfen**
  shrink; **–treffen, a, o** meet
zu·sehen, a, e watch; **–ds** noticeably
der **Zustand**, –(e)s, ⸚e condition
zu·stecken hand to, give
zu·steuern steer toward
zu·stoßen, ie, o happen to
zu·tragen, u, a report
zutraulich familiar, tame, friendly
zu·treffen, a, o be applicable
zuweilen sometimes
zu·ziehen draw
zwängen force
zwar to be sure
der **Zweck**, –(e)s, –e purpose; **–los**
  useless
der **Zweifel**, –s, –; **–n** doubt
zwingen, a, u compel

Permissions and acknowledgments

We wish to thank the authors, publishers and holders of copyright for permission to reprint the following selections used in this book:

Helga Novak, "Gepäck," from *Geselliges Beisammensein*. © 1968 by Hermann Luchterhand Verlag GMBH, Neuwied. Reprinted by permission of Hermann Luchterhand Verlag GMBH.

Johannes Bobrowski, "Brief aus Amerika," from *Boehlendorff und Mäusefest*. Berlin: Union Verlag, 1967. Reprinted by permission of Union Verlag.

Hans Bender, "In der Gondel," from *Mit dem Postschiff*. © 1962 by Carl Hanser Verlag, Munich. Reprinted by permission of Carl Hanser Verlag.

Armin Ayren, "Piatgorsky," from *Der Brandstifter und andere Abweichungen*. © 1968 by Paul Zsolnay Verlag, Vienna. Reprinted by permission of Paul Zsolnay Verlag.

Peter Handke, "Die Überschwemmung," from *Begrüßung des Aufsichtsrats*. Salzburg: Residenzverlag, 1967. Reprinted by permission of the author.

Herbert Eisenreich, "Die blaue Distel der Romantik," from *Westermanns Monatshefte*, January, 1968. Reprinted by permission of the author.

Jens Rehn, "Singen sie wieder?" from *Merkur: Deutsche Zeitschrift für europäisches Denken*, 1967, pp. 150–56. Reprinted by permission of the author.

Günter Kunert, "Fahrt mit der S-Bahn," from *Kramen in Fächern*. © 1968 by Aufbau Verlag, Berlin. Reprinted by permission of Aufbau Verlag.

Stephan Hermlin, "In einer dunklen Welt," from *Die Zeit der Gemeinsamkeit, In einer dunklen Welt*. © 1966 by Klaus Wagenbach Verlag, Berlin. Reprinted by permission of Klaus Wagenbach Verlag.

Wolfdietrich Schnurre, "Das Märchen der Märchen," from *Was ich für mein Leben gern tue*. © 1967 by Hermann Luchterhand Verlag GMBH, Neuwied. Reprinted by permission of Hermann Luchterhand Verlag GMBH.

Ilse Aichinger, "Mein grüner Esel," from *Wo ich wohne*. © S. Fischer Verlag, Frankfurt am Main, 1954, 1957, 1961, 1963. Reprinted by permission of S. Fischer Verlag.

Heinrich Böll, "Sprechanlage," from *Zum Tee bei Dr. Borsig*. © 1961 by Heinrich Böll. Reprinted by permission of Verlag Kiepenheuer & Witsch.

Gabriele Wohmann, "Denk immer an heut nachmittag," from *Ländliches Fest*. © 1968 by Hermann Luchterhand Verlag GMBH, Neuwied. Reprinted by permission of Hermann Luchterhand Verlag GMBH.

Siegfried Lenz, "Die Nacht im Hotel," from *Jäger des Spotts, Geschichten aus dieser Zeit*. © Hoffmann und Campe Verlag, 1958, Hamburg. Reprinted by permission of Hoffmann und Campe Verlag.

Marieluise Kaschnitz, "Vogel Rock," from *Ferngespräche*. © 1966 by Insel Verlag, Frankfurt am Main. Reprinted by permission of Insel Verlag.

Astrid Claes, "Fliegen," from *Merkur: Deutsche Zeitschrift für europäisches Denken*. 1965. Reprinted by permission of the author.

Wolfdietrich Schnurre, "Manöver," from *Eine Rechnung die nicht aufgeht* © 1958 by Walter-Verlag AG, Olten. Reprinted by permission of Walter-Verlag.

Heinz Piontek, "Unsere frühen Jahre," from *Die mittleren Jahre*. Hoffmann und Campe Verlag, 1967. Reprinted by permission of the author.

Uwe Johnson, "Osterwasser," from *Karsch und andere Prosa.* © 1964 by Suhrkamp Verlag, Frankfurt am Main. Reprinted by permission of Suhrkamp Verlag.

Reinhard Lettau, "Einladung zu Sommergewittern," from *Schwierigkeiten beim Häuserbauen.* © 1962, by Carl Hanser Verlag, Munich. Reprinted by permission of Carl Hanser Verlag.

Max Frisch, "Bargeschichten," from *Meine Name sei Gantenbein.* © 1964 by Suhrkamp Verlag, Frankfurt am Main. Reprinted by permission of Suhrkamp Verlag.

Günter Grass, "Im Ei," and "Saturn," from *Gleisdreieck.* © 1960 by Hermann Luchterhand Verlag, GMBH. "Prophetenkost," from *Die Vorzüge der Windhühner.* © 1966 by Hermann Luchterhand Verlag, GMBH. "Der Neubau," and "Ehe," from *Ausgefragt.* © 1967 by Hermann Luchterhand Verlag, GMBH, Neuwied. Reprinted by permission of Hermann Luchterhand Verlag.